清·沈宗畸 編校

晨風閣叢書

中國書店

圖書在版編目（CIP）數據

晨風閣叢書／（清）沈宗畸編．—北京：中國書店，2010.9
ISBN 978－7－80663－860－6

Ⅰ.①晨…　Ⅱ.①沈…　Ⅲ.①古籍－圖書目録－中國②古典文學－作品集－中國　Ⅳ.①Z838②I212.1

中國版本圖書館 CIP 數據核字（2010）第 108945 號

晨風閣叢書

清・沈宗畸　編校

出版：中國書店
地址：北京市宣武區琉璃廠東街 115 號
郵編：100050
發行：全國新華書店經銷
印刷：北京華藝齋古籍印務有限責任公司
開本：787×1092　1/16
版次：2010 年 9 月第 1 版　2010 年 9 月第 1 次印刷
印張：31
書號：ISBN 978－7－80663－860－6
定價：230.00 元

出版前言

《晨風閣叢書》，清人沈宗畸於宣統元年（一九〇九年）輯校刊刻。叢書共收書二十三種四十八卷，多爲舊抄本或稿本，如清王念孫撰《説文解字校勘記殘稿》一卷，極爲難得。沈宗畸將這些珍本秘籍收入叢書，刊印於世，對於保存古籍，發揚國學做出了重要貢獻。

沈宗畸（一八六五年—一九二六年），字太侔，晚年號南野，廣東番禺人。光緒元年（一八七五年）入都，光緒十五年（一八八九年）中舉人，官至禮部祠祭司。因有妾名『拜鴛』，故名其室曰『拜鴛樓』。少年時才藻已稱冠藝林，有《落花詩》『一桁汀簾三月雨，數聲風笛六時更』傳唱一時，人稱『沈落花』。在京三十餘年，寄興詩詞，『好爲花月冶游』，對同治、光緒間梨園的遺聞逸事，瞭解頗詳。辛亥前後甚爲活躍。著有《東華瑣録》一卷，多記舊京遺聞掌故，里巷民俗，更有詞章雅馴，不失爲一部史料及藝文價值俱佳的筆記。《便佳簃雜鈔》多載同治、光緒、宣統三朝掌故，珍聞佚事，有裨史料。《宣南零夢録》一卷，係晚年追記當年『雅游之迹』，取『舊夢零星，拾之不盡』之意，著録伶壇舊聞，皆是當年親聞目睹，文字不多，頗有價值。另有《繁霜詞》一卷。

清末民初，時局動蕩，國學凋蔽，大量珍貴古籍文獻外流。如書前潘飛聲序文中載：『書賈爲余言，去歲日本人來華，收去各種古籍值七萬餘元，美洲人亦載去十四五萬元，伍氏粤雅堂叢書選刻最精，又爲法人購全板片，移置巴黎博物院。』爲保護國萃，重振國學，沈宗畸與羅振玉、王國維等人倡立國萃叢編社，出版國學期刊《國學萃編》，使當時一大批國學著作得以面世。同時，當時刊刻叢書之風興盛，當時學者多將珍本秘籍輯於叢書中刊行於世，以避免古籍流至外域，國内無存。這一時期，沈宗畸也輯刊了不少叢書，如在光緒、宣統年間輯刊《拜鴛樓校刻小品四種》五卷，宣統元年（一九〇九年）石印《香艷小品》五種十一卷，《晨風閣叢書甲集》四十六種。宣統元年（一九〇九年）刊刻《晨風閣叢書》二十三種，將一些珍本秘籍收入叢書，刊印於世，功莫大焉。在每種書後，沈宗畸多附記寥寥數句，或記敘此書來源，或考索版本系統，或勾畫與他本之异同，具有畫龍點睛之妙。

《晨風閣叢書》書版經過半個多世紀的輾轉流傳，最後爲中國書店收藏。書版每半頁十一行，行二十一字，黑口，四周單邊，無魚尾。中國書店出版社曾於上個世紀兩次刊行過《晨風閣叢書》，爲古文研究者和文學愛好者提供了一部珍稀的版本，也具有較高的文物收藏價值，受到了綫裝古籍收藏者的好評。爲保護已雕刻近一百年的木版，并使讀者得見刻本的原貌，中國書店出版社考慮到讀者的實際需求，特將《晨風閣叢書》影印出版，方便了讀者的及時查閱，使影印本《晨風閣叢書》成爲治學者手頭常備的文獻資料。

中國書店出版社

庚寅年初夏

晨風閣叢書

宣統元年
沈氏校梓

晨風閣叢書序

昔張南皮有言人自問功德著作不足以傳世則莫如刊刻叢書如歙縣鮑氏南海伍氏可決其五百年不朽夫精選典籍以餉學者得非功德乎書後題跋附之以傳得非著作乎且偶然一書流播千載往往展轉重鋟板片不完繼以鈔本唐宋以來藝林珍秘所在多有僃楮之傳詎能限以五百年哉是則叢書之刻宜矣近日刻叢書者海內繼起有編輯極精者有編輯未精者然未有一部之眾全無一可采者自吾家海山仙館收入利氏算法而元和江氏靈鶼閣復羼入泰西政治游懸諸篇不惟老儒士所旁涉且爲新學派所懽迎叢書之刻又一變矣余嘗編覽滬瀆書肆書賈爲余言去歲日本人來華收去各種古籍值七萬餘元美洲人亦載去十四五萬元伍氏粵雅堂叢書選刻最精又爲法人購全板片移置巴黎博物院余爲此大懼懼夫東西人之能標重價書賈嗜利年年輸出更有聾其唐宋秘本以供所購求幾何不令吾華文物精華典墳鴻寶亡佚殆盡也吾又大喜喜吾華孔孟之道屈子史遷之文以及諸子百家灌溉西土震旦文明騰耀于博物院藏書樓之上魁頭露介低首于金題玉躞之間卷帙之殘闕者爲我整而齊之宋元之精槧者爲我襲而守之且彼既搜我所藏他日我豈不能逐一獲回如近人刻日本佚

存叢書之例吾更大喜喜近日叢書之刻吳縣潘氏元和江氏之後層出不窮凡古之秘本今之鈔本皆網羅入於一部中即可免流出外域難望收復之虞而綜彼繙譯各門尤便新學派之采擇如遊萬生之圃五洲異物供我快覽如觀陳列之所中西百貨資我比較是今日叢書之刻益爲宜矣今秋余與沈君太侔重晤于京師出新刊晨風閣叢書贈余僅弟一集而秘本鈔本已精美如此太侔工詩文平日足以信今傳後是編之刻爲保守國粹免落外人即以餉新舊學者起見吾更願海内文學之士家藏精萃以助太侔功德著作又不止傳之五百年已也己酉十月番禺潘飛聲序于都中春明池館

晨風閣叢書目錄

番禺沈宗畸校刻

目錄

詩經四家異文攷補

詩經四家異文攷補

長汀江　瀚叔海

國風

無使厖也吠　李昉太平御覽六百九十六卷野有死
麕曰無感我帨兮無使厖也吠
瀚案周禮牧人鄭注故書尨作厖杜子春云厖當
爲尨是尨厖古字通用也阮氏元經籍纂詁引御
覽厖作龎恐誤

涕泣如雨　太平御覽四百八十八卷毛詩曰之子于
歸遠送于野瞻望弗及涕泣如雨
瀚案此蓋偶到涕泣二字非別有據

吹彼棘心　陸德明毛詩釋文棘俗作棘
瀚案洪适隸釋載梁休碑垂棘勤典棘郎棘字碑
變从来與華山廟碑衡方碑韓勑碑勑作勑同又
顏元孫干祿字書棘棘上俗下正

自詒⿱殹言阻　唐本玉篇零卷言部毛詩自詒⿱殹言阻箋云
⿱殹言猶是也今或爲繄字在糸部
瀚案今本顧野王玉篇言部⿱殹言下雖未引詩而訓
⿱殹言爲是實本鄭箋繄亦借字耳

采蘴采菲　毛詩釋文葑字書作蘴
瀚案錢氏大昕十駕齋養新錄曰方言蘴蕘蕪菁
也陳楚謂之葑是蘴葑同音本非二物

我躬不說　左氏襄二十五年傳詩所謂我躬不說皇恤我後
瀚案說閱悅古字通歐陽詢藝文類聚三十卷丁廙蔡伯喈女賦曰歎殊類之非匹傷我躬之無悅亦即用此詩也

不以我能慉　唐石經作不以我能慉
瀚案鄭箋云君子不能以恩驕樂我石經以字似因此增入以配合下句

既詐我德　太平御覽八百三十五卷韓詩曰既詐我德
瀚案李氏富孫詩經異文釋所見本如此詛詐聲

詩補　二　晨風閣

相近

何其久也必有以也何其處也必有與也　呂氏春秋重言覽故詩曰何其久也必有以也何其處也必有與也
瀚案此與今本毛詩顛到上下兩句

山有蓁隰有蘦　毛詩釋文榛本亦作蓁　孔穎達毛詩正義苓作蘦
瀚案說文榛木也蓁艸盛皃榛蓁義別同音通用爾雅釋草蘦大苦也毛傳同蓋苓蘦古通

室人交遍讁我　唐本玉篇零卷言部毛詩室人交遍讁我傳曰讁責也

瀚案徧俗作遍謫正字適借字讁別體字

王事譈我　唐本玉篇零卷言部譈蒼頡篇譈也詩云王事譈我是也野王案毛詩箋云譈猶投也今並爲敦字在攴部
瀚案廣韵譈音推讁也落也釋文敦毛如字鄭都回反

愛如不見掩手躊躇　釋慧琳一切經音義七十三卷韓詩云愛如不見掩手躊躇
瀚案而如古今字掩手當是駁文音義七十二卷引韓詩作搔首躊躇踟蹰作躊躇與文選李善注引韓詩合

詩補　三　晨風閣

新臺有泚　范家相三家詩拾遺齊詩泚一作玼
瀚案不詳所出據隋書經籍志齊詩魏代已亡蘅洲何由見之

河水瀰瀰　昭明文選沈休文齊安陸昭王碑文李善注毛詩曰新臺有泚河水瀰瀰
瀚案說文無瀰字釋文引說文云濔水滿也蓋即水部濔今本說解脫水字耳徐鉉新附瀰大水也今詩作瀰又瀰之別體張參五經文字曰濔見詩風肰則今詩作瀰當爲唐後所改

中心洋洋　范家相三家詩拾遺說文養養作洋洋
瀚案說文水部洋下第云水出齊臨朐高山東北

入鉅定初無別解惟爾雅釋訓曰洋洋思也邢昺疏引邶風中心養養謂洋養音義同耳

不瑕不害　蜀石經有作不

瀚案馮氏登府蜀石經攷異曰有害亦不害義猶云不顯豈不顯也

牆有薋　咸國標毛詩證讀說文茨作薋

瀚案爾雅釋草茨蒺藜釋文云茨作薋漢書禮樂志顏師古注曰薺禮經或作薋又作茨是薺薋茨三字固可通用然說文艸部引詩作薺不作薋也薋艸多皃

其之狄也　毛詩攷文古本翟作狄　虞世南北堂書鈔一百二十七卷引詩同

瀚案褘褕闕爲三翟皆以雉爲飾狄即翟之借周禮內司服揄狄闕狄是也

何以爲兄　韓詩外傳九卷詩曰人之無良何以爲兄

瀚案馮氏登府三家詩異文疏證補遺所見本如此並云何字較我字語婉

椅桐梓桼　釋慧琳一切經音義八十一卷毛詩椅栗椅桐梓桼爰伐琴瑟言此六木皆堪爲琴瑟也

瀚案說文桼木汁可以髤物桼水出右扶風杜陵岐山北經當以桼字爲正

猗重較兮　唐本玉篇零卷車部毛詩猗重較兮

瀚案小弁篇伐木掎矣釋文掎寄彼反正義云掎者倚也此引作掎與楊倞荀子注李善文選注引作倚者字異義同

氓之嗤嗤　釋慧琳一切經音義七卷七十八卷韓詩云嗤志意和悅皃也六十一卷引韓詩外傳同

瀚案嗤與蚩同毛傳蚩蚩者敦厚之皃此云嗤志意和悅皃也依下鄭箋言民誘已則韓義較優

波涕漣漣　王應麟詩攷引楚辭章句作波涕漣漣

瀚案劉向九歎曰涕流交集兮泣下漣漣王逸注引詩與今本同且云涕泣交會漣漣而流也無緣作波伯厚所見本殆誤

無食我椹　釋慧琳一切經音義八十四卷毛詩云吁嗟鳩兮無食我椹

瀚案慧琳音義凡兩引皆同

無與士媅　釋慧琳一切經音義十八卷詩曰吁嗟女兮無與士媅

瀚案說文女部媅樂也毛傳訓耽爲樂是耽即媅之借音義六十六卷引毛詩云女之媅兮又六十八卷引韓詩云媅樂之甚者也似韓詩乃作媅耳

一葦杭之　唐本玉篇零卷舟部毛詩一葦航之

瀚案杭作航與初學記藝文類聚白帖御覽所引合葦从艸不从竹隸體竹艸多混

言植之北　程大昌演繁露詩曰言植之北
瀚案植與樹一義吳語韋昭注云北古之背字
使我心痗　范家相三家詩拾遺薛君章句痗作瘽
瀚案字書無瘽字文選寡婦賦注西陵遇風詩注
並引韓詩作痗薛君無訓范說之不足據蓋往往
如此
逢此百罹　釋希麟續一切經音義八卷詩云逢此百
羅
瀚案毛詩釋文罹本又作離方言七卷羅謂之離
史記五帝紀司馬貞索隱曰離卽羅也羅離古通
是其證罹乃徐鉉新附字
毳衣如緂　唐本玉篇零卷糸部詩曰毳衣如緂韓詩
爲緂字在帛部今並爲菼字在草部
瀚案今本玉篇帛部緂青黑繒亦作惔
四介麃麃　北堂書鈔一百十七卷詩曰四介麃麃
瀚案四與駟古字通駟鐵篇駟鐵孔阜說文馬部
引作四鐵四牡篇四牡騑騑旣夕疏引作駟牡六
月篇比物四驪采芑篇乘其四騏攷文古本並作
駟大明篇駟騵彭彭于旄疏公羊隱元年傳疏並
引異義作四騵
駟介驃驃　毛詩攷文古本麃麃作驃驃
瀚案說文金部鑣馬銜也字彙驃同鑣此雖同音

相叚實滋益之俗字
唱予和汝　文選孫子荊爲石仲容與孫皓書李善注
毛詩曰叔兮伯兮唱予和汝
瀚案慧琳音義四十六卷引詩倡亦作唱劉向列
女傳仁智篇引詩女亦作汝倡唱可互通女汝古
今字
恌兮達兮　徐鍇說文繫傳辵部詩曰恌兮達兮
瀚案鹿鳴篇視民不恌說文人部引詩恌作佻
維士與女　毛詩攷文古本士與女作維士與女下章
同
瀚案當以下文維士與女而增之
士曰旣徂　毛詩攷文古本且作徂下章同
瀚案爾雅釋詁邾曷疏云徂且音義同蓋且卽徂
之渻文故此篇及出其東門篇釋文且並音徂
冠緌雙止　太平御覽六百九十八卷詩曰葛屨五兩
冠緌雙止
瀚案緌綏二字禮經多通用屨作履陳書已采
糺糺葛屨　太平御覽六百九十八卷徐乾吉履儀曰
今時所謂履者自漢以前皆名爲屨詩云糺糺葛屨
可以履霜
瀚案廣韵云糾俗作糺徐乾援經蓋以證古皆名
履爲屨似不當引詩作葛履也

唯此褊心　三國志魏志何夔傳裴松之注詩云唯此
褊心
瀚案維惟唯三字古通此與是同義
是以爲刺　漢石經殘碑刺作刾
瀚案爾雅釋草釋文曰刺字又作刾五經文字曰
刺作刾訛
彼汾沮洳　唐本玉篇𣸣卷水部洳說文漸溼也野王
案毛詩彼汾沮洳是也
瀚案今本玉篇洳下又出泇字云亦洳字也
言采其葛　太平御覽七十一卷詩曰彼汾沮泇言采
其葛
瀚案此章莫字與度路爲韵作葛則不協當以字
形相近而譌
寘河之漘　許慎說文水部漘水厓也詩曰寘河之漘
瀚案王氏筠句讀云藍本引王風傳寫譌在爲寘
說文無寘字也
毋食我黍　漢石經殘碑黍作黍
瀚案黍隸省變體無作毋陳書已采
弗曳弗屢　韓詩外傳一卷詩曰子有衣裳弗曳弗屢
瀚案李薌沚所見本如此當係傳寫之譌說文云
婁空也摟曳聚也毛傳訓婁爲曳是婁卽摟之省
借屢大徐新附字婁空之婁可從俗作屢曳婁之
婁不可作屢也
緐衍盈升　白居易六帖十八卷詩曰椒聊之實緐衍
盈升
瀚案蕃緐同聲古多通用
胡不佽焉　呂祖謙呂氏家塾讀書記董逌引崔靈恩
集注本佽作次
瀚案孔沖遠正義曰佽古次字欲使相推以次第
助之耳非訓佽爲助也董氏所引崔集注蓋卽依
正義譌託
夏屋渠渠　馬國翰魯詩故引楚辭哀郢章句夏作廈
又招魂章句廈一作夏
瀚案哀郢章句引詩仍作夏不作廈招魂章句所
云廈一作夏者斥冬有突廈句而言非謂秦風夏
屋也如此讀書未免鹵莽矣
彼美孟姜可與寤言　劉向列女傳賢明篇詩曰彼美
孟姜可與寤言
瀚案梁女士端注云毛詩作淑姬魯黔婁妻傳同
此涉有女同車而誤晤作寤陳書已采
我心蘊結兮　唐石經初刻蘊作薀
瀚案蘊當作薀說文薀積也蘊乃薀之俗體
懷我好音　劉向說苑善說篇故詩曰誰能亨魚漑之
釜鬵孰將西歸懷我好音

瀚案馬竹吾所見本如此
一之日畢發　玉燭寶典十一卷韓詩章句曰一之日
畢發夏之十一月也
瀚案毛詩釋文云觱音必說文作畢
二之日篥烈　釋希麟續一切經音義四卷毛詩云一
之日觱發二之日篥烈
瀚案廣韵始有篥字當以栗爲正
三之日于梠　太平御覽八百二十二卷八百二十三
卷詩曰三之日于梠
瀚案說文木部梠臿也徐鉉曰今俗作梠
有鳴鶬鶊　太平御覽二十卷引風俗通作有鳴鶬鶊

瀚案鳥旁俗加
一之日于貉　玉燭寶典十一卷詩豳風一之日于貉
瀚案貉乃貈之或體
六月食鬱及薁　玉燭寶典六卷詩豳風曰六月食鬱
及薁
瀚案隩隈寒燠字並可作奧則薁與奧亦自得通
勿仕行枚　釋慧琳一切經音義五十卷詩云勿仕行
枚
瀚案仕與士同
絻衣繡裳　唐本玉篇零卷糸部韓詩我遘之于絻衣
繡裳絻衣纁衣也

瀚案周禮染人鄭注云故書纁作纁又司服注云
凡冕服皆元衣纁裳此言絻衣與毛字義俱異
小雅
俾爾翦穀　范家相三家詩拾遺聞人滋戩作翦云盡
也
瀚案朱子集傳引聞人氏曰戩與翦同盡也未嘗
作翦
一日三捷　釋元應衆經音義七卷詩云一日三捷
瀚案日與月形近易淆
莫之我哀　桓寬鹽鐵論備胡篇詩曰我心傷悲莫之
我哀

瀚案知作之亦有意味似非誤字
檀車幝幝　范家相三家詩拾遺石經憚憚作幝幝
瀚案不知所據是何石經玉篇云⿰車單輞也與幝義
殊
鱨魦　徐堅初學記二十二卷詩曰魚麗于留鱨魦太
平御覽九百三十七卷引同
瀚案毛詩正義曰草木疏云鯊音沙亦作魦文選
歸田賦注引毛萇詩傳正作魦陸璣郭璞皆以鯊
鮀爲吹沙小魚後漢書馬融傳注引郭義恭廣志
曰吹沙魚大如指沙中行說文云魦出樂浪潘國
當別是一種海魚非詩之鯊鮀也

烝然罩罩　范家相三家詩拾遺韓詩烝作蒸

瀚案此亦不詳所出或因外傳六卷引詩天生蒸民烝作蒸故云然耳

明允君子　初學記二卷詩曰湛湛露斯在彼杞棘明允君子莫不令德

瀚案李氏富孫曰顯明義同此當是避唐中宗諱而改

其同其椅　初學記二十八卷韓詩其同其椅其實離離

瀚案李氏富孫曰桐作同或从省或誤脫木

于卅里　唐石經三十作卅

瀚案無羊篇三十維物噫嘻篇終三十里唐石經並作卅論語三十而立漢石經作卅唐石經即仿熹平石經體段氏玉裁詩經小學曰唐石經詩三十作卅是三字爲句不可从也廣韵云廿今直以爲二十字卅今直以爲三十字蓋唐人仍讀爲二十三十不讀入讀趿耳

炮鱉鱠鯉　文選枚叔七發李善注毛詩曰炮鱉鱠鯉

瀚案大射儀注曰或有炮鼈膾鯉賈公彥疏引詩作炮鄭注炮字據阮氏元儀禮校勘記曰炮嚴本作炰釋文徐本俱作炮釋文云炮或作𤆵炰又云韓奕篇釋文曰炰鄭薄交反徐甫九反是徐仙民

乃讀炰爲缹耳故孔疏亦曰六月云炰鼈者音皆作缹其實此經炮字當是烰之段借說文烰蒸也與缹訓合炮毛炙肉也孚與包古字通左傳浮來公羊作包來呂氏春秋本味覽高誘注云烰猶庖也是其證炰缹𤆵皆或體字說文所無也鱉者鼈之俗干祿字書膾通鱠

翰飛戾天　後漢書謝該傳今尙父鷹揚方叔翰飛章懷太子賢注毛詩曰方叔涖止其車三千鴥彼飛隼翰飛戾天

瀚案段氏玉裁詩經小學曰詩本作其飛文舉易字麗句耳此說得之章懷注特順釋傳文未必別有據也

矢舍而破　唐本玉篇零卷石部毛詩矢舍而破

瀚案舍矢到作矢舍亦通如而也而如也古多互用

肅肅馬鳴　唐石經初刻蕭蕭作肅肅

瀚案臧氏琳經義雜記曰傳曰言不讙譁也以經本作肅爲肅肰淸靜意故云不讙譁若作蕭爲蕭涼蕭條則入近人辭氣矣當从石經原刻

以晏父母　說文女部晏安也詩曰以晏父母

瀚案今本毛詩無此文段氏玉裁謂是歸甯父母之異文殊屬牽強惟嚴氏可均以爲吉日文二章

天子之所三章以旻父母四章以御賓客語有倫次詩作以燕天子涉上文而改說似可从故列於此

鳴鴈于飛　釋慧琳一切經音義九十七卷毛詩云鳴鴈于飛

瀚案說文隹部鳴下段注引元應曰鳴古文琟聲類以爲鴻鵠之或字鳴與鳴字形相亂廣雅釋鳥曹憲注云鴈與鴻同

念彼不迹　嚴粲詩緝引釋文作迹云當作蹟蹟足跡也

瀚案李氏富孫曰說文云迹步處也或作蹟籀文作速蹟迹本一字

言歸思復　朱子詩集傳斯作思

瀚案斯作思聲之誤

惟虺惟蛇　玉燭寶典二卷劉向五行論曰漦化爲元蜿入王後宮漦蓋血也漦及元蜿似龍蛇之孽詩曰惟虺惟虵女子之祥

瀚案顏氏家訓勉學篇云莊子螝二首螝卽古虺字唐韵云虵俗蛇字

維帶維蛇　蕭吳經史管窺引詩推度災作維帶維蛇

瀚案莊子齊物論篇曰蝍蛆甘帶司馬彪注云小蛇也吳語曰爲虺弗摧爲蛇將奈何韋昭注云虺小蛇大也是帶與虺音近訓同

執國之鈞　隋書律歷志詩曰執國之鈞

瀚案爾雅釋詁曰秉執也義本相通均作鈞與漢志引詩合

胡爲蚖蜴　玉燭寶典二卷劉歆爾雅注榮螈下云龍漦化爲元螈并引詩胡爲蚖蜴

瀚案說文虫部云虺以注鳴又云榮蚖蛇醫以注鳴者故王菉友句讀疑虺蚖卽是一字郝蘭皋爾雅義疏亦疑蚖卽虺之或體得此爲證益曙朕矣

曄曄震電　楚辭遠遊王逸章句詩云曄曄震電

瀚案說文云曅光也火部引詩與今本同玉篇曰曄曄震電貌叢卽本叔師此注也

百川縢沸　釋慧琳一切經音義六十七卷毛詩云百川縢沸

瀚案縢卽滕之變體篇海云水也沸騰到作滕沸與上句俱不入韵亦協

民莫不穀　韓詩外傳七卷詩曰四方有羨我獨居憂民莫不穀我獨不敢休

瀚案逸作穀與小弁四月二篇句同

降喪飢饉　毛詩攷文古本饑作飢

瀚案說文飢餓也穀不熟爲饑二字義別此當作饑

謨猷回遹　呂氏家塾讀詩記董逌引崔靈恩集注謀作謨　瀚案謀與謨聲近義同

交交桑鳸　釋慧琳一切經音義四卷毛詩云交交桑鳸　瀚案桑扈之扈依說文當作雇玉篇云雇亦作鳸

儵儵周道　王應麟詩攷補遺踧踧作儵儵

瀚案馬氏國翰魯詩故亦采此條蓋本臧氏庸之說也郝氏懿行爾雅義疏曰釋文云樊本作攸引詩攸攸我里今詩作悠悠毛傳悠悠憂也是樊光作攸者悠字之省或作儵者攸與儵形相亂儵攸音同又俱从攸聲故叚借通用釋文儵郭徒的反郭蓋以儵為踧據詩踧踧周道鞫為茂草而言故云悼王道穢塞今以樊本作攸於義為長也

我心攸傷　文選陸士衡贈弟士龍李善注詩曰我心攸傷

瀚案李善注所見本如此憂悠音義並同

假寐永勤　釋慧琳一切經音義二十四卷詩曰假寐永勤

瀚案勤與歎字形相亂

鳴蜩嚖嚖　說苑雜言篇詩云菀彼柳斯鳴蜩嚖嚖

瀚案馬竹吾所見本如此玉篇口部云嚖同嘒

詑詑碩言　唐本玉篇雩卷言部孟子苟不好善則人將曰詑詑予既已知之矣劉熙曰詑詑自得兒也廣蒼詩云詑詑碩言野王案毛詩詑詑淺言也今為虵字在它部

瀚案詑今本玉篇作訑馬氏瑞辰毛詩傳箋通釋云是詩蛇蛇卽詑詑之叚借其言也信

維暴之云　唐石經誰作維　相臺本攷文古本同

瀚案阮氏毛詩校勘記云誰字誤也

云何盱　唐石經無其字旁添之

瀚案錢竹汀養新錄曰臧在東云卷耳云何盱矣都人士云何盱矣文法與此同卽三字為句未始不可箋云於汝亦何病乎既何病連文知中無其字矣此亦當从石刻

仲氏吹䶵　唐本玉篇雩卷龠部毛詩仲氏吹䶵

瀚案今本玉篇龠部䶵下曰或箎字

緝緝繽繽　唐本玉篇雩卷糸部野王案韓詩緝緝繽繽謀欲譖人緝緝往來兒也　釋慧琳一切經音義九十四卷韓詩外傳云繽繽往來兒也

瀚案翩繽義同

棄余如遺　文選歐陽堅石臨終詩李善注毛詩曰將安將樂棄余如遺

瀚案爾雅釋詁云予余我也是二字義同臧鏞堂

輯韓詩引外傳棄予作遺陳氏韓詩遺說攷已辨
其非茲不錄
潸然涙下　釋慧琳一切經音義八十一卷毛詩云潸
然涙下
瀚案出涕作涙下與上履視等句不韵自是駁文
不以其酒或以其漿　唐本玉篇零卷水部野王案毛
詩不以其酒或以其漿
瀚案或不二字與今詩互易於義亦通
或慘以劬勞　王符潛夫論議邊篇詩痛或不知叫號
或慘以劬勞
瀚案年丈鄒叔績先生讀書偶識所見本如此疑

慘重文作二因譌作以
濟濟鏘鏘　唐本玉篇零卷糸部毛詩濟濟鏘鏘絜爾
牛羊
瀚案禮記曲禮士蹌蹌釋文蹌本又作鶬或作鏘
又論語泰伯集解能濟濟蹌蹌釋文蹌本或作鏘
是蹌鏘同音通用肰鏘爲俗體其正字當作將也
執爨碏碏　唐本玉篇零卷石部碏敬也毛詩執爨碏
碏
瀚案說文無碏字徐鼎臣新附有之引唐韵云敬
也左傳石碏漢石經公羊殘碑作石踖知古是从
足字碏盖踖之別體

卓彼甫田　唐本玉篇零卷用部毛詩卓彼甫田
瀚案毛傳曰倬明貌廣雅釋詁曰卓明也是卓與
倬音義相同
有之有之　韓詩外傳七卷詩曰左之左之君子宜之
有之有之君子有之
瀚案此據周氏廷寀校注本有之有之二有字並
讀爲右
萬方之薮　釋慧琳一切經音義二十七卷詩云萬方
之薮
瀚案方邦聲相近毛傳曰屏蔽也作薮不入韵蓋
涉傳而譌

酌彼㱂爵　唐本玉篇零卷欠部野王案凡器物空虛
亦曰㱂毛詩酌彼㱂爵是也水空虛爲漮字在水部
屋空虛爲康字在广部
瀚案依此則今詩乃借康爲㱂也范氏家相詩說
文作漮說文水部漮下初未引詩惟爾雅釋詁邢
昺疏云漮卽酌彼康爵之康范誤記耳
彼交庶紓　朱彝尊經義攷一百九卷董斯張引韓詩
外傳彼交庶紓
瀚案庶匪音相近
至于已斯亡　唐石經已作己
瀚案此當依唐石經作己毛傳曰爵祿不以相讓

故怨禍及之及之者及己也韓詩外傳四卷說此詩曰言能知於人而不能自知也蓋亦作己阮氏校勘記僅以正義證之猶未盡

子何不臻　潛夫論賢難篇詩云彼人之心于何不臻

瀚案不與其皆發聲也義亦可通

俾滂沱矣　史記仲尼弟子列傳詩不云乎月離于畢俾滂沱矣

瀚案古讀沱如池說文無池字沱卽池也徐鉉曰沱沼之沱通用此字今別作池非是

大雅

緝熙敬止　釋慧琳一切經音義七十二卷一百卷詩

云穆穆文王緝熙敬止

瀚案毛傳未釋於字

無忝爾祖　後漢書劉長卿妻傳詩云無忝爾祖聿修厥德

瀚案無念作無忝義亦通小宛篇曰無忝爾所生

宣照誼問　唐本玉篇零卷言部宣照誼問

瀚案昭與照古字通說文曰誼人所宜也段氏注云周時作誼漢時作義皆今之仁義字也

生我文王　文選陸士衡贈馮文羆遷斥丘令李善注毛詩曰有命自天生我文王

瀚案李氏富孫云此當涉次章生此文王句而牽合之

肆師大商　三家詩拾遺釋文伐作帥亦作率

瀚案釋文所云乃斥鄭箋師率之武之率蘅洲仞爲經文可謂大謬矣

率先水滸　桑欽水經漆水酈道元注詩云率先水滸

瀚案陳氏奐詩毛氏傳疏所見本如此先與西古字通顏師古匡謬正俗云西有先音丁度集韵一先有西字

乃慰乃止　唐本玉篇零卷乃部韓詩乃慰乃止乃大也

瀚案文選干令升晉紀總論引是詩四句迺並作

乃據說文迺乃異字異義爾雅釋詁雖曰迺乃也亦非一字肰經典迺乃通用者不勝僂指故玉篇云迺亦與乃同廣韵則以迺爲古文乃字段若膺墨守許書謂詩書史漢發語多用𠧧字作迺而流俗多改爲乃未免失之固矣韓詩訓乃爲大其義未詳

捄之濡濡　釋慧琳一切經音義七十五卷毛詩云捄之濡濡

瀚案說文阜部引詩作陾段若膺謂許从耎聲與如乘切相去甚遠依玉篇手部作捄之陾陾則之韵而聲可轉入蒸韵如耳孫之卽仍孫也其說良

是濡集韵韵會皆云一音而是與隔聲同

奉璋峩峩　闔本明監本毛本峨峨並作峩峩

瀚案阮氏校勘記曰峨峨是也

鳶飛厲天　潛夫論德化篇詩曰鳶飛厲天

瀚案厲戾同音

受福不喪　唐本玉篇零卷卬部毛詩受福不喪

瀚案福與祿不與無義並可通

帝赫斯怒　文選陸佐公石闕銘李善注詩曰帝赫斯

怒

瀚案李鄭祉所見本如此帝王雖同訓爲君朕此

實因銘文相涉致誤非有它據也

不長夏以謹　唐本玉篇零卷言部毛詩不長夏以謹

傳曰謹更也字書或作㦘字在心部今爲革字在革

部

瀚案謹革音義並同

以伐崇庸　後漢書伏湛傳詩曰以伐崇庸

瀚案崧高篇以作爾庸釋文云庸本作墉

執訊連連　毛詩釋文訊音信字又作誶又作訊並同

瀚案作誶非是錢曉徵譏陸氏釋文誶訊不辨此

亦其一也

詒爾孫謀　唐本玉篇零卷言部毛詩詒爾孫謀

瀚案爾詞也厥亦詞也

以就口實　劉賡稽瑞毛詩曰克岐克嶷以就口實

瀚案食作實義亦通李鼎祚周易集解頤自求口

實鄭康成曰頤中有物曰口實

即有台家室　班固白虎通邋國篇詩曰即有台家室

瀚案陳氏立疏證曰小字本部作台與王伯厚詩

攷所引合盧氏文弨左傳釋文攷證曰案吳越春

秋后稷其母台氏之女台乃其本字凡國名邑名

偏旁多後人所加

有邰家室　呂氏春秋辨土論高誘注詩云實穎實栗

有邰家室

瀚案錢氏養新錄曰宋槧本說文邑部邰字下引

詩亦無即字

誕降嘉穀　說文禾部詩曰誕降嘉穀惟秬惟秠天賜

后稷之嘉穀也　文選班孟堅典引李善注引毛詩

同

瀚案徐楚金繫傳穀仍作種

天降嘉種　初學記一卷孫氏瑞應圖曰舜時后稷播

植天降秬秠故詩曰天降嘉種惟秬惟秠　太平御

覽三卷引同

瀚案毛傳云天降嘉種

以歸肇祀　唐石經肇作肈下章同

瀚案段氏詩經小學曰玉扁攴部肇俗肈字五經

文字戈部肈作肇訛廣韵有肇無肈今本說文攴部說文有肇字唐後人妄增入無疑凡古書肇字皆當改肈阮氏校勘記曰今攷六經正誤云作肇誤是舊本从戈毛居正始誤改之耳

于豆于登　相臺本登作豋

瀚案說文豆部豋下云禮器也讀若鐙同此經及爾雅作登儀禮公食大夫禮作鐙登鐙皆叚借字段注引劉氏台拱曰釋文唐石經篇韵皆無豋字玉篇有𤼷字俗製豋字改經非也

慼慼兄弟　釋慧琳一切經音義四十六卷詩云慼慼兄弟

瀚案小明篇自詒伊戚左氏僖二十四年傳引作慼隸釋夏承碑君之羣慼慼即戚也

永錫胙允　國語周語詩曰其類維何室家之壼君子萬年永錫胙允

瀚案此據宋公序國語補音本說文有胙無祚凡祭必受胙胙即福也段氏玉裁曰自後人肊造祚字以改經傳由是胙祚錯出矣

天錫百福　後漢書馬融傳章懷太子注詩大雅曰天錫百福子孫千億

瀚案干祿作天錫當是記憶之誤

陟彼在巘　唐本玉篇寽卷山部毛詩陟彼在巘

瀚案則作彼疑涉次章兩彼字而譌釋文云巘本又作巚今攷說文無巚字亦無巘字爾雅釋山重巘陳郭璞注云謂山形如累兩甑廣韵巘下亦云山形如甑則字當以作甗爲正毛詩或借作巘山旁皆後人所加耳

鞞琫容刀　北宋石經鞞作鞸

瀚案鞞從卑從畀非

乃告其曹　釋慧琳一切經音義四十六卷詩云乃告其曹

瀚案告與造同列子楊朱篇密造鄧析而謀之釋文造本作告是其證

顒顒盎盎　馮登府三家詩異文疏證補遺引韓詩外傳作顒顒盎盎

瀚案外傳無此文不知雲伯何據李黼沚引同

多將熇熇　說文繫傳口部詩曰多將嗃嗃

瀚案易家人嗃嗃釋文劉作熇熇晁氏易引鄭同爾雅釋訓曰謞謞崇讒慝也邢疏云謞熇音義同楚金引作嗃蓋从言从口古字每通用

喪亂末資　潛夫論敘錄詩刺末資

瀚案小爾雅廣言曰蔑末也是二字義同

天生烝明　韓詩外傳五卷詩曰天生烝明其命匪諶

瀚案民明聲近外傳上下文皆有明王聖主云云

疑涉此兩明字而誤

鮮克由終　說苑敬慎篇詩曰靡不有初鮮克由終新序善謀篇引同

瀚案馬竹吾所見本如此由有亦聲之轉

天降慆德　朱子詩集傳慆作滔

瀚案慆滔音義並同

內奰于中國　淮南子墜形訓高誘注奰讀內奰于中國之奰

瀚案說文大部奰下云壯大也从三大三目一曰迫也讀若易虙羲氏詩曰不醉而怒謂之奰是奰乃正字今詩作奰隸省耳

在夏后之時　漢書楊胡朱梅云傳贊顏師古注大雅蕩之詩曰殷鑒不遠在夏后之時

瀚案世時義同

敬爾威儀　徐幹中論法象篇詩云敬爾威儀惟民之則

瀚案此蓋涉五章敬爾威儀句而誤

克拱明刑　玉篇手部詩曰克拱明刑拱執也

瀚案拱與共古字通

誨示諄諄　釋慧琳一切經音義六十五卷詩云誨示諄諄

瀚案示疑本作尔字形相似而譌

國步斯頻　唐本玉篇零卷言部說文頻比也野王案毛詩國步斯頻是也今爲頻字在頻部

瀚案鄭箋曰頻猶比也廣雅釋詁亦猶頻比也今說文言部頻匹也不訓比

秉心無倞　唐本玉篇零卷誩部毛詩秉心無競傳曰競強也聲類古文爲倞字在人部　張參五經文字競作倞　吳棫韵補同

瀚案說文倞彊也競彊語也此經及抑篇無競維人俱當以倞爲正字

碩碩其鹿　太平御覽九百六卷蕩桑柔曰瞻彼中林碩碩其鹿

瀚案碩碩與甡甡音義俱遠恐誤甡甡與詵詵侁侁莘莘字並同陳氏奐詩毛氏傳疏曰五經文字兟色巾反見詩玉篇兟兟眾多皃是三家詩有作兟兟者也

靡神不禁　後漢書順帝紀詔曰分禱祈請靡神不禁

瀚案錢氏大昕廿二史攷異曰毛訓宗爲尊漢時三家必有作禜字者祭法雩宗祭水旱也鄭讀宗爲禜是宗與禜通注以靡神不舉釋之似未肰

即不我隤　唐本玉篇零卷阜部韓詩昊天上帝即不我隤隤遺也

瀚案廣雅釋言曰則即也是二字義同文選歎逝

賦注引薛君章句曰隤猶遺也慧琳音義一百卷引韓詩云隤遺也並應屬此盧抱經馮雲伯疑谷風篇棄予如遺韓詩作如隤故薛君云肰陳書又以爲薛君所釋確是谷風篇莫冐下遺異文皆未見此書各以肊決故不免失之

申伯言邁　太平御覽四百八十九卷毛詩曰申伯言邁

瀚案言當作信轉寫脫去人旁

吉甫作頌　廣韵三用詩曰吉甫作頌　文選張茂先答何劭詩曹子建與吳季重書李善注引毛詩並同太平御覽五百八十八卷引同

瀚案頌與誦同音義通

以慰我心　相臺本其作我

瀚案鄭箋云仲山甫述職多所思而勞故述其美以慰安其心作我非是

鉤膺鏤錫　明監本毛本錫作鍚

瀚案鍚字誤

籩豆有且　文選傅武仲舞賦李善注毛詩曰籩豆有且　詩攷引集韵同

瀚案爾雅釋木籩要棗唐石經作籩說文籩籀文作匴隸釋按官碑匴豆用璥籩亦作匴

川澤訏訏　唐本玉篇零卷言部毛詩川澤訏訏

瀚案訏與訏音義相同

有苗有虎　毛詩釋文貓如字又武交反本又作苗音同　毛詩攷文古本貓作猫

瀚案爾雅釋獸曰虎竊毛謂之虦貓說文虎部說解作虦苗藝許書以苗爲貓也貓大徐新附字猫爲俗體

實畝實籍　相臺本藉作籍　閩本明監本毛本同

瀚案鄭箋云藉稅也孔疏云宣十五年公羊傳曰什一而籍是籍爲稅之義也阮氏校勘記云正義本作籍字是也

或辟四方　釋慧琳一切經音義十六卷四十六卷韓詩或辟四方辟除也

瀚案或式音近蕩篇式號式呼釋文式本作或省此淮浦　釋慧琳一切經音義七十二卷毛詩云省此淮浦

瀚案此蓋誤以率彼淮浦省此徐土二句牽合爲一

王旅嘽嘽　北宋石經旅作旅

瀚案字書無旅字

嫕厥哲婦　馮登府三家詩異文疏證補遺韓詩懿作嫕

瀚案文選神女賦注引韓詩曰嫕悅也此固未知

所屬盧氏文弨謂卽懿厥哲婦之懿雲伯翡本其
說而宋氏縣初內傳徵則以爲伊胡爲慝之慝陳
書从之要皆夢揣殊乖闕疑之旨
惟其瀀矣　唐本玉篇零卷水部毛詩惟其瀀矣又曰
敷政瀀瀀今並爲優字
瀚案優卽瀀之叚借字說文水部瀀下云澤多也
詩曰既瀀既渥今詩作優
頌
對𢑨在天　唐本玉篇零卷亏部爾雅𢑨亏也𢑨曰也
郭璞云詩曰對𢑨在天是也
瀚案王晉卿爾雅郭注佚存補訂曰漢書顏師古

詩補　三十一　晨風閣

注𢑨古越字郭既引詩以證𢑨則玉篇作對𢑨者
是今本作越者後人據毛詩以改注也郭所引蓋
三家之詩
賀以謐我　唐本玉篇零卷言部野王案韓詩賀以謐
我
瀚案說文貝部賀下曰以禮相奉慶也廣雅釋言
曰賀嘉也賀與假諴二字音近義同溢作謐與廣
韵引說文合
載櫜弓矢　鹽鐵論論菑篇詩曰載戢干戈載櫜弓矢
瀚案櫜與櫜字形相似易淆
威儀板板　潛夫論巫列篇故詩云降福穰穰降福簡
簡威儀板板既醉既飽福祿來反
瀚案反作板疑聲之誤
莫與甹蜂　唐本玉篇零卷丂部毛詩莫與甹蜂自求
辛螫傳曰甹蜂制曳
瀚案予作與與潛夫論愼微篇合莽作甹與爾雅
釋訓合
自求辛螫　唐石經初刻作螫後磨改爲螫
瀚案阮氏校勘記云螫字是也五經文字云螫式
亦反是其證
載弁俅俅　杜佑通典四十四卷五經通義曰靈星爲
立尸故云絲衣其紑載弁俅俅

詩補　三十二　晨風閣

瀚案釋文云俅恭愼也說文作絿同今攷說文糸
部引詩不競不絿人部引是篇與今詩同蓋五經
通義乃作絿耳馬竹吾疊詩故引通義紑作紱載
作會不審所據何本
墮山高岳　唐本玉篇零卷山部毛詩墮山高岳
瀚案鄭箋云喬高也又云小山及高嶽皆信正義
嶽作岳
以車祛祛　唐石經祛作祛　相臺本同
瀚案从衣从示之字古書每相亂阮氏校勘記曰
作祛是也六經正誤云作祛誤从示者祛逐也从
衣者袪袂也攷此但毛居正別爲區別其實說文

不載袪字無容見於毛氏詩也文選所駁甚允文選南州桓公九井作注引薛君韓詩章句曰袪去也慧琳音義七十二卷九十五卷希麟續音義四卷並引韓詩袪也字俱从衣不从示

昭格烈祖　文選史孝山出師頌李善注毛詩曰允文允武昭格烈祖

瀚案烈祖篇鬷假無言釋文云假毛古雅反鄭音格至也下以假以享同然此篇毛傳假亦訓至是與鄭義同也

穆穆魯侯　白虎通辟雍篇詩云穆穆魯侯克明其德

瀚案李氏富孫曰此當因與上章相涉故錯引之

俾侯于魯　馮登府三家詩異文疏證補遺漢書宣元六王傳東作魯

瀚案漢書宣元六王傳詩云俾侯于魯爲周室輔與今詩無異雲伯以屬俾侯于東句固已大謬且謂作魯字爲長不亦岐之又岐乎

皇皇上帝其命不忒　說苑權謀篇詩云皇皇上帝其命不忒

瀚案此蓋享祀不忒皇皇后帝之駁文而又誤到之

設其楅衡　說文角部詩曰設其楅衡

瀚案周禮封人有此文許君誤記爲魯頌

魯邦是常　唐石經嘗作常　小字本相臺本同

瀚案鄭箋云嘗守也正義曰魯邦是常言其常守魯國故以常爲守也然則字不應作嘗矣

朱英綠騰　馮登府三家詩異文疏證韓詩縢作騰

瀚案文選甘泉賦及侍遊蒜山作注並引韓詩薛君章句曰騰乘也與十月之交篇百川沸騰本篇不虧不騰傳合王伯厚詩攷雖於閟宮引薛章句實未嘗以爲縢之異字也馮又云御覽作騰今攷之亦不然

保其鳧繹　朱彝尊經義攷一百九卷董斯張引水經注作保其鳧嶧

瀚案水經泗水酈道元注詩所謂保有鳧嶧者也仍作有不作其未審董據何本繹作嶧陳書已采

海水有截　詩攷引漢書作海水有截

瀚案李氏富孫曰詩攷當以截爲異字轉寫者譌外爲水後人遂誤以爲水字爲異文矣段氏詩小學亦承其誤

爲下國駿駹　呂氏家塾讀書記董逌引齊詩厖作駹謂馬也　詩攷同

瀚案陳振孫直齋書錄解題云廣川詩故四十卷董逌撰其說兼取三家不專毛鄭謂魯詩但見取於諸書其言莫究齊詩尚存可據韓詩雖亡缺猶

可參攷道藏書志有齊詩六卷今館閣無之道自言隋唐亦已亡久矣不知今所傳何所从來或疑後世依託爲之肰則安得以爲齊詩尙存也觀伯玉此駁則彥遠所稱齊詩其與明人僞撰之子貢詩傳申培詩說同一依託無疑矣顧猶有惑其說者輙廣詩童子問云是詩當从董說謂馬則與上章綴旒相類舍古義而信虛辭其於經庸有當乎

說文解字校勘記殘稾

晨風閣叢書

王懷祖先生說文解字校勘記殘稾

此是王懷祖所校說文只鈔得此數葉惜未錄其全本曲阜桂馥記

一部 元 徐鍇以爲元字不當从兀聲故繫傳注云聲字人妄加之也今考說文髡字从髟兀聲或从元聲作髡又軏从車元聲音月郎小車無軏之軏蓋元與兀本一聲之轉故元从兀聲而从兀之字可从元从元之字又可从兀也又唐元度九經字樣皆本說文其元字注亦云从一兀聲則說文本作从一兀聲明甚徐鍇不得其解削去聲字徐鉉又改爲从一从兀並非

示部 祥 一云善說文文無此例蓋徐鉉所加也繫傳無此三字

𥜍 籒文禋字玉篇廣韻書作𥜍繫傳作𥜍从𠧪𠧪古文西

祡 玉篇引此注祡字作柴繫傳作燒柴燎㠯祭天神經典釋文引此作燒柴燎祭天也諸書雖互有同異而燒柴之柴俱作柴不作祡今作祡乃祭名之祡非燒柴之柴誤

祏 从示从石繫傳作从示石

祫 从示合鍇以爲誤多聲字故鉉削之今考禷字注云从示類聲祰字注云从示告聲皆有聲字推之他

部亦多有此豈得謂之誤乎削去聲字非是
禜 从示榮省聲繫傳作从示从營省聲按禜字當从
繫傳改作營蓋禜者營也設緜蕝爲營以禳於日月
星辰山川也故字从營省聲周禮鬯人禜門注禜謂
營酇所祭禮記祭法幽宗祭星也雩宗祭水旱也注
宗皆當爲禜禜之言營也左傳昭元年於是乎禜之
正義賈逵以爲營攢用幣是其證也又按禮記曰以
下八字乃徐鍇取錯語附入非說文語
禬 从示从會會亦聲繫傳作从示會聲
禂 詩曰以下六字亦徐鍇取錯語附入
騆 繫傳篆作[illegible]

社 繫傳作从示土聲今本無聲字徐鍇以爲社與土
聲不相近而削之也攷社字古音土故从土得聲左
傳閔二年閒于兩社爲公室輔漢書敘傳布歷燕齊
叔亦相魯民思其政或金或社白虎通社不謂之土
何變名爲社別於衆土也合觀數條皆讀社爲土則
此字之从土聲明甚今削去聲字非是
祟 从示从出繫傳作从示出注云以出示人故从出
又音吹去聲詩曰匪舌是出維躬是瘁故又出聲按
錯說是也
文六十三繫傳多禰禮二字作文六十五
繫傳部末有禰禮二字禰卽蒐苗獮狩之獮云秋畋也

從示爾聲臣鍇曰獵者所以爲宗廟之事也左傳曰
鳥獸之肉不登於俎則君不射故从示禮卽詛祝之
詛云祝也从示虘聲今本說文禰入新附字而無禮
字經典釋文獮字注說文从璽或作禰从示皆未知
其審
玉部 瑱 此字及注皆徐鍇所加攷鍇新修字義云左文
一十九說文闕載注義及序例偏旁有之今並錄於
諸部十九字者詔志件借魋綦剔[illegible]醆趄顋瑱膺[illegible]
緻笑迓睆峯是也按說文敘云必遵修舊文而不穿
鑿又云於其所不知蓋闕如也此瑱字雖說文注義
有之而既已闕載則訓詞無徵卽欲補之亦當別出
一字附於部末今乃加以注釋溷入正文可乎又按
繫傳部末注云臣次立曰今文一百二十四補遺瑱
瑳二字共一百二十六據此則繫傳本無瑱字明甚
今本瑱字一條乃張次立取鍇語入之繫傳中者

珣 珣玗琪繫傳作璂按說文無琪疑古通用璂當
从繫傳也
叡 繫傳籀文作壡从玉按此字當从繫傳改作壡玉
篇廣韻作壡是其證也今作叡非叡卽聰明睿智之
睿又攷繫傳籀在古文上玉篇同
琥 賜子家繫傳作賜子家子
瓛 桓圭公所執繫傳作桓圭三公所執

瑞 錯以爲瑞字不當从耑聲故刪之不知耑瑞乃聲
之轉說文惴字亦从耑聲是其證也刪去聲字非是
璂 往往繫傳作行行按周禮弁師王之皮弁會五采
玉璂注云皮弁之縫中每貫結五采玉十二以爲飾
據此則當从繫傳作行行然經典釋文引此作往往
未知其審
玎 繫傳作齊太子伋謚曰玎公玉篇引此作齊太子
謚曰玎
玭 玭珠之有聲繫傳玭珠珠之有聲者
文一百二十六舊本繫傳作一百二十四張次立增瑱
瑳二字改爲一百二十六見前瑱字下

士部 墫 舞也繫傳作墫舞也从士尊聲注云臣鍇按周
禮舞者皆士也經典釋文引此作士舞也按墫爲士
舞故从士今但云舞也則从士之義不明當从釋文
作士舞也繫傳墫舞也疑是士舞也之譌
丨部 𠁿 舊本繫傳無此字張次立增入見部末
重二舊本繫傳作重一張次立改爲重二注云補遺籒
文一字共重二
屮部 毒 繫傳作从屮毒聲又祛妄篇云毒說文从屮毒
聲陽冰云从屮从毋毋出地之盛从土土可制毒非
取毒聲毒烏代反臣鍇按毋何得爲出地之盛方說
毒而言土可制毒爲不類矣念孫按今說文無聲字
者徐鉉以李陽冰云毒字非取毒聲毒烏代反故刪
之也不知毒有代音與毒聲相近漢書地理志多犀
象毒冒珠璣師古曰毒音代是也陽冰不得其解而
改爲从屮从毋从土徐鉉又改从屮毒竝非
艸部 蓏 从艸从㼌繫傳作从艸㼌聲
芝 从艸从之繫傳作从艸之聲
蘇 桂荏也繫傳作蘇桂荏也蘇桂荏三字乃爾雅釋
草文蘇字非衍不應刪去
莒 舊本繫傳無此字張次立增入見部末
苷 从艸从甘繫傳作从艸甘聲
蓩 舊本繫傳無張次立增

蒢 舊本繫傳無張次立增
薗 圝籒文圝四字繫傳無之徐鉉所加
莃 从艸稀省聲繫傳作从艸希聲考說文稀字注云
疏也从禾希聲徐鍇辨之云當言从禾爻巾無聲字
後人加之爻者稀疏之義與爽同意巾亦是其稀象
至莃與睎皆从稀省何以知之說文巾部爻部竝無
希字以是知之念孫按徐鍇以爲莃睎皆从稀省故
徐鉉於此莃字注改爲从艸稀省聲也今考說文莃
唏睎脪郗睎稀俙欷豨絺十一字竝从希聲又斦字
注云讀若希則本書原有希字明甚今本無希乃傳
寫脫誤豈得謂本無此字乎稀字而外从希聲者尚

有十字又可一一改爲稀省聲乎此莃字注當从繫
傳作从艸希聲後放此
蘈　舊本繫傳無張次立增入
蕵　舊本繫傳無張次立增入
芸　淮南子說繫傳作淮南說廣韻引此作淮南王說
念孫按說文無稱淮南子者當從廣韻作淮南王爲
是說文蜩字注引淮南王說是其證今作淮南子繫
傳作淮南竝非
薺　蒺黎也繫傳黎作藜
薖　薖籀文遬此四字亦鉉所加繫傳無之
蘠　治牆也繫傳牆作蘠

莖　莖藸艸也繫傳無艸字
藸　繫傳在蘈字下云艸也注云臣鍇按爾雅蒢莖藸
念孫按徐鉉以鍇訓爲莖藸故改入莖字下并改艸
也二字爲莖藸也今考繫傳此字在蕮苐二字上三
字注竝云艸也則文義相承不可更置徐鉉改入莖
字下非又考玉篇藸字注云致如切藸蘽草又音除
爾雅蒢莖藸廣韻同然則藸字有二音二義今說文
但云藸艸也則未知其爲莖藸歟抑藸蘽歟徐鉉改
說文艸也爲莖藸也亦非當以繫傳爲正
芘　一曰芘茮木繫傳同注云臣鍇按荍蚍虾亦或作
此念孫按此則一曰芘茮木五字乃是一曰芘茮之

譌詩東門之枌三章視爾如荍傳荍芘芣是也今本
及繫傳於芣字下既譌不作朩又衍一木字誤
蘳　讀若壞繫傳作讀若隓壞念孫按讀若隓壞者言
讀若隓壞之隓也隓音呼規反說文蘳字从圭聲故
蘳从其聲讀若隓玉篇蘳呼規切是其證今作讀若
壞失之矣
蓨　从艸隨省聲繫傳作从艸隋聲念孫按隋音他果
反蓨音悅吹反徐鉉以爲蓨不當从隋聲故改爲隨
省聲也不知隨字亦作隋聲凡支韻中字从隋聲者
古皆與歌戈通若隨字古音徒禾反老子云音聲相
和前後相隨之類是也此蓨字古亦音徒禾反與隋

聲相近故从隋聲今改爲隨省聲非是
葻　从艸風下繫傳有風亦聲三字徐鉉以爲葻與風
聲不相近而削之也不知風字古音孚凡反與葻聲
相近詩何人斯四章彼何人斯其爲飄風胡不自北
胡不自南釋名風兗豫司橫口合脣言之風氾也其
氣博氾而動物也說文風从虫凡聲是其證風从凡
聲故葻从風聲今削去風亦聲三字非是
萃　舊本繫傳無張次立增
菑　从艸甾繫傳同注云此爲从艸从巛从田凡三文
合之舊解从艸甾聲傳寫誤以巛田合爲甾亦無聲
字何以言之若實从艸下甾則下不合別有甾字云

或省艸臣以爲當言从巛从田田不耕則草塞之故从艸巛者川塞也音災但許愼約文後人不曉誤以巛田合成甾字因誤加聲字耳念孫按鍇云舊解从艸甾傳寫誤以巛田合爲甾此言是也至云誤加聲字則非蓋文本从艸田巛聲巛古災字與菑字相近易无妄象傳邑人災也與之爲韻史記龜策傳身乃無災與時期欺爲韻爾雅釋地田一歲曰菑疏引孫炎云菑始災殺其艸木也災字皆讀若菑又詩生民二章無菑無害禮記祭法能禦大菑則祀之菑卽災字故此菑字从艸田巛聲傳寫者誤以田巛二字上下倒置合爲一字故譌作从艸甾聲今不得其解而

削去聲字非是

芟 繫傳作从艸殳聲

蕈 一曰蕈藨繫傳作一曰蕈歷

左文五十三重二大篆从茻此行十一字繫傳無

萑 詩曰食鬱及萑六字繫傳無

薻 从艸从水巢聲繫傳作从艸水巢聲

草 一曰象斗子繫傳作一曰橡斗玉篇引此作一曰樣斗念孫按說文無橡字惟樣字注云栩實徐鍇注今俗書作橡似獎反又栩字注云其實阜一曰樣徐鍇注阜亦曰阜斗卽此注所云草斗櫟實一曰象斗是也說文橡斗字作樣此注亦當作樣蓋後人不知橡本作樣以此注樣字爲橡字之譌故改作橡徐鉉以說文無橡字故又改作象耳當從樣爲正又按玉篇引此注本云草斗櫟實一曰樣斗草今俗作皁或言皁斗周禮大司徒其植物宜皁物注鄭司農云皁物柞栗之屬今世閒謂柞實爲皁斗又敘官掌染草注云染草藍蒨象斗之屬爾雅釋木櫟其實梂疏引孫炎云櫟實橡也小爾雅云柞之實謂之橡合觀諸訓是櫟一名栩一名柞其子謂之草斗亦謂之樣斗故陸璣云其子爲皁或言皁斗斗卽子也今於象斗下又加一子字作象斗子非是

文四百四十五繫傳作文四百四十張次立注云今文

四百三十九按說文曰文四百四十五補遺莒蓩蒢蘱蕛萃六字共文四百四十五念孫按繫傳文四百三十九加重出苗字共文四百四十次立遺去重出苗字故但云四百三十九不知實四百四十也若再加莒蓩蒢蘱蕛萃六字則爲四百四十六不得言四百四十五矣又按繫傳蘱字注云臣鍇按本草薏苢一名蘱米則是繫傳原有蘱字非次立所加今言補遺未詳其故

重三十一舊本繫傳作重三十張次立改爲重三十一注云補遺蔆一字共重三十一

蓐部

蓐 拔去田艸也繫傳無去字經典釋文玉篇及張

參五經文字注竝同當從之
茻部 莫 从日在茻中句下繫傳有茻亦聲三字鉉以爲
莫不當從茻聲故刪去不知茻古音莫補反與莫聲
相近茻今通作莽楚詞離騷懷沙莽字皆讀莫補反
又攷九經字樣一書皆本說文其莫字注亦云从日
在茻中茻音莽茻亦聲則說文原有茻亦聲三字明
甚鉉刪之非是
莽 善逐菟宜依繫傳改兔
葬 厚衣之以薪句下繫傳有茻亦聲三字釋文葬莫
郎反或莫郎反葬古音藏是聲相近也刪去茻亦聲
三字非是

說校　十　晨風閣

八部 必 从八弋弋亦聲繫傳作从八弋聲
釆部 乇 古文釆繫傳作古文釆同
審 篆文宷从番繫傳作篆文宷从田注云言从番字
也念孫按此則說文本从田徐鉉以錯言从番故改
之
半部 胖 从半从肉繫傳作从肉从半
牛部 特 朴特牛父也繫傳作特牛也廣韻玉篇作牡牛
也
牝 舊本繫傳無張次立增
牢 从牛冬省繫傳作从牛冬省聲
文四十五舊本繫傳作文四十四張次立改爲文四十

五注云補遺牝一字共四十五
口部 名 从口从夕繫傳作夕口廣韻與繫傳同
嚞 繫傳列於悊字上
君 从尹發號故从口繫傳作从尹口發號故从口
咊 相譍也繫傳譍作應唉字注譍也同念孫按說文
有應無譍今本譍字皆徐鉉所改非是說見言部譍
字下
唏 从口稀省聲繫傳作從口希聲當從之說見艸部
莃字下
唉 讀若埃繫傳作讀若塵埃
嘑 嗁也繫傳作號也

說校　十一　晨風閣

咸 从口从戌戌悉也繫傳作从口戌聲無戌悉也三
字
右 从口从又繫傳作从口又聲當从之
𠷎 𠃬古文疇此四字繫傳無亦鉉所加
嚘 語爲舌所介也繫傳作語爲舌所介礙也
啇 从口𤴓辛繫傳作从口辛
吺 从口投省聲繫傳作从口殳聲鉉以爲殳吺聲不
相近故改爲投省聲今考吺字古音儒即囁嚅之嚅
玉篇嚅汝俱切引埤蒼云囁嚅多言也集韻云囁嚅
言也或作吺此云讘吺多言也囁吺即囁嚅吺音儒
故與殳相近今改爲投省聲不知投字亦從殳聲也

互見投字下

詥　舊本繫傳無張次立增

噆　从口朁聲繫傳作从口潛省聲

各　不相聽也繫傳作不相聽意

否　从口从不繫傳作从口不聲否與不古皆讀鄙說文不部亦有否字注云从口不不亦聲是其證今刪去聲字非是

昏　氒音厥繫傳作氒古文厥字念孫按今本氒音厥三字乃徐鉉所加說文文無此例蓋說文厥字注云發石从厂欮聲氒字注云木本从氏大於末鉉以厥訓發石氒訓木本義各不同此云氒古文厥則合爲一字訓詞互出故改之今攷玉篇云氒木本也今作厥又云厥發石也或作氒廣韻云厥發石也氒古文玉篇廣韻之注皆本說文然則說文此注本云氒古文厥明甚蓋厥字从厂說文云厂岸之厓巖氒字从氏說文云氏巴蜀名山岸脅旁箸欲落嫷者曰氏是厥从厂氒从氏皆取山石厓岸之義義同故字同今不得其解而改爲氒音厥非是

喔　雞聲也繫傳作雞鳴當从之

重二十一舊本繫傳作重二十張次立改爲重二十一注云補遺詥一字共二十一

吅部 咢　从吅屰聲繫傳作从吅屰屰亦聲

哭部 喪　从哭从亾亾亦聲繫傳作从哭亾聲

走部 趯　踊也繫傳作躍也注云臣鍇曰詩趯趯阜螽阜螽善跳躍念孫按趯古皆訓爲躍詩草蟲首章傳趯趯躍也後漢書班固傳南趯朱垠注趯躍也又詩巧言四章躍躍毚兔躍躍卽趯趯正義引王肅云言其騰躍逃隱又音藥蓋趯與躍同聲故詩傳及說文並云趯躍也今本作踊失之矣

⿺走叡　从走叡聲此字音走戀反繫傳篆作⿺走叡云从走叡聲讀若紃念孫按此字當从繫傳改作⿺走叡从走叡聲蓋叡⿺走叡字聲不相近

⿺走龠　从走龠聲繫傳作从走从龠龠亦聲注云猶躍也念孫按說文云龠樂之竹管鉉以爲趠⿺走龠之⿺走龠義非取於竹管不當從龠故改爲从走龠聲也今攷漢書律歷志云龠者黃鐘律之實也躍微動氣而生物也釋名云龠躍也氣躍出也是龠訓爲躍與趠⿺走龠之⿺走龠義同故說文云⿺走龠从走从龠今刪去从龠二字非

趄　舊本繫傳無張次立增念孫按此字及注皆徐鉉所加見玉部瑛字下

⿺走厈　从走厈省聲玉篇此字音充夜切又丑格切廣韻同繫傳注作从走厈聲念孫按此字作⿺走厈則是从走斥聲非从厈聲厈音呼旰反與此字聲不相近傳寫誤也又按斥字篆文作庍隸作斥因譌作厈⿺走厈字篆

文本作趫後人不知此注从走斥聲斥爲斥之譌故
又改篆文作𨑨以从之徐鉉以爲斥本作㡿趚字當
从㡿聲而篆文作𨑨則是從㡿省聲不知篆文本作
趫不作𨑨廣韻二十陌韻有此字音丑格切字作趫
是其證今改爲㡿省聲省㡿作斥與呼旰切之斥溷
爲一字非是
文八十五舊本繫傳作文八十四張次立增趨字改爲
八十五
止部 歷 過也下繫傳有傳也二字
𡳿 機下足所履者音躡玉篇注同繫傳作機下足所
履者疾念孫按上疌字注云疾也鍇注手足共爲之

故疾也此字與上疌字並从止从又則並有疾意又
機下足所履漢蘇伯玉妻盤中詩急機絞機亦有疾
意又按字之音躡者多訓爲疾說文云馺馬步疾也
或作𨄓又方言躡急也然玉篇無疾字未知其審
正部 正 从止一以止繫傳作从一从止
乏 从二繫傳作从二止
辵部 速 繫傳列於蹟字之上
邁 从辵蠆省聲繫傳作从辵萬聲鉉以爲邁字不當从
萬聲故改爲蠆省聲也不知萬邁乃聲之轉說文勱
字亦从萬聲音邁是其證鉉改非是
邁 邁或不省繫傳作邁或从蠆念孫按上邁字注本

云从辵萬聲鉉改爲蠆省聲故又改此注爲或不省
以曲成其說耳謬甚
隨 从辵𡐦省聲繫傳作从辵隋聲念孫按隋音他果
反鉉以爲隨字不當從隋聲故改爲𡐦省聲也不知
隨字古音徒禾反與隋聲相近鉉改非是
遉 繫傳列於徂字之上
屎 繫傳列於徂字之上
摛 繫傳篆作摛玉篇作𢷎念孫按今本摛當从繫傳
改作摛𢷎作摛玉篇作𢷎卽摛字之譌蓋此字从西
古文西作卤故此字亦从卤作摛今作摛从圖乃篆
文西與古文不合非是

遲 繫傳列於追字之上玉篇同
𨘟 舊本繫傳無此字張次立增
𨖷 舊本繫傳無此字張次立增
逖 怒不進也句下繫傳有一曰鷙也四字
遯 从辵从豚繫傳作从辵豚聲念孫按遯字古音豚
故从豚得聲詩雲漢五章群公先正則不我聞昊天
上帝寧俾我遯徐幹齊都賦砏殷𩆣戾壯氣無偏淩
高越險追遠[redacted]遯遯字皆讀豚字是其證今削去聲
字非是
逞 春秋傳曰何所不逞繫傳作春秋傳曰君何所不
逞欲玉篇引此作春秋傳曰何所不逞今左傳昭十

四年作子何所不遲欲
遷从辵备彔闕繫傳作从辵夂田彔闕注云臣鍇以
為人所登故从辵登而止故从夂夂止也春秋傳曰
原田每每故从田此注當从鍇注作从辵夂田彔闕
為是今本誤以夂田二字合為备且說文無备字非
是
重三十舊本繫傳作重二十八張次立改為重三十注
云補遺蝸儺二字共重三十
校至說文二下第六葉
甲辰十二月分條錄入說文畢
右桂未谷先生所錄王懷祖先生校說文一百

十九條雖非全璧要為至寶寫清本存之準此
例推全書當有千有餘條曩請業師門竟未聞
有此它日晤子蘭詢之或得續成完帙未可知
也道光二十八年九月許瀚識
王石臞先生說經精審其治說文尤邃於形聲
假借二書以觀其會通與金壇段氏之學若重
規疊矩之冥合也此校勘記為先生未刊之稾
桂未谷得其殘帙錄入說文許印林又寫為清
本雖寥寥百有餘則而精要不少如校元𡌴毒
蓐蘠薍菑𨒇諸條皆與段合莧字條與段微異
而段遜其徵實芘字條至精確乃段注引其說

而駮去之實為段君千慮之失蓋先生與段同
時箸書各不相謀段氏稱引先生之說殆平日
討論所及未必見先生原書故菁華未盡採擷
也及段書成先生為之序此書則未嘗問世意
先生以段書與己意十合八九故遂削稿歟幸
桂許二君掇拾叢殘一再迻錄俾吉光片羽流
傳至今雖其說多已採入桂氏義證然原書僅
此傳鈔孤本會沈君太侔有叢書之刊羅君叔
言出此慫恿授梓且屬斧為校其譌奪因識其
大略如此宣統紀元三月十七日立夏吳縣蔣
斧記

說文解字校勘記

明仁宗聖政記二卷

仁廟聖政記卷之上
仁宗敬天體道純誠至德弘文欽武章聖達孝昭皇帝
諱高熾
太宗體天弘道高明廣運聖武神功純仁至孝文皇帝
嫡長子
母仁孝慈懿誠明莊獻配天齊聖文皇后洪武十一年
七月二十三日生於鳳陽是夕
仁孝皇后夢冠冕執圭者上謁寤而生
帝自幼端重沈靜言動有經四五歲宮中聞讀書輒喜
自是書册翰墨不去手稍長習射數日輒造精藝發
無不中左右問何若是巧也曰心志既正無難者然
絕口不自矜蓋於馳射及奇巧玩適之具悉非所好
獨好學問日從儒臣論說不厭洪武二十八年閏九
月壬午授金册金寶命爲燕世子
太祖皇帝思宗藩之重特召秦晉燕周四世子朝夕親
教訓之歷試諸事嘗命分閱皇城四門衛士
帝還奏獨後
太祖問之對曰旦寒甚衛士方食候其既食乃閱之故
後
太祖喜曰能體恤下人是吾心也又命分閱中外臣民
奏疏獨取其切於兵民疾苦及關
宗社大計者白之

仁上　一　晨風閣

太祖覽之稱善其間有一語一字之謬者悉置之不以
白
太祖指示之曰爾忽之耶對曰不敢忽顧小過失不足
以瀆
天聽
太祖喜曰孫有君人之度哉嘗問之曰堯九年之水湯
七年之旱當時百姓奚所恃對曰恃一聖人有恤民
之政耳自是益見重遇
太宗皇帝舉兵靖難奉命居守時將士精銳者皆從征
城守所餘老弱不及什一旦暮督治守備及禦敵之
具撫綏城中兵民人人欣悅咨求老於兵事及才識

文吏與之同事推誠待之皆爲盡心每四鼓已起二
鼓乃息左右或以過勤爲言者答曰
君父身冒艱險在外此豈爲子優逸時且根本之地敵
人所必趨者豈得不爲豫備而凡有所施爲必先禀
命
仁孝皇后無幾李景隆等引兵數十萬圍北平城是時
城中守備已完雖老疾孱弱不及萬人
帝鼓舞激勸下至婦人小子皆奮效力更番乘城晝夜
拒敵雖矢石交下人心不變數夜遣人開門斫敵營
敵驚亂自殺或至明乃定景隆等圍城久不下又兵
士夜不得寧息遂退營十數里無幾

太宗皇帝得報引兵馳歸擊之
帝亦出城中兵夾擊景隆等狼狽大敗散走時二郡王
高煦數出從
太宗皇帝三郡王高燧留佐居守宦寺黃儼以高燧之
幼鍾愛也爲媒孽奪嫡之計將爲己利使其黨往來
飾譽高燧而短
帝又謂
帝將爲朝廷固守北平以拒父也
太宗皇帝以問高煦曰爾兄素孝那當有此高煦曰兄
誠孝但在
太祖時果與太孫善也

太宗不答會朝廷用方孝孺之策遣使持書授
帝爲離間
帝得之不啟緘即遣人齎書并械其使詣軍前白之而
儼已先遣人馳報
太宗曰世子與朝中通謀使者持書至矣言未既
帝所遣亦至
太宗發書覽之歎曰吾父子至愛尚見讒間矧君臣間
而姦人不吾毀乎有問
帝曰亦知人所以相讒者乎曰不知曰是可以不知乎
曰吾所當知者恭盡子職而已
太宗皇帝既正大位升北平爲北京以其地大民衆且

藩邸之舊仍命
帝居守而高煦先隨
太宗入南京方潛謀儲位
太宗卽遣之還北京而簡賢才馬京輩數人往輔
帝且諭京等曰此朕之嫡長也永樂二年二月遣隆平
侯張信駙馬都尉永春侯王寍召
帝及高煦至南京授
帝金册金寶立爲皇太子封高煦爲漢王高燧爲趙王
一國朝廷制中外政務有咸式者啓
皇太子施行大事悉奏請時
太宗皇帝欲天下皆歸心於

帝凡有寬貸悉付
帝行之
帝亦孜孜惟仁之施或有水旱饑饉兵民失所未嘗不
戚焉思有以賑恤之每諭文武大臣曰卿等爲國柱
石宜[illegible]體
至尊聖仁以惠黔黎毋爲苛刻以搖邦本其後監國所
一惠被下人甚厚故天下咸屬心焉
一甲辰永樂二十二年七月辛卯
太宗皇帝以征虜寇上賓於行在先日遺命皇太子卽
一皇帝位八月甲辰文淵閣大學士兼翰林院學士楊
榮御馬監少監海壽傳

遺命至北京
帝哭慟幾絕强起拜受命旣而命尚書蹇義大學士楊
榮楊士奇議一應合行事宜及同禮部尚書呂震議
喪禮
癸丑在京文武百官軍民耆老上箋勸進其詞曰自
昔帝王之垂統皆傳嫡長以興邦斯神聖之遺圖寔
國家之常典恭惟
大行皇帝文武聖神高明廣大爰當卽位之始首爲繼
體之圖誠以皇太子殿下嫡長仁明剛健中正實能
子育兆姓懷柔百神特命正位東宮以隆國本而渙
頒綸詔敷告庶邦受撫軍監國之大權攝

尊
祖配
天之大祀
天命允屬人心咸歸於今二十餘年實係
宗社之重茲者
大行皇帝遺命殿下早登大寶表正萬邦蓋其建立於
昔時正望續承於今日今
殿下孝思罔極未卽欽承夫神器不可以暫虛天位不
可以暫曠伏望仰遵先志少抑哀情從
天意順人心早臨九五之位闡聖文恢神武益隆繼述
之圖箋上令諭答曰卿等惓惓忠於憂國終天之慟

方切予心遽繼統之有聞豈哀誠之能忍所請不允
甲寅文武羣臣軍民耆老人等伏闕上箋勸進其詞
曰帝王垂統建永世之基圖嫡長相傳嗣萬年之歷
數國家彝典古今所同恭惟
大行皇帝德合乾坤明同日月以武功定禍亂以文教
致太平經國之謀存於宏遠自登大寶首建皇儲誠
以
皇太子殿下聖學日新英資天錫上足繼承於大統下
足撫按於生民綸命渙頒輿情允愜伏惟
殿下正位以來問安視膳孝行配於前王贊政施仁令
譽達於天下合

天心而
郊廟
社稷之俱享得人望而謳歌朝覲之攸同天與人歸二
十餘載茲者不幸
大行皇帝賓天四海兆民如喪考妣天下豈可以無主
神器豈可以暫虛合羣庶以順天而應人未賜允俞
尚持謙遜雖終天之痛難抑於爲國之計何如願寬
一己之哀情以定萬世之大計臣等俯伏闕門恭候
俞旨幸賜睿明之斷以慰億兆之心箋上令諭答曰卿
等盡忠國家經慮宏遠大寶之位雖難久虛今
梓宮在庭山陵未畢父子至性其寍忍之所請不允

丙辰文武羣臣軍民耆老四夷朝使僧道人等伏闕
上表言自大禹以來國統之傳必歸嫡長至商至周
賢聖之君率由斯道是以治致隆盛享國久長三代
而下漢唐宋之盛際亦莫不由於斯也我
太祖高皇帝以大聖之資致治保邦率遵隆古承祧繼
統必在長嫡著之
祖訓垂法萬年
大行皇帝以聖繼聖雖一政一令必循舊章而經國宏
謨尤所致慎是以即位之初首建儲副所以定邦本
所以一人心正國家之大分貽太平於永遠伏惟
皇太子殿下既嫡且長名分已正而緝熙聖學日新睿

德自膺册寶監國兩京二十餘年孝行通於神明仁
心昭於四海待臣以禮視民如傷燭於物情達於治
體盡四海兆庶咸仰望歸向以爲將來太平之主也
人心如此
天意可知今
大行皇帝上賓遺命屬以繼統係
宗社之重副
天人之心命下累日不聞欽承臣民三上章勸進亦不
蒙允從羣情皇皇實所未喻夫爲天下國家者其孝
在於安宗社固基業以爲重忽其重計又久稽於
遺命聖賢之孝殆不如此伏望

殿下少囘聖心早正天位以慰人望臣等惓惓愚衷有
進無退俯伏闕下伫聆德音表上下令禮部臣曰
大行皇帝上賓遺命朕躬俾承大統顧在哀疚不忍遽
承而親王文武羣臣軍民耆老至四夷朝使同秉一
心奉表勸進卻而復至三四未已國之大計不敢以
不從人之忠告不可以終拒爾禮部擇日祗告
天地
宗廟
社稷予卽皇帝位其具儀以聞
丁巳以嗣位遣英國公張輔告
天地定國公徐景昌告

宗廟寍陽侯陳懋告
社稷
上躬告
几筵卽皇帝位將卽位中官傳旨鴻臚寺百官免上表
賀行拜三叩頭禮赴承天門外聽詔鴻臚寺宣旨訖
上登寶位朝羣臣大赦天下詔曰朕惟
上天生民爰立君主仁育兆庶咸底於泰和統御華夷
同躋於熙皞我
先皇帝奉天撫運治化高於百王文德武功聲教訖於
四海比緣邊警屢龍馭以親征逮及凱旋竟鼎湖之
升逝遺命神器付予朕躬顧哀疚之方深豈遵承之

遽忍親王公侯駙馬伯文武臣寮軍民耆老四夷朝
貢之使俯伏闕下奉表勸進以為天位不可以久虛
生民不可以無主長嫡承統國家常經陳詞再三懇
懇勤切用是仰遵
遺命俯徇輿情已於八月十五日祗告
天地
宗廟
社稷卽皇帝位奉
祖考之洪祐仰
聖神之永圖屬茲莅阼之初宜布維新之命其以明年
為洪熙元年所有合行事宜條示於後於戲君民一

體愛人必務於寬弘賞罰有經為國必彰於明信尙
賴文武賢弼中外良臣攄乃忠貞匡輔不逮用承鴻
業隆國家永遠之基嘉惠羣黎廣海宇治平之福敷
告天下咸使聞知
八月戊午復前戸部尙書夏原吉官初
大行皇帝凶問至之三日首釋原吉於頸繫慰勞之咨
以國事至是復其官賜官衣服被褥幃帳咸備原吉
言在繫時喪母未克成服又未殯乞賜歸葬且終喪
制臣事
陛下之日未艾也
上曰卿老成人今國大喪正望相與共濟艱難安得遽

去卿云有喪服乎遂留賚𫗀賜原吉米十石鈔一萬
貫胡椒一百斤令遣家屬護母喪歸葬仍命兵部給
驛舟有司治葬事
復刑部尚書吳中右侍郎楊勉官
陞錦衣衛千戸畢晟俱爲本衛指揮僉事
徵鎭守大同前軍都督僉事劉鑑鎭守宣府後軍都
督僉事王玉還仍命都指揮使王禮鎭守宣府置太
師太傅太保階正一品少師少傅少保階從一品
上諭吏部尚書蹇義曰此
皇祖之制也
皇考聖明天縱可不置此官予歷事未廣不無望於保

傅卿等勉之遂命義爲少保仍兼吏部尚書二俸俱
給義頓首曰此非愚臣所克勝惟犬馬之誠不敢不
盡
陞文淵閣大學士兼翰林院學士楊榮爲太常寺卿
金幼孜爲戸部右侍郎俱仍兼前職左春坊大學士
楊士奇爲禮部左侍郎兼華蓋殿大學士陞前右春
坊大學士兼翰林院侍讀黃准爲通政使司通政使
兼武英殿大學士榮幼孜士奇准俱掌內制不預所
陞職務陞前司經局洗馬兼翰林院編修楊溥爲翰
林院學士前司經局正字金問爲翰林院修撰
錦衣衛指揮使王節奏比來校尉上直屢失所懸銅

牌銅牌所憑關防出入者請治之以懲
上曰昨日下詔赦有罪今日遽罪赦前事何以示信其
勿治遂諭六科及三法司曰令信則民從不信則民
貳國家使人用信爲本故昨日降詔惓惓在信爾等
各務遵守毋致朕食言以失人心
九月癸酉朔禮部同文武羣臣進
大行皇帝
仁孝皇后尊諡議曰伏惟天地之大化育之妙不可得
而名然聖人有乾元坤元之稱大哉至哉之贊者所
以名其道德功用至盛極大無以復加也維
帝與

后上配天地其功德隆盛則尊號徽稱告於天而薦之
刻諸玉簡昭示無極此萬世不易之大典也恭惟
大行皇帝以正嫡履天位具大而能化之聖聖而不可
測之神法天之行與天合德聰明睿智經慮弘遠賞
罰之行必信必公奉承
郊廟必恭必誠宣布政令悉循舊章恢弘仁化廣大而
無外勵精治理剛健而不息靖內難於幾危保
宗社於再安復交阯郡縣於數千載之後驅漠北殘虜
於數萬里之外輿圖之廣曠古無倫綏和靖[redacted]悉馴
悉服推誠待下任用不疑臨決死刑四五覆奏登才
俊以圖治興學校以隆化輯五經四書性理之大全

撫爲善陰騭孝順之明徵徵顯闡幽垂訓無極制作之備典章之葉雖堯舜禹湯文武之盛不是過也恭惟
仁孝皇后毓自元勳盛德之家齋壹誠莊睿明聖善純乎天稟之仁渾乎坤德之厚祇敬以奉
宗廟肅雍以表宮壼寬惠以逮下慈愛以及物恭儉勞勤相中興之洪業含弘光大隆天下之母儀內訓之典勸善之書垂範萬年雖姜任之盛無以過也仰惟
二聖靈御在天功德高明比隆日月臣等謹遵古典徵
諡法
大行皇帝尊諡宜天錫之曰

體天弘道高明廣運聖武神功純仁至孝文皇帝廟號
太宗
仁孝皇后尊諡曰
仁孝慈懿誠明莊獻配天齊聖文皇后謹議
上立受之覽畢流涕不已遂以諡議封翰林院撰諡册

以鈔法不通定用鈔中鹽則例初
上諭戸部尚書夏原吉曰鈔法阻滯蓋由散出太多宜設法廣斂之民間鈔少將自通矣其議所以斂之之道原吉對曰斂之易者莫若許有鈔之家中鹽
上曰此可一時權宜耳俟鈔法通卽止然必稍寬爲則例而後人皆趨向遂命原吉及禮部尚書蹇義等定各處中鹽例各減舊十四於是原吉等奏滄州鹽每引鈔三百貫河南山東每引百五十貫福建廣東每引百貫輸鈔不問新舊支鹽不拘資次
上曰然其速行之

乙亥陞翰林院侍讀王直爲本院侍讀學士侍講王英爲侍講學士修撰林誌檢討錢習禮爲侍讀檢討余學夔五經博士王進爲侍講

中軍都督府奏本府歷事監生七人今考所治吏事皆勤愼請如例送吏部循次授官
上曰爲士豈止習吏事而已吏事末也誠能窮經博古達於修己治人之道於吏事何難比士習日下率逐

末以圖進取而昧於大經大法故用之往往厲民而辱國自今監生歷事考稱者仍命還監進學俾由科取進庶幾士皆可用官得其人於是通政司引奏六科辦事監生二十人以滿日例應還監幸逢維新之治願仍就科辦事以圖報效
上進二十人者諭之曰諸生不患無位但當圖所以無忝於位者勿徒懷幸進之心士有才德使人求而用之上也而求用於人下也諸生宜立志國家教育爾等固將用之無自汲汲其歸進學有成朕不汝遺時六科給事中多闕諸生萌僥倖之心
上灼知之故有是命

丙子召掌交阯布政司按察司事工部尚書黃福敕
曰卿國家老成人久勞於外朕篤念不忘亟欲見卿
即馳驛還京以副延佇之意
癸未禮部尚書兼太常寺卿呂震奏
太宗皇帝遺命喪服一如
太祖高皇帝倣漢制以日易月今已踰二十七日請
上釋衰服烏紗冠素服黑角帶臨朝
上不聽命與六部都察院詳議以聞震與六部都察院
共奏
上宜服素冠黑角帶羣臣皆從君服
上曰梓宮在殯朕何忍遽易自是臨朝素帶麻衣麻絰

朝退仍衰服
乙酉文武羣臣上表請立皇后
增諸王祿米
上謂戶部尚書夏原吉朕諸叔在者無幾諸兄弟惟趙
王居京師餘皆守藩於外朕旦夕在念蓋帝王之治
莫先親親况朕親嗣大位於此尤當加意其增諸王
歲祿於是周府加米五千石通前二萬石悉支本色
慶府原祿一萬石悉支本色寧府加米九千石通前
一萬石悉支本色代府加米千五百石通前二千石
悉支本色瀋府加米七千石通前萬石內本色米六
千石餘折鈔唐府加米千七百石通前二千石悉支

本色魯府加米二千石通前五千石悉支本色遼府
加米千石通前二千石悉支本色肅府加米五百石
通前一千石悉支本色秦府原祿一萬石內加米四
千五百石通前五千石支本色餘五千石折鈔伊府
加米千七百石通前二千石悉支本色靖江王加米
七百石通前一千石悉支本色漢趙二府各加米二
萬石通前三萬石
遣鎮守交阯中山山壽齎敕諭交阯頭目黎利敕曰
爾本良善久秉歸向之誠但以有司失於綏撫致懷
疑畏潛遁山林未遂素志今大赦之後盡洗前過咸
與更新特遣人齎敕諭爾授爾淸化府知府撫一郡

之民宜即就職以副朕推誠大公之意蓋壽於
上前力言利與己相孚今往諭之必來歸
上曰賊狡詐非爾所知或爲所紿則賊勢日滋不易制
也壽叩頭言如臣往諭而彼不來臣當萬死遂降是
敕
丁亥改淮府右長史王榮爲吏科左給事中荆府右
長史曹曼齡爲翰林修撰二人侍
上於春宮凡書表奏及機務文字悉專之至是不欲其
去近侍故有是命
上謂翰林儒臣曰爲政所大患者上下之情不通比來
朝野物議何如凡軍民中利有當興害有當革者卿

等悉爲朕言當審其可否即行之庶幾稍紓人困

是日交阯都指揮同知陳忠與賊戰死之忠臨淮人初爲寬河衛副千戶以靖難功積官至綏德衛指揮同知坐事謫戍廣西從總兵官征交阯於偤招市舁小船入江劫黎季犛水寨從橫海將軍攻都邦城先登累戰皆奮身陷陣復職爲交州左衛指揮同知官軍敗賊於鹹子關及諸海口忠皆有勞績安謨海洋水戰忠聯戰艦斬獲爲多又從敗賊於奇羅荷花海口及昆侍山等黎賊父子及陳季擴阮帥等就禽忠悉與有勞陞交阯都指揮同知征東潮州禽僞知院事龍虎大將軍吳忠至是叛賊黎利寇清化忠與戰

爲飛鎗所中而歿事聞命禮部於卹典加厚云

庚寅黜太常寺少卿周訥爲交阯升華府知府訥永樂中爲禮部祠祭郎中嘗再上疏請封禪
太宗皇帝不聽後以方賓薦入太常未幾親喪丁憂至是來朝
上曰諛佞之人宜寘遠外不可以玷朝行遂有是命

辛卯陞翰林修撰陳循爲本院侍講行人司行人吳擇都察院司務吳艮及進士夏時得敬焦起艮張崇郭永清俱爲給事中擇任兵科艮刑科時戶科敬起艮俱吏科崇禮科永清工科

癸巳寍王權奏欲來朝又言江西非其封國

上遺書答曰叔欲來見感親愛之厚姪承叔親厚有素今欲見叔亦切惓惓但以
祖訓不敢違也計諒此誠所云寄居江西非所封之國不與封鎮各王例同蓋江西之地叔受之
先帝已二十餘年爲國南屏非封鎮而何惟叔審之

甲午文武羣臣上表請建
皇太子其詞曰
聖皇撫運寔膺南面之尊長子承祧必正東宮之位所以立國家之大本繫天下之人心恭惟
皇帝陛下睿智聰明聖神文武承
太宗付託之重隆大孝繼述之誠信義立而禮教行賞罰公而德施溥天地合德育羣生於覆載之中日月同明統萬國於照臨之下輿圖廣大亙古所無治化昭敷於今彌盛而猶虛主鬯未建儲宮曠前代之弘規稽
聖朝之茂典惟
皇太孫爲聖嗣之長嫡稟睿德之重華績學著時敏之功修業表日新之實問安視膳孝行夙彰恤物愛民仁聲遠播誠宜早居儲位上副　宸嚴將以承
宗廟之明禋傳
祖宗之神器此帝王重計古今通誼而不可以緩者也
臣等俯瀝懇忱仰祈俞旨不勝下情惓切之至表上

賜敕答曰覽表具悉建儲國之大事朕不敢私亦何敢忽顧卽位之初恩澤之施未洽家國卿等所請其姑緩之

丙申文武羣臣再上表請建

皇太子其詞曰聖人居大寶之尊立儲副之位所以正

天倫隆國本繫人心肇自有夏及于成周聖哲之君承由斯道傳嗣久長萬世不易恭惟

皇帝陛下德同天地明昭日月承

太祖高皇帝之基圖紹

太宗文皇帝之謨烈嗣承大統渙發綸音昭大孝以尊

親激至仁而及物普天之下懽欣感戴惟儲位未立

邦家之本莫此爲重伏惟

皇太孫以嫡以長旣明且仁德業緝熙孝友兼著誠宜以承 宗祧貞萬國凡在中外之臣億兆之衆皆顒然仰望以居儲副之位臣等近已合詞進奏未賜允俞謹再竭悃誠冒干斧鉞伏望俯從衆言明詔所司擇日舉行建儲之禮以定國家之大本副臣民之願望臣等不勝下情懇祈之至表上賜敕答曰覽表具悉太子國之大本比者親王固請早建卿等復行懇奏皆原忠愛之眞朕亦惟國家之重寄所繫其立嫡長子爲皇太子禮部卜日具儀以聞

丁酉進少保兼吏部尚書蹇義爲少傅禮部左侍郎兼華蓋殿大學士楊士奇爲少保俱兼職如故太常寺卿兼文淵閣大學士翰林院學士楊榮爲太子太傅謹身殿大學士俞兼之戶部右侍郎兼文淵閣大學士翰林院學士金幼孜爲太子少保兼武英殿大學士陞吏部給事中陳山爲左春坊左庶子左春坊左中允張瑛爲左春坊左諭德右春坊右中允戴綸爲右春坊右諭德

戊戌賜少傅兼吏部尚書蹇義少保兼華蓋殿大學士楊士奇太子少傅兼謹身殿大學士楊榮太子少保兼武英殿大學士金幼孜銀圖書各一其文曰繩愆糾繆仍諭之曰卿等皆國家之舊臣祗事

先帝二十餘年又事朕於春宮練達老成今朕嗣位軍國之務重須卿等協心贊輔凡政事有闕或羣臣言之而朕未從或卿等之言朕有不從悉用此印密疏以聞其毋憚於再三言之君臣之間盡誠相與庶幾

朝無闕政民無失所而朕與卿等皆不負

祖宗付託之重義等頓首受命

庚子監察御史金庠上言四事一曰任賢賢者國家之利器不可一日而無古之聖王勞於求賢逸於用人古聖尙然况後世乎邇者明詔有云軍民之中有懷才抱德堪任用者所司薦舉以聞夫惟賢知賢今棄令所司薦舉恐未能出於公宜令在內五品以上

在外四品以上文官各舉所知嚴其謬舉之罪如此
則朝廷有得賢之實二曰固本蓋京師者四方之本
世云鍾山龍蟠石城虎踞眞帝王所都我
太祖高皇帝定鼎於此三十餘年
宗社奠安生民無事且
皇祖陵寢所在宜命皇子之賢者承重兵以鎮之外以
杜覬覦之心內以壯兩京之勢他日回鑾亦可以省
東南轉輸勞費此古人居重馭輕之策不可以不加
意三曰講武蓋兵者所以威四夷安諸夏古人三時
務農一時講武以備不虞邇者王師北歸休逸已久
宜擇將臣有勇略者承之以時操練精其藝能有備

如此則外侮不足憂矣四曰裕民蓋民爲邦本今四
海之廣寒者欲衣飢者欲食顛連困苦者欲得安逸
皆所當恤宜選廉幹親民之官常專撫卹不得數更
如此則上下交孚本固而邦寧矣惟
皇上留意
上嘉納之
辛丑加忠勇王金忠太子太保二俸俱支
上諭少傅兼吏部尚書蹇義曰朕嗣位以來文武大臣
皆有進職此人在外不無希覬之意亦宜有以慰安
其心義對曰漠北歸附之人居京師者甚眾今皆瞻
望朝廷待此人如何雖賜賚已厚然名爵亦宜略示
優待此懷遠之道也
上曰然天朝職名渠所不諳虜人所諳惟師爲重可與
太子太保但不令預職事耳
十月壬寅朔
上御思善門選東宮官屬加安遠侯柳升太子太傅成
山侯王通陽武侯薛祿俱太子太保禮部尚書兼太
常寺卿呂震爲太子太師戶部尚書夏原吉爲太子
少傅兵部尚書李慶爲太子少保震原吉慶皆尚書
如故戶部尚書郭資兼太子賓客刑部尚書吳中工
部尚書黃福俱兼詹事府詹事太僕寺卿郭敦爲戶
部左侍郎及吏部左侍郎郭進俱兼少詹事改進名

璡陞監察御史黃宗載艾亘俱爲詹事府丞曾棨爲
左春坊大學士仍兼翰林院侍讀學士王英爲右春
坊大學士仍兼翰林院侍講學士王直爲右春坊右
庶子仍兼翰林院侍讀學士周述爲左春坊左諭德
仍兼翰林院侍讀林誌爲右春坊右諭德仍兼翰林
院侍讀改左春坊左諭德張瑛爲右春坊右諭德戴
綸俱爲司經局洗馬刑部主事張宗璉中書舍人張
侗俱爲左春坊左中允陞翰林院編修徐永達林長
楙俱爲右春坊右中允藺從善爲左春坊左贊善國
子監助教王讓爲右春坊右贊善翰林院檢討蔣驥
中書舍人高谷俱爲左春坊左司直郎吏科給事中

蔣先國子監博士張景良俱爲右春坊右司直郎
戊申通政使司請以四方雨澤奏章類送給事中收
貯
上曰
祖宗所以令天下奏雨澤者蓋欲前知水旱以施恤民
之政此良法美意今州縣雨澤奏章乃積於通政司
上之人何由知又欲送給事中收貯是欲上之人終
不知也如此徒勞州縣何爲自今四方所奏雨澤至
即封進朕親覽焉又諭之曰爲近臣當究事理恤民
難毋徒苟應故事也
己酉遣太師英國公張輔太子太傅安遠侯柳升少

傅兼吏部尚書蹇義持節及金冊金寶冊妃張氏爲
皇后冊文曰朕祗膺景命統紹鴻基永維治教之先
宜重彞倫之本家人正內外之位所以定天下關雎
詠后妃之德所以美王化聖經所紀萬世攸承咨爾
張氏淑慎懿恭齋莊誠壹早膺
皇祖之命用登嬪于之選孝事
皇妣秉恭順匪懈之忱於子夙夜備儆戒相成之益有
琴瑟和樂之懿有環珮雍容之儀貞靜以率身寬惠
以逮下至化興樛木之詠嘉慶衍螽斯之祥協贊春
宮二十餘載朕已欽承於大統爾宜正位於中宮特
遣使齎冊寶立爾爲皇后於戲配皇極之尊奉

神靈之統表正六宮母儀天下惟純儉可以裕德惟靖
恭可以輔治惟仁可以睦族惟善可以進賢有初匪
艱愼終惟吉遠稽聖后之道欽承
皇妣之規益懋芳猷永膺天祿欽哉命太保寧陽侯陳
懋少保兼華蓋殿大學士楊士奇持節冊郭氏爲貴
妃冊文曰朕惟邦國之治實始於家齊化理之基必
資乎內德茲纘承於大統肇建立於中宮茂簡贊輔
之賢爰賁褒崇之命咨爾郭氏毓自勳閥選嬪春宮
柔順靖恭齋莊靜壹進退謹珩璜之節雍容著詩禮
之華比德古先爾有葛覃勤儉之美致恭夙夜予有
雞鳴儆戒之資宜升褕翟之榮以冠軒龍之貳特封

爾爲貴妃於戲統四海而先內治益隆輔佐之誠率
九嬪以副母儀尚佇徽猷之懋惟謙以育德惟善以
裕躬惟順以協睦宗姻惟敬以相承禋祀永綏寵祿
光我訓詞欽哉命太子太保成山侯王通太子少師
禮部尚書呂震持節冊李氏爲賢妃冊文曰朕祗紹
鴻圖恭思化本先聖所訓爲國必始於家王政之經
治內以及乎外肇正中宮之位宜崇二佐之賢咨爾
李氏選嬪春宮積有年歲克謹圖史之誡動循珩珮
之和屬茲序升均宣恩命錫之褕翟俾副軒龍特封
爾爲賢妃於戲帝王統御於邦家宮壼必資於輔佐
惟謙以育德惟善以裕躬惟順以協睦宗姻惟敬以

相承禋祀永綏寵祿光我命詞
辛亥詔天下曰朕惟治理必先正內所以崇王化之
基承統必重建儲所以厚國家之本乃若衆建宗室
式以永壯藩維帝王之大經典章斯在朕祗承天序
君主萬邦顧茲臨御之初方切維新之治念德澤之
未究耿夙夜其靡寧而親王勳臣文武百辟志存愛
國咸懷永圖屢表攄誠請立皇后建皇太子稽率舊
章勉循衆志已於十月初八日册立妃張氏爲皇后
十一日册立嫡長子瞻基爲皇太子封次子瞻埈爲
鄭王瞻墉爲越王瞻墡爲襄王瞻堈爲荊王瞻墺爲
淮王瞻塏爲滕王瞻垍爲梁王瞻埏爲衛王漢王嫡

子瞻坦爲漢世子次子瞻垐爲濟陽王瞻域爲臨淄
王瞻梓爲昌樂王瞻墿爲淄川王瞻坪爲齊東王瞻
壔爲任城王瞻垠爲海豐王瞻邦爲新泰王趙王長
子瞻垳爲趙世子次子瞻塙爲安陽王命秦隱王庶
長子志均襲封秦王楚昭王世子孟烷襲封楚王蜀
獻王嫡孫友堉襲封蜀王肅莊王庶長子瞻焰襲封
肅王遼簡王世子貴烚襲封遼王伊厲王庶長子顒
炔襲封伊王封蜀獻王之子悅熇爲永川王孫友坿
爲黔江王友壋爲羅江王代王之子遜炏爲潞城王
遜煁爲山陰王遜熚爲襄垣王遜炷爲靈丘王遼簡
王之子貴烰爲益陽王貴焻爲湘陰王貴煚爲衡陽

王韓憲王之子沖烡爲樂平王瀋王之子佶焞爲武
鄉王佶熾爲陵川王佶爓爲平遙王於戲惇敘彝倫
自家邦以達乎天下鞏固
宗社隆本支以傳於萬年用弘仁厚之風永協雍熙之
化布告天下咸使聞知
癸丑大理寺奏決重囚
上曰人命甚重帝王以愛人爲德卿等理刑宜贊輔德
政罔俾無辜含冤地下傷國家之和氣昔法吏有於
死獄求生者天道有顯報不在其身在其後人卿等
勉之遂命五府六部通政司六科同三法司於承天
門會審特召大學士楊士奇楊榮金幼孜至榻前諭

曰比年法司之濫朕未嘗不知其所擬大逆不道往
往出於羅織煅煉
先帝數切戒之故死刑至四五覆奏而法司略不留意
甘爲酷吏而無愧自今凡審決重囚卿三人往同審
決重四必會三學同審
乙卯
上命吏部令在京七品在外五品以上文官及知縣於
五品以下見任及軍民中訪舉德性淳篤行止端方
或材能出衆政績顯著或文學有稱識見優遠者量
材擢用若有蔽賢及濫舉者論罪如律所舉之人後
犯贓罪舉者連坐又諭之曰朝廷比年數下詔舉賢

而奉行者率多徇私背公或以賄賂舉或以親故舉所得實用十不三四政事何由而理生民何由而安自今必嚴舉主連坐之法庶得實材

丙辰忽石門衛指揮沙籠加率頭目亦失哈等來朝乞授亦失哈本衛指揮

上諭之曰今一來朝遽授指揮有

先帝時累來朝今尙爲千百戶者其心必不安矣彼旣不安汝得此職豈能自安但永堅忠誠不患無官職也遂賜沙籠加及亦失哈等鈔幣有差命禮部厚待之遣還因謂尙書呂震曰

祖宗官職當爲

祖宗惜之震對曰外夷人授之官而非有俸祿之費似亦可與

上曰

先帝所授外夷人官亦非有俸祿何爲不輕授哉吾重官職以寵此徒而又自輕之可乎且得一人而失衆人亦不可也

丁巳戸部奏京師歲用糧五百萬石今江南歲運裁三百餘萬石不足以供請自來歲於淮安等府增運以備此數從之

戊午免遠安王貴燮巴東王貴煊爲庶人敕曰送終人子之大事爾兄弟父薨不奔喪五刑三千莫大不孝國之正法朕不敢私今並削爵降爲庶人於館王墳園居住原授遠安王巴東王册印封識付使者齎納原隨校尉悉回京其深自修省改過易行以副朝廷優容之意並二人前嘗誣告其父有不軌謀至是諭羣臣曰正風化當自家族始遂有是命

丁卯禮部引郡縣歲貢生奏送翰林院考試

上召大學士楊士奇等諭曰朝廷所重安百姓而百姓不得蒙福者由牧守匪人牧守匪人由學校失教故歲貢中愚不肖十率七八古事不通道理不明此豈可授安民之寄自今宜戒因循之弊嚴考之本五經四書義不在文詞之工拙但取有理致者如或難得卽

數百人中得一人亦可蓋取之嚴則無學者不復萌僥倖之望而有嚮進之志矣

戊辰風寒

上御西角門視朝罷顧謂翰林臣曰今日始寒朕與卿等居重城中猶覺凜凜如此守邊將士晝夜嚴警嘶不可勝遂命書敕遣使以鈔幣賜緣邊將士戸部尙書夏原吉等曰朝廷待守邊者厚矣旣預給禦寒之具復蒙恩如此昔楚子以寒巡拊三軍皆如挾纊彼徒施温言人猶感勵況今受實恩敢昧報效但願

陛下常推此心不忘耳

上曰人君視天下萬物爲一體況將士爲國家躬勤勞

瘁豈敢須臾忘之朕所行或有不及須卿等翼輔古人有言爲君盡君道爲臣盡臣道朕與卿等各盡道可也

十一月壬申朔

御劄付禮部尚書呂震曰建文中奸臣其正犯已悉受顯戮家屬初發教坊司錦衣衛浣衣局幷習匠及功臣家爲奴今有存者旣經大赦可宥爲民給還田土凡前爲言事失當謫充軍者亦宥爲民

上諭禮部臣曰太學聚天下之士教之以備任用蓋因其已成而益充之今郡縣歲貢生率記誦陳言以圖僥倖求其實學百無一二爾禮部宜敕有司督學官嚴訓誨必通經成才方得充貢蓋學者先立根本於鄉學然後進而充廣於太學若在鄉學全未有成而望有成於國家焉有此理

癸酉

上諭戶部尚書夏原吉等曰田土民所恃以衣食者今所在州郡奏除荒田租得非百姓苦於征徭相率轉徙歟抑年飢衣食不給或加以疫癘而死亡歟自今一切科徭務撙節仍令有司凡政令不便於民者條具以聞被災之處早奏賑恤有稽違者守令處重罪

甲戌

上以在廷文武羣臣進言者寡敕諭之曰朕以菲德承

仁上　天　晨風閣

大統君臨億兆顧天下之廣庶務之繁豈一人所克獨理亦惟賴文武賢臣相與協德共圖康濟矧屬艱險之際尤切倚毗之心是以嗣位之初首詔中外旁求直言此實意也而涉月累旬言者無幾夫京師首善之地四方之所視法今人困於下而不得開弊壞於習而不知革爲國以得賢爲重事君以進賢爲忠今居官者或廉貪雜處賢否無別其何以望治效典兵者或部伍不實紀律不肅其何以嚴防禦仕者之祿不足而冗食之員甚衆法吏所尙平恕而罪人或困於深文推之百司之務夫豈皆適於中近者如斯何以法遠豈非憲紀不振言路猶壅夫有功必賞有罪必罰賢者必進不肖者必退至公之典朕不敢私卿等皆受國家股肱心膂之寄無以直言而慮後譴君臣同體相與至誠必有嘉謀嘉猷輔朕不逮庶副倚重賢人君子之意

乙亥交阯參將保定侯孟瑛榮昌伯陳智奏黎利反事賜敕報曰已有敕赦黎利罪命爲淸化知府令內官山壽齎往諭意待山壽至彼爾等察其近情何如與山壽計議停當奏來

遣使齎敕諭兀良哈官民曰

皇考太宗皇帝賓

天朕已欽奉

仁上　二元　晨風閣

天命繼承大位主宰天下凡四方萬國之人罪無大小
悉已赦宥若凡夏哈官民能敬順
天道許令改過自新仍前朝貢聽往來生理
上因諭侍臣曰彼有過而不宥之既無所容將來必爲
邊患吾不吝屈己以安百姓　改大理寺卿楊時習
爲交阯按察使司按察使紀諄爲交阯布政使司左
布政使召前峽山縣知縣弋謙爲大理寺右少卿謙
爲監察御史巡按江西言事剴切
上心識之故有是命　復大理寺右少卿虞謙本寺卿
從趙王高燧請去常山左右二護衛趙王高燧先
遣長史趙季通奏云一衣一食皆朝廷所給安坐無

事而虛擁三衛三衛軍士亦虛受糧賜請以常山左
右二護衛官軍助國家戍守止留中護衛供使令足
矣
上不納王遣季通往復再三固執前意至是以書諭王
曰賢弟忠存
社稷憂在國家河間東平之賢無以過矣盛心不可以
固違今從所請令兵部存留中護衛及添設羣牧千
戶一所以賢弟府中惟兄與弟如手如足銘著於心
何日忘之　太師英國公張輔太子少保兵部尚書
李慶等奏請令直隸及近京都司官軍更番於京師
操備可之上諭之曰古者務農講武皆有定期故兩

不偏廢今宜略倣此意無廢屯種令畢農事而後來
先農事而遣歸庶皆不妨悞
丙子
上召大興宛平二縣官諭之曰朕即位之初首罷不急
之務以紓民爾爲京縣親民官正宜加意撫綏使民
先受其惠比聞在京百姓猶有困於徭役者此皆爾
等不職之故昨敕羣臣詢民瘼固有知而不言者亦
有欲言而不知者爾切近民非不知也而亦不言何
也今與爾約三日凡民間何事便何事不便悉具來
聞朕爲爾處置若復坐視不理必罪不貸因顧侍臣
歎曰朕憂憫百姓蚤暮不忘而一城之中猶上下不

通如此何況數千里外哉古人所以戒無逸也
庚辰
上謂侍臣曰守成之主動法祖宗斯鮮過舉書曰監於
先王成憲其永無愆後世爲嗣君者往往作聰明亂
舊章而卒至喪敗不救可爲鑒戒朕十餘歲侍
太祖皇帝側親見作祖訓屢經改易而後成書是時秦
晉周世子皆在
太祖閒暇即召太孫及諸世子於前分條逐事委曲開
諭之皆持身正家以至治天下之要道爲天子爲藩
王能每事遵守豈有不福祿永遠者朕寤寐不忘今
已命司禮監刊印將賜諸子及弟姪侍臣對曰

陛下此心卽
太祖皇帝之心也 內官馬騏傳
上旨諭翰林院書敕付騏復往交阯閘辦金銀珠香時
騏被詔召還未久本院官覆奏
上正色曰朕安得有此言卿等不聞渠前在交阯荼毒
軍民乎交阯自此人歸一方如解倒懸今又可遣耶
遣之非獨詔書不信將壞大事此人近在內間百方
請求左右爲言再往當有利於國朕悉不答卿等宜
識朕意遂止
癸未遣監察御史湯㷡等十四人分巡天下考察官
吏

上諭之曰國以民爲本民安則國安比年在外牧民之
官不體朝廷恤民之意侵削擾害民不聊生故今遣
爾分行考察然人才器不同有專爲脂韋諂媚而政
事不理殃及於民者有沈靜篤實不善逢迎而爲政
簡易民悅服之者有虐於用刑巧於取索而能集事
者有廉潔無私謹謹自守而政務不舉者爾當明白
具實以聞無惑於小人無屈於勢要無私於親故詢
之於衆斷之以公可也各賜鈔二十錠爲道里費又
諭之曰御史朕之耳目當勉副朕心必先自治乃可
治人若棄廉恥違禮法則朕亦不汝貸汝往勉之
丙戌陞太子賓客戶部尚書郭資爲太子太師命致

仕
上因諭侍臣曰資歷仕四十餘年
先帝舉義之際從朕守城備極艱難事苟有利於國毅
然身任不避仇怨今方圖任舊人而資老病朕不欲
更煩以政故優之是日賜資白金百兩鈔二萬緡綵
幣二十表裏命戶部復其家復賜資敕曰卿事我
皇祖
皇考今四十年歷官中外致位通顯列於六卿遭遇如
斯可謂盛矣蓋卿有質實之資剛直之氣志之所鶩
惟在國家有利於上毅然身任不畏强禦雖怨於己
而不暇顧雖害及於己而不知避可爲忠貞篤實之

臣矣朕初嗣大統嘉與老成共圖治理肆肇建儲副
兼資贊輔顧卿抱疾累歲步趨維艱不忍强勞以事
今特陞爲太子太師俾致仕歸嗚呼念二十年之前
與卿同處一城早暮相聚勞勤艱苦何可勝言今太
平無事當相與共樂於安逸而卿以疾去能不有感
於懷哉今命戶部悉免卿戶內賦役卿歸休鄉里强
飲食愼醫藥優遊自適以娛暮齡以副朕眷懷
進少傅兼吏部尚書蹇義爲少師少保兼華蓋殿大
學士楊士奇爲少傅俱兼職如故太子少傅戶部尚
書夏原吉爲少保仍兼原二職太子少師禮部尚書
呂震爲太子太保仍兼禮部尚書太子賓客都察院

左都御史劉觀爲太子少保仍兼左都御史工部尚
書兼詹事府詹事吳中爲太子少保兼工部尚書俱
給二俸賜原吉繩愆糾繆圖書諭勉之如蹇義等
丁亥
上御西角門閱京官誥詞顧大學士楊士奇楊榮金幼
孜曰卿三人及蹇尚書皆
先帝親任舊臣朕方倚以自輔凡朕所行卿等朝夕共
見有未盡善皆當盡言朕見前代人主有一履帝位
輒自尊大惡聞直言左右之人雖所親信亦畏威順
旨緘默取容或賢良之臣不肯默默言之一再而不
見聽亦退而絕口以圖自全君臣之間各謂示久富

貴然未久皆致禍敗朕與卿等當深以爲戒君臣一
體務始終同心庶幾可以共圖利安遂取五人誥詞
上親御宸翰增二語云勿謂崇高而難入勿以有所從
違而或怠曰此朕實心卿等勉之士奇等稽首曰此
陛下聖德臣等其敢不勉
上悅
辛卯
上諭戸部尚書夏原吉曰古寓兵於農而不奪其時所
以民無轉輸之勞而兵食足後世莫善於漢之屯田
先帝所立屯種法甚善蓋用心亦甚至但後來所司數
以徵徭擾之既失其時遂無其效所在儲蓄十不及
二三有事不免勞民轉輸矣其令天下衞所凡屯田
軍士自今不許擅差妨其農務違者處重法
戊戌少傅兼華蓋殿大學士楊士奇密疏言事
上嘉納之御札獎諭曰覽卿所奏導朕以仁助朕爲唐
虞之君偕俊良共成王化此金石之言誠忠良股肱
之臣也朕朝夕慮卿等以朕尊居宸極畏有譴責不
肯進言今覽所奏朕甚切喜足慰於衷但望卿始終
如一知無不言以副朕委託之意共成王道之美朕
深感卿特賚卿白米十石綵幣二表裏寶鈔二千貫
實章眷待非應故事卿其領之
己亥按此下有奪文

上卽位來朝復其爵至是以疾卒
上悼惜之賜祭賻贈命有司具棺歛給驛舟歸其喪
十二月壬寅朔
庚戌刑部尚書金純太子少保兼都察院左都御史
劉觀等奏刑名畢
上諭之曰朕於刑法未嘗敢以喜怒增損卿等鞫獄之
際亦當虛心聽察量其情實有罪不可幸免無罪不
可濫刑持法明信則人有所畏而不敢犯若不明其
情而任己輕重或迎合朕意使人含冤抱恨者朕之
所惡卿等其以爲戒卿等皆國大臣非獨自己當存
矜獄之心如朕一時過於嫉惡處法失中卿等更須

執正毋以乖迕為慮朕不難於從善也
故兵部尚書兼詹事府詹事金忠子達來朝時達甫
十餘歲
上召至前撫問之命左右賜食及衣顧侍臣曰忠事
先帝于兵戈艱難之際又輔朕于春宮篤厚誠謹良有
裨益今朕即位而忠獨早歿因慨歎久之遂命吏部
授達翰林院檢討月食其祿俾歸進學俟年長召用
是日召故吏部侍郎許思溫之子俊亦至授太常寺
贊禮郎俾進學翰林以待用思溫初為北平按察司
副使從
上効守城之勞蓋

上于舊人眷念不忘率如此
辛亥書各都司布政司按察司官姓名於奉天門西
序先是
上諭吏部尚書蹇義兵部尚書李慶曰庶官賢否軍民
休戚之所係唐太宗書刺史之名于屏朝夕省覽聞
其有善政則各疏于下故當時所用之人皆思奮勵
致治效斗米三錢外戶不閉
皇考亦嘗書中外官姓名于武英殿南廊閒暇觀之今
五府六部之臣朕朝夕接見得詢察其賢否若都司
布政司按察司朕既不盡識其人又不悉其姓名雖
或聞其賢否邪正既久不能不忘為臣有善而上忘

之誰肯自勉有不善而上忘之誰肯自戒如此國家
何以望治效爾吏部兵部具各都司布政司按察司
官姓名履歷揭諸西序朕得閒暇觀之以考察其行
事而黜陟焉至是悉書之
上顧義等曰卿等更須用心以副朕圖治之意
癸丑賜咸寧公主孳牧馬五十匹
罷海子至西湖巡視官蓋西湖受房山之水流經城
南出為海子凡三十餘里宦常遣人往來巡視禁民
不得取魚而並緣為姦者其旁近之草及灌田之水
民皆不得取至是
上命吏部悉罷之謂尚書蹇義曰古者山澤之利皆與

民共朕之心凡有推以利民者雖府庫之儲不吝況
山澤所產哉
甲寅加太子少傅兼謹身殿大學士楊榮工部尚書
敕曰茲為胡虜梗化累犯邊疆我
皇考太宗文皇帝為
宗社子孫天下臣民長久之計不得已躬擐甲冑親率
大師往行天討豈期醜虜畏威遠遁班師之日不幸
中道
皇考上賓六軍在外朕又遠違膝下及其崩殂兒孫亦
莫能知惟卿盡忠為國報
先皇恩德獨為果斷致有今日家國寧謐

宗社尊安今辰奏告忽思至此實感不已卿當重賚褒
沓哀悼倉惶之際報卿甚微今追前慈加賜白金五
十兩綵幣表裏各十寶鈔二萬貫白米二十石特陞
卿爲工部尚書前官如故三俸具支全支尚書本色
卿當領服以慰朕懷初榮同幼孜扈從北征凡軍中
一切機務皆令與聞時軍行累月尚未抵賊巢而步
卒多艱且諜言賊已遠遁遂令班師及中途
太宗疾作頓劇已而崩於榆木川中官馬雲等皆倉惶
莫知所措乃密召榮幼孜入御幕中首議喪事榮等
言宜循古制用衣衾殯斂庶爲允當衆曰諾或有欲
以他事寫勑用寶遣人馳報者榮等曰誰敢爾
先帝在即稱勑賓天而稱勑詐也獲罪非輕衆皆曰此
言良是榮等乃令中官備以
大行皇帝崩逝月日并遺命傳位之意啟
皇太子雲等從之既作啟遂以屬榮及少監海壽馳報
皇太子榮初抵京
上哀慟未及訪問至是有以爲言者
上嘉歎良久乃降勑獎諭云
甲子湖廣布政司左參政黃澤等來朝各上章言事
上諭之曰朕所以求言者蓋欲聞民情休戚吏治賢否
比來言者多舉末節細務于民情吏治鮮及之蓋文
具塞責而已甚非朕意爾等方面大臣當有體國憂

民之心宜爲朕舉其要且切者不然何以稱爾之職
遂命禮部會議澤等所言以聞

仁廟聖政記卷之上

仁廟聖政記卷之下

乙巳洪熙元年春正月壬申朔

上御奉天門朝羣臣命禮部鴻臚寺不作樂羣臣止行五拜三叩頭禮先是禮部尚書呂震請于

上曰

陛下初登大寶天下文武羣臣及海外諸國皆來朝宜受賀作樂如大朝之儀不從亥日震固請之大學士楊士奇楊榮金幼孜黃淮進曰

陛下言是

上曰山陵甫畢事忍遽即吉朕明日亦不欲出見羣臣震曰四方萬國之人遠朝

新主皆欲一觀

天顏固聖孝誠至亦宜勉徇下情

上顧士奇四人曰禮過矣對曰誠如

聖諭必欲俯徇輿情亦不宜備禮

上從之故有是命

癸酉召大學士楊士奇楊榮金幼孜黃淮諭曰爲君以受直言爲賢爲臣以能直言爲賢不受直言則過益增不能直言則忠不盡如昨日朝會從震所請今悔何及賴卿等同心遂免此悔自今卿等遇朕行有未當但直言之毋以不從爲慮各賜鈔一千貫文幣一表裏

乙亥勅諭天下文武羣臣曰朕惟天地以生物爲德人君以安民爲務設官分職簡賢任能所以相成其功朕祗紹洪圖仰惟

祖宗創業守成之難夙夜惓惓體

上爲治嗣位之初蠲逋負赦有罪不急之務一切停罷選任賢良共圖維新之治期于天下安今天下庶事未盡理生民未盡安斯朕之責亦爾文武羣臣之責倘思勉之咨爾文臣六卿掌國之庶務布政司受任方隅守令典郡邑大小庶官其竭忠殫慮以安黎庶銓選必責人賦稅必有常禮教必修明兵政必振舉刑罰必平怨讟必撙節凡百政令必勤審度以存

恤爲心内外相承興利除害休息以蕃其生勸課以厚其本興學勸士以正其俗以成其才必使吾民衣食充足禮讓成風匹夫匹婦咸得其所斯爲稱職咨爾武臣都督掌國之軍政都司控制一方衛所邊圉各有信地其悉力戮力以衛國家簡閱訓練必公必勤紀律部伍必嚴必肅器械必堅利城堡必脩繕糧芻儲峙必足于用巡邏瞭望必謹以備使奸宄屏迹吾民安于無事其要以撫養軍士爲本卹其飢寒念其疾苦用之萬全斯爲稱職至于風憲爲朕耳目朝政闕典吏治得失軍民利病百官有司孰賢與否悉宜廉察必使官得其人政無不舉人咸樂生斯爲稱

職夫君臣一體上下相須朕勉于脩德爾尙勵于忠貞弼成治化以躋斯民于雍熙泰和之盛不其偉歟朕代天子民恪存戒飾不以小人備任使不以浮費傷財力不以刑罰先教化不以貪黷勞士卒爾尙體于至意以稱職任惟忠足以事君惟仁足以恤人惟勤則庶事集惟廉則公道存乃若驕淫縱恣朋比用事貪暴掊克漁獵吾民或阿諛面從更務爲容悅庸庸尸位無補于時黜陟之明賞罰之公典章具在爾其欽哉

丙子陞通政使兼武英殿大學士黃淮爲少保戶部尙書仍兼武英殿大學士加少傅兼華蓋殿大學士

金幼孜禮部尙書俱三俸並支仍掌內制陞南京通政使古朴爲南京戶部尙書南京禮部左侍郎蔚綬爲本部尙書南京大理寺左少卿湯宗爲寺卿士奇辭兵部之職不聽

贈故詹事府少詹事鄒濟謚文敏[redacted]善述謚文淵濟字汝舟餘杭人初爲縣學訓導累官平度州知州預修

太祖皇帝實錄陞禮部儀制司郎中從總兵官英國公張輔征安南掌奏記還陞廣東布政司右叅政坐事左遷吏部郎中尋擢左春坊左庶子秩滿陞詹事府少詹事未幾卒于官爲人和易不見崖岸于物無忤兼通老釋之學善何

上意寵遇特厚善述字好古天台人由桂陽州學正陞國子助教擢左春坊左司直郎陞右贊善以疾卒于官爲人淳厚質實學識端正耿介恬靜不爲阿附官左春坊于文事多所啓沃至是

上追念二人贈官賜謚命有司立祠墓側歲以春秋祭之

丁丑少傅兵部尙書兼華蓋殿大學士楊士奇及少保戶部尙書兼武英殿大學士黃淮俱奏辭尙書一俸從之太子少保工部尙書兼謹身殿大學士楊榮太子少保禮部尙書兼武英殿大學士金幼孜亦各

辭尙書一俸

上曰卿等事

皇考屢經扈從勤勞多矣況

皇考賓天遠在塞外賴卿等盡力維持朕每瞻奉几筵未嘗忘之今與三俸豈爲過多卿等其勿辭榮等復叩首請曰臣等祇事先帝莫非職分所當爲若受此厚祿實所不安

上曰朕非有所私所與三俸其勿固辭

戊寅封後府右都督李賢爲忠勤伯賜璽書曰爾昔

恭順天道歸我

皇祖繼奉我

皇考之命以書學侍予蚤夜惓惓小心諄切久而不懈
予念爾未嘗忘今朕續承天位圖報前勞雖嘗進爾
祿位而未愜朕志今特封爾爲忠勤伯食祿千一百
石勅吏部賜爾誥命尙强醫藥力飲食頤養精神益
膺受福以副朕眷侍之意賢韃靼人舊名丑驢元末
官至兵部尙書洪武中歸附賜姓名李賢以屬燕府
譯文侍
上恭愼久而愈篤擢紀善
太宗皇帝靖內難以功累陞都指揮僉事
上卽位再陞後府右都督至是賢年將八十病劇
上聞而憫之遂有是命

己卯建弘文閣先是
上諭大學士楊士奇等曰卿等各有職務朕欲必得學
行端謹老儒數人日侍燕閒備顧問可咨訪以聞士
奇等以翰林侍講王進蘇州儒士陳繼對遂命吏部
召繼至是建弘文閣于思善門作印章命翰林學士
楊溥掌閣事進佐之
上親舉印授溥曰朕用卿等于左右非止助益學問亦
欲廣知民事爲理道之助卿等如有建白卽以此封
識進來未幾繼至授翰林五經博士吏部尙書蹇義
言學錄楊敬訓導何澄皆敦實卽授敬翰林院編修
澄禮科給事中命三人皆於弘文閣與進同事云

辛巳
上諭兵部尙書李慶等曰馬資于國用甚大然嘗思之
當與民同其利民有卽國家之有也漢文景時閭巷
有馬千百爲羣蓋民生樂業庶物咸殖馬自蕃息
先帝嘗聽民間皆出馬然有急于官馬孳息故民不暇
于其私今宜寬恤之使奉公之外有餘力可以及私
從容寬假之久庶幾可望民安物阜今後民間畜官
馬者令二歲納駒一匹著爲令又令大學士楊士奇
等曰須以詔書行之
壬午勅禮部太常寺臣曰欽惟
皇祖太祖高皇帝受命

上天肇興
皇業
皇考太宗文皇帝中興
宗社再奠寰區
聖德神功咸配
天地易曰殷薦
上帝以配祖考朕崇敬
皇祖
皇考永惟一心今年正月十五日大祀
天地神祇奉
皇祖

皇考配神仍著典章垂範萬世如勅奉行
癸未以大祀南郊
上御奉天門文武羣臣受誓戒畢
上進分獻官諭之曰事神之道豈獨臨事之際則致誠
敬要其奉天子民之心積累于平日者皆以孚達鬼
神所以祭則受福朕以菲德上承
祖宗主典神天所與協恭承
天休者公卿百執事也尙體朕心敬亮天工仁恤斯民
蒙福亦昭我君臣共事之美欽哉
甲申勅湖廣都指揮使司曰
皇考太宗文皇帝建大嶽太和山宮觀上以資福

仁下　七　晨風閣

祖宗下以祈福四海近命湖廣右叅議諸葛平提督巡
視其免均州一千戶所軍及餘丁雜泛差役存留在
州聽叅議諸葛平及千戶朱彝提調遇宮觀損壞隨
即修理溝渠道路有壞亦即整治爾等其敬承之
丙戌大祀
天地于南郊畢
上還御奉天門文武羣臣行慶成之禮頒詔中外曰朕
惟君國之道事
天爲大事
天之實恤民爲本我國家
聖聖相傳

太祖高皇帝肇基垂統弘靖萬邦
太宗文皇帝繼志守成德威廣被天下無事生民乂安
六十年于今矣是皆
祖宗功德之盛
天地祐祚之隆肆及眇躬獲承鴻業嗣位以來夙夜祗
愼上惟
天命之重下念生民之艱式嚴昭事庶臻康濟謹于本
年正月十五日恭祀
天地于南郊股肱助相羣工駿奔
三寶交悅百順介祥嘉與臣民均應慶澤一應合行事
宜條示于後一農桑衣食之本學校風化之原有司

仁下　八　晨風閣

宜加勸課在內從巡按御史在外從按察司巡督毋
爲虛文務臻實效一祀典神祇皆爲保庇生民有司
奉祭務在誠敬不許褻慢一天下嶽鎭海瀆及各處
山川社稷等壇帝王陵寢先聖先賢忠臣義士旗纛
城隍祠廟務須潔淨遇有損壞隨即脩理仍禁約樵
採牧放一軍民之間有孝子順孫義夫節婦令該上
司審覆明白具實奏聞以憑旌表一軍民有鰥寡孤
獨及病廢殘疾無依之人所司常加存恤依例廪養
無令失所一有廉潔公正賢良幹濟之人未曾出仕
或在下僚聽所在官司薦舉務得眞材實行以憑擢
用仍戒徇私濫舉若驗不中或後犯贓罪舉者連坐

一文職官員自永樂二十二年八月十五日以前有犯事充辦事官及吏典承差者並送吏部隨才授職但犯贓罪不在此例一武職官子孫除應襲外其餘子弟果有德行才識可取者聽所在官司舉薦以爲擢用如有濫舉或後犯贓罪舉者連坐一文武官有因公幹在途病故者所在官司即以禮棺斂遞送還鄉官爲依律應付脚力送回勿令失所一官員父母年七十以上家無丁力或去任遙遠不能就養者許明白具奏放回侍養待親終起用若不得離職願分祿于原籍支給俸養者聽一內外文職官離家年久者許明白具奏挨次給假回還原籍省親祭祖一文

職官年七十以上不能治事者許明白具奏放回致仕若無子嗣孤獨不能自存者有司月給米二石養其終身一自洪武至永樂年間有充軍擺站等項後因舉保復起爲官或見任或在任病故或以禮去官皆免子孫補役見任年七十以上筋力衰憊者聽其致仕開豁軍伍於戲郊禋致誠所以仰答靈貺陽春布德所以順體乾元迎導至和蕃育庶品尙資有位咸懋乃官推其仁愛之誠輔我太平之治詔告中外咸使聞知

賜三公及兵部尙書天元玉曆祥異賦

上初得此書以示侍臣曰天道人事未嘗判爲二途有動于此必應于彼朕少侍

太祖每教以愼修敬天朕未嘗敢怠此書言簡理當左右輔臣亦宜知之遂命刊布

上親製序曰在天爲五行在人爲五事五事修則休徵應失則咎徵應天人感應之機神矣惟天心仁愛人君常示變以警之惟明君必敬天于所示警皆有惕厲修省之誠未嘗忽也此編明于天人之際審矣朕嗣承天序祗若天道動靜云爲恒愼諸此股肱大臣與國同休戚相均今各以賜之非惟使達夫吉凶之幾亦庶幾其燮理之助云

已丑罷給朝覲官孳牧馬初兵部尙書李慶以畿內

之民困於牧養官馬乃建白請令山東山西河南陝西浙江江西湖廣七布政司及南北直隸府州縣文武衙門每官一員給馬一匹乘坐就令牧馬其孳生准民間[redacted]無者追陪都指揮使布政使按察使及衛所府州縣各衙門正官給見馬佐貳首領官給驛馬俱從太僕寺及都司提督考較用寬畿內之民

上命與羣臣議之既而慶復奏羣臣所議皆同遂下令榜示中外凡官員至京者給與兵部給馬時朝覲官在京已給者過半有近臣再三爲

上言事體不便者

上大悟時陝西按察使陳智亦曰按察司官受太僕寺

提督牧馬是風憲受制于人遂勅兵部曰初羣臣所議本欲便民今審思之誠有未當蓋國家以祿待士使牧民也今以馬責其孳牧非惟失禮臣之體將有虧折賠害無已遂使廉者難保其操行貪者得假此擾民况已下詔寬恤民間牧馬令二歲納一駒豈復于官猶責孳牧縱使各府州縣大小官一皆牧馬總約不及數千其于朝廷補益幾何今朝覲官但已領馬者就依洪武中欽給官馬例給之不問孳息未領者悉止勿給

庚寅權增市四門攤課程先是

上以鈔法不通民間交易率用金銀布帛命戶部尚書夏原吉等會羣臣議革其弊原吉等奏曰鈔多則輕少則重朝廷斂散適中則自無弊今民間鈔法不通蓋緣朝廷散出太多宜爲法斂之請于市肆各色門攤內量度輕重加其課程課鈔入官官取其昬軟甚者悉毀之自今官鈔亦宜少出民間得鈔則自然重矣

上曰然所增門攤課程俟鈔法通卽復舊額毋爲常例其以金銀布帛交易者暫行禁止

改兵部左侍郞孫時爲南京太常寺卿

上憫時年老以太常寺事簡特優逸之

以廣西按察使曹本爲兵部左侍郞前工部左侍郞

張信爲兵部右侍郞信先坐事謫交阯至是

上念其才召還復用

壬辰

上諭禮部尚書呂震曰朝臣在任久者今皆令還鄉展省其得誥勅者足爲家鄉之榮然到家有養祭賓客之費往還道里之費計其在官俸祿給日用外有餘貲鮮矣自今歸者皆賜鈔公侯伯一品二品賜鈔五千貫三品四千貫四品三千貫五品二千貫六品七品一千貫八品以下皆五百貫著爲令

癸巳遣官致祭故工部尚書宋禮命有司治墳禮卒于永樂二十年七月至是以尚書呂震言朝廷恤典未行故有是命

乙未勅平江伯陳瑄曰官軍運糧遠道勤勞寒暑暴露晝夜不息旣有盤淺之費而糧米耗折所司又責賠償人情難堪洪武中有令許運糧官船內附載已物以資私用今後准此令官府無得阻當

丁酉分南京留守左衞所豁聚寶通濟正陽朝陽太平五門五千戶所官軍設留守左衞左右中前後五千戶所守北京正陽順承二門南京留守右衞所轄三山石城淸涼定淮四門四千戶所設留守右衞左右前後四千戶所守北京平則西直二門南京留守中衞所轄金川神策鍾阜儀鳳四門四千戶所官軍

設留守中衛左右前後四千戶所守北京東直門南京留守前衛所轄江東馴象安德鳳臺方橋夾江上方高橋八門四千戶所官軍設留守前衛前後中左中右四千戶所守北京文明門南京留守等衛所轄滄波麒麟仙鶴姚坊觀寍佛寍上元金川八門四千戶所官軍設留守後衛右前後中左四千戶所守北京聽信安定二門蓋南京留守五衛官軍皆先調其半於北京分守城門至是始改設衛所云

戊戌擢解禎期爲中書舍人禎期前翰林院學士縉之從子縉坐事下獄籍其家產徙邊至是召還以禎期嘗工書故擢用之

已亥遣布政使周幹按察使胡槪參政葉春巡行應天鎮江等八府察民利病賜勑諭曰朕祇奉鴻圖君臨兆庶惓惓夙夜康濟爲心而南方諸郡尤廑念慮誠以民衆地遠情難上通今特勑爾等巡視應天鎮江常州蘇州松江湖州杭州嘉興八府其軍民安否何以何弊當去何利當建審求其故具以實聞爾等必公必勤毋徒苟應故事庶副朕憂憫元元之意欽哉

贈故左春坊左賛善兼翰林院編修王汝玉爲太子賓客賜謚文靖遣官賜祭汝玉長洲縣人自翰林院五經博士進右春坊右賛善兼翰林院檢討坐事謫戍邊時

上在東宮特宥之命爲翰林典籍後陞右春坊右賛善兼翰林院編修坐累下獄死汝玉少從楊廉夫魯道原治春秋元未嘗舉鄉貢文章筆劄清粹典則然爲人附勢近利在春坊多所干請

上嘗厭之至是念其文學啓益之功故恩意加厚云

二月辛卯朔頒制諭及將軍印于邊將雲南總兵官太傅黔國公沐晟佩征南將軍印大同總兵官武安侯鄭亨佩征西將軍印廣西總兵官鎮遠侯顧興祖佩征蠻將軍印遼東總兵官武進伯朱榮佩征虜前將軍印宣府總兵官都督譚廣佩鎮朔將軍印甘肅總兵官都督費瓛佩平羌將軍印交阯參將榮昌伯陳智都督方政佩征夷副將軍印寍夏叅將保定伯梁銘都督陳懷佩征西將軍印有舊授制諭者封識繳回

壬寅勑大同總兵官武安侯鄭亨叅將都督沈清及宣府總兵官都督譚廣曰去冬以來虜寇動靜無聞

朝廷所遣使亦久不回未審此寇今在何處盖慮多譎詐卿等宜思患預防往者天象有警已勑隄備今長安嶺守關指揮奏韃賊人馬約五十餘人直抵隰寍驛刼掠不審是何部落遼武進伯朱榮亦奏兀良哈韃靼欲來賣馬又哈密進近遣人進硫黃從前不

一聞哈密產此物
先帝時亦不曾有進緣此數端皆須計慮慮中既有疏
黃則制造火器不患無人猝遇戰鬭亦須有備大同
宣府一帶空曠虜熟經之路宜整栅軍馬晝夜嚴切
隄備令各城池屯堡收拾堅固各關隘口用心守把
各煙墩仔細瞭望毋頃刻怠忽古云有備無患其慎
之慎之庶副朕委任之重仍勑寧夏甘肅遼東山海
永平開平諸將一體嚴備
戊申祭
太社太稷奉
太祖聖神文武欽明啓運俊德成功統天大孝

太宗體天弘道高明廣運聖武神功純仁至孝
高皇帝
文皇帝配神命禮部永為定式
贈交阯布政使司左參政馮貴為本司左布政使右
參政侯保為右布政使貴舉進士初為給事中
太宗皇帝嘉其才陞交阯布政司叅議又陞參政貴在
交阯屢以土兵破賊後土兵悉為中官馬騏所據貴
追賊戰于隗縣死之保守黃江堡賊犯堡保力拒之
數月不支亦死事具永樂實錄至是尚書黃福聞于
上遂有是命
甲寅改兵部右侍郎張信為錦衣衛指揮同知子孫

世襲信英國公張輔從兄
上問輔所至親欲加恩輔以信對遂有是命
以久旱得雨封大青龍神為弘濟大青龍神小青龍
神為靈顯小青龍神賜名所居山為翠微山命禮部
歲以春秋仲月遣順天府致祭遂遣成國公朱勇諭
祭神曰朕惓惓一念憂憫黎庶今東作之初雨澤不
降春耕不遂何以粒民爰禱于神以祈甘霈曾不踰
日雨及公私神之福民厥功烜赫今特封大青龍為
弘濟大青龍神小青為靈顯小青龍神賜龍所居山
名翠微以彰神靈仍勑有司春秋致祭著為常典尚
其益弘顯化永福兆民蓋平則門外三十里盧師山

有潭世傳有大小二青龍出沒不時遇旱致禱輙雨
及是久不雨命劉淵然等禱皆不應遂即是禱焉雨
隨注故有是命
丙辰
戊午陞國子監祭酒兼翰林院侍講胡儼為太子賓
客仍兼祭酒命致仕賜勑諭曰卿以文學事我
太宗皇帝首居翰林纔陞諭德輔朕春宮未幾陞掌監
學
先皇帝之寵儒者與儒者之遇
聖明皆至盛矣而卿居太學不數歲復召入翰林職史
事效勞滋多朕嗣位以來篤念舊人而卿以疾不見

者數年昨因命卿侍皇太子講讀乃聞卿疾日增弗
任厥勞朕用憫焉特進卿為太子賓客仍兼祭酒致
其事還鄉已勅戶部免卿子孫雜泛差役令侍卿終
身卿其端志坦懷以率鄉里優游桑梓以樂餘年用
副朕始終禮待之意欽哉
庚申擢蹇芠為尚寶司丞命食其祿進學于家芠少
師兼吏部尚書義季子也
太理寺少卿弋謙言五事涉矯激過中
上覽之頗不懌禮部尚書李震等大理卿虞謙交章論
奏謙永樂中過失都御史劉觀又令十四道御史劾
奏謙誣罔

仁下　十七　晨風閣

上悉不聽而謙在朝行惴惴若無所容遂命謙專治職
事免朝參
丁卯謫兵科給事中劉渙充吏交阯以渙奉命鎮交
阯不俟代輒還也
三月辛未朔
壬申陞前光祿寺署丞權謹為文華殿大學士謹徐
州人以儒發身居家事母孝母病籲天求以身代母
卒哀毀廬墓三年有司上其行驛召至京
上曰能孝者必忠孝之人可任輔導遂超陞是職
擢行人司右司副張洪為翰林院修撰
上諭禮部尚書呂震曰往年劉儁從征交阯陷于賊不
屈而死禮官不言婦人盡節于夫有旌褒之典況大
臣捐軀為國可不加褒恤其贈儁為太子少傅令翰
林定謚遣人祭之翰林奏儁謚節愍
上歎曰忠臣之心皆欲立功報國不能成功則惟守義
若身為大臣惟阿順取容為保祿固位之計國亦何
賴
甲戌
上思先朝舊勞贈故兵部尚書兼詹事府詹事金忠為
少師賜謚忠襄北京行部左侍郎馬京為少傅謚文
簡兵部右侍郎兼詹事府少詹事墨麟為少保謚榮
毅戶部右侍郎王鍾為太子太保謚僖敏禮部尚書

仁下　十六　晨風閣

鄭賜左侍郎儀智俱為太子少傅賜謚文安智謚文
簡吏部左侍郎許思溫為本部尚書北京行部右侍
郎楊泰北京行太僕寺少卿孫喻俱戶部尚書前北
平布政使司參議贈吏部左侍郎成璉兵部左侍郎
盧淵俱兵部尚書淵謚恭順刑部左侍郎盧祥為刑
部尚書工部左侍郎陳壽右侍郎鄭剛北京行部左
侍郎康汝楫通政使司通政使賀銀俱工部尚書壽
謚敏肅贈應天府丞張執中為本府尹賜北京行部
尚書朱濬謚榮愿命禮部遣官賜祭陳壽趙州人永
樂初舉鄉貢下第入太學擢戶部主事陞員外郎山
東參政六年尚書夏原吉言其賢召為工部左侍郎

壽有學術內仁外和居官小心勤慎所至以恤民爲
務初侍
上監國南京日以兵民所困入啓
上悉爲寬大壽聞言曰　殿下推廣
上德以及黎庶此當然事惟比來左右干恩澤者多恐
累明德宜抑之深見嘉納嘗啓事退
上目送之顧侍臣曰此侍郎中第一人後坐累下獄家
具蕭然不給朝夕屬有饋之者拒不受旣卒踰年家
人啓殯容色如生云張執中山西靈石縣人洪武二
十五年自太學生授前北平都司都事後陞本司經
歷永樂元年論守城功陞北京行部郎中尋陞應天

府丞其金忠等事見永樂實錄初
上命禮部尙書呂震諭旨翰林定金忠等謚賀銀預焉
大學士楊士奇等覆奏
上曰此數人皆在
先朝盡心國事有德行重厚表裏一致者有游歷艱難
始終一心者必旌褒之庶幾禮賢厚終之道但朕意
未嘗及銀蓋銀之勞可贈官而行不應美謚如加銀
惡謚又過不若無謚人不議焉古人制謚正爲定論
美惡以示至公卿等宜盡心焉
丁丑冊張氏爲敬妃冊文曰帝王之政必始乎內治
平之效必本于家朕恭紹鴻圖致隆化理稽昔妃嬪

之淑卒由貴德之門咨爾張氏乃祖榮國忠顯公勳
行之崇表時碩望乃父太師英國公文武之佐爲今
元功肆爾敏秀閨闈稟德柔惠步履中珩璜之節言
動謹圖史之規錫之褕翟之榮俾參軒龍之副今特
封爾爲敬妃於戲統御家邦朕有關雎樂得之美輔
贊宮闈爾懋雞鳴相戒之賢惟謙以育德惟善以裕
躬惟順以協睦宗媚惟恭以相成禋祀永綏寵祿光
我訓辭欽哉
上以災異屢見而進言者鮮勅諭文武羣臣朕以眇躬
處億兆之上御天下之大政務之繁殆難獨理是以
數詔求言冀匡不逮此朕之實心也自卽位以來臣

民上章以數百計未嘗不欣然聽納言之而當卽與
施行苟有不當未嘗加譴羣臣所共知也閒因大理
寺少卿弋謙所言過於矯激多非實事朕一時不能
概之于心而羣臣有迎合朕意者交章奏其賣直請
置諸法朕皆拒而不聽令謙就職但免朝參而自是
以來言者蓋少豈以爲無事可言歟抑懷自全之計
而退爲默默歟今自冬不雪春亦少雨陰陽愆和必
有其咎豈無可言而爲人臣者惟念保身何以爲忠
朕于謙一時不能含容未嘗不自愧咎爾文武羣臣
亦各思以君子之道自勉據其嘉謀嘉猷凡于國家
軍民利有未興弊有未革及政令有未當者咸直言

之勿以前事爲戒而有所諱庶幾君臣相與之義弋
謙朝參如故
庚辰命禮部以河間忠武王張玉東平武烈王朱能
金鄉忠壯侯王真少師榮國恭靖公姚廣孝配享
太宗體天弘道高明廣運聖武神功純仁至孝
文皇帝廟庭
丁亥
上諭刑部尚書金純都察院左都御史劉觀太理寺卿
虞謙曰往者法司無公平寬厚之意尚羅織爲功能
稍有片言涉及國事輒論誹謗中外相師成風姦民
欲嫁禍良善者輒飾造誣罔以誹謗爲說垕名于此

身家破滅莫復辨理今數日間覺此風又萌夫治道
所急者求言所患者以言爲諱況今所急尤在于通
下情卿等宜體朕心自今告誹謗者悉勿治顧大學
士楊士奇等曰此事必以詔書行之
上諭純等曰自宮以求用者惟圖一身富貴而絕其祖
宗父母不顧古人求忠臣于孝子彼于父母尚不顧
豈有誠心事君朕已決意不用此等人然不孝之罪
須懲治今後有自宮者不必貸若加人宮刑者朕亦
惡之蓋宮刑下死刑一等耳亦須嚴切禁止顧大學
士楊士奇等曰此事須以詔書行之
三月己丑趙王高燧之國彰德陛辭賜黃金百兩白

金五百兩綵幣九十表裏鈔二萬錠良馬十四鞍二
副賜其衛送官軍鈔指揮人二十錠千戶人十六錠
軍人人十錠
辛卯命安平伯李安爲參將往交阯與榮昌伯陳智
同掌軍務
丁酉以奉
太宗文皇帝
仁孝文皇后廟享及升功臣配享預告
五廟其祝文曰孝曾嗣皇帝敢昭告予
五廟太皇太后曰茲惟孟夏祇循時祀仰惟
皇考太宗體天弘道高明廣運聖武神功純仁至孝文

皇帝
皇妣仁孝慈懿誠明莊獻配天齊聖文皇后禮當廟享
謹以四月初一日恭請
皇考
皇妣同詣
太廟祀禮既成仍請
皇考
皇妣還御几筵稽諸禮典宗廟之祭皆有功臣配享謹
遵成憲參考功行加封榮國忠顯公張玉爲河間王
進謚忠武金鄉忠壯侯王真爲寧國公加號効忠加
賜榮國恭公姚廣孝爲少師及東平武烈王朱能配

享太廟以爲常典謹用告知謹告預告
太宗文皇帝
仁宗文皇后其祝文按此下有奪文
遣太師英國公張輔祭其故父榮國忠顯公張玉其
文曰朕惟聖君明主之興咸有文武英傑之才相與
合德協謀定大難成大功雖或未得生同富貴而歿
必陪其祀享此古今之通規也朕
皇考太宗文皇帝以大聖之德順 天應人載安
宗社亦賴卿等秉義懷忠一心爲國奉天靖難之際發
謀奮勇百戰當前斬將搴旗所向風靡豎大功垂成
挺身陷陣惟所在視死如歸忠精貫于日星功烈揚

于竹帛雖在
先朝極其褒卹而考厥勳行未愜朕懷今特加封卿爲
河間王進謚忠武散官勳號悉如舊仰惟
皇考聖靈在天茲者致隆
廟祀特以卿配享于
廟英靈如在永永歆承
遣成國公朱勇祭其故父東平武烈王朱能其文曰
朕惟聖君明主之興咸有文武英傑之才相與合德
協謀定大難成大功故生則同其富貴歿則陪其祀
享此古今之通規也朕
皇考太宗文皇帝以大聖之德順

天應人載安
宗社弘靖海宇茂建太平亦賴卿等同心同力輔成大
功而永世有賴仰惟
皇考聖靈在天茲者致隆
廟祀特以卿配享于
廟英靈如在永永歆承
遣太子太保成山侯王通祭其故父金鄉忠壯侯王
眞其文曰朕惟聖君明主之興詞與張玉文略同雖
在
先朝極其褒卹而考厥勳行未愜朕懷此下有奪文
遣尚書寶司少卿姚繼祭其故父榮國恭靖公姚廣

孝其文曰朕惟聖君明主之興咸有文武英傑之材
相與合德協謀定大難成大功故生則同其富貴歿
則陪其祀享此古今之通規也朕
皇考太宗文皇帝以大聖之德順
天應人載安
宗社弘靖海宇茂建太平亦卿等同心協贊而永世有
賴今特加贈卿爲少師散官勳爵謚號悉如舊仰惟
皇考聖靈在天茲者致隆
廟祀特以卿配享于
廟英靈如在永永歆承
陞翰林院學士楊溥爲太常寺卿仍兼學士

戊戌命諸司在北京悉加行在二字復建北京行部及行後軍都督府

上時決意復都南京云

改禮部左侍郎胡濙爲太子賓客兼南京國子監祭酒

四月庚子朔

遼東總兵官武進伯朱榮奏廣寧前屯衛刺梨山百戶鮑麟私遣士還家致爲達賊所虜

上命巡按御史詣彼審實處麟軍法降勅諭榮曰夫將者士卒之表爲將能廉公勤慎紀律正號令肅斯下人有所禀承無敢縱恣總兵又諸將之表若能慎己

誰敢不愼朕卽位以來夙夜惓惓以邊務爲心屢勅總師嚴督將士用心哨瞭隄備而將士畧不遵承察其所自皆由總兵之人不體付託之重恬然自逸未嘗一出巡視關隘壯士健卒擁衛左右飢寒窮苦無資之人則令備瞭望守關口上下相帥成風軍務都不留意是以寇奄至而不覺人被虜而不知其指揮千百戶固難逃罪總兵之人亦復何顏卿先朝老成朕所倚任但有功必賞有罪必罰

祖宗至公之典須相與共守自今宜加警省嚴號令明紀律遠斥堠愼守備躬勸率下毋蹈前失庶副朕委任之重近陽武侯薛祿等率兵巡邊殺獲虜寇將士咸論功行賞薊州虜寇入境刼掠人民其總兵官遂安伯陳英及都指揮陳景先等並停俸祿幷諭卿知之

壬寅免山東及淮安徐州今年夏稅秋糧之半停罷一切官買物料詔曰朕承大統主宰天下上惟

天命之重下念民生之艱夙夜憂勞惟恐一夫不得其所屢詔求言冀達民隱而山東諸郡及淮安徐州之境頻歲旱澇年穀無收今之秋成猶未可必民乏衣食有父母妻子不得相濟凍餒呻吟流于道路郡縣之官漠不留意而又有科買之擾豈稱爲民父母之道可全免今年夏稅其秋糧減半徵收自今年四月

以前各衙門一應收買及科派物料除京畿仍納外其餘未到官者盡行停罷已到官者從實起解不許欺隱若實無見物而先已虛報在官亦不許再科于民以足其數虛報之數俱宥不問其郡縣之官務盡撫輯安養之道毋縱貪刻以重困之庶幾副朕憫恤黎元之意時有至自南京者

上問道路所過民情何似對曰淮安徐州及山東境內民多乏食而有司徵夏稅方急遂召問少師蹇義所對亦然

上坐西角門召大學士楊士奇等令草詔悉免其今年夏稅及秋糧之半官買物料一切停罷士奇對曰

皇上俯恤民窮誠出于聖仁若斯事亦可令戶部工部
與聞
上曰姑待之救民之窮當如救焚拯溺不可遲疑有司
慮國用不足必持不決之意卿等姑勿言命中官具
楮筆令士奇等就西角樓書詔
上覽畢卽命用璽已遣使賚行
上顧士奇曰汝今可語戶部工部朕悉免之矣左右或
言地方千餘里其間未必盡無收亦宜有分別庶不
濫恩
上曰恤民寧過厚爲天下主與民斤斤計較耶
丙午賜皇太子圖書并書諭曰朕惟祖孫父子于天
倫最重是以祖之于孫父之于子其親愛天下莫加
焉親愛之而期以富貴壽康蓋天下之同而惟明示
以長保富貴壽康之道以期之者聖人之心也爾爲
朕嫡長子
皇考太宗皇帝嫡長孫也自幼岐嶷粹美
皇考最所鍾愛鞠育提訓朝夕膝下誠以爾爲遠大之
器而可付以社稷人民之重者也故隨事垂訓皆聖
人之至道帝王之大經恩德廣厚譬諸天地之化豈
易名言迺永樂甲辰之春親征北虜車駕將發子孫
咸在
天顏穆淸顧爾謂朕曰古之令主于盤盂劍几皆有銘

用自警也人之行莫大于中正況爲人之上者乎吾
以人主中正四字爲寶押師還製以賜之俾之自勉
逮六師凱旋不幸
皇考賓天朕以承遺命正大統冊爾爲皇太子皇太子
者天下之本係主器之重必有令德用克欽承惟中
與正爲德之本謹遵
皇考成志製爲寶押以授爾其懋敬之哉中正體用一
也不偏不倚無過不及天下萬善皆源於此隆古帝
王傳授之要皆在于此人以中正存諸內則發于喜
怒哀樂無非道也以中正施諸行則形於動靜云爲
無非德也而于君人者之施蓋又廣矣中天下而立
以正天下之表其可不敬于內不愼其發哉故以中
正誠身則身尊以中正治家則家齊惟中正之人是
親則君子益進小人益遠惟中正之言是聽則善道
日聞而讒諂日退行賞以中正則恩不濫而人皆懋
功行罰以中正則刑不濫而人皆畏罪以中正施政
教則治道可成而俗化可興以中正施命令則萬姓
服從而四夷效順君人之道莫此爲要爾懋敬之其
篤念朕
皇考與朕所親愛期望之心而敬服膺之以係
宗社生民之望于永遠哉
上以親軍諸衞軍士多缺伍守衞皇城者不得更番或

經月不一歸家者命英國公張輔兵部尚書李慶選京師散衛軍之精壯者助親軍守衛親軍專守皇城四門京衛軍助守端門之外及東上等門時守衛軍三日輒有鈔慶言舊制無散衛軍守衛者

上曰大臣執舊制固是朕念人久勞不得息且經月在公不得一見父母妻子皆人情所難今使勞者得更番而助守衛者亦須被賞賚此姑一時權宜非爲定制俟親軍伍有人悉如舊慶曰守衛事嚴散衛軍何可盡信

上歎曰人未可盡信亦未可盡疑爲人上在布德施仁以得衆心耳誠得其心仇敵可化爲父子苟失其心

素所親信有反目相噬者古人云舟中敵國蓋既往多有之矣慶不能對遂以京衛軍權助親軍守衛

戊申命華陽王悅爚居武岡州悅爚蜀獻王第二子素放肆不順爲父所惡一日擅除所愛卒爲千戶製冠帶給之獻王聞之大怒叱衛士捽至庭罵之曰禽犢爾反耶杖之百餘將械送于朝世孫友堉懇求獻王自治之得免械送猶縶其手足囚之數月友堉又屢爲救解乃釋之會朝廷召友堉詣京師冠巳行而獻王薨悅爚竊發府中帑藏悉取貨寶友堉歸典守者白之友堉寘不問悅爚反誣奏友堉悖逆怨誹十數事意在去友堉則王位以次及巳勑召友堉廷辨未至而

太宗皇帝晏駕

上卽位遣按察司副使余信廉察之信還悉出悅爚誣罔因具陳兩人素行且言蜀人老少所共知者

上遂命友堉嗣蜀王而召悅爚旣至猶執奏友堉前過

上厲色曰爾兩人行事蜀人所共知不可掩況可欺朝廷乎以庶孽而懷奪嫡之志天道果與之乎

宗廟神靈亦祐之乎抵其奏于地叱之下悅爚惶恐而退明日復入奏請授護衛指揮千百戶子弟及女戶官并請以流官爲世襲

上曰朝廷之制護衛官當陞降者從王具奏郡王安得

專之不聽巳而

上諭侍臣曰鴞梟不可同處遂賜書悅爚曰爾與友堉本一氣至親理宜同處今旣情義乖違同處必至相傷湖廣武岡州民淳俗厚蓋善地也爾祿米二千石支本色餘折鈔其體朕惇睦之心安意以行仍賜紵絲羅各十五表裏白金二百兩鈔一萬貫勑蜀王友堉令遣人送華陽王家屬赴武岡完聚其平日隨從之人悉還之須厚資給以盡事叔之道

戊申擢儒士吳訥爲監察御史

巳酉

庚戌鄭府長史司審理所審理正俞建輔言伏讀制

勑有曰爲國以得賢爲重事君以進賢爲忠臣竊以進賢之路莫重于科舉近年賓興之士率記誦虛文爲出身之階其實材十無二三蓋有年才二十者雖稱聰敏然未嘗究心脩己治人之道一旦僥倖掛名科目而使之臨政往往束手無爲職事廢曠民受其弊自今各處鄉試乞令有司先行審訪務得通今博古行止端重年過二十五者許令入試比試則務選其文詞典雅議論切實者進之會試尤加愼選庶幾士務實學而國家得賢才之用

上諭禮部臣曰所言當理其卽行之又曰科舉之士須南北兼取南人雖善文詞而北人厚重比累科所選

北人僅得十人非公天下之道自今科場取士南六分北士四分爾等其定議各布政司名數以聞

辛亥命成國公朱勇豐城侯李賢都督郭義李通太子少保兼兵部尚書李慶工部尚書詹事府詹事黃福戶部左侍郎兼詹事府少詹事郭敦都察院右副都御史胡廙太常寺少卿徐善淵左春坊大學士兼翰林院侍讀學士曾棨左春坊左庶子陳山司經局洗馬張瑛贊諭左春坊左諭德兼翰林侍讀周述右春坊右諭德兼翰林侍讀林誌等侍

皇太子謁祭

皇陵

孝陵

壬子

皇太子發北京

加贈故文淵閣大學士兼左春坊大學士贈禮部尚書謚文穆胡廣爲少師遣官賜祭其文曰卿德行之修文學之懿士林所重時譽卓然事我

皇考太宗皇帝在論思宥密之地十有七年謹愼恭勤始終一節而兼輔朕于春宮小心直諒蓋踰一紀雖哀榮之典已備始終而朕之懷賢未嘗已也今特加贈卿爲榮祿大夫少師靈爽如存庶其歆服仍賜其家白金百兩鈔萬貫紵絲八表裏

甲寅

上念舊勞賜少師兼吏部尚書蹇義勑曰曩朕監國之時卿以先朝舊臣擢兼詹事日侍左右時肇建兩京政務方殷隨事籌畫適中惟難卿以善翊君以義殉國勞心焦思不恤身家載歷艱虞未嘗有咨嗟之意及朕嗣承大統贊襄治理用濟斯民喻朕于道不懈益恭二十餘年夷險一節朕篤不忘兹以己意創製蹇忠貞印一枚賜卿用藏于家傳之後世俾爾子孫知前人顯榮于國者良不易致宜加保守朕之子孫亦知卿弼予于艱體朕愛卿之心以保爾子孫庶幾

上下相安與國咸休書曰惟后非賢不乂惟賢非后

不食自古君臣相遇難矣往績惟茂永終是圖欽哉
勅少傅兵部尚書兼華蓋殿大學士楊士奇曰往者
國家肇建兩京政務方殷朕膺監國之命卿以翰林
親臣兼職春坊留侍左右贊朕庶務敷答章奏籌畫
之際適中惟難朕恒以爲慮尚賴卿一二臣僚同心
合德徇國忘身屢歷艱虞曾不易志及朕嗣位以來
嘉謀嘉猷入告于内期予于治以惠黎元正固無二
簡在朕心茲以已意創製楊貞一印一枚賜卿用藏
于家傳之後世惟卿子孫由是知卿克致顯榮不易
惟艱思保守之難朕子孫亦由是知卿弼朕之功以
保全爾子孫與國咸休永世無斁詩曰無言不酬無

德不報又曰靡不有初鮮克有終尚克交脩以成明
良之譽欽哉
癸亥擢七十爲行在鴻臚寺右寺丞七十韃靼人通
蒙古書都指揮李賢言於
太宗皇帝命教習番譯至是吏部尚書蹇義言七十元
之故臣遂擢用之
戊辰命郎中李子譚等分往總兵官陽武侯薛祿等
處專理軍機文書皆賜勅諭之曰朕命將禦邊其軍
務之殷重在嚴謹而文墨所寄尤重得人今以爾等
重厚達于文理特命往各總兵官處凡其軍中機密
文書從總兵同爾整理必謹慎嚴密不可泄漏其總

兵調度軍馬發號令施等事爾一切不得干預總兵
官宜以禮待爾爾亦宜循守禮法不可輕慢庶幾協
和相濟以成國事欽哉
五月丙午朔
辛未
上諭少師兼吏部尚書蹇義曰御史朝廷耳目之官惟
老成識治體者可任新進小生遽受斯職未達政治
之體而有可爲之權遇事風生以喜怒爲威福以好
惡爲是非甚者貪婪無藉賢人君子正直不阿往往
被其陵辱小人阿順從臾之則相與爲膠漆其于政
事得失軍民利病畧不用心安在其爲耳目也爾吏

部自今須愼選擢以清風紀既又歎曰都御史十三
道之表如都御史皆廉清公正各道御史雖間有不
才亦當知畏憚今之不才者無畏憚矣爾其咨訪可
任都御史者以聞
癸酉勅行在禮部行在翰林院脩
太宗體天弘道高明廣運聖武神功純仁至孝
文皇帝實錄勅曰恭惟
皇考太宗文皇帝以元聖大德順
天應人君臨萬邦爲臣民之主者二十有三年駿揚武
功則載奠
宗社一清海宇丕顯文教則興修禮樂崇極治化至仁

侔覆載至明配日月上比隆于列聖下宜範于萬年
甫畢山陵永懷繼述仰惟實錄未有成書卿等咸逮
事
先朝職典斯事任集賢俊博稽簡書協恭纂修務盡精
慤用宣昭我
皇考盛德大業光華覆于無窮其以太師英國公張輔
少師兼吏部尚書蹇義少保兼太子少傅戶部尚書
夏原吉爲監修少傅兵部尚書兼華蓋殿大學士楊
士奇少保戶部尚書兼武英殿大學士黃淮太子少
傅工部尚書兼謹身殿大學士楊榮太子少保禮部
尚書兼武英殿大學士金幼孜太常寺卿兼翰林學

士楊溥爲總裁
侍讀李時勉侍講羅汝敬俱以言事改都察院掌道
監察御史
庚辰
上不豫召尚書蹇義大學士楊士奇黃淮楊榮至思善
門命士奇書勑遣中官海壽馳召
皇太子
辛巳
上疾大漸遺詔天下傳位皇太子詔曰朕以非德嗣承
祖宗洪業君臨天下甫及逾年上惟
皇考太宗皇帝山陵未遠追切哀誠下惟海內黔黎彫

瘵未復憂勞夙夜靡遑危疾奄至大漸夫死生者晝
一夜常理往聖同轍奚足悲念惟
宗社生民必有君主長子皇太子天稟仁厚孝友英明
先帝夙期其大器臣民咸欽其令望宜卽皇帝位以奉
神靈之統撫億兆之衆朕旣臨御日淺恩澤未浹于
民不忍復有重勞山陵制度務從儉約喪以日易月
中外皆以二十七日釋服無禁嫁娶音樂在外親王
藩屏爲重不可輒離本國各處總兵鎭守備禦重臣
及文武大小官員亦毋擅離職守聞哀之日止于本
處朝夕哭臨三日悉免赴闕行禮
皇考太宗皇帝服制仍遵去年八月之令嗚呼南北供

億之勞軍民俱困四方嚮仰咸屬南京斯亦吾之素
心君國子民宜從衆志凡中外文武羣臣咸盡忠秉
節佐輔嗣君永寍我國家生民朕無憾矣詔告中外
咸使聞知 是日
上崩于欽安殿宮中以
皇太子未至未發喪沐浴襲奠飯含如禮
六月辛丑
皇太子還自南京至良鄕宮中發喪宣遺詔文武百官
常服行四拜禮宣畢舉哀復行四拜禮中官同禮部
尚書捧遺詔赴盧溝橋迎諭
皇太子文武百官易素服出迎

皇太子禮部工部先于橋南設幕次香案皇太子至常
服詣幕次香案前行四拜禮跪聽宣遺詔宣畢
皇太子慟幾絶强起復四拜易素服墨翼善冠黑角帶
還京至長安右門下馬步哭至宮門外釋冠服被髮
詣
大行皇帝靈前五拜三叩頭哭盡哀宮中自
皇后以下皆被髮哭盡哀止
皇太子就喪次東見
皇后親王以次見皇太子畢各居喪次大斂畢報訃各
王公主頒遺詔于天下
是年七月已巳上尊謚曰

敬天體道純誠至德弘文欽武章聖達孝昭皇帝廟號
仁宗
九月壬寅葬獻陵
上在位十閲月壽四十有八
上天稟純明孝友之行出于至性
太宗文皇帝
仁孝文皇后深所知愛
太宗初舉義靖難也屢請侍行
太宗顧
仁孝皇后曰北平根本所在居守之任匪輕世子能得
人心豈可暫離又顧

上曰汝居守然後吾無內顧之憂遂不敢復言侍行小
人或譏之于
太宗未嘗與辦惟勤自修而終莫能間高煦高燧有過
上每從容導諭使改左右或止之曰吾不爲鄭莊愛弟
也
太宗皇帝數督過高煦高燧必爲婉解釋一日
太宗察見高煦不軌之跡怒甚
上復再三叩頭救解
太宗强從之已而歎曰汝愛弟吾豈不知他日思吾言
無及矣
上終身愛之不變于宗室恩義特厚專志愛人始終無

間初在東宮備悉民情既即位悉行所志每詔書下
軍民歡欣如旱得雨如飢渴得飲食遇水旱必齋致
禱郡縣上言飢荒即遣人賑䘏寬貸急民之急恒若
不及臨政務當大體未嘗計利恒曰能推利以厚百
姓國家將享大利爲明哲知人在廷之臣其才行文
學高下瞭然于心緩急用之靡不曲當寸長可用咸
所不棄苟犯名義雖才必黜未嘗以所愛惡移是非
之公於用將師取長棄短嚴謹邊備不忘遠畧邊將
陛辭每戒之曰民力罷矣愼無貪功生事夷虜至塞
下順則撫之逆則禦之驅之而已毋爲首禍違命獲
功吾所不賞賞功褒德寧過于厚惡贓吏屢戒法司

曰贓吏務厲民裕已國家恤民必自去贓吏始故未嘗貸之重學校嚴薦舉每諭所司用人必求實才授官必責實效樂聞直言所言切理多見褒答間有咈逆雖暫齟齬無幾輒悟更加賜賚喜怒或小過未嘗不悔既悔改之不吝雅志儒術務學問諸經皆通于書尤熟嘗曰爲治不本此書雖或小康皆苟焉而已于春秋歎曰先王之禮壞此書所繇作也卜筮不用俗占法必取正周易反覆卦爻彖象之辭及程朱氏之說信之甚篤喜考古制度以求聖人之意贊善陳濟博洽冠一時數侍論議退語其僚曰殿下天資明睿非羣臣所及學問所得必見于行爲文章不事雕

飾達意而止贊善王汝玉嘗言爲詩有法

上曰三百篇何所法哉無他嗜好初在東宮惟畜經籍法書甚富閒暇手不釋卷被服寬博類儒者少侍

太祖曉識天象長益探究或欽天監所陳有諱避者輒見窮詰既即位作臺禁中時自觀察而預言休咎之應多奇中遇災變必警飭自奉儉薄恒念

祖宗創造之勤每事必問祖法如何又曰循祖宗之法者當明

祖宗之心嘗集侍臣錄太祖親製皇陵碑文授諸子俾熟讀曰知此庶幾知保富貴又嘗命刻眞德秀大學衍義賜諸子曰爲人上不可不知此書爲人臣不可不知此書在儲位二十年深明君人之道是時天下皆翕心暨嗣位勵志圖治推誠任人每曰爲人君止于仁耳故弘施霈澤悉罷科買已逋責詢民隱急農事褒舊勞舉墜典增文武俸加軍士食米脩舊政賜文臣誥勅予歸省告而歸省者賜賚有制禁告訐誘中嚴自宮之禁及禁加人宮刑屢屢飭法司崇寬厚戒深刻惟日以恤人爲念在位僅十月而德政加多故遺詔初下兵民如喪慈父廟號曰仁天下之公言云

仁廟聖政記卷之下

出圍城記一卷

出圍城記

甦庵道人譔

道光壬寅五月英人船入江南界十二日連陷寶山上海兩城旋退至烏船泖洋面停泊有入揚子江至江甯之謠揚子江入海之口崇明以內北岸爲通州之狼山南岸爲常熟之福山兩岸相距寥濶皆設有重兵越福山至江陰之鵞鼻嘴沙灘囘互江面僅濶五里過此則北抵揚州南達鎮江爲三郡扼要之地徐州總戎鎮江參戎帶兵防守監司周項勸三郡富民共輸金十萬鳩丁堵塞連木簰而爲梁伐大樹以沉水復集鎮江衞所減運糧艘五十束油葦於上爲縱火計僉以爲鐵鎖橫江不若是之固矣初京口副都統海凌閩浙之乍浦失守殺駐防旗兵殆盡驚懼無策新納一雛姬恐難自保遣與母妻寄居他郡已身亦不敢居署中移住故將軍府猶恐人知又移至府旁吉祥寺安牀佛殿後每夜親兵四十執刃圍護始能安寢及聞寶山上海之失愈益驚懼從此絕不出城一步不但此也青州旗兵四百本駐東馬頭守礮臺亦調入城分居四城樓以故東馬頭至圌山一帶設礮之處皆空堡無兵五月杪參贊大臣高愼帶兵二千來援駐陽彭山湖北提軍劉允孝率兵二千先參贊至沿江屯駐軍容頗整忽制府牛鑑牒至謂英船前往山東移防登萊時六月初一日劉提軍行

至清河知山東無事始回京口初六日制府牛自至蘇州匆匆飭守令示意富民十餘人令各輸金萬犒英軍俾不登岸及聞富民十九遷徙倉皇回江甯是日予猶與諸同人集城南道院萬不料英船能猝然入江也即入江狼山福山鵝鼻嘴等處皆有重兵且興工役亦難飛渡豈意入江所經各州縣制府皆令不得開礮遺之牛羊即揚帆徑過而牧令將弁自幸無事無不掩旗息鼓先行迴避絕不使一諜來告哉此等禦敵之法百姓不知惟制府自知之鎮城富庶之名久著非金不保然輸此十餘萬金亦甚易易使兵不戰令可猝下使民輸金令必先申制府於此少經營耳初七日予族弟來約

同避地金壇因買舟使大兒先往覓寓舍舍館定即以原舟來接眷屬是時民船多被官兵占住船鮮入境者初八日居民遷者塞塗僅開城兩時許而城門亦止開一扇駐防旗兵交刃對立使行者匍匐從刃下過稍舉首即觸刃流血被面除隨身衣服外一物不許攜帶帶者立行奪下人方絡繹突然閉門有子弟出而父兄閉入城內者有妻女出而丈夫閉入城內者城內外呼號之聲慘不忍聞初九日計大兒當回晨起雇肩輿三錢六千擔夫二錢二千與家屬至南城門口候開城南城去予家不過數百步而價昂若是在一門入家坐候一日城門不開日暮始知西門略開片刻即閉已無及矣

復以錢數千雇肩輿擔夫載家屬歸假一舊族祠宇暫住此祠去予家甚近而地較僻故避居其中初十日副都統縱兵殺人目爲漢奸漢奸對敵人言副都統誤以爲對滿洲蒙古言凡他邑人在城中皆懋遷者充工役者作僧道者爲僕役及行乞者以非土音均被縛去略一詰問即殺十三人於小教場其眾人具保狀證爲良民者不得已爭擲城外免於斧鑽復死於傾跌而里巷中曉行者莫行者與夫行城下者不問何人胥用鳥槍擊斃莅營無算方閉城之先副都統即疑滿城皆漢奸日捉數人送邑令拷訊邑令錢燕桂訊明釋放即指錢令爲漢奸乘其出城閉門不納城中守土官惟知府一

人與副都統爲婣婭聽其所爲無能阻止十一日早聞江中銅礮聲出門見高檣大颿突出女牆丈許檣間煙氣騰騰火輪三版等船已向甘露港西津渡進泊十二日城中炊煙寥寥蓋城閉市亦閉饑民無處市米人情洶洶疑副都統欲盡殺漢人而後止監生吳學增家有米四百石貯西城外呈請郡守祥麟運入安民郡守轉請副都統仍不開城謂開城吾輩命即休不能顧百姓百姓有違言即是漢奸吾兵足以殺之其實閉城禁人出入尚開西小門進兵米此數百石米帶入甚易副都統居心叵測無怪人人疑慝也日晡在城孝廉諸生十餘人復至府署爲饑民乞命署中空無人惟校官四分

日到署伴太守太守不肯復與都統言眾乃太息而歸英船任江中日放空礮十餘聲十四日巳刻敵登岸鳥槍一發參贊提督兵卽退竄乃攻北城放礮六府署後雉堞轟塌適城隅有繩梯一是駐防旗兵縋人出城借索重貲者竟忘撤去駐防兵聞礮卽逃棄刀槍戎衣盈路敵乘虛攀援而上開北城擊擁而入止四城樓青州兵與之巷戰敵被殺傷數百人青州兵亦死二百餘實皆敢死士惜乎城失勢弱後援無人尤惜不令守礮臺無由放礮擊敵船聽其深入副都統調駐城中不過事急之時欲借其力擁護而逃徙令併命於城闉之中寃哉副都統聞北城破乘籃輿至南城知府祥麟至請開

城門放難民副都統畏人指摘意欲獨竄仍不允反以鳥槍擊眾眾驚散知府憤然策馬回時已不能返署赴縣學自經一李姓書吏解下扶入舟中復蘇遂至丹陽副都統既出敵眾沓來不移時婦女屍滿道上無不散髮赤體未死者多被擄拖而去生死離散目不忍覩皆見沮于副都統屢欲出城不得者也旗營中亦有未及出城者叩戶乞留家家噪逐無已跳入空宅中墮廁箐觸樹石者甚夥匿久則多餓死承塵上櫓霤開婦女不能踰垣又難匿跡每伏池內强半溺死或出水潛逃浮萍黏滿頭面望之如藍面鬼然忘其身以及其家視戰死者相去奚啻霄壤民間寇至捐軀者何氏一門三八

已故生員旌孝子謹銘妻節婦詹氏生員西銘妻張氏謹銘子源豫妻詹氏同時鍵戶投繯死童生何恩沐妻錢氏投井死生員張會得妻萬氏子元叔妻萬氏並一子一女共投一井死生員許光遠妻茅氏途遇英兵避入市屋中縊死故生員笪淵妻郭氏與其戚李棟妻笪氏棟二女又馮錫銘妻董氏錫恭妻張氏同墜樓不死復同縊死袁信立妻節婦李氏呑鍼不死刺心死舉人徐元佐妻馬氏年七十餘縊死李祥甲妻鄒氏子勳奎妻吳氏聯潤妻吳氏先溺死幼男女四人後同縊死劉靜先妻李氏並子女又劉式之女善之女劉克端女盛岐山女俱投井死郭圭妻喬氏圭死未葬英兵入室裂

棺見屍子亦被虜氏投河死柳應增妻戴氏應元妻張氏袁量卿妻張氏同一子李苓生妻錢氏有身戴熙和妻袁氏虞鳳岐妻何氏朱霧如妻趙氏李春亭妻黃氏張增妻華氏法意妻柳氏童鑑銓妻陳氏鄒士荃妻時氏同二女張樹之妻節婦黃氏程如川妻李氏並投井死張金鑾妻茅氏同女李映奎妻張氏馬步洲妻化氏張翰魁妻高氏胡厚齋妻張氏楊鑑妻張氏並投河死茅清泉妻張氏史彭齡妻沈氏並攜女投江死胡鎔妻李氏投二女於井與胡鐘妻袁氏同縊死耿拱辰妻陳氏包立德妻王氏吳墉妻張氏何鐘妻童氏何廷幹妻節婦梅氏程廷渠二女徐允元女並縊死又有卜邽巷

程氏童子英兵至其家其母匿之牀後兵將犯其母呼號而出中火槍死城中文武官旣逃罪囚七十餘人亦破獄去敵入旗營焚官署馬房數十處其陸路提督郭居府署分遣黑白兵守四門府學亦住敵兵渠主多遭毁棄裂書以爲廁籌翌日質明放礮鼓吹自是日始每早晚必鼓吹俱在府署前之鼓樓上居民導之刼掠無市不空無家不破敵兵止取金銀衣物悉歸導者導者多其家之親族鄰友與夫豢養僕人十七日敵提督出示禁刼掠而刼掠如故四鄉男婦聞風而至土匪十倍於敵敵但焚營房而西門橋至銀山門無日不火重垣峻宇盡成瓦礫場皆土匪所爲初放火時英弁曾縛十

五人於觀音庵大樹上鞭背流血而縱火如故弁亦無法可施惟言經過數省人心之壞未有如此郡者英兵沿街捉人肩什物負腐屍遇者難免人多不敢出戶而刼物者仍不斂迹然此猶市井小民其平日儼然在衣冠中爲膠庠士子公然作賊者指不勝屈有一諸生赴府署上書爲敵所擯又有諸生二十餘人具牒乞充里長敵提督坐鼓樓下親給執照分持而去此外執雞鴨爲贄乞大英護照四字黏諸門壁者所在多有甘心從敵無非欲假勢保身家刼貲財廿一日薄晚府前發鼓數通奏樂徹夜黎明鼓吹前導敵提督乘坐知府輿出城四門敵衆亦隨出敵提督上船去留其總兵叔得者

駐札北固山亦出示禁四鄉土匪入城北城已被敵劚斷直達甘露港令無阻礙敵仍不時往來城中然敵船多往江甯留京口者僅數船其衆已無多矣廿三日奴子自豐城鄉來見主人全家具在喜出望外堅請出城時丹陽張官渡築壩河道不通近城無舟車仍使下鄉往覓廿四日越河大港鄉民二千餘蠭擁入城持械搶刼勢不可當予家敵兵來一次破篋搜索見無金銀即去鄉民連來四次衣物雖空書籍猶存至是拋擲踐踏淨盡聞信頓足無力救護半生辛苦損衣食費積書盈室屢更屢易皆罕購善本一旦喪失痛欲身殉相識者勸予甯波范氏天一閣藏書已不可問聚散有數何不

達觀一切適奴子自豐城驅車四輛至蓋予友避居其間代爲料理者悵然攜家出城登車雲遮烈日一路涼爽無暑氣五十里至豐城星光雜鐙火矣吾友立所居門外老柳下執手慰問炊豆粥以待又假伊族人樓屋三楹以棲家累窮途大可感也去豐城卅里有寶堰鎮予門人有避居其地者廿六日使奴子屬覓金壇船午後奴子持門人書至知已買舟待發廿七日辨色登車至寶堰停車河干門人至堅留一飯即在舟中飯畢門人別去舟子解纜逆風行九十里三茅峯時與船低昂抵金壇水關閉矣明日奴子進城訪大兒寓所聞已附船將往鎮江沿岸急呼舟尚未發大兒立岸上予舟已

進水關相見悲喜交集廿餘日不得家中消息焦急幾
死不意一家十口無一損也假館直街內弟寓中此寓
本爲族弟賃者而族弟竟未來想是敵船猝至避往他
所予在圍城中六日城破又住十日家破而家人避居
僻地未見一敵兵每人每日熬老米粥三合延命怡然
不以爲苦空身出城盜不屑顧較先出者之被差役詐
錢盜賊胠篋轉爲安適失馬未嘗非福區區衣物亦何
足言鎮城經此番蹂躪破碎不堪非敵人破碎之鎮人
自破碎之也人類雖衆大約不出三等曰兵曰民曰士
而在鎮城則三大害卽在其中駐防旗兵本名鎮海兵
副都統銜亦是鎮守沿江沿海並管水師三營蓋守海

口則拒寇於門外是上策入江則放寇入門守之亦是
下策至城下則引之入卧榻尚可守乎乃副都統一聞
敵至擁兵閉城礮臺所貯大礮十八子母礮八遠擲江
外以資敵人兩手牢握四門鎖鑰西門破則率兵開東
門走北門破則率兵開南門走而城中百姓禁閉不許
出城城破刃死不破餓死是欲盡死百姓而專生官與
兵也誤國殃民莫此爲甚且兵不用力總由安居城中
豢養旣久視爲分所應然騎兵步卒二千餘人合之閒
散七八千人併七八千人之力殺深入之敵衆未必不
能而乃巳正攻城午初卽下紛然各鳥獸散逃至丹陽
羣向陽令索口糧恬不爲怪京口不用兵者垂二百年

不能用之一日又烏用是以糜糧餉爲安得言路諸公
具封事請撤駐防兵省餉安民誠第一善政卽不然亦
必移駐圌山以下俾日見江水海潮或可冀其顧名思
義也鎮城之民一遇旱澇之災雖家僅中人之產無不
捐賑動以一二十萬金爲常而平時育嬰䘏嫠留養捄
生施藥施棺以及給寒衣散年錢諸善舉無微不至富
家出貲寒士亦多出力桑梓之情可謂至厚乃乘機刼
奪卽力不能移之物亦必斲碎燒燬而後去若宿怨甚
深者人無心肝至此已極城民鄉民固屬同惡而首惡
尤在回民白布裹頭操刀入室千百成羣所得金帛充
棟並衢巷亦爲之滿塞前後巷口不許居民出入意猶

未足富戶避難至遠方咸蹤跡之詐索多錢予在亶邑
親見山巷回民至一寓所謂代伊守宅需銀數百其人
言俟回里時宅果無恙如數相與大罵而去立毀其宅
肆行無忌目無法紀不早除莠賓爲養癰士之劣者包
漕攬訟小頭銳面爲患鄉里此等人作賊猶在意中又
有衣裳楚楚言笑溫溫並無爲惡之才乃亦穿壁踰牆
無所不至咋丹陽令始捕一老諸生馮姓去贓至數千
法當斬恨漏網者尚多耳更可駭者東馬頭一張姓生
員至敵船報機密事云議和是誘敵大兵已將至矣敵
將與番銀四百責問大吏始知其妄張復與二生至丹
陽見縣尹傳敵言索牛羊雞猪月餅菱藕等物陽令如

數購齊差人送去行至丹徒三生使縣差歸差不從知計不行乘間逸去縣差見敵將敵將曰我未索物爾主先施可謂有情但牛尚少可速補足陽令受累無窮士習之壞爲從古所未有此三者實鎮城之豺虎蛇蝎城破死者不乏人而未死一豺虎蛇蝎皇天報施不爽發愈遲而禍愈烈敵船卽退恐禍猶未已也噫

鎮城大觀樓（西門城樓）一僧城既破後語人曰青州兵移住僧晨急呼僧起曰海都統日日殺人皆目爲漢奸意猶未足今欲使青州兵前導殿以本營兵巡行四門遇人卽殺殺盡途人然後逐戶搜查卽逐戶誅夷不數日城

中百姓可盡止留旗兵在城可保無虞我不忍見汝死縋汝出汝可亟去僧與北固山僧善往語之故且趣之行其時敵船皆泊北固山下語爲一通使所聞轉告敵弁敵弁曰我衆在此待和議耳不速破城反害百姓十四日破城入旗營逐都統其提督郭出示首言本提督此來全爲安撫百姓予在城中所親見僧言信不誣也和議既成敵弁以居民因破城受土匪之害屬原任大學士伊里布在所議銀數內留一百五十萬給難民張示於四門其言雖不足憑然亦可見破城非敵本意也幸有青州兵漏言不然全城性命危矣哉海凌家屬避居金壇遣家丁至丹陽爲報自盡陽令不受牒仍回金壇壇令文川受其牒爲報大府其時兩翼協領亦報海凌全家殉節大府據之入告得　旨照都統例　賜卹並許在京口地方建立專祠御史黃宗漢彈海凌誣殺良民報死不實追回卹典　命督臣查復丹徒士民顔崇禮郭湘等十六人具狀言海凌夫婦實是在署內焚死廨宇與骸骨雖燼而所著葛紗袍及所戴玉耳環尚未全燬可證據此復奏　賜卹如故十一月初海凌夫婦柩由金壇行抵京口渡江

敵兵有黑白二種白貴黑賤黑種又有眞僞之別眞者耳有大環腕有毛僞者腕與耳皆異予始亦疑敵船數十泊江口大兵數千駐江上相持七八日之久寂然不

動參贊提督亦囑副都統城上不得放槍礮自來無此交兵法城破都統以下兵弁逃出敵弁卽收各兵所持兵刃不殺一人自來亦無此破城法蓄疑多日至是始悟旅館養疴思閉城之先出城之後見聞尚有可紀者並錄於後五月初西門外富戶多遠徙江中遇盜者不一家邑令示禁云遷者被刼官不問刁風頓起一衣箱出門四鄰索錢差役索錢輿夫舟子索錢而途中仍多被刼五月十八日打索街一胡姓人家無故被搶絲粒無存雖捕數十人追贓未能卽正典刑人不知懼有物有害無擄無貲人皆以遷居爲畏家家衣物留飽寇囊實由於此六月初二日有海船入由蘇州入丹徒漕河

邑令查問云是登舟販海漁者不能出吳淞口將由京
口出海邑令使改由淮安不從敵船旋至此船不知何
往蹤跡可疑初五日敵船越鷲鼻嘴至圌山時大港設
團練局有邑中人某董局事信知其家旋又有信云前
信是謬傳邑中不即遷爲此信所誤敵船至大港董事
令鄉勇放火槍鄉勇借米起釁言我輩食粗糲汝等食
精鑿不公不聽令局中有錢千餘貫羣起一呼分攜而
散初八日閉城城內外尚開市城內旗兵結隊搶錢鋪
食物鋪市立閉有銀無處易錢有錢無處易米幾乎盡
成餓莩城外奸民行刼提軍劉允孝至梟一人於市口
始定惜來遲市已不能復開鹽梟聚鎮瀇及辛豐鎮等

處刼難民鄉民鳴鉦爲號誅勦過半未幾敵船至儀徵
羣梟出入之所又礮斃二千餘人養奸已久經此番懲
創亦一快事十二日海凌榜於通衢云我兵不出待敵
兵登岸也登岸則舍彼之長就我之長萬勿一失乃所
長止是一逃羣敵入城見者多指以爲笑資十三辰刻
百餘人肩一巨礮又數十人肩二礮邪許之聲徹里許
度置西北城闕並未一用爲敵所有十四日敵眾入城
令居民送牛羊等物至府署領價每牛一給番銀八他
物價無定牛羊火燎即食雞則生噉食不用箸掬以手
每日兩飯敵目皆赴府學大成殿據案食遺矢滿堦下
執爨即在其間寺觀中所塑像或削面或穴背尤好割

取鬚髯甘露寺十八應真盡仆於地以支牀城中官逃
各鄉鎮分巡官弁亦逃丹徒鎮地保陸祥使居民捐資
保鎮五日一赴府署送牛羊敵弁給例價鎮瀕大江敵
眾不犯公然肩輿巡街有刼奪者立斬斬六人沈於河
一鎮貼服地保威權過大府亦所罕見二十二日敵提
督往江甯所留敵眾日捉數千人拉甘露寺鐵鑊疑其
中有寶也歷久不動乃止七月初參贊大臣耆英乍浦
都統前大學士伊里布至江甯議和伊家人張喜亦自
都中來共議時敵水路提督某船泊觀音門外議與番
銀二千一百萬每萬折紋銀七千先交番銀六百萬其
餘三年分給並與通市馬頭五處廣州福州廈門甯波

上海奏明罷兵既主和議何以必待丹徒受害而後和
丹徒商民顏崇禮與和議有功揚州輸番銀四十萬敵
船不入境則出自崇禮一人之力揚商多丹徒人輸銀
亦丹徒人居多全肇牽車牛之地棄祖宗邱墓之鄉尤
不可解富商倡義殮遺屍設局城南大覺寺道旁井內
及空宅中約二千餘骸骨混淆且多零落不全沈泮池
者巨龜攢食狀尤慘城外屍少多在城內無非因都統
閉城而死者八旗逃兵在丹陽每人日給錢八十未饜
所欲潛歸營以搜尋兵器爲名敲門行刼居民赴愬敵
弁始懼乃入夜塗面持刀直同大盜大吏趣守令入城
守令招鄉勇並借金壇汛兵各數十名嚴行巡察民稍

妄兵不能制寇反賴寇以制兵一奇鎮海大兵爲盜別募兵勇防禦又一奇縣役錢升之子途遇敵一小兒誘與嬉戲將臂上金條脫項下金絡索攫去敵弁限三日交出否則屠城縣令捕送敵弁仍發回處置中秋日各省銀俱到在江甯交代敵弁宴京口官京口官亦張宴公餞江甯敵船陸續回至京口九月初一日方退出圖山江潮漸落孤軍深入四面受敵之地至數月之久並無後援猶復遲遲吾行敵無智謀可知孰謂其知兵耶然卒無一加害之人爲敵所料敵不可謂無智謀也和議甫定時敵弁即將數萬僞黑兵棄去不與口糧轉構釁者幾千人從敵而所償如是殊快人心然甘就死地

無一反戈相向之人敵能料官兵并能料漢奸非敵有料人之知實爲所料者出人意料外耳牛制府出榜諭漢奸大意謂既往不咎有控告者反坐亦可謂意外之恩矣抑予有疑焉外藩如朝鮮日本安南琉球等國去中土最近且久奉正朔其國官名各異不與我國同英人遠在數萬里外自古不通中國至我　朝始來朝貢數次乃提督總兵等官侯伯子男等爵全襲我國有官爵者亦皆中國語音侵犯數郡不據土地惟貪金帛恐是奸商糾合洋匪爲賺貨財計其人無謀亦並無勇在城中屢爲土匪所欺侮多喪軀者惜官兵震於其國强悍動言船堅礮利搖惑人心代張其焰遂使無往不售其奸恨不涉重洋至英圭黎一探問之　朱昌頤鈔

此書記道光壬寅英兵至鎮江事不箸撰人姓氏但題甦庵道人記中所述當日情事如當道之畏葸將弁之失職民人之慘死莠民之横暴言之至詳又其所述京口副都統海淩城破奔金壇遣丹陽令報白壺丹陽令却其牒乃改由金壇令上報旋爲御史黄宗漢所劾謂都統誣殺良民報死不實而大府卒據丹徒士民顏崇禮等所呈狀入奏得　旌卹如例所言當得其實可資參考惟所記英軍事多迂陋之談當時不諳外情如海國圖

誌之類多如此不僅此書爲然也此本卷末有朱昌頤鈔欵殆吾鄉朱朶山先生就原稾迻錄光緒甲辰二月得之吳中書肆舊鈔頗草率戊申正月清繕一過校勘畢題記　僧懵

出圍城記

西域水道記校補

西域水道記校補

自序

十三行　穆默改特穆

卷一

二葉十三行至十九行　地富庶多磚屋也元經世大典圖作可失哈耳經世大典久佚其西北地圖一篇載永樂大典元字韵元史地理志西北地附錄即據此圖爲之今所引皆稱經世大典圖以從其朔元史世祖紀作可失合兒耶律希亮傳作可失哈里拜延八都魯傳作乞失哈里曷思麥里傳作可失哈兒遼金之際地入西遼乃滿國破屈出律竄奪菊兒汗之位遂有其地成吉思皇帝庚辰年征西域斬屈出律可失哈兒押兒牽斡端始附於元蓋今之西域皆元時篤來帖木兒分地也西印度有默德那國其王馬哈墨明史作謨罕驀德又作馬玲麻生而神靈西域諸國尊爲派噶木巴爾元史賽典赤瞻思丁傳作別菴伯爾明史西域傳作別諳拔爾猶言天使是倡回教

二十一行　嗣教爲第二世阿里一作阿厘其教自此而分都魯機阿丹諸國專宗派噶木巴爾巴社國則宗阿里

三葉十三行　魏神龜初胡太后遣使者宋雲如西域求佛書道由蔥嶺洛陽伽藍記載雲之言曰

十四行　神龜刪

十八行十九行　漢盤陀國正在山頂桉魏之漢盤陀唐謂之羯盤陀唐書地理志云自疏勒鎮西南入劍末谷靑山嶺靑嶺不忍嶺六百里至蔥嶺守捉故羯盤陀

西校　一　晨風閣

國開元中置守捉蓋今阿賴地也
六葉四行　四十里抵喀什噶爾城唐書地理志云疏勒鎭南北西三面皆有山城在水中城東又有漢城亦在灘上赤河來自疏勒西葛羅嶺至城西分流合於城東疏勒鎭者疏勒都督府治也烏蘭烏蘇色赤故有赤河之目烏蘭烏蘇逕喀什噶爾城西引東岸渠二
十五行　池東出水東流池西出水西流水經注引涼土異物志曰葱嶺之水分流東西西入大海東爲河源所謂入大海者卽新頭河之入雷翥海者也池水東出之岸
二十一行　爲什克南城水經注云河水一源西出捐

毒之國葱嶺之上西去休循二百餘里又曰水西逕休循國南在葱嶺西是知阿賴山在庫勒北矣昔大和卓木
七葉十五行　百里逕察哈爾阿勒爾水經注云河逕岐沙谷出谷分爲二水一水東流逕無雷國北蓋以庫勒之水與烏蘭烏蘇同源斯爲謬矣庫勒水又東流百里逕哈喇塔什嶺北
十一葉十六行　葡改蒲
十八行　頓改傺
十三葉六行　三月初三日也每月統紀傳謂生於陳宣帝太建元年西洋人尊耶蘇之教其言不足據

或曰佛回之作教皆以滅度之歲紀元梅氏文鼎推回回術謂馬哈墨作回回歷用隋開皇十四年甲寅而明史言馬哈墨辭世在隋開皇十九年已未爲元卽以爲建國之年其身不存何能立教正道陵遲異端滋起謬悠之論固難折衷矣此籤在第十三葉
十五葉十一行　蘊改藴
十六葉十五行　至元十一年至陸驛二刪
十五行至十八行　今正爲葉爾羌元史作鴉爾看又作押兒牽皆音近之轉經世大典圖不載其時蓋附於于闐也一統志云
十九行　注刪

十九葉十行　往往重千萬觔漢書西域傳莎車國有鐵山出青玉穆天子傳天子西征至剞閭氏乃命剞閭氏供養六師之人于鐵山之下卽此山矣山與瑪爾瑚魯克山
二十三葉九行　覔改覓
二十四葉十二行　迟改犀
二十八葉八行　哈喇哈什城元之哈剌合底城司空景義公撒亦的之先世所居由此徙西洋世爲賈販以財雄海外矣乾隆二十四年
十八行十九行　玉隴哈什元史作玉龍傑赤至等城是也刪

二十九葉九行　達爲利爲西源矣唐西域記云瞿薩旦那城東南百餘里地有大河西北流國人利之以用溉田其後斷流王深怪異於是命駕問羅漢僧曰大河之水國人取給今忽斷流其咎安在羅漢曰龍所爲耳宜速祠求當復昔利王因廻駕祠祭河龍忽有一女淩波而至曰我夫早喪主命無從所以河水絶流農人失利王於國内選一貴臣配我爲夫水流如昔王曰敬聞如是舉國僚臣庶鼓樂飲餞其臣乃衣素服乘白馬與王辭訣敬謝國人驅馬入河履水不溺濟乎中流麾鞭畫水水爲中開自兹没矣頃之白馬浮出負一旃檀大鼓封一函書河水遂流至今利用準其地望或是樹枝然語涉不稽非可傳信

十六行　接改按

卷二

城北作七堰互相灌注近於濁漳之十二墱流也

此籤在第一葉

一葉十八行　素城赴烏什　城改誠

三葉十五行　分爲専城地起高原北至北山

六葉十六行至七葉四行　冬夏不可行水發山中所謂阿耨達大水也水經注云南河東逕于闐國北又東北逕扜彌國北又東逕精絶國北又東逕且末國北又東右會阿耨達大水水經注引釋氏西域記曰阿耨達山西北有大水北流注牢蘭海者也其水北流逕且末南山又北逕且末城西桉水經注先言南河逕且末國北再言又東會大水則河在城東矣西域記城西字誤唐書謂之且末河河西爲播仙鎮故且末河城也克勒底雅河北流三百餘里匯大河

七葉十一行　唐書地理志云姑墨州至異名矣

十七行　庫徹改苦叉

九葉九行注　漢改海

十葉十八行　有勃達嶺唐書地理志作拔達嶺

十一葉一行二行　至淩山唐書地理志謂之凍淩山詩納于淩陰云云

十二行注　領改嶺

十二葉四行　于改干

十四行　是爲雅爾幹河河經莊折而東

十三葉十六行　于改干

十八行　于改干

十四葉二行注　趙郡王叡處乾陀羅城疑即班超所居之它乾城

四行　差存髣髴寵兹嘗於此置關即後漢敦煌太守張朗從北道先期至爵離關者也

又　于改干

十六行　于改干　上改土

二十行至二十二行　西域記云屈支國至由斯渡矣

二十二行　于改干

十五葉十九行　于改干

十七葉十六行　分地定居諸務唐書地理志云自焉耆西五十里過鐵關又二十里至于術守捉城又二百里至榆林守捉又五十里至龍泉守捉又六百里至東夷僻守捉又七十里至赤岸守捉又百二十里至安西都護府計其道里西夷僻爲玉古爾莊于術爲庫爾勒莊附近兩莊

二十葉十四行　覔改覓

二十二葉十八行十九行　所謂四水之中矣孝恪既滅焉耆即其國置焉耆都督府地理志張三城守捉西南百四十五里經新城館渡淡河至焉耆鎮城淡河即孝恪所浮之水歟今吐魯番廣安城西二十里雅兒湖爲古交河城唐貞觀時安西都護治

云

云

二十五葉十六行至二十六葉十三行　吐魯番者元時畏兀兒境或作畏吾畏兀偉兀衛兀同鶻裔也舊牙帳在和林唐末衰弱地爲黠戛斯所并徙居火州成吉思初興主巴而朮阿而忒的斤首納土爲婚姻傳至元孫紐林的斤封高昌王國有五城見元史鎖哥朮傳及元陸文圭廣東道宣慰使都元帥墓志今吐魯番城鎮曰廣安共東七十里爲元火州亦曰交州畏吾兒國王治之今曰哈喇和卓經世大典圖作合剌火者陰陽元高昌偰氏家傳作哈喇和綽元史作火州霍州和州漢之高昌壁又東百一十里元之魯古塵今曰魯克察克又曰魯谷沁後漢之柳中城唐之柳中縣準部之強

羅布淖爾所受水第五圖　烏怡爾薩依河　怡改恰

第七圖　庫克雅台　台改爾

卷四

四葉四行　於焉卵育津渡所居汎以威呼刳木爲舟形國語曰威呼易曰利涉大川乘木舟虛鄭氏注如今自空大木爲之曰虛即威呼是矣乾隆二十八年

六年　注　刪

五葉六行　發自華諾輝嶺按華諾輝甘肅亦有此地名通鑑突厥寇蘭州隋涼州總管賀婁子幹敗之於可洛峐可洛峐即華諾輝之轉音胡身之注謂山無草木曰峐望文生義不知譯音無定字也

七葉六行　溫克布拉克水　上克改都

空格斯舊爲準格噶爾烏魯特霍爾博斯鄂拓克地　此籤在第八葉

十一葉十八行十九行　兵馬溺死者甚衆駕魯既滅地爲突騎施所有分大小牙突騎施烏勒質建小牙於伊麗水唐書地理志云

十四葉二行　高皆丈餘博明鳳城瑣錄云灌莽中生小果如椹下有葉承之仲夏色正紅微酸季夏則深紅味甚甘名依爾哈木克　國語也按齊齊爾哈納爲蒙古語又曰普盤果即斯樹矣

十六葉四行　愴焉悲楚乃爲詩曰世俗徒耳食云云亦欲詮次舊聞庶幾翔實　詩凡百二十字元在注中

博羅布爾噶蘇舊爲輝特台吉唐古忒游牧地　此籤在第十七葉

二十七葉二行 擄改虜

十四行注 俗呼為集吉草又曰芨芨草皆席萁字訛元草堂寺碑云皇太子於涼府西北約一百里習吉灘下窩魯朶習吉亦席萁之譌蒙古語謂芨芨草爲得勒蘇見劉文正公西域考驗集其叢生根蟠大處曰臺

二十八葉六行 四改同

十二行 蒼改倉

三十二葉至三十三葉一行 即阿里瑪圖之異文也世祖紀言地在和林北地理志又言在北庭西北四五千里按阿力麻里距北庭三千里而遥當和林西南準今審古即實爲非地理志又謂是海都分地證以月赤察兒傳亦為舛也地舊有城

三十七葉十行 遇改過

三十九葉一行注 給改哈

圖爾根舊準噶爾多果魯特鄂拓克地

古爾班阿里瑪圖舊準噶爾庫本諾雅特部鄂齊爾烏巴什之昂吉

庫魯圖舊準噶爾布庫斯鄂拓克地

自庫東南至沙圖沙圖西南至古爾班薩里皆在巴勒喀什西南岸唐之潔山都督府地突騎施阿利施部也 以上四籤皆在第四十一葉

四十二葉十六行 喀喇塔拉者西地與托博隴相接舊爲準噶爾額爾克騰鄂拓克地南北山勢

四十五葉二行注 曷思麥思 下思改里

此段言月祖伯應酌刪 此籤在第四十六葉

卷五

五葉十三行 莫竟其委爰考納林之流元劉郁西使記謂之忽章河其言曰過忽章河渡船如弓鞋然土人云河源出南大山地多產玉長春西遊記則曰有河爲霍闡沒輦由浮橋渡其河源出東南二大雪山間色渾而流急深數丈勢傾西北不知幾千里蓋夷語無定字霍闡即忽章之轉語而渡船浮橋自昔有之河之東北四日程爲賽藍城河西南五日程爲迷思千城即西遼之河中府矣元時往來西域皆取道於斯

六葉八行 亦曰霍什霍爾河霍什霍爾河西北隔山

即吹河源吹河西北流千餘里瀦爲河什庫勒元祕史云太祖命速別額台追蔑兒乞主脫黑脫阿子忽禿赤老溫等至垂河即此河也元史巴而朮阿而忒的斤傳作戰於禪河雪不台傳以禪為蟾聖武親征錄又作嶄河皆垂河之異文矣長春之自賽藍東行宣差阿狗追餞師於吹沒輦之南岸是也吹河西南三百餘里爲塔拉斯河劉郁記所謂二月二十八日過塔剌寺三月一日過賽藍城者也

自阿克沙依水以東至音圖庫斯水四百里閒舊和碩特部沙克都爾曼濟之昂吉也 此籤在第六籤

八葉十五行至十八行 元長春眞人之朝成吉思皇

帝至仍由茲路刪
九葉三行至十三行　曰阿勒坦山舊作阿爾泰山元史武宗紀作按台山即阿勒坦之轉音譯言金山北魏蠕蠕始出金山而立國隋為
西突厥地唐時葛邏祿胡屋鼠尼施三姓內附居之回
鶻之建牙和林也地亦屬焉遼金之際乃蠻國據山北
成吉思滅之以封諸王其後叛王因其險阻日尋干戈
垂五十年不奉正朔禁畏戢兵乃置重戍迄其亡也故
太子愛猷識理達臘遁和林為明兵所破太子死丞相
納哈出降擁眾二十萬據金山洪武二十年師踰金山
納哈出降山頂西南
山頂極四十八度七分西二十二度二分其尾四十

西校　十　晨風閣

六度五分西二十度四分係水道提綱語或當存之
元時自金山至上都皆置驛經世大典站赤不詳以
元史明宗文宗兩紀考之自金山至和林北探堅察
罕即揭揭察哈澤迦堅茶寒殿所在也在和林北七
十餘里以次東行　朵里伯真　斡耳罕木東　必
忒怯禿　探禿兒海　禿忽剌即土拉　禿忽剌河
東即土拉河　斡羅斡禿　不魯通　忽剌火失溫
坤都也不剌　撒里　兀納八　闊朵　撒里怯
兒　哈里溫　闊朵傑阿剌倫　哈兒哈納禿　忽
禿　孛羅火儞　不羅察罕　小只　王忽察都
上都六十里店　上都三十里店　按站赤云鐵里

干站自闊斡禿至小只凡十驛疑闊斡禿即闊朵
以上二籤皆在第九葉
十四行至十六行　二百七十餘里之鄂爾和楚克山準語山峯高聳之謂一作鄂勒霍楚爾山陰皆準部舊牧地曰烏蘭呼濟
爾昔之布庫努特鄂拓克也其西曰綽爾郭阿睦爾撒
納之昂吉也又西曰察罕呼濟爾達瓦齊之昂吉也塔
爾巴哈台城者名以山也山在城北百里乾隆二十年封巴雅
爾為輝特汗駐牧茲地後從叛亂二十二年官兵討之
五月
二十行　繞行塔爾巴哈台山三次蓋比之帖木真繞
不兒罕山三遭矣西域初定

西校　十二　晨風閣

十二葉九行　言我五集賽按五集賽一曰阿克巴二曰拉布里木三曰杜爾巴四曰雅素隆五曰伊克呼拉爾皆於阿拉克圖古勒淖爾西南齊爾游牧乾隆二十年內附
十八行二十五字　為刪
十五葉一行二行注　按闊別列牀兀見傳作闊客地在金山南當即今之科布多也闊科別布皆雙聲列多音亦相近
十四行　于改干
十八行　于改干
二十一行　爾改兩
十七葉五行　而右會察罕河河發自博羅鄂博在喀
喇圖淖爾水西南七十餘里源處為喀喇淖爾南流五
十餘里左匯布拉青吉勒河又南流數十里左匯哈達

青吉勒河是爲靑吉勒河又南流近百里有哈瑚察克河自東來匯是爲察罕河察罕河東南流五十餘里入于布拉干河琳丕勒多爾濟傳云

十八葉六行至八行　南北相直近五百里龍骨卽烏隆古之轉語矣又曰兀瀧古河元祕史云成吉思與客列亦種人王罕征乃蠻種的古出古敦不亦魯黑親征錄作孟祿可汗孛卽太陽汗之兒不亦魯黑不能對陣起過阿勒台山去追至忽木升吉兒地面兀瀧古河行成吉思獲不亦魯黑的官人也迪土卜魯黑又追至乞濕泐巴失海子行不亦魯黑遂窮促了故長春遊記載鎭海之言曰白骨甸古之戰場頃者乃滿大勢亦敗于是蓋地鮮水草兼饒鬼魅所由氏爲白骨甸矣烏隆古河北距額爾齊斯河源

十一行　遂率所屬逃去額璘沁壽以附逆革職解京道死戮屍見域西考驗集侯考

十七行　言山之似額而色黑也唐書沙陀傳處月居金娑山之陽準以地望疑此爲金娑山矣特默齊傳云

十九葉二行至四行　復似其蔓所謂乞濕泐巴失海子又曰赫色勒巴什淖爾

九行　在元時又曰乞則里八寺海

十七行　曰阿勒坦山烏梁海

二十葉十九行二十行　是爲額爾齊斯河元之額兒的失水也成吉思甲子年追襲蔑兒乞脫阿到金山住過冬明年春踰阿來嶺適乃蠻古出魯克與脫黑脫阿相合於額兒的失不黑都兒麻地面根源行整治軍馬成吉思至其地脫黑脫阿中亂箭死其尸不能將去其子割其頭渡兒失水溺死者過半河側置驛謂之大河驛

二十一葉二行　卽紀斯河之勝其時成吉思西征回回比其歸也於斯過夏元史太祖紀於庚辰歲書驛蹕也石的石河時方克尋思干何得數千里旋師縱敵作史者不諳地理致有此失

二十三葉十八行　亦曰鴻和圖淖爾鴻和蒙古語鈴也見元史語解唐書言葛邏祿部跨僕固振水當卽此淖爾也淖爾圓橢形

西域水道記校補

西域水道記殘本四卷庚辰七月得自都門饒菘圃書賈家丹黃靑三色校識間以墨籤有大興徐氏藏圖籍印審爲星伯先生手蹟意刻成後重加點勘偶有補正下籤待改也因依刻本次序排錄名之曰西域水道記校補殘本鈔尙冀已佚之第三卷復出爲延津之合焉辛巳人日錄畢復付寫官謄成十五葉

此書寫本上虞羅氏唐風樓藏云得之錢唐丁氏善本書室後附跋尾不著姓氏謂補正出自星伯先生手今觀籤記各條均至精密爲星伯先生自校無疑宣統紀元三月從羅叔言參事借觀爰寫校上板以廣其傳番禺沈宗畸

寒山金石林部目

寒山金石林部目

字義部凡四種分七册唐六册宋一册

第一册　顏眞卿干祿字書前册

二册　干祿字書後册

三册　唐玄度九經字樣

四册　張參五經文字上册

五册　五經文字中册

六册　五經文字下册

七册　僧夢英偏旁

小楷部法帖凡[redacted]合三册魏晉唐合一册宋元一册明一册

第一册　魏晉唐名人帖

二册　宋元名人帖

三册　明名人帖

正書部一凡三十七種合一十七册漢晉陳合一册唐十四册宋元共二册

第一册　漢蕫宣傳

晉王右軍書周孝侯碑

陳僧智永書千文

附[redacted]仿右軍書告墓文

二册　唐虞世南書夫子廟堂碑宋重刊無唐年月

附國朝僧[redacted]仿虞書寶曇塔銘

三册　唐歐陽詢書隋皇甫誕碑

四册　歐陽詢書九成宮醴泉銘　温彥博碑　宋有重摹碑
化度寺僧邕塔銘
五册　歐陽通書道因法師碑
附 仿歐陽詢擣素賦
六册　褚遂良書同州聖教序記
西安聖教序記
七册　柳懷素書濟安侯廟記
吳通微書楚金禪師碑
八册　裴漼書開元神武碑
九册　王知敬書天后御製詩

十册　蘇靈芝書易州鐵象碑
十一册　楊元鼎書茅山紫陽觀碑
十二册　徐浩書三藏不空和尚碑
十三册　柳公綽書諸葛武侯祠堂記碑
柳公權書大達法師碑
十四册　裴休書圭峯禪師傳法碑
劉鏞書漳州尊勝經幢
十五册　宋集唐歐虞顏柳褚薛書于眞菴記
袁正已書釋道五種經
僧夢英書贍詩
十六册　元潘廸石鼓釋文

正書部二凡八種分一十六册　顏眞卿書
第一册　顏氏家廟碑　元
二册　家廟碑　亨
三册　家廟碑　利
四册　家廟碑　貞
五册　宋文貞公碑　金

六册　文貞公碑　木
七册　文貞公碑　水
八册　文貞公碑　火
九册　碑側記　土
十册　茅山李含光碑　前
十一　李含光碑　後
十二　東方朔畫像賛　前
十三　碑陰記　後
十四　干祿字書　前
十五　干祿字書　後
十六　郭敬之廟碑

多寶塔感應碑
署書部凡五種分八册周漢合一册唐五册宋二册
第一册　宣尼書延陵十字碑
後漢曹喜書大風歌碑
二册　唐元宗紀泰山銘元
三册　泰山銘亨
四册　泰山銘利
五册　泰山銘貞
六册　顏眞卿中興頌
七册　宋蔡襄洛陽橋碑
八册　大觀五禮碑

章草部凡　種分三册漢一册晉唐二册宋元明一册
第一册　漢史游急就篇
二册　晉唐名人
三册　宋元明名人
行草部凡十九種合一十册六朝三册唐七册
第一册　晉王右軍十七帖
附唐摹晉帖
二册　大蘭亭帖
羲之筆陣圖
附眞書釋文
三册　陳僧智書千文

附唐張旭千文殘本
又肚痛帖
四册　唐太宗晉祠之銘
附宋劉太初書御製中嶽醮告文
五册　高正臣書御製栖霞明徵君碑
六册　李邕嶽麓寺碑
七册　李邕雲麾將軍李思訓碑
杜景仁書花嚴寺碑
八册　張從申書茅山玄靜先生碑
張從申書襄陽盧君墓誌銘
九册　釋懷惲實際寺隆闡法師碑

十册　李少隅書福田寺三門碑
支嶠書李尚書功德碑
篆籀部凡三十種合一十三册夏商周秦漢共五册唐三册宋四册明一册
第一册　周穆王壇山銘石刻
附寒岩摹本
商周款識六册
先秦詛楚文
附補摹本
漢宗資墓石獸字
二册　夏禹二十八字

倉頡十二字
宣尼十二字
史籀六字
比干盤銘十六字
小字石鼓文譜
附汝刻殘本
小字秦泰山碑譜
秦璽文三
三册 周史籀石鼓文
四册 秦李斯繹山碑
五册 秦李斯會稽山碑

六册 唐碧落天尊記
附鄭承規正楷釋文
七册 唐李陽冰三墳碑
八册 縉雲縣城隍廟記
龔邱令庚公頌
九册 宋[redacted]書員漿禮記殘本
十册 宋僧夢英書偏旁
十一 千文并序
十二 宋郭忠恕書陰符經
繆伯初墓表
十三 明周伯琦書王清獻公碑陰記

符印部凡六種分六册 先秦一册 漢三册 後代一册 外國一册
第一册 秦璽書
二册 鐘鼎奇文
三册 凋邊朱文
四册 字法白文
五册 後代逸品
六册 外國奇文
分隸部凡四十一種合二十九册 漢八册 魏齊共二册 唐十二册 宋三册 元一册 明四册
第一册 漢鍾太尉孔龢卒史碑
二册 韓敕脩孔廟禮器碑

郎中鄭固碑
三册 泰山都尉孔宙碑
四册 昆陽令尹宙碑
槐里令曹全碑
五册 蔡邕郭有道碑
附宋挺祖仿蔡邕書九疑山碑
六册 析里橋郙閣頌
七册 蔡邕淳于長夏承碑
八册 溧陽長潘乾校官碑
蕩陰令張遷碑
九册 魏鍾繇受禪碑

十册　上尊號奏
梁鵠書宗聖侯孔羨碑
北齊高陽王湜碑
十一　唐孔廟詔書碑
十二　孫師範書孔宣公碑　趙氏金石錄作孫希範
十三　張庭珪書孔廟碑　前册
十四　孔廟碑　後册
十五　歐陽詢書宋聖觀記
盧曉書裴府君碑
十六　劉升書華岳精享昭應碑

十七　梁昇卿書伯夷叔齊碑
御史臺精舍記
裴平書文宣王廟新門記
十八　王子言書任城縣橋亭記
徐鍇書王貞素碑
十九　史惟則書大智禪師碑
二十　戴千齡書恒山安天王碑銘
二十一　徐浩書聖德感應頌　前
二十二　聖德感應頌　後
二十三　宋　僧雲勝書聖教序
彭扆書禱先聖文

二十四　王箴書寶月大師碑　王箴書三字今補入
二十五　元　虞集書長洲學記
僧文鋭書無量壽院記
二十六　明　滕用亨書天平白雲寺記
善權和尚塔銘　仝前
二十七　文徵明書華氏碑銘　前册
二十八　華氏碑銘　後册
二十九　文徵明書鄉飲酒碑銘
碑石目部凡十四種共二百四十六石　坐屏一　幢一　摩崖二
碑版二百四十二
石鼓文坐屏一

先秦詛楚文一
停雲館帖碑石一百又二十　案此一百當作二百方與前題總數合否或總數有誤
舊刻黄庭經一
大梵書尊勝幢八面
游酢與楊中立詩一
寒山阡碑一
碑側記一
杜牧山行詩一
蔡襄書蟠松字一
祝允明六體帖四

文徵明千文一
范希文書石一
何鐏小楷金剛經十二
書目部凡三十二種唐二種宋元十七種明十三種
顏元孫干祿字書
張彥遠法書要錄
歐陽脩集古錄
桑世昌蘭亭考
洪适漢隸釋
婁機漢隸字原
漢隸分韻

陳思書苑菁華
朱長文墨池編
黃長睿東觀餘論
祕監宣和書譜
趙希鵠洞天清錄
薛尚功金石款識
王球嘯堂集古錄
鄭樵通志金石略
吾邱衍學古編
曹昭格古要論
鄭杓衍極

陶宗儀書史會要
都穆金薤琳琅
徐獻忠金石文
文彭金石總要
王世貞碑帖跋
顧元慶瘞鶴銘攷
家刻石鼓文博攷
內府書目
祕閣書目
天下碑目
晁氏寶文堂書目

葉文莊公家藏碑目
大明一統賦中碑目
各省志書中碑文并目
唐名人雜帖部凡十六種合一册唐六名家一册
第一册　顏真卿書爭坐位帖
祭十三姪文
祭濠州刺史文
江淮帖
虞世南書龍馬圖贊
伏奉帖
重患帖

汝南公主墓誌
歐陽詢書夢奠帖
褚遂良草書陰符經
唐文皇哀册
枯樹賦
元慶帖
塗中帖
李邕書王建荊門行
柳公權書王建寄故人詩
宋四大家雜帖部凡十[redacted]種分四册蔡襄黃庭堅合二册 米芾友仁共一册 蘇軾一册

寒目 十三 晨風閣

第一册 蔡襄尺牘十四帖
黃庭堅尺牘十帖
二册 黃庭堅書狄梁公碑
食時五觀
附杜牧山行詩
三册 米芾書方圓菴記
無為章吉老墓表
朱樂圃墓表
雜詩六首
雜帖數種
四册 蘇軾書乳母墓誌

醉翁操
烟江帖
天際烏雲帖
杭州營藉帖
雜尺牘十三種
元名人雜帖部凡三十八種分七册趙孟頫行楷共二册 碑版分五册
第一册 度人經
常清淨經
小楷千文
臨大令十三行

寒目 十三 晨風閣

嚀齋墨譜
臨右軍蘭亭帖
心經
行書千文
陶詩時運帖
歸去來辭
樂志論
盤谷序
澄心帖
臨右軍服食帖
烟江帖

杜律二十三首
紈扇賦
霽賦
中岑尺牘九帖
三册 晉 叔和遺民尺牘三帖
顧善夫尺牘四帖
四册 居竹記
呂梁廟碑
佑聖觀題名記
又 題名記
五册 淮雲寺化緣序
淮雲寺記
淮雲寺碑銘
廣福禪寺記
子之殘帖
六册 天竺寺虛照禪師塔銘
姑蘇能仁菴記
聽誦法華經歌
七册 順心菴記
寶雲寺記
掌教大師孫公碑
立教大師贊

國朝四大家雜帖部凡十種共八册 祝允明二册 文徵明三册 王寵一册 陳道復一册 各體千文一册
第一册 祝允明書葛可久墓誌銘
招隱士
放鶴文 又贊
蘭亭帖
書述
毛九疇尺牘七帖
二册 祝允明書懷素草書歌
古詩十九首
知秋賦
六體帖
又章草歐體二帖
三册 文徵明書小楷文賦
小楷赤壁賦
中楷赤壁賦
會稽三賦 風俗賦 蓬萊閣賦 民事堂賦
前後出師表
表忠觀碑
會稽雙義祠碑
拙政園記
贈吳山泉記盟法

金氏新阡碑
堵君墓表
趙母李孺人墓誌
陸母陳氏墓誌
楊翁容菴墓誌
岳陽樓記
四冊　文徵明草書前後赤壁賦
西苑詩十首
重午詩一首
與毛石壁尺牘五帖
守貧軒記

晉齋菴記
俞君墓誌銘
五冊　文徵明隸書鄉飲碑
廉石記
盛氏墓誌
六冊　王寵書千文五種
七發
盧琴館賦
石湖草堂後記
山居詩
與毛石壁尺牘六帖　此疑與前重

七冊　陳道復書
八冊　各體千文五種
[redacted]部凡十[redacted]種共十一冊　吳梁一冊　唐五代五冊　宋四冊　國朝一冊
第一冊　吳皇象天發神讖碑
梁華陽眞逸瘞鶴銘
二冊　唐孫過庭書譜
三冊　顏眞卿干祿字書
四冊　顏眞卿書東方朔畫像贊
碑陰記
五冊　顏眞卿與郭英乂爭坐位書稿

六冊　鄭萬鈞書心經
懷素書千文
聖母碑
五代僧彥脩仿張旭書擣衣篇三詩
七冊　宋宣和殿御書千文
八冊　米芾天馬賦
附唐昭陵六馬圖并贊　又八駿圖
九冊　黃庭堅書黃庭內景經
大江帖
此君軒詩
十冊　蘇軾草書醉翁亭記

十一册　國朝王寵書白雀帖

同碑異部凡三十一種合三册黃庭一册蘭亭二册

第一册　黃庭諸本凡十種

二册　蘭亭定武流派凡十種

三册　蘭亭別本唐宋元名人摹本凡十一種

圖畫記凡三種分五册人像三册錢文一册　古玩一册

第一册　歷代帝王名臣像伏羲至孔明凡三十七人

二册　歷代帝王名臣像東晉至李後主凡三十七人

三册　歷代帝王名臣像宋太祖至許魯齋凡二十五人

四册　三代秦漢玉器式

五册　漢錢文

集帖部一　總帖宋八種明十二種

薛尚功金石欵識帖二十卷今存四册

孟蜀石經一百四十六卷

九經字樣一卷

五經文字三卷

眞篆古經殘本一部今存十二册

湻化閣帖別詳各種

太淸樓君臣帖文休承摹止二卷其一卷在丹陽賀秉仲家其二卷在崑山張石川後人字衫海家

太淸樓全帖木本

汝帖

甲秀堂帖

停雲館帖此係家藏又詳細數

二王全帖

溧陽史氏木本

江陰木本

吳中陸氏石本

東書堂帖十册

寶賢堂帖

盧橋帖

羲獻六十帖

靑華閣帖

眞賞齋帖

西麓堂帖

萬玉齋帖二種

集帖部二　湻化閣帖

何莊下號二部

泉州舊本三部

泉州水文二部

泉州新文一部

雲間顧本一部

雲間潘本一部

雲間褚本一部
江西新本一部
集帖部三　停雲館帖 晉唐四册 宋三册 元二册 明三册
第一卷　晉唐小字
二卷　唐摹晉帖 附李懷琳絕交書後
三卷　唐孫過庭書譜
四卷　唐人眞跡帖
五卷　宋名人帖上
六卷　宋名人帖中
七卷　宋名人帖下
八卷　元趙文敏帖 附趙彥徵

九卷　元名人帖
十卷　明名人帖
十一　祝允明帖
十二　文待詔帖

寒山金石林部目

金石林時地考曾刻入粤雅堂叢書中而無部目此本上虞羅氏所藏乃二百年前舊鈔中缺佚數行無别本可補今姑仍之番禺沈宗畸

趙靈均墓誌銘　錢謙益

君諱均字靈均姓趙氏父宧光殁家葬父偕其配陸卿子隱于寒山之丙舍世所謂趙凡夫者也家世在凡夫誌中靈均娶于文諱俶字端容其高祖父衡山公徵明曾祖父文水公嘉祖父虎邱公元善父爲貢士從簡字彥可彥可以名行世其家靈均少而受學遂以其女字焉靈均從其父傳六書之學又從燕山僧見林授大梵字并諸國字母變體形聲諧韻之奧指畫形聲分署部居移日分夜父子自相講習端容明詩習禮既饋而公姑賛賀謂靈均曰此我之賢婦而汝之逸妻也寒山一片石可以无恙矣凡夫殁靈均家益落賓客益進其施

置自便視流俗如糞溲日益甚端容性明慧所見山花異卉小蟲怪蝶信筆渲染皆能橅寫性情鮮妍生動圖得千種名曰寒山草木昆蟲復摹内府本草千種千日而就又以其暇畫湘君持素惜花美人圖遠近購者塡塞貴姬季女爭來師事相傳筆法靈均入而亂其妻施丹調粉寫生落墨畫成手爲題署以別眞贋日晏忘食忻忻如也出而與賓客搜金石論篆籀問奇字訪逸典長日永夕無所俚賴閒託于虞初諸臯以耗磨光景陶陶款款如也酒食祇飭旨蓄完具晨夕百須靡不出端容十指中靈均不知其所繇辦也以是得蕩滌情志隱居放言者十餘年崇禎甲戌六月端容卒年四十有一

又七年庚辰五月靈均亦卒年五十靈均無子以從弟之子錕爲後一女曰昭嫁平河馬氏撰其父母事狀使錕來請銘余嘗讀李易安金石錄歎其伉儷之賢才藻之美而惜其不能終也如靈均夫婦者其才可以偶其窮亦可以老而天不與之壽且靳其後何耶生同志死同穴視明誠之所得不已多耶先趙氏之金石今獨其目在耳小宛之堂芸籤綵帶亦如所謂連艫累舳散爲雲煙者有無聚散不可重爲歎息耶凡夫之有靈均許叔重之有沖也靈均之有昭蔡中郎之有琰也有女而能傳其父其遂可謂之無子耶嗚呼其可悲也已靈均夫婦以某年月日合葬于寒山袝祖父之阡而余爲之銘曰臺傾池涸兮寒山之廬灰飛烟潛兮寒山之書粉繪剝軸兮金石蠟車長夜不寐兮光氣有餘子祝類我兮女歌乘予銘以告哀兮弔彼幽墟

昭陵碑録三卷附録一卷

序目

唐昭陵陪葬諸臣之有碑版傳世者據宋以來諸家著録凡八十有八碑而今之存者僅二十八碑此二十八碑中崔敦禮碑久佚姜遐裴藝兩碑雖存又漫漶不可辨今姜碑不復椎拓裴碑或僅拓額字則昭陵諸碑之實存於今者二十有六碑耳諸家著録其文者前有青浦王氏後有平湖孫氏王氏以前諸碑皆僅拓上截及蘭泉先生官關中始並下截拓之故萃編所録其存字校明以來著録家所記字數為多然碑字可辨而失録及繕録譌誤者所在皆是孫氏撰昭陵碑考毅然欲補正王氏鈌誤今觀其書存字誠視王氏為增而譌誤且益增蓋王氏之失在疏畧孫氏之失在肊定故孫之失又甚於王氏玉曩得何夢華先生舊藏精拓整本奔走江海久緘巾笥比來索米長安委他多暇丁未長夏日取讀一二碑就王孫二家之書校注於上日以為程課又博采舊拓善本於孔穎達房元齡碑得見宋拓于姜遐段志元唐儉碑得見明拓一碑率校以六七本或十餘本於是丹黃旁午至不可讀寒冬圍爐炙硯寫定為昭陵碑録三卷計録所見二十七碑崔敦禮碑未見拓本則據陸氏金石續編録之兩月而竟然嗣每得一本輒校一過今年秋又假徐梧生監丞坊整本精拓二十四種其中裴藝碑覓録出二百八九十字舊稿乃又塗

乙狼籍爰重加寫定凡曩之殘泐不能讀者至是乃多可成誦予於是益恍然於校錄之難茲所著錄雖較多於前人顧未敢自喜昔蘭泉先生自謂於昭陵諸碑椎拓無遺憾視前賢所得為多而孫氏亦自謂所錄又增於王氏致欲誇示蘭泉先生於地下然此編補正二家一碑或至數百字或竟至倍以前事例之予之疏漏恐亦未可免世有精心博見者取吾書刊正之如予之於二家者乎予日望之矣光緒戊申九月上虞羅振玉記

目如左

昭陵碑錄卷上　　上虞　羅　振玉　校錄

溫彥博碑

碑三十六行行七十七字正書額題唐故特進尚書右僕射虞恭公溫公之碑十六字篆書在醴泉縣北二十五里烟霞洞西昭陵南十里

唐故特進尚書右僕射上柱國虞恭公溫公碑原空十二格接

寫書撰人銜名

中書侍郎騎都尉江陵縣開國子岑文本□

銀青光祿大夫□□□□□渤海縣男歐陽詢

書

昔者帝嬀升歷九官奮其庸有周誕命六卿揚其職國

昭上　溫彥博碑　一　晨風閣

鈞捴於公相□乎二京朝經歸於臺閣成乎兩晉雖淳

離□□□□□□□□於□□□□□於魏□□代

天□□帝載立盛德建□□□□也若夫昴宿麗天

感其靈者人傑嵩嶽鎮地降其神者國楨叶卜夢於龍

彰符物色於舟楫其在也銘庸器而□□其汇也□

□□而祭太□豈□□之人□□茲復間出矣公太原

祁人諱彥博字大臨系姬文之遠胄派唐叔之遙源食

邑河內世功開其緒著姓晉陽世德流其祚雖復安國

□□□□冂□□漢之忠義次房□於天下晉之勳

烈太真□於宗□猶培塿之望極天横汙之冂□□

祖裕魏太中大夫言為准的行成表綴廊廟翹首搢紳

結轍瞻公叔而比德越思□而□馳烈考君攸隨三原

令泗州司馬　皇朝贈魏州刺史聚螢成學夢鳥飛文

名冠洛中望高許下孔門寄子□□不顯於當時潁川

陳君哀榮無聞於異代能兼之者不亦優乎公□兩儀

之正□捴百□之懿德□仁義以□□□禮讓以揚名

神用內□常怭所以自絕輝光外□達識所以知□洋

洋焉若洪河之東注巖巖焉猶華岳之西峙若乃三德

六行列聖之所貴也舉措必踐其域九流十略先民之

所重也□息□□其奧□□□□□□□望雲蜺以

邅□淪□□而容與然則京臺□□始於覆匱巨川□

地肇自涓流是以伞津筮仕由賓王而佩印文終創業

昭上　溫彥博碑　二　晨風閣

階□吏而命社美哉令範同符前烈隨開皇中本州□

□□□後應詔□以高第直內史省于時降伞□□佼

乂盈朝□□侍郎薛道衡文宗學肆牢籠多士太子洗

馬李綱直道正辭羽儀海內並下堂見禮倒屣乏交曰

季之稱奐歎汇□能□趙□之異薛宣□□□介隨□

稽古□化懸衡垂則奏□訖而善陸生坐宣室而悅賈

誼乃授通事舍人敍笏鳳池垂紳鸞閣瓌姿月舉韶音

玉振每至文武在列華裔□庭對越於青蒲之上敷納

於赤墀之下揚□□□漢苑不足比其□□洪汇□□

汇□以方其韡斯乃通賢之餘事具□之一隅猗歟雅

度在乎經國大業之始以親喪去官孺慕之感哀毀之

極與夫長孫居憂子龍在疚豈異代而□□□□□□□
□□□□□煬帝親董九伐問罪三韓于時禮部尚書
楊玄感□□□□□□侍郎斛斯政出奔高麗既而乘
轅南反詔公銜命蕃境申明臣節陳之以逆順宣暢國
威示之以禍福遂□□□增暉□□□□□□干紀□
□葅醢之罰□□□□□□焚如之刑豈如郭吉□□
□□□□海張騫排節無功於月氏又以公為東北道
招慰大使屬天地橫潰□戎版蕩□羊在牧商郊□漂
杵之師□貝□□秦室□□□之□我高祖□五紀
而出震乘六龍而御天憑玉握河洛之符受鉞遷夏商
之鼎芟綏銀章弓旌先於髦俊建社班瑞光寵屬於勲

昭上溫彥博碑　三　晨風閣

庸庶績所以咸凝□土於焉□□□授公□□□幽州
揔管府長史封西河郡公食邑二□□□□□□□
□□雖連率揔其方 署 □□毗其政刑而臧畏不羣豈
蹉跎於吳阪清越振響終 特 達於章臺徵為中書舍人
遷中書侍郎 宗 周建官是稱內史□漢□□□中書
司國典於□□王言於□□ 詳 其應選則□民□羨
於江東求其得人則孝若飛聲於洛下云誰嗣響復在
茲焉屬獫狁縱慝疆埸大駭甘泉□□烽之火雲□列
□□之陣　□□□而□□□紀□□鞠□□□
□□懷辛□之將琴 書 在□仕甘□之臣乃以公為行
軍長史十萬之師方絕大漢五餌之術必繫單于而南

風襄律□之和北狄肆豺狼之毒衛尉數奇□□□
□□□□無忘拜賜之□茹雪虜庭終□事君之□
皇上嗣堯□□繼文治□平章百姓澆俗俾於結繩叶
和萬邦遠夷同於編戶威慴龍瀚澤流龜 茲 載 寶無傒
於 五 城□□不 煩 於百驅苟罃反晉□□乃□□□孟
嘗 歸 齊□□□□□□遂拜 雍 州治中撿挍吏部郎中
尋□為中書侍郎公望為時宗才稱王佐鴻翼所漸自
囲溪而薄九霄驥足既馳遊閶闔而躍千里雖亿□左
右□□與雾道□ 傳 激揚清 濁 語□與□□方□而□
議□閣綢繆 預 於大選陳議武 帳 媒洽歸於會□故能
爵命日隆寵祿歲厚猶司馬之四至慈明之十旬乃以

昭上溫彥博碑　四　晨風閣

本官行太子右庶子遷御史大夫仍撿挍中書侍 郎 遷
中書令□□□□□□㕘□□□亘表於廊廟□□□於
帷幄位□□獨□□□□職司八柄公又象之故能
出揔糾察入專機管執簡冊以肅周行奉絲綸以光帝
□雖少翁□□□仞於□皇□□□□□復□□□□竊
□休烈其猶病諸俄撿校左衛大將軍餘如故進封虞
國公食邑三千戶德優爵重鎬京之舊制非功不侯中
陽之令典踰七命而無二善□下以為□之比 美 □佩
□□□□□之□荒□□有餘裕矣□ 尚 書 者重
於司會之職僕射者踰於副相之位上圖天道辟斗極
之運四時下料人事邁元愷之賛百揆 聖朝欽若前

典憲章往代懷襎溪而□睠想傅巖而□㐅又援公尙
書□僕射 對揚□命聞 寵若驚遜遁退食臨事而懼覽
東觀之遺書□南宮之故實詳求善道勤行而不倦歷
選前哲仰止而無怠是以忠允寬裕有□恭之德沖虛
恬𠙽有新□之庶習□故事□□□之□夙夜匪懈有
□□之勤㐅茲□□式是百辟㐅□□□以事一人獻
替之規不忘於忠恕損益之義皆出於仁厚違規矩狂
尋尺光其家而弗為利社稷安億兆□其身而無悔肅
肅焉濟濟焉□□□□㐅□□□之周□□□□之□
館子文之毁家非徒言也公□□□信道貴中和心之
所同必擇善以利物意之所異不是已而違人闕德義

為宮墉包禮度□門□□人之善紀□□之清□□□
□□□□□□之□□富韡令而絕毁譽□□交而篤久
要位高美□□茲□祿厚矣洽家踰約以孝敬之道移
於哲兄行慈惠之心洽於猶子允所謂朝廷之楨幹人
倫之□□焉以貞觀十一年□□□□□□駕□洛陽
□公 因 風疾𣊤動 上寄深舟檝 恩篤股肱中使相
望於道路名醫畢陳其方技逯輔德衙報弥留曠旬兩
極之奠既地二豎之灾将及□遣銀青光祿大夫行中
書侍郎杜正倫□□ □旨問所欲言公志在忠益表
陳治道□□之□□盡令終之德克著昔□卿大漸無
忘於舉𦵯子顏昏足情存於慎𣻊盼焉千載於斯一揆

六月四日薨於旌善里□春秋六十有□ 上聞慟□
□□樂輿悼伴衛君之 請 尸類齊后之□哭即以其日
舉哀於□次百僚陪列莫不流涕乃 詔民部尙書莒國
公唐儉工部侍郎靈義恭護喪行中書侍郎杜正倫吊
□遣禮部侍郎令狐德棻水部郎 中□□□持節□□
□以□應太常考行謚曰恭公又 詔有司立碑紀德
□塋地於 昭陵之側并給東園秘器賻贈二千段喪
葬所須並令官給□祖送之典墳塋之制咸率禮而□
隆焉夫鍾鼎□□□□□起於□代□篆籀□□□□
□□□琬琰□□之辶□然□□獻元卓漢室之良佐
也奋陵當陽晉朝之賢輔也雖復卿雲摛思班爾運奇

勒銘由其子孫表墓資於□吏未有□□作頌□□□
□□□□□□□□□□□ 詔方諸往載不其
偉歟式揚一德垂之百代其詞曰
藹藹高門世膺顯命堂堂盛德家豁餘慶抗節飛英扶
危流詠軒蓋接軋珪璋疊暎里□□□□□□祀□□
□□□德成仁□少□□□□□□鈞□材□楚重□□
秦生□□□遊藝□德財成 屆 宋範圍儒墨非馬擅奇
雕龍貽則發跡桑里馳聲上國仲舒揚庭吾丘待詔嶷
□□□□□□嶋□□□□□□□□ 鴻 翼未□ 帝 闕
雞叫□□□□ 堯舜□天□□□□□求賢受書
汜上釋鈞滋泉陳謨德顯宅柴功宣綏壑纔鶩搏風初

熵密勿鸞閣便蕃鳳沼仲舉性□夷吾器小唯我□賢
獨□儀表職司□□□□□□□□□□□□鳴
□□降懐□□盈□□□□君善遺名鑄丹義荀傳蔚
理一水逝黃陂光沉趙日税駕天府夷體泉室麟閣圖
形鳥英騰實悲纒鄉士□□冕旒寵蹄□□恩隆
□□□□□□海□羅浮唯兹懿範□□山上

段志玄碑

碑三十二行每行六十五字正書額題大唐故右衛大將軍揚州都督段公之碑十六字篆書在醴泉縣北二十里莊河村昭陵南十里

唐故輔國大將軍右衛大將軍揚州都督褒忠壯公段
公碑銘
書撰人名漫滅

盖聞經邦致治必資輔相之士折衝禦侮寔賴將帥之
臣是以尙父鷹揚辶□周於邓邓淮陰□□史汇回於
□□亦有亻阝□□□□□□□□□□□□訁訁□
□□聲雅頌騰芳史冊存與日月爭暉没與金石不朽
至於援萃著美搴旗馳譽繼雲和於□□辶驛騮之逸
軌其唯忠壯公乎公諱□字志玄齊州鄆平縣人也若
夫岱宗隱嶙崇基冠於衆丘長河浩汗洪源導於積石
是以庭堅作士西周□伯陽之教干木作師東海□紀
明之績煥乎方策豈不然歟祖□齊□□□□川太
守德光雅俗政洽唯良考優師散騎常侍益都縣開國

公贈洪州都督八州諸軍事諡信公勤邁中涓功銘庸
器公稟峻極之秀氣□淳粹之□忄□□□孝□踐
□基於忠烈儀表壞奇器量宏遠巍巍焉猶曾峯之峙
嵩霍滔滔焉若清流之澄江漢故能齠年立志冠歲知
名質性方□□希於汲黯交結賓□□□□□□□□
隨大業中薄伐遼左公占募從戎年始十四大兵戰凶
危也遼碣遐阻也童牙而從兵戰忘□而涉遼碣□□
之識基於是矣 高祖道踰湯武□□□□
今上地兼營衛爰始登庸公附翼方舉攀光旭旦委質
邁弃之臣就列踰蜀漢之士初□軍頭朝散大夫從
上破西河辶朝□大夫□□破□老□於霍□遷銀

青光祿大夫昔舞陽策名從沛邑而力戰子衛效命臨
昆陽而先登永□茂勳方駕前烈又與□紀劉文靜破
桒顯和屈突通累遷右光祿大夫上柱國封臨濟縣侯
食邑三百戸又從 上討薛舉劉武周以功授樂遊府
驃騎將軍進封武安郡公食邑并前三千戸公勇冠三
軍氣高□戰□馬電發則氵□必摧□旗□□則□城
□拔是以紆金章於嚴廊苞舉樊酈兮桓珪於奥壤牢
寵叙鄧君子以為宜哉又從 上平王世充□□□第
一□□□授□子□□尋遷□□□□□□
上初踐少陽無忘惟舊除左虞候率及膺寶命言念嘉
庸拜左驍衛將軍若乃盡節兩朝辶□□□□□□

□□踰方㕣於往□□□□勒彫戈忠書□令執能乚
恳隆善賞禮優夜拜者狀俄賜別食封四百戶遷左驍
衛大将軍又為梁州辺□懷雍岐□州薗□□□進封
□國公食邑□□戶□□食封五□戶通前□百戶又
以本官撿按原州都督又統承風道行軍討吐谷渾丁
父憂未幾起復本任　文德皇后山陵撿按右武候大
将軍捴□□□□□□□□□之功□紀於玉府加
等進秩之寵歲重於周行而司勲授冊天下所以勸善
良史執簡後昆所以欽風　□□覧前書深惟近代周
之五等既貽弊於後王漢之六□□□於□世乃授
□使持□金□諸軍事金州刺史子孫承襲改封褒國

公食邑如故與司徒趙國公等同受冊命從謁　獻陵
□撿按武候大将軍壽遷□衛大将軍□□□□□□
□□□□□□□齊聲內典鈎陳與辛趙而方軌非
聖帝不能疇茂績非奇才不能取高位於是見君臣
之合昇唱和之如一焉又丁母憂尋□□復本□□孝
□□發□禮夙著腰劒□錡懷慕莪而疚心泣血苫廬
瞻几筵而增絶銜恤成疾致毀邇漸中使結轍於里閭
名醫韜奇於藥劑　上□□心膂　慈深覆育親□鑾
蹕就□□問既班□眞又訪所言公銘戴　恩私對揚
忠到城郢之志豈惟楚臣慎赦之言盜慙漢相既而子
輿日棘平仲不□類彼劉□遊□宗而□□□□□□

□□□而□歸以貞觀十六年□月十八日薨於京師
之醴泉里第春秋卌五　上情深悼傷舉哀於別次雖
漢后之痛弟孫晉君之悲仁祖方之篾如□□□　詔
曰□□之道□□於念功勸善之義寔深於追往故鎮
軍大将軍右衛大将軍褒國公段志玄器字毅確風略
沉毅委質運始宣力覇圖效勇□於戹於功勒□□鼎
□□□□□誠□金石方□□應永寄心膂典善寘黙
奄焉殞喪震悼之情倍深傷惜哀榮之典宜加恒數可
贈輔國大将軍使持節都督楊和□潤常宣歙七州諸
軍事楊州□□餘官勲並如故於昭陵□側賜□塋地
并東園祕器葬事所須並宜官給賻布絹五百段米粟

一千石四品一人監護其儀仗送至墓所仍送還宅乚
上又追懷功烈乃　詔司存圖形於戢武閣太常考行
謚曰忠壯公禮也惟公氣岸崇峻情宇□深戚樹幡旗
幼懷□□□□□□□□□□□□才猛志淩雲扼
貌㺯而靡懼高節邁俗觸雷霆而不驚逐乎河出馬圖
腰佩□紐爵無千乘裂□□之膏腴位□□□□極漢庭
之榮寵忠□□　□□□□□□□之道克申於家國
仁義之風不慾於出內懷公孫之不伐慕孝甫之循牆
行式剛強晦其扛鼎之力言思木訥韜其涌泉之慮加
以敦睦宗族久□□□怡怡於昆季恂恂於鄉黨靈府
洞開恕已以及物仁心天發輕財以濟窮豈非朝廷之

爪牙人倫之領袖者已故吏姓名等慨徽音之遂往懷
遺愛而增慟□諸前□□□□□□漢之房□倚□
碑於甘□晉之庾亮猶勒銘於江表況乎誠著草昧功
叅汜伐頋灌□而俯視眹篋賈而長驅豈可使改名之
□不覩於琬琰□葬之□□□□□□□□□□其
頌曰
方対詠周條侯稱漢東都御錄貽伯翦亂西晉握圖□
治作翰美矣人傑於焉□□奇節自然瓌姿□發□□
□□□□□□□□方虧日月氣薄霄漢□高雲
闕王業肇建帝道既融策名若水披荊漢中腰鞬靖難
提戟臨戎斬亘賈勇括羽定功鑄□□職刑馬胙□□

□□□入□□□□□□□□□□□□社之榮趍張
邁許志大心小位隆德盛奉國忘身惴惴畢命事親竭
力蒸蒸表行莅事以勤臨下以敬銜恤在疚奪情□職
疕□愈□毀深□□□□□□□□盡力藏舟難工奔
義易昊
覍旒興哀縉紳掩淚恩踰九列禮亞三事何以贈之我
章□備何以送之鈪車按轡勒銘貞石義蕭庸器

文安縣墓誌銘

計二十九行每行二十九字正書
原在醴泉縣今石歸吳縣吳氏

大唐故文安縣主墓誌銘并序
主諱　字　隴西成紀人也夫天靈啓聖跡被崑崙之
墟皇雄命氏道光□霓之上至於補玄立極之功駕羽
乘雲之業握瑶圖於景宿懸寶祚於貞明其唯　大唐
者歟　曾祖元皇帝被風化於墳枚始艱難於邠篇
祖武皇帝升陑指牧之旅汾水襄城之駕卷懷列辟財
成群有父巢刺王勛珪疏奧壤戚茂維城霸楚澤之雕
雲聚淮南之仙氣遂使茗華孕美結綠開琢景溢星潢
輝聯珠移晨栖阿閣聲調丹穴之禽夕指瑶池色麗青
田之羽及其趍陪蘭掖漸潤椒庭水移銀箭尚數袨於
師氏燈滅金羊已鏘環於內傳栖志圖史遊心幾律昕
蔓葉而興勤聽啃音而遺誠意匠言泉之旨飛雲垂露
之端柳容莊窓乍起流鸎之賦月含花簟回裁擣衣之

篇探桔藁組之規澄萸紘綖之務靡不思窮妍壓慮歸
閑謐貞觀十五年正月五日封文安縣主脂賦開榮公
宮從訓乃以其月十四日降姻於工部尚書駙馬都尉
紀公之世子殷儼華舒襛園秀發兵睽逆兩生暉副笄
增飾尸芳牖下既奉宜平之奠思媚諸姑還侍河陽之
箒嬪儀載穆閨饋惟馨循洲性於珩璜蘊柔情於琴瑟
瞻霧霏而遐矜歌悅懌而長懷朝露溘睎訖留光於瑶
草秋風忽起空滅彩於瓊林弄玉乘煙怨吹簫之徒巧
常娥飛月痛仙丸之不追以貞觀廿二年二月三日卒
於長安頒政里之第春秋廿六嗚呼哀哉惟主心資淑
愼體茂清明珺霜絳雪不能渝其操秋菊春松有以方

其質香名遠集尙申式於芳禖咎言斯屛苺含韡於蘭
氣信以黼藻中闈揄揚內範淑人不永傷哉如何怨家
遘之無庇痛葹是之何託賊里無酸 寢襟凝歎即以
其年三月廿二日陪葬于 昭陵宅窆所由 恩旨隨
給周京歸賵寵切於前哀溍水會盟事踰於昔禮湘川
之下還見舒姑之泉鮒隅之陰方傳貞女之硤採彤管
之遺詠彤芳塵於不朽其詞曰
帝降玄圃𡨋居紫微金柯疊秀璇蕚分暉桂輪澄彩星
津結霏誕茲寸淑克嗣音徽延慈丹禁稟訓彤闈綴珠
為服雕玉成衣拂景孤㬉淩霞獨飛婉娩其性透迤其
質春緒含雲秋情儷日降嬪君子來宜家室李侄初華
梅林未實絜資芳錡心調友瑟鳥變禖祥熊虧夢吉顧
菟俄掩奔駒遽逸上遠將及靈驂已巾音儀遂泯褕翟
空陳平原改色清渭迷津埋龍毀劍碎璧侵塵佳城日
黯隧路泉新帷傷奉倩簟恨安仁一生何有萬古銷春

孔頴達碑

碑三十五行每行七十六字正書額題大唐故國子祭酒曲阜憲公孔公之碑銘十六字篆書在醴泉縣北二十里西谷村昭陵南十里

大唐故太子右庶子銀□□祿大夫國子祭酒上護軍
曲阜憲公孔公碑銘 此下原空三字接書撰人名
禮部尙書兼太子左庶子上柱國黎陽縣開國公于
志寧字仲謐撰

蓋聞八卦已列書契之迹聿興六籍既陳禮樂之基斯
闡是以厲鄉誕教道德垂訓於百王洙□立言雅頌任
法□□□如欲化民成俗致遠鉤深非博物□以究其
源非□□何以弘其□□窮先聖□□□為後進之範
圍軼匡張而驤首趨賈杜而矯翼見之祭酒曲阜憲公
矣公諱頴達字沖遠冀州衡水人也若夫順天開物黒
帝寍區夏以干戈定樂刪詩素王正人□□節制霸翊
王□□令譽□□□光贊萬機振芳聲於龍鼎可謂長
源聯聯將德水而俱遠會構巖巖與削成而共峻其後
公侯載惪簪紱連暉備在緗緗可得而略曾祖靈龜魏
國子博士辟應元之□□馳譽成均□□□之通識飛
英庠序祖碩魏治書侍御史冠飾神羊權豪為之屛跡
任司衡以爲風俗以之肅清父安齊青州法曹參軍輕重
之典情在公平大小之獄心敦寬簡公藴靈上智稟氣
中和量包萬□之陂駿騁千里之足庭羅俎豆幼習升
降之儀門列騄駬少懷遠大之操博韜金匱覃思遷於
西河學富石渠沉研冠於東□詞光翰苑文麗綵虹思
極揆天才華日□蹈忠孝以行已踐仁信以立身□漢
皐之名珠光照車之瑤抱荆山之美玉價重連城之
珍聞之者未面而虛□見之者忘言而傾蓋可謂儒宗
之師鏡學府之□□者焉昔大業膺圖更開横塾賁帛
而徵輳固□□而辟董鈞欲使禮盛鴻都業隆槐市大

訪時彥廣□□徙公優遊七經苞括百氏牢籠曹許孕育毛□旻使仲遠伏膺□幹請道所以□天資於漸陸紀地由乎濫觴屆此高才俯從末任起家授河內郡博士尋除太學助教于時炎政委馭海縣分崩災甚襄陵禍踰焚岳巨猾於焉鴞視大憝所以鴟張比王粲之寓蹟荊門同班彪之銷聲隴坻□□尚阻還蜀無由暨六合同文八紘□軌既免背淮之□遂陪河曲之遊即與司空梁國公禮部尚書黎陽公秘書監永興公為秦府文學館學士兼□學博士東膠西序講肆於是重興碣館□臺文□於茲愈盛九年遷國子博士膏粱胄子槃袂成陰章甫鴻儒揮汗為雨而攝齋問惑譬洪鍾而俟

叩負笈質疑方衢尊而待□聲實振於關右芳風蓋於淹中其年封曲阜縣開國男食邑三百戶析珪胙土望重□□建□□□聲□扶德貞觀二年改授給事中職亞夕郎位參□□丹墀近侍允屬時英四年加員外散騎常侍行太子中允入陪玉裕出侍金輿榮重趨居寄深獻替六年除國子司業撿校太子右庶子七年授□庶子兼國子司業以公醇固可□行撿有聞遂□□諭裘宮調護國本比迹君仲連袂子威十年奉　勅共秘書監鄭公修隨書良直著乎青史徽婉表於丹書跨固超遷含劉孕謝特蒙　恩詔賜□增班□散騎常侍行□庶子兼國子司業封如故制禮作樂沿革不同於是

廣苫多聞委以刪定其大戴小戴之外鍇前鄭後鄭之危疑往括之所不通前賢之所未釋公剖茲□節鍼此膏肓旻使儀刑□□粉澤王化禮成□奉　□勅□賞進爵為□邑四百戶賜物二百段其年以公匡弼副主屢進讜言共左庶子黎陽公特蒙　恩詔各賜黃金一斤絹一□匹十二年除國子祭酒東宮侍講封如故昔孫卿名播齊邦獨茲寵命□璩道光晉國荷此殊榮公乃再振頹風重弘絕業而學徒盈於京室頌聲彰於國朝十四年　車駕幸學親觀釋奠公□搶九流才兼六藝彝倫之所鑽仰耆惪之所推崇　詔公升於講筵寘允僉望蓮環暫析朱雲謝其談叢英辯一摛□□慙其

河瀉下帷博學閉戶多聞競舉雲梯爭迴雄戟公金湯□固樓雉難攻遂使輔嗣倒戈大春反旆宿疑舊惑□順冰銷簡在　神衷特蒙　天眷悠悠百代方見斯□禮畢上釋奠頌一篇文豔雕龍將五色而比彩韻諧丹鳳與八音而同節逸思掩於□□麗藻超於□□蒙降　勅□珎□表讚其書曰省表并□上釋奠頌殊為□循題發函清詞爛其盈目□□□□□逸氣飄已淩雲驪龍九重不足方斯綺靡威鳳五彩無以比其鮮華楊雄掞□高蹤□遠黃香□□□□猶□□□□弥覺欣□昔強秦之末政敎淩遲縉紳以委□坑墳典以為灰燼逮炎漢握圖□敷經學憲章斯設文藝聿脩□自

三國迄于晉宋書記可略而言之近至隨運將終天下
鼎沸禮樂崩淪□□□鑑乎秦隨豈不愴恨朕少逢
紀季之時長遇干戈之□□臨玆宸極執□琁璣若阪
泉祟□之功□有之矣靈臺辟廱之德則未可庶幾雖
然亦常有意乎雕聶存心□儒史開獻書之路□□□
之賢束帛蒲輪亦以多矣而學謝稽古文慙往悊□以
□屬仲春言□□□國老參於東序庶老□於西庠聽
廣論而無雙導深義而重席洪鐘待扣扣無不應幽谷
發聲聲無不答是知□聲□□□□□□鄉夙挺珪
璋早標令譽網羅百氏苞括□經思涌珠泉情抽蕙圃
闢函孔子更起乎方今濟南伏生重興乎茲□庶令弘

昭上　孔穎達碑　十七　晨風閣

四科於縹帙闡百遍於青衿翰苑詞林仰其□□□□
□□□□□奉　勅□撰五經義疏公博極羣書遊
□衆藝俏前□之紕繆□往哲之蕭根諒萬古之儀刑
寔一代之□的□　勅□名五經正義付國子監施行
賜物三百段公斅老氏之止足追太□之鳴謙□請歸
□　優詔不許□□聞奏始蒙矜允祿賜防閤一同在
官又使中書令馬周賫　手□存問榮寵之極曠古罕
儔□世室於國陽仩聳公玉之制告成功於日觀庶覩
司馬之書□□□□光□□兩楹之夢環海徒□□
□千月之朔以貞觀廿二年九月□八日薨於萬年縣
平康里第春秋七十有五哀感　丹扆□動縉紳甚魏

主之惜桓階若晉人之傷衛玠　詔贈物一百段陪葬
昭陵喪事所須率由官給太常考行謚曰憲公礼也
子□遺老陪延陵而起墳元凱貞臣奉峻陽而卜地以
今方古隔代同榮惟公氣稟五常道光六行得孔甫之
具體揔姬旦之多才延閣策府之奇書探賾索隱東館
南宮之逸□曝隩窮源宪氣積於□□無勞方朔之對
大乳見於潤浦不假張寬之言道□者不以賤貧而易
交行違者無以權貴而接分志□耿介性倘□□□石
奮之譏恭類朱弘之方□推賢進士後已先人舉事而
□典舊發言而成準的乃九流之翹楚百辟之羽儀于
時將創明堂令羣儒詳□互陳別見爭起異端公攘摭

昭上　孔穎達碑　十八　晨風閣

舊事憲章故實刪裴頠之制□略蔡雍之節文酌古今
之儀得豐儉之衷褒衣博帶莫不□□貞觀之始品彙
惟新緝六樂之遺章修五禮之墜典記事記言之史俱
資筆削大雅小雅之詩咸仩刊芝奉　勅修隨史五十
□新禮□□卷五經正義一百七十卷邁南董於蠹簡
逾孟慶於前書雖園闠縣金呂覽□斯□□戶□置筆
論衡匠此未奇撰訖奏聞　帝用嘉倘后倉制禮名振
曲臺孫通創儀榮光稷嗣以今方古彼獨何人豈謂食
新為災夢楽成□魏尃之藥無效齊鵲之言□徵遂使
山陽之鄰空□長笛之響魯宮之壁徒聞金石之聲世
子志玄等悲深陟岵□□□而無期恩極昊天對風枝

而增慟恐鐘律易改陵谷難常昔札氏英猷永傳三鼎
楊公高軌長勒四碑敬陳伐閱樹之神道□□□
赫赫華胄嚴嚴崇趾玄鳥降祥□□效祉悳表温室道
光闕里績著太常芳流憺史誕生令悊□舉絶羣百丈
挺秀九畹騰芬遊□流略囊括巨墳淩雲縟藻□□□
□逍遥羣籍網羅衆藝□邁九言恩窮五際穮秕名墨
鎦銖象繫藻□潘訁桀高孫第世徇典故時敦學植賔
鴈成行翹車轉軾金馬待　詔辟池攝職□□欽風青
衿詠悳飛纓黃屋□□六□□□宫□訁三善獻書
洛□□□禮闈六學規模百寮官冕峯隕喪寶石折殲
良愴矣武庫哀哉智囊塋斷白馬墳瘞黃腸九泉雖閟
千載名揚

順義公碑

碑三十三行行七十一字額題大唐贈晉州刺史順義公碑十一字並正書在醴泉縣北二十里古村

首行全泐

上缺諸□□臣□其□□□□□□□□□□□千古
決上缺其□構漢官□跡□□□□□□□□□將軍
上缺門□□冕豐貎之貴□□□□□□□□□□曾
□定上缺郡太守上缺河東郡□□太中大夫□□□□
□□□□鷄□辯上缺下□□□□□□□□□□
□□□□□□□□□□□□之英姿□金積□之
□體□□□□□□□□□□紀驄上缺匪由□□□□

□□□□□□□□□□之工込上缺皇初以□□□□
□□□□□□□□登□□□□□□□□□□□浴
德□□舞□漸□□□□□□□□□□百容臺棨府
缺匠紛綸騰寶□攢□□公□□生知之道靡貸□□
□□□□□□□□河□絳紀而靡□□□□□□□
試者□□□右僕射齊□□□□□□□□□□□□
□□□□□□□佮佀其□□公□詠□流□□□雖
□□□□□□□□□□□□□□□□□□□推□
□□□□□□□□□□□□式扂聽上缺文□抉日□
□□高而□□□□□□天□□□□□□□□□□
彝宗既振□□之□方□□□□□以公□□□□上缺
切有之痛手㳂□□□□□□□□□□過□□□□
□□□□□□□□委節嚴秋□□□□□□□□□
□□□□而□上缺之□寵冠列藩□同兮陜□□□□
□□□□□□□□□□□尤相器異京□□□□□
□□□□□□□□心□□上缺訁終□□□□□□□
□□□□□□□尸□□□□□□□□□□□□□
□□□上缺授晉州摠管既而□□□□□□□□□□
□□□上缺同晉□之□□阝□□□□□□□□□□
□□□□執□長子於□下而□之公□□□□□□
□□□□上缺朩稽□麾下自拘司敗□□□□□背之
言□□□□□□□□□帝□□□吴□□□□□□

□□□□□□□之開皇缺上遂為亂兵所害春秋卌有
七□□□□□□□□□節□□□□七□於鴻毛
藝□□□□□流□□跖□宅宇於孫舊缺二十字耻俗之
□儀者乎遂而攬鏡兆凶□□□□紀□□□□□□
□□□□□□□河東柳氏隨□部侍郎之□□□□
□□蹤泒崇□振紀□□□□□□□□柔□□□□
□□□紀系□□業該囚史之奥□自□□□□□□
□□□□□□□□□□□□□□□浮芮扣□□□
□□於□□□□□□□□粥燚□賓裂□□□□□
□□□□□□□□□□□□□□□□祁其□□宮
掖而□□□□□□□命□□□□言□□□□□□

昭上　順義公碑　壬辰　風閣

□馭霸上擒□□□□□□□□□□□□□□貞觀□
年昇□□□欧茂□□□□□□□辯□□□□
□□□十二年□成安郡□□□□□河東郡夫□
□□□□□□□□□□□滋深□□□□□□□□□□
□□□□□□疕名醫□□□□□以□□□□□□□□
□□□□□□□□□□　恖□喪事□□並令官給
□□與故□□□□□□□□□□□□□□□宮□
□喪□□禮□□□□□□□□　乚
缺上養駘□□□□□□□□□□□□□□□□□□
□□□松□悼懷其□□□□□□□□□□□□□
□禮加缺上韶□信□□辨□□追□□□□□極□

□櫝缺上靈□□之□□□□□□□□□□記□□下缺
一行全泐
缺上冈□青溪瞻風喜□□□□□□□□□生□缺上
□□缺上光□鸞□□□□□□□□痡□□□移泐
缺上洌□末行全泐

房玄齡碑

碑三十五行下截已泐每行字數不可計正書額題大唐故左僕射上柱國太尉梁文昭公碑十六字篆書在醴泉縣北二十五里烟霞洞西昭陵南十里

大唐故尚書左僕射司空太子太傅上柱國贈太尉并
州都督梁文昭公之碑文
蓋聞翊亮天儀虆師臣者參聖丹青景化應圖緯者鄰

昭上　房元齡碑　壬辰　風閣

幾若乃　皇靈厥初挺生元宰缺宸之表經綸帝績仰
代玄造之功論道太階獨見於文昭公奚公諱玄齡字
喬清河郡縣人也昔者帝嬀缺海之清風繼響承家鎮
聞韶之雅俗曾祖翼後魏宋安太守襲爵壯武侯祖熊
歷清河廣川太守並揚光外冈上承缺刺史　乚
皇朝贈徐州都督臨淄定公政以禮成教由言滿通德
之門早閱竟發納馴之祥清白之訓方申終缺精通朮
兆同后部之克嶷良由自然體曲昇之多才非回學致
遍遊六藝泛涉百家爲延閣于靈臺缺下年十有八俯從
賓貢濬乎蔵器世莫能知吏部侍郎高孝基察微之士
也半面申款拭目異缺蔵書咸成□爾部徵碩老典撥

歃文自非學擬更生方膺妙選者如伏曳僅得先鳴公
以富年俄登□席望清塵缺齊六外□歲序綿懷終身
永切至忎天性獨越人靈於時道阻昬□思鳴待旦竟
屬碭山雲氣發□於缺下之鑒方深在慁憂而未晞隱如
之寄斯重
太宗時稱元帥乃命公為記室於是臨戎習禮奉翊司
錄之章軺出餘資預表收圖之志 皇唐缺攘萬人敵
飛箭下億丈之城故以敷暢軍謀弼舞干而制勝弘宣
廟略侯傳檄以成功豈徒日製□函委缺人朝□丹
青公為冠首累加上柱國封臨淄侯俄而豐芑巫蠱禍
胎滋蔓管㷉阻兵肆流言而助虐潘崇建策缺歩魂而
徇主約沈族以酬恩俄然內難廓清英威纂統引公為
右庶子洪茲三善匡彼萬機□□方徒成攻斬祛缺下
太宗御極遷中書令封邢國公邑三千戶實食益州賦
一千三百戶尋以本職兼太子詹事仍 敕監缺下
高祖太宗二實錄合卌卷晉梁周齊陳隨六代史合三
百廿七卷雖復馬擅半千談遷共終其□班□良缺下矣
俄遷尚書左僕射當朝作紀臣細平分體國推誠鳩織
必舉持衡取正象雨露而無心虔劇多聞缺下
高祖升遐 帝不言政吉凶機務大小責成園寢覘摹
仰副孝思之道 山陵制度簡缺汾□□□令器喻奄
宅於龜蒙公固辭裂玉 詔從其義尋加太子少師通

藉二宮並司衡軸交輝兩□□表儀□頂缺於春風水
土斯平致河圖於東序洎乎
今上升儲道光守器長琴振響方嗣虞風仙管流聲且
揚嬀化發明春誦□□□□□□□必資輿望缺浹
寓故藉義馭之功少海浮霄尚假朝宗之助增天益峻
意在茲乎尋而有事馬韓將迎鳥服鉤陳缺公昔從撥
亂飲雪披榛晚贊天成憂深責序罄其心力遘此沉痾
古人有言曰形大勞則弊神缺下
太宗驚其色變親加察問方依實奏 帝用憮然馳遣
良醫并賚御藥時方隆暑迎至涼宮 詔遣缺死不□
身惕視光陰益深憂國高陽公主為其子妻附上諫書
言逾切至 □覽增慟悲缺二□□□為右衛□郎將
第三子遺則為朝散大夫使及目前見其通顯恩波所
被觸類無涯□以貞觀廿□年七月□□日缺下
太宗俯閱臣川悼藏舟之夜失 今上緬惟過隙痛
愛景之背沉慟結兩宮□□□□□□贈太尉并州□督
缺賜□□□□□□□加羽葆鼓吹班劍卌人葬事所
須並令優給仍特降 旨許為製碑遂觀遂古君臣之
缺並出道合神契德洞天經體孝為忠自家形國妙年
從識望瑤光而識真弱歲踰岐會□泉而委質□飛龍
缺下山不復逝水無追家臣國吏相與而謀曰昔魯國懷
僖揚德音于雅頌周人思郃播美績于□謠乚以缺下

辰精降誐華靈誕震台嶽資神齊光合峻頂我天網縣
區掩俊道契　文明聲諧遠下缺聖賢同德君臣恊志穹
壤僊平幽遐必暨華夷從夏羈戎□吏明謨菾赫雅議
下缺虋掞詞雕煥始發如綸俄成壯觀琁衡揔務玉鉉調
鼐儀形濟濟□□師師弥綸下缺門當魯館邸照姬車卜
居邸儉脫粟防奢禮崇身約室迩情遐缺易□□道難
名德暉不昧環景齊明

褚亮碑

碑二十八行每行六十五字八分書額題大唐褚卿
之碑六字篆書在醴泉縣北二十里烟霞洞昭陵南
十里

大唐故散騎常侍　弘文館學士贈太常卿陽翟縣下缺
府君諱亮字希明河南陽翟人也玄鳥系緒白狼表慶
殷缺之功貞臣佐非常之德即府君十䈤代祖安東將
軍揚州都督關内侯□□有缺丹陽或至道可師或用
仁弘敎文武不墜英風自遠屬胡兵入洛晉馬浮江爰
及宋齊冠冕缺驅常侍仍中齊東陽太守復爲侍中遷
吏部尚書贈太常卿謚貞子門庭清簡少懷雅操聲冠
缺蕪□□□□□□□揚華雞林清譽至□蒙粱儀
同廬陵□東閤祭酒太子中舍人東朝涘詰上邸披襟
輜晦□敬缺大中丞掌□宮□□□□□□明肅政
霞綺轂□動名敎於搢紳暎徽猷於僚采府君辰緯凝
曜川岳降靈黄□帝師之□玄□□□之缺攢義□□

□□□□□□洪鐘待扣皎皎焉浩浩焉神情共雲巘
爭高令問與風松俱遠扶鉛芳於筆海架杼匠於天材
宀宮□之缺陽春□和色絲傳妙□已亥三豕□□□
□居□丁祕監府君憂哀蹐致毀幾將滅性陳後主栖
神雅什慕膺鴻圖景曖春坊雲□六□□太子洗缺始
□□□□□凝暉□□□□□而曽舉僉望攸屬
允膺嘉選隨開皇九載平陳府君南朝冠冕入京謁見
家國淪喪不求聞達缺書□□高步□□□□□□道
光雎渙禮敬分庭大業七年授太常博士彝倫爲施政
之本忠信乃達禮之源凡厥損益多爲滌制缺章閎起
□君□□□□□□□□薛舉因茲光採以爲黃門侍
郎雖霜威見屈而風槩弥竦　□□自天縱聖神武
遐宣□□□□□之缺平薛舉□□府君情□□□□
□□□□□□之首□踰入幕之賓武德元年延爲
文學太公之逢西伯高步天師鄧禹之赴蕭王累稱缺
建□八□□□□景□□華□翰山川形勝乃託賞
風雲　恩眄賜詩有同枚䣴上書諫獵尤切馬卿侍缺
宮學士太子□□□
太宗監國光啓震維必佚正人務從國本政授中允貞
觀元年封陽翟縣男缺食邑七百戶及年登月制杖老
于家輜蓋成陰桓春卿之寵錫芳珍獮至石大夫之豕
恩懸車缺廿一年十月一日景申寢疾而薨

太宗爲之廢朝悼深流涕中使相望存問不絕又命
□學魏□忠缺遺愛□□□□□□□陪葬
昭陵賜東園祕器塋事所須並宜官給儀仗鼓吹送至
墓所夫人栁氏亦同安厝攀慕無追哀榮缺風儀□□
□老莊之齊致同李郭之清塵言行兼爽於庭蘭忠慎
有踰於溢樹洞擬河之祕蘭貫蓬岳之缺及茱名侍近
時逢靜亂早擅文房預彝帷幄恭承嘉盻乃留情於啓
沃咨曰□□亦缺月□秋閏□□滄垠之際遠諧清放
之前所製文集撰成廿卷咸爲應詔侍奉述作陳□
流詠缺子□□□普州長史龍封陽翟侯遂賢撫瞻霜
露永懷罔極歲月緜遠淒涼荒壟□遣小子缺頌式刊
貞石敢爲銘曰
鬱暎遥源曾華冑緒纂襟承業昭鈞析宇學自恭公祐
流子褚德懿嚴□聲缺蘭菊可詠能留頌聲珪璋遂龍
燮佐光于家崇晉去國袁陳来語默雖切榮名詎擢一
□問右遷缺揩□道暎忠孝名揚青蓋象屯金陵氣竭
利在攸往誕生聰哲二陸道存三張譽折□札缺翔天
禄優遊學府門庭雅絜意緒薰華賦樓光沼文閣生霞
珽延夕月洒汎晨花老萊□壽□□□家缺讖譽無虧
綜冠蓬瀛義摽耕籍神理凝絢精文挺秀蔚鬱于林超
揚詞圃斷雲迎鶴缺微音

豆盧寬碑

碑三十二行每行六十九字正書額題唐故特進芮定公之碑九字篆書在醴泉縣

上缺　李義府撰

上缺四十一字之茂祉若乃門□□保地華鄉相扎膏□之族
稟英傑之材道契興王功□造物缺二十七字公諱寬字□
奴□□□帝之後今為河南洛陽人也黃軒之際得姓
者為賢紫蒙之郊開□者稱貴掩□□於遥代揔缺二十九
字攸分□□斯廣因功命□氏魏光周圖史紛綸可略
言矣曾祖萇魏使持節□□□□□魏少保柱國□
□□公缺二十字祖永恩魏使持節車騎大將軍儀同三司
侍中□州刺史周鄯利沙文四州刺史□□府司缺三十四
字振芳□□□□父通周使持節車騎大將軍驃騎大

將軍開府儀同三司龍泉野縣公肃□缺四十字洪州揔管
□□姿器□前脩藝優往冊榮肅雍於魯館標績譽於
周行公□缺四十字於□□□覽□□之言尤慕六韜之術
素楊之□既重韓白之材兼妙朝英缺二十九字有康濟之
心□無台輔之□隋開皇□年授南陳公世子仁壽五
年以獻□挽郎授吏部驍騎尉大業九年授河□郡渠
泉縣令奉身清□處物□平財缺十五字雖□屈□□□常
□□時炎□崩離瀛區版蕩妖氛亘地梟□之路未戢
大浸稽天白波之勢方谿公撫全關境寄侯　昌期遵
卓令之□缺十三字率□□□投義蒙授銀青光禄大夫
三月授元帥府屬四月授趙國公府司馬武德元年遷

秦王府司馬加授柱國二年正月授兼攝陝東道行臺
（缺十三字）教撿校行臺左□四年□南陳縣開國
公轉天策上將府從事中郎既而唐郊纘慶代谷承天
□資叅乘之勞□降知人之舉九年授殿中監典□□
衮趍□□遲□□冠於朝□□𠘨□於皇授貞觀二年
轉衛尉卿□□□垣儀□漢服学宮乇於南北摠都丞
於左右追芳趙𡃢匪懈為心繼踵辛毗忘私効節□年
除禮部尚書北□□□□□荆□八□□其聲望萬幾
由其損益特賜龍泉之釼榮禮軼於韓稜弗避武賁之
弓忠勁攄於朱穆六年授左衛大將軍戢冠□□寵優
王濟□皇流□□叶恂恂之美（缺十一字）材九年□ 勑劄

皇太子□□於太極殿前留守務極殷摠情兼調諭謦
迷途於舜貳請義□於堯儲□外式清聲華自遠殊榮
既摠誠盈斯□每奉清問之□□□必盡之誠勇退□
□優詔不許十二年方遂所請授鎮軍大將軍芮國公
位重黄初德符清邃揮金逸賞無慙於二賢讓田高志
有踰於兩國□子之道方叶□□之命俄□□六年□
□州刺史□□右軷寄□左賜遷南獯之□□西吴之
隩京里欽其□譽侯服仰其□塵廿三年表請致事授
光禄大夫禄賜同京官榮□特羊禮優行馬膺茲□秩
□□□祀□園綺（缺九字）未□陶陶之趣□□□□之輝
三□無徵百年俄盡永徽元年六月四日薨於京城之

弘德里第春秋六十有九嗚呼哀哉惟公器量□深□
情簡□言行無玷忠義有聞爰在弱齡早□□譽□奉
興運遷莫□微委質藩朝竭誠霸業綢繆款遇契闊旋
麾霜雪驟零松筠無改叅玉幔肅金鉦振沉沙之奇摧
觸山之□化芮□訖□□□賓建德□徐圓□□劉□
□破劉黑□搴旗陷敵□進□干班賞疇庸常居第一
登省闥陪軒禁歷華寺撫名藩莫不循猛兼□紘韋適
度故得累彰□□特簡帝心（缺六字）百餘紙□訖□□□□
邁□倫始慶懸車奄嗟奔駟□□□□悼紀佩銜悲固
以事切柳莊情深隨會者矣 詔曰念功惟舊前□之
令圖悼往飾終有國之通典故光禄大夫芮國公豆盧

寬□名運始累著勳庸宣力□朝□展誠節入司□□
□懃効於軒墀出揔華藩洽美化於謡頌奄然薨謝震
悼良深永言徽烈宜旌泉壤可□特進使持節都督并
汾□□□□□軍事并州刺史餘官封並如故謚曰定
公賻絹布□百□米粟三百石陪葬 昭陵賜東園秘
器葬事所須並令官給仍令金紫光禄大夫行光禄卿
柳□□護都水使者□□□□□□儀仗送至墓所往還
夫人□□□□周光禄大夫左衛大將軍儻城信公紹
之孫隨京兆尹太子太傅司空司徒公觀王雄之女也肅
□鍾鼎性稟幽閑□德兼優四□□□□□□淑早世
清華□□克隆榮（缺十五字）故特進并州都督芮國公妻楊

氏操擬松筠志齊氷玉景□零落弗逮朝榮將啓□門
之殯欲□同□□□□□□靈忒旌幽隧□□芮國□
□□□□□□□□禮□長子□州刺史上柱國芮
國公仁業次子右衛將軍上柱國鄱吾縣開國公承基
等並夙承家範早擅字缺九方□辶高陽□□□忝□之
□□□□□□□哀□□□鏤鼎刻鍾□彰功伐披文相
質載闡徽風爰樹豐碑□芳來葉猨以垂蕣側奉清塵
敢課□材□為銘曰
軒丘錫宇蒙野開疆樹功分帝率□□□□基□起慶
緒彼長家□迨□台□□昌涪陵抗節望□□鄗□□
推誠譽光圖史南陳龍慶載揚風軌顯允君侯克傳遐

祉摻植淹遠情□蕳□□□玄成□□□度義□□□
□氵沿□□鈒□□□□□辶□交喪□□□辶□
慕□□□□□昱鱗翼可附公侯斯復藩寓聲馳朝行
譽穆參贊機謀升降軒陛既列□□還同聚米曳履明
光□□□□□□司城□□□□□□□志欽□□
散訁漁弋□□禽尚風□□清霞襟酒暢光陰遽盡簪
纓流愴昜□虛□武圖脩直鳥像既□魚軒□飾兩擲
歸北雙旐赴域加等斯降榮哀兼缺十八字氵寒日□和秋
雲傷哉隴樹無復和□勳

薛收碑

碑三十八行每行八十餘字正書額題唐故太常卿上柱國汾陰獻公薛府君碑十六字篆書在醴泉縣

北二十里趙村
昭陵南十里

上缺蔡卮三階歷陟茂上缺九江勲高方策上缺之□□□□
□□其□蟬聯聳曾構而俯上缺州刺史□□簡懿神羊
飾□威鎮雅俗□上缺黃門侍郎待詔□□□□吏部侍
上缺雕龍綸閣□言□深入□上缺舉□雲□□既騁追風
之步漸上缺咸以□□□之昔上缺寃□□泣血□聲□郡
舉以孝廉播而不就雖翹車結轍羔鴈成群賁帛之禮
徒隆髙蹈之缺金簡□□□□□靡之異□延閣蘭
臺之故事汲冢茂陵之舊章莫不討本尋原探賾索隱
趙子重之缺公明□□□□立功欲沮其謀乃迎公
太夫人□氏置乎城內公昔在繈褓出繼缺之心弥固

陳平餘智畫背項之謀許攸見機運歸曹之策缺高□
□□□德勇□□之賓太沖謝其□□□□挻其多藝
加以沉沙缺疇庸光於賞典尋兼陝東道大行臺尚書
金部郎中并判□□□周缺公從□□□□之英□進
□□□良籌既□晉□□□□□會之□以功班賞
轉□□府缺之辶□無以加焉以□□充功下缺□□□
□□用缺之□成同德祖之俊速時云薛氏之後代有
□□劉缺氛祲□鄴城歆至叙勳採上柱國封汾陰縣
男食邑三百戶屬從戎缺懷抱□□□□而耶佞者多
忠愕者少臣無君不立君無臣何以得安近少下缺
恩旨特隆以旌鯁直昔皐陶之對虞舜致逸遊之缺陪

嘉賓於東閣黍愛客於西園既接終缺以疇昔然弟孫
之疾漢帝賜□以重茵子□之缺下
太宗與公從父兄子元敬書曰吾與卿共事缺知□
□□置若為存養知卿姪之情偏復萬睦□加安撫
以慰吾情缺麟閣之□乃絶於記録暨繼明統業念舊
旌賢顧謂房玄齡曰薛收若在缺州諸軍事定州刺史
嘗夢君儀範傷悼特深且勑所司賜以粟帛缺車□
流略之鈐鍵對逸篇於嵩岳多識比於廣徵□□□於
長缺且□之運佐□晉之臣戎馬交馳飛魯連之箭□
障□起草陳琳之書缺贊□□之化與申□釆之功豈
謂拂日翹枝倏墜千尋之幹極天峻岳□頹萬仞之峯

缺月戊戌□□三日庚申陪葬昭陵儀仗送至墓所
往還贈絹□□百段葬□所□□□□給昔□陽缺而
興感顧復□□□□□□□□□而增哀□□□□山移
下缺
上缺故□縣凝氛□光擁霧上缺邁鄭□良超周八十執俗
上缺□景夜□□□倒□轉下缺

昭陵碑録卷上

昭陵碑録卷中

上虞　羅振玉　校録

高士廉塋兆記

碑三十七行每行八十一字正書額題大唐尚書右僕射司徒申文獻公塋兆記十六字篆書在醴泉縣北二十五里烟霞洞昭陵南十里

大唐故開府儀同三司尚書右僕射上柱國贈司□□
□□□□文獻公之□兆記原空二格接書許敬宗欵
□□□祀□□□□□□□上柱國高陽縣開國公
許敬宗撰下空二格接書趙模欵
□□府録事參軍事趙模書
蓋聞高陽洪胄響振虞庭高□餘□光□□□其有侁

於此□□□文獻公□公諱儉字士廉渤海蓨人也昔
□□齊□膺靈命哲河疏壤咸樹懿親執玉□金寵隆
磐石鄭郇胥衛並揚芳於國風□□□□□□濟於皇
謀亦既昭于史冊此可略而言焉曾祖翻後魏侍中太
尉假黄鉞録尚書事齊清河孝宣□即神武帝□□□
□□□輸□躬親擁樹□□破産客結英雄道濟雷□
賁資宣力祖岳尚書令太尉録尚書京畿大都督太宰
假黄鉞清河昭武王□下缺十四字□景□遠□□□六□□
其□□□□楓而獨運挺埴摺紳□義□□長駈撫□
封域是以工哥懋績遺響被於雲英史書休範餘烈□
於典冊父勱襲爵清河王改封樂安國北□州行臺侍

中尚書右僕射入隨應揚楚光洮□州刺史□□周之
列國禮樂歸於伯禽俞炎漢之宗□詩什興於鄧客既
而三臺覆構紫陌生和八□□居青門養素朝嘉懿德
禮越箕微帝念惟良□迺符竹公星辰□彩□□雲之
秀□□□□□玄液之英□□□先機□□□□□
□迹同下問學靡常師馳騁九流因心而時合翱翔六
藝寓目以研幾玄□□釗體□溪而神解精通廟略望
鬼谷以心期□激箭沿合□無□之□□初筆於門苔
有□□□由是公（缺十二字）摩素里起居舍人崔祖濬學富
楊班中書侍郎薛道衡文繁張左莫不聞風扼腕申以
忘年之交承閑載酒服其後生之義雖復韓□之□致

昭中　高士廉塋兆記　二　晨風閣

石□之□□沿古之□□蔡雍之倒屣□□□合□□
□□□□□數花賓貢射策□第除奉禮郎奏太子
舍人事否大乘雲旋霧□漸陸以高驤排日摩霄□尺
木而為本聊同蟋詘意在□□□迺（缺十七字）奔公坐□□
□□迺□北□□□□貫生□服猶且□□馬氏觀□
不忘哀□豁然無偶獨□於公雅量□□由斯見矣于
時□庭凝則樂飢孔織瀟湘岌□鳥鏡（缺十九字）扣通識□
□□□□□□□□
大唐握符創曆革命受昌來蘇之□□沾澤（缺十九字）詔□
□□□□□于蒔百度□始□□未□□陽之□□多
惡少芒竹之迺尚□桴鼓以公為雍州司馬加大將軍

所奉之牧郎
文皇帝也神武開基風雲感□庶□人□□□□
□□□既□□□□□□拓之□□□契於龜兆既而
聖□相得□□仰從決□襟若□符進祕策如投水故
以潤色天造發潛機於大橫豈止光贊濟條楊德暉於
樂善若斯而已也及會昌伊始□□□□
太宗入備前星引為右庶子俄而　紫宸□□追古
□□遠遊□□□□從姑射之清賞釋茲□負屬□
　明儲舊邦之命惟新喉脣之寄斯重則以其□進
拜侍中封義興郡公邑二千戶真食益州賦九百戶豐
貂璫禮發天樞之榮曜桓珪分器擬□□之□□以□

昭中　高士廉塋兆記　三　晨風閣

勳□允諧僉□珠阜薄俗解珮□□章華負□剽輕□
仰貫通夷落扣帶黑□之鄉地接蠻陬斜界青丘之國
變其流蕩必俟仁明是以命公為安撫廣髙循五督府
四十八州諸軍事安州大都督□□□□□□□□象
初沪□政成朞月蜀王以□□作牧啓□華陽又命公
□□州大都督府長史進位左光祿大夫昔者帝子居
□丕陽為其國相□華錫趙□懸擔其潘條今之□寄
允膺斯舉既而□□□公□□□□□長駈仁風馳
於劍棧開賢設教□德被於□謳是使蜀國鳴絃永絕
琴心之□□江險道無復發卒之□尋進封許國授吏
部尚書繳獨楊清別九流之涇渭辨真贋偽區三端之

□□遂使朝無□服野絶商可得人之效由茲盡善多
士之記於斯可詠又以潔流之道義在澄源收實之宜
由□正本請定氏族有　詔從焉於是錯綜人倫
發明優劣銓量世系考正高卑不失錙銖藭□衡於□
□□□□紫若□鏡□□□表定嘉名稱為大唐氏族
□□百廿卷　詔頒四海
帝嘉乃庸加位特進上柱國俄改封申國公□□□州
刺史餘官並如故□令□孫繼世承□□□□體國見
義忘私遵□仰師儉之規□延□□□□□珪□□邸
逾執蹈海之□　天記□□□□□□記
帝高其志竟不違之俄昇為尚書右僕射迎茲景□□

昭中　高士廉塋兆記　四晨　鳳　閣

□□□□舒耀□流空□□□□沁朗□□峯之哉樵
宸□於是曾隆進位開府儀同三司餘官並如故贈□
綠紱寄深論道甲第黃扉□膺□□□□□賜机禮
及安車□止之仰撫落木而□感□榮之缺十四字□閣
而累□老□□沁肝□□披情頻抗廣德之□固執
□□之謙　□□□停□務依舊猶揔機衡□□
□　勅撰著文思博要於是包含七略札孔習於綈
緗□□百家□□□於蘭櫝懐鉛□就望海□測其瀾
汗□□□瞻天靡詳其際合千二百卷上于延閣　駕
幸遼陽攝太子太傅公於　今上親居□□外脩
尊師之道內盡家人之□每旦□朝必□優禮□□斷

□咸事咨□□□援案□令憑机及　和鑾入塞
儲駕奉迎公從至并州而風勞發動乃降　□
驪□疾私庭及至京師弥留□損中使絡驛相望道路
手詔紛綸懇懃旦夕從幸靈武益增沉疾還□□□
□□□　帝紀□譯不□命輿□□□□仍迎□□
天慈臨訣□死對楊言動　□懐撫□流
歎還宮輟膳悲不自勝粤以貞觀廿一年正月五日薨
于正寢中使還奏清□出宮□□□□不□□□□
□□　□□不念是日□□司徒無忌懼勞　聖體
馳謁道次□萷固爭　上難違之方始旋旆望廬
□沁□絰衣□乃命特進太子詹事英國公勣持節□

昭中　高士廉塋兆記　五晨　鳳　閣

贈司徒使持節□□并沁□□四□諸軍事□州刺史謚
文獻公加殊禮也有　詔及夫人鮮于氏同陪葬於
昭陵給班劍卌人羽葆鼓吹凶事所須□令官給
即以其年二月廿□日安厝于九嵕山之南趾墓而不
墳缺十五字於□□□之路□于□□□
太宗親御城樓俯臨□哭靈□滅影缺十五字不勝喪
、勅中書侍郎許敬宗□　宣慰問諭使節哀□
令從禮□　手勅公甥司徒無忌曰卿□風疾宜□
抑情□觀履行何可堪處恩深追往潤本沁□觸緒□
哀缺九字纂□追褒佐命特令配享
太宗廟庭洎于㣧子紹封例□□户缺十一字姿茂□風儀

朗秀□容可法貞□若神下筆數□皆為謩策與言吐
論盡詁精微加以識照萌端理生意表蘭薰玉潤大義
□於□賢推信敷仁雅道浹於君子知□之性□靈十缺
八字衣冠輻湊競涉桃蹊□□相趨第如芝室望仙舟而
不遠公彼雲霄倚玉樹而多□□其朱紫洎乎 休
□在運物色相求乾宇初隆欝居時棟大鈞始播俄為
世範□功成之字缺八 薰風之哥□□紀於□海撿身能
□利物斯□在滿思沖推恩乃博翊平□之化□春露
之□沾通夷夏之情若條風之必靡加以義方內□紹
曲阜之觀高宅相外融追何锡之酷似於是字缺八 羽儀
雅公□私□□酌□模楷可謂□□上德國老人英者

馬及秘駕東川撤懸西第
太宗顧瞻台耀想託□而□□□□雲臺缺十二字親□豊
碑□□之唱將興俄鍾遏密之痛爻象之文方煥遷迫
晏駕之哀小臣履行面承 恩旨刻肌刻骨悲大文
之□曜貫□貫心懼家聲之莫紀竊惟太陽沉彩□燭
無□繼□字缺十 紀 斯義弗敢樹碑是用□琬□芳記
于塋兆而已
附碑側題記凡二段一五行行十字一七行行八九十字不等並正書
大唐會昌四年五月四日六代孫尚書右丞元裕准
□□□□
昭陵祈告因□□□

塋所
六代孫正議大夫行給事中上柱國渤海縣開國男
食邑三百戶賜紫金魚袋少逸□□□□不獲□□
□□□謹附名題于碑側大唐會昌四年五月十五
日書

崔敦禮碑
翦裝本字徑七分正書篆額在陝西醴陵縣
大唐故太子少師中書令 開府儀同三司并州大都督
□□□李昭公神道碑 于志寧字仲謐作文
蓋聞□□□□五臣□□□圖周王定霸四友贊其英
畧故能撥亂御極類帝缺 籌綿捕之始樹績雲雷之初

成配缺 之功建□鼎之業經文緯武尊主庇人齊德夔
龍連芳風力形圖麟閣銘勒□□□武闕缺 執鈞亭四
□而匡王業亭伯達百之作□□□□□□□藝之文
思窮物理琫組弈□方千紀之羽儀紳佩蟬□比九世
之卿缺 爛□於緹□□被於簡牘曾祖宣猷周梁州總
管隨缺 大□稽天預奠川之鴻業醜徒嘯侶兼□□之
元勳鐵石之志愈□□□之質可缺 陪□將軍代州總
管太常卿禮部尚書固安縣缺 温文爾雅而言成表率
行為師範成德光於八土芳□冠於□臣父慕 缺 州諸
軍事定州刺史委質不臺藻思越於枚馬陪遊河曲鴻
□□於應劉□聲振於生前哀榮備於身後揚暉鳳策

播美龍圖公昭孝懷忠□文□質幼缺之光瘞水□騰
騁千里以追電滇池將運搏九万□摩霄文極□□才
高呑烏學□繁露思兆夢蛟論道宰化之方體國經野
之術齊暉稷偰□□業缺髮缺黃屋沒於望夷黔首墜
於塗炭大唐循□□厤辦位居方□□以便通賢蒲輪
以招奇士公識芒碭之啟靈知梁宋之興□投刺轅門
缺禮殆將滅性□鑽燧而摧□對風樹以興哀昔高柴
泣血三年楊臻居喪七載校斯至性詎可相方武德二
年奉勑奪情授左勳衛□年授缺勑撿挍右驍衛府長
史□年在校叛換亟擾天田左賢陡□將迴地軸蕩滌
遁藪事籍謀猷奉勑副鄖國公宇文士及往嬀州經略

昭中　崔敦禮碑　入晨風閣

事了缺公缺詔比缺奉勑往幽州追都督廬江王李瑗
其瑗陰預戾園之謀將據河朔之地嘯命兇酰肇爲亂
階公非理被囚缺人金銀器□十一件細馬一匹其年
奉勑副御史大夫安吉郡公杜淹往武功□蔺點還授
中書舍人缺之以茅□六年授員外散騎缺騎常侍行
中書舍人七年守太常少卿三雍七郊之禮則□之於
靈□□咸□□之樂□□之於缺於缺蔟行□於夏首
化洽九江循吏於是彈冠貪夫爲之解印聲高八俊譽
邁二星九年爵有國哀靈鴐先發以公攝使十缺切□
昭禁暴之本□選列缺代咸寄親賢今授此官允於僉
望昔炎政□季區宇混淆六樂與沙麻俱崩三禮將原

火缺延陁恃爝龍之甲深騁射鵰之小伎失事大之節
懷凌長之心公運輿敬之良籌摛鄭衆之雄辯呼韓以
之削衽□□於是缺年公奉使往延陁□和親事蒙賜
絹三百匹其年授右屯衛將軍塹超二衛寄重三軍方
信布之爪牙比良平之心腹漢缺都□比李牧作宰聲
震龍庭譬魏尚剖符威懾狼望膠折息蕭關之騎月蒲
絕甘泉之烽廿年授銀青光祿大夫守兵部尚書缺武
缺事位光七命職統五戎政典伫之以納言喉舌寄之
以元凱聲馳禮閣譽藹周行尋正除兵部尚書檢挍缺
之飛□西□□之尚也其年副太尉趙國公撿挍山陵
鹵簿事畢蒙進爵爲公食邑一千戶賜物五百段缺奉

昭中　崔敦禮碑　九晨風閣

綸言貟璽左曹記七車以對詔獻替旒扆損益機斷雖
渭浦𡊨叶周□傅□夢感□□以缺淡白志尚清虛固
讓機權頡歸閑逸而承華肇建望苑初開審諭籍以正
人調護賢於缺從於儲君故以德茂曩賢名高往哲者
也而東流難止西景易沉未登□月之期□□□□之
□以缺嗟簪裾爲之揮涕輿駕於雲龍門舉哀詔祕書
監駙馬都尉長孫沖職方郎中溫□□□□□□司農卿
長孫知人監護太府少卿韋思齊爲副又令中書侍郎
李義府持節□祭皇太子缺昭陵之南安樂鄉平美里
惟公降辰昴之秀氣稟嶽瀆之精靈缺材聳棟梁缺望
澂江缺爲衣冠之表綴實朝倫之規矩自隨風不競海

縣分崩三户興滅秦之師八百起亡殷之衆八缺神筭
遠聞吐納赤墀對揚流響侍衛丹扆巡警有聲建節榆
關塵清柳室張旃鹿塞□□狼山缺孫懸其好施予敬
愧其輕財博識古今超晉朝之武庫決勝罇俎冠漢室
之智囊見□宓□□分馬□缺可謂廊廟之瓌寶朝序
之宗臣者焉而眉壽莫終夌丘之祝遂爽日□未□□
召之□無□缺心孝德究慎終之道恐桒田變海深谷
為陵懿範不傳徽猷永沒所以勒□二□繼公□之缺
儀天爵構控地長源大庭誕祉尚父開藩賦超雅頌論
擬文言家傳積善世樹高門其一辰象降□川缺狐鳴星
亡鬼哭懷玉擇主元天改卜其三聖人有作乘時定亂貞

鼎経缺啓□劒匡贊屢缺乇警衛六官述職龍池鼓鱗
鳳條鶴翼缺子房審喻長缺其有儀缺若朝典□如缺
敵缺日宰樹籠煙玉棺永閉寶劒空懸□□

張肩碑

碑三十二行每行八十一字正書額題大唐故禮部尚書張府君之碑十二字篆書在醴泉縣北二十里西谷村昭陵南十里

首行全泐
上缺七十五字追子燕於禝下上缺七十四字緒紀雲凝覭鬱□上缺七十
五字靜既設馭馬之□□□帶半之弊缺七十一字爽爰彰於
必復積慶成德□□□後大公缺六十二字滋華趣逸巨墳
道高衡泌悉董帷而覊志掩孫戶而遊心和前賢之□

□先聖之旨於是缺四十九字鴻□□□標遠槩漢東籍甚
英烈江北仰其嘉猷俗推獨步時稱隻立屬炎靈版蕩
海縣崩離缺二十四字皇作翰彔□□□□□□□□□
□□晉漢且晦沈機習呂牙之陰謀僻左丘之微婉引
公為師友特蒙優遇公歷觀圖讖備詳興滅昔黃星耀
彩驗卯苗之必缺二十字釋褐拜大將軍府典□□□□□
□常陪旌綮既荷入幕之遇屢申借箸之謀逮高祖
九五飛天一六光宅思□鹵之績想中消之從武德元
季授齊王府文學識缺十六字義□□□誠効□紀□□以
□□亢□六年改授齊王文學九年又轉行鄭王府文
學公曽徽弥劭累職英藩置醴猨巖恩踰申穆摛文蒐

苑譽掩鄒枚缺二十三字授燕王友尋除貟外散騎常侍行
□□□諮議叅軍輕盖夕飛奉西園之良宴長裾晨曳
叶東平之樂善至如梁臺逸藻賦夾水之橫蘂楚澤奇
材□倚天之□□以缺十七字雲扆□□月池命公陪□□
□□□□□羣臣共難経義公雅調抑揚高情俶儻飛
談鋒起騁論濤驚百辟於是解頤一人由其拭目獨
□皿座之□孤擅重席之缺十八字加正議大缺十二字□宿
□□仰□吏猾吡㳅公克奉朝章以毗潘化務崇清簡
政闡廉平惠澤傍流嘉謠遂洽尋以東陽富域□紀□
區□山近控龍缺十五字允属循良□授□州□史教□□
□政訓韋弦威肅秋霜恵霑□露輕浮載革敎讓爰興

聊遵置薤之言俄喧伐枳之詠既而景催弃箭禮就懸
車□春□於□□□巳缺十八字學想□□□□□均僉望
斯允乃除國□祭酒詞條縱辯擢五庶於環林言泉騁
義降三鱣於辟沿教興青領術究丹陴繞□風行之化
驟致月將之益昔弘擅禮樂之□所以缺十五字能□事彼
有懋德清□□華黄□□重□□之寄自昔攸難聞望
無資方階斯授廿三年除散騎常侍出陪鸞輅承容
勿之榮入嘲貂璫□規諫之重□□□達□□□□□
華缺十六字公槩登顯紀□踐崇班鑑盈滿之機□閑逸之
理將娛黄髮庶禰青緗屢申祈請久而方遂永徽五年
下　詔曰褒賢之義列代彝章尚齒之風前□□□散

昭中　張允碑　　吉晨風閣

騎常侍缺三十三字譽於□□獻□攸歸播嘉聲於瑣闥懸
車禮及抗表祈閑宜錫崇班式旌高志可金紫光祿大
夫祿賜防閤缺四十五字之□既而川閱蒼波風驅白日方
扈云亭之禮奄纏夢室之悲以顯慶三年正月七日遘
疾薨於長安縣之缺二十四字均殊瘁□□□□□日下
詔昔張禹授經禮窮寵秩桓榮侍講恩加詔葬故金紫
光祿大夫張胥識量寬厚體業淳粹依仁遊藝經明行
脩早蒙　光寵特荷　殊缺十三字綢繆濟德乃鳴缺十一字中
□華□之餉以□安斯鍾漏懸車邑里方養德於東序
奄移舟於夜壑永言懿範寛愴于懷追遠之榮宜□彝
典可缺十七字葬　昭陵　賜東園祕器□事所須並宜□

給仍令五品一人監護粤以其年月日陪窆於　昭陵
所禮也惟公靈臺祕遠神府沖深□身以恭儉之方□
德以忠貞缺二十字扣西河之疑聖邁□之□□□□□
之林藴帝□之略綜微言於彝表授雅訓於　宸衷覽
稷起而知真聽社鳴而辯　聖策名　睿主委質　□
□□德缺十九字剖□竹入紆銀艾□□□紀□歷□朝□
□表其芳□謠誦光其美化恭勤處事夲允居心濺棧
不移始終無爽暨乎清輝已謝縟禮猶加紆八座之榮
申九□之缺二十四字長子賓富陽縣開國公□衛零池□
□□□尉第二子濟子讜第四子巽第六子小師並早
亡第五子律師泗州司馬第七子統師太常丞第八子

昭中　張允碑　　吉晨風閣

豊□□□夙承缺十六字之□□□永缺十五字徽音戴闡刊鍾
鏤鼎功伐攸傳思撰芳猷樹之神道俾清埃之不絶與
敗日而長懸其詞曰　□□□精缺三十九字光輔祥
鈞叶贊互顯題楨各隆棟榦辟来耀廡珠生滋岸□其散
□弘道華禁飛名零陵導德雅俗馳聲帝□紼懿學□
□英缺三十三字藝□杏壇業優槐市□其四野瓜分三方鼎
立察景遥鶩瞻星迴集師傅攸資　恩徽備及禮光錫
祜寵□□邑□其□缺三十七字爰司國胄拾㒸年登扶麻日
就素範攸膺青規式授望表時髦德華朝秀□其紫芝□
詠赤松馳□方缺四十字永閟佳城長辭華屋忄切三友哀
纏九族其九　恩隆　詔葬　澤被幽埏地陪畢□卜□

原阡荒墳□□空下缺
李靖碑
碑三十九行每行八十二字正書額題唐故開府儀同三司尚書右僕射司徒衛景武公碑二十字篆書
在醴泉縣北二十五里烟霞洞旁
大唐故尚書右僕射特進開府儀同三司上柱國贈司
徒并州都督衛景武公之碑并序　下空七格接書撰人欵
侍中高陽郡開國公下缺
有唐建極將事補天物色與人營求國器採六奇於楚
將而疆宇廓清探九賾於商賢而彝倫式叙若乃西戡
建木東翦下缺公諱靖字藥師隴西成紀人也源夫龍德
在躬法混成而謂道猨靈象辟縱飲羽以窮神辟諸呑

乙　皇靈由其錫慶缺若水□□□□□梓靈源所漸
美地冠於神洲國該攸章茂緒光於列代蓋以被于金
石無佚一二詳焉曾祖懽後魏河泰二州刺史□縣開
□公缺開府儀同□□□□和復硤殷五州刺史永康
縣公中南降靈材高文梓關西出將氣蓋削成遊刃六
條理棼絲而有緒攡𧾷千里□□鄌〇以缺使持節都督
□州諸軍事荊州刺史綺歲權奇慕成慶之高義弱齡
耿介服子路之嘉言竟能縶馬埋輪自立□□之譽去
魂裂□〇以□□□之□公心下缺以納方略於闈中轥趙
幸於跨下豈非帝錫賢弼以祚　聖人比夫文成作師
用康漢道滋泉入綠寔沃□心生命下缺行事咸施可久

謀而後動智越老成寬而納衆量含多士數呂與語嘉
其志氣每商榷通變靡究端涯□□□之□諮下缺之可
畏矣年十有六長安令調為功曹蓋以挈表黃圖光膺
禮贊英標赤縣不謝弓招俄而雍州引□賓貢□策下缺
崩次骨嚴科濫加端士天倫之長竟被凝脂由是除公
為汲縣令歷安陽三原考績連最於時寰中萬宇並□
秋下缺設地險而分疆公乃以德安邊長城弛柝運奇斯
獻合境無塵于時竈鼃為梁久盤澤國益驕窮轍留滯
□鄉公缺條而渙汗流湯之椓猶未倒戈漸臺之衆尚
要窮壘故知元天覆構非衡蠶之所持巨壑騰波豈精
衛□□□公□□□□□以下缺引居周衛申之以心膂

太宗地居帝子寔應實圖則哲欽明內韞
知臣之鑒推心通夢預納投□之謀耀□□缺聊溪赤
堇守江塹以誰訶由是命公撫蜜荒懷進旗直梧進次
夔州招集遺黎將申問罪銑徒舟舉跨有羣蠻利盡沆
黎下缺止援以兵權慰勉痍傷人皆拔拒奮揚褰急縣並
衢冠孤城掩扉已經二載能勝兵者裁八百人夜赴賊
營乘其不意畏〇乘三下缺揚塵翳景我師既尠人皆色變
公徐搗馬策而謂衆去賊擾且躁是其怯也及未成列
可以薄之□二百人蔽山而出公方缺阻□是清宅之因
請孝恭進圖蕭銑　詔授行軍總管便事首途于時八
月滇秋稻水湊荊門之阨二江行潦暮雨□□嶺之缺

即□其巢勢若疾雷敵必無備遠徵不可以應速近岂
赤豆以成軍計日就擒此兵家之上策也由是吏計躬
為先鋒迅和□□後缺下之爭搏救其懸命處死地以圓
山先犯後軍王師遂悉賊爭虜掠散地交馳公親率前
茅射虜而進擒其偽帥由是倒戈缺下江撫循嶺外承制
選補百越率從　勑授嶺南道安撫大使撿校桂州摠
管東漸閩區南踰象浦雕題鑿齒並□淳風缺下烈遐霓
分務授酥惠深時雨玉桴括野候玉弩以馳威金鐲乘
颩指金陵而振掖僵短狐於洞澤則溆浦□□斬長虵
下缺
太宗統極寵渥增隆徵拜刑部尚書叅圖國政別食邑

四百户仍以本官行太子左衛率未幾轉兵部尚書再
踐□□□叅百扐缺八□俱遠若乃旄頭上列星野於
是分區大沙下布地脉因而致絕謂天驕子代壓中原
隨氏季年長圍戾□自茲厥後遂失榆中缺無復引弓
㧞忽白登不聞吟鏑公乃輕賚單景隨飛雲而長驅勒
騎通霄鏑遺風而遠襲奄逾高闕勢若飇馳㬠□虜庭
徯如□降缺下之功是稱繄賴進封代國公增邑三千戶
加位左光祿大夫餘官如故纍代和戎賞襃儁傦昔人
出塞□號冠軍以彼□今曾何缺下尚書右僕射當權執
恩象兩露之無私緯俗經邦法岳瀆之為紀遠清迩晏
晝一之道無差翊政還醇登三之化斯在□□深缺下上

不能抑下　詔從之加授特進許其閑逸散金之賞擬
迹疏公松子之懽比肩張傅安車引大隱之義杖國協
□□之缺下
太宗憫茲視兵瘧彼遊魂乃　詔徵公為西海道行軍
摠管於是搖羽申令立表即戎懸旌鄯善之阿酣戰崑
㠍□之表缺公彼有慙德改封衛國公授濮州刺史疇
其爵邑子孫承嗣太山如礪信誓之文不渝鏤鼎傳銘
吾祿之□方永缺下詔曰儀比台階允歸時望位叅袞職
必俟茂勳是以漢之鄧隲乘芳於往載晉之鄭袤著美
於當時特進衛國公靖器□□□風□□遠缺職居端
副志在奉上知無不為叶贊之道既彰止足之風弥遠

自違朝寵仍屬沉痾攝養私第炎涼亟改言念□□無
忘缺下職事望重台槐職彰神化追蹤昭伯騰映前猷繼
美姒林儀形當代庶將乞言縣序相禮云亭天不慭留
俄從化往以貞觀廿三年□□□八缺下
詔贈司徒使持節都督并汾箕嵐四州諸軍事并州刺
史給東園祕器班劒卌人羽葆鼓吹凶事所須並令優
厚賜塋於　昭缺詔曰景武公禮也惟公才膺衛
石契合　休明受律九天之上收功四維之表洞庭狼
顧蔚不崇朝惟楊□徒擒如拾芥□□□仡缺雪巨川
始濟東流遷閡揭日未淹西嶮已晦將軍從驃之客望
祁山而慟懷丞相開閤之賓對佳城而掩泣乃與家臣

垂老追述德音下缺
猗歟茂族同源 帝先爵雲摽龍切漢分川□脉攸出
金輿在旃洪基誕 聖末派生賢秦州忠烈執羈從□
□□搢□□岑缺□變在□□通顧盱揚采鼓動生風
惟皇作極求賢委政軒后順風有虞中命在我 明辟
道包前聖擬漢藩荆如周引鄭□宮南紀九□下缺智繳
大風威殲鑿齒曳波海鯊廓氛江汜旨旨庶塞淼淼雞
田編穹浹野蘊弥蒸天奚律橫奮電掃雲塞垂衣削衽
截嶽缺朋明□□著績溢宇騰聲鑿舟潛徙國棟俄傾
託辰沉曜愛景韜精朝念明暮哀深 詔葬士思令範
緬懷宗匠晉原不作峴山徒望下缺

附碑陰共十三行每行二十字正書
唐特進衛國公李靖以正觀二十三年薨年七十九
贈司徒并州都督陪葬昭陵墳制如衛霍故事起冢
象鐵山積石山以旌殊功今按其墳在昭陵之左北
距山麓三里南距今醴泉縣三十五里冢為三山之
狀主山與西山迤邐相屬而東北者勢若斷絕別為
一山疑其一象積石而一象鐵山也其高五十五尺
東西七十五步周圍一百五十四步遺迹雄偉見之
者無不想其英槩能以功名始終真一代之名臣也
前有神道碑乃許敬宗撰王知敬書其座元無龜制
規模皆削於英公未詳其然也訪古者可以觀焉元
祐四年二月六日奉議郎權陝府西路轉運判官游
師雄題宣義郎本司勾當公事陳令邑主簿蔡安時
尉刁玠同觀邑令宣義郎呂由聖命工刻石

尉遲敬德碑

碑四十一行每行七十八字正書額題大唐故司徒并州都督鄂國忠武公之碑十六字篆書在醴泉縣小楊村

上缺上柱國高陽郡開國公許敬宗撰
上缺郊創曆寘契非字缺入會□□之傑莫不疑徽篆册□
勲戈鼎光缺上之巨棱抑揚七佐鎔鑄五臣致
我后□功華軼前循於樊灌名高絕代其在忠上缺翊□
奄峙□而擅武跡跨中原亦猶江馬南□□□膠溟

鯢北運激勢抶搖是故軒上缺固不同□而□也曾祖本
真後魏中郎將冠□□□陽郡開國公贈中外六州
諸軍上缺事濟州刺史彫鍰杞梓黼藻人倫用匪齊鈞函
深微管之寄價符趙辟愈擅入秦上缺一命頓□文房下
調悲於季葉飾壞昭於 昌運故知壯氣猶生貫千
秋其尚想名上缺之寶□言廣術命列□於髫初屬想傾
義俯迴戈於度內確姿孤疑覆簣義規上缺而有□加以
鈴符玄秘劒術精微偃□疏營右擁左陵之勢浮雲駕
陣鵝張鶴列之奇上缺以効□觚之節豪授師都督拜朝
散大夫轉正議大夫加銀青光祿大夫大業十上缺管□
以恩齊屈跡淮陰侯蕭張而佐命 皇家補傾極振

缺上免戾同夫馬援聊寄隗以偷全尚鞠醜徒擾其危蹤
□□□□□□御□□軍次介缺楚之如狼陋南巢
之吠犬遽歸真主期乎□宅擢授秦府統軍于時
□□□□□□多故□□之缺襟授律宏規圖思憑於
猛將乃以公為行軍摠管導彼前茅追奔□□□□
□竹遺缺五為摠督□殲猾夏南鄺酒天戮鯨鯢於汜
泗溺鯨鱗於漳滏缺上聖懷□明大義九年六月二凶伏
辜雖天道禍淫蓋拔君之銲也缺上戎肅嚴兵□錡禁於
是威馳銀牓龍峻金吾拜上柱國封吳國公缺上位□□
良以敷景化連帥□重　帝曰尒諧貞觀四年授襄
郗鄧淅唐缺上谷所以□江疆佩犢於東皋歲儲京庾契

成麟於西序家知禮讓道被缺上炎周裂壤滎陽茂□邑
之庸有晉疇榮壯武峻重封之典校其優劣詎缺上裘之
長弃鳴鏑以歸仁及乎紫封流渥朱紱徙傳莫不情深
借寇戀切缺上徂□之難追奏款青規辭榮絳闕特迴
天睠肆其誠請於是册拜缺上閒□允□勳冑無資里
邃髙陽門承通德故能聯姻　瑤胕結慶　瓊枝缺上祉
□曜槐端隟駿馳年俄潛柳次嗟乎巨川既濟奄遷舟
於夜壑□□□□擢□於夢□□以缺仲云亡遊輪
輀慟宣屋告逝投誄申哀未足□□□□輸斯輟祭追
贈司徒缺舉基宇沉奥忠義之節歷夷險而不渝仁勇
之風雖造次而必踐迺誠□□□府茂績□於行陣而

漢元勲缺而蕭濟植高操而孤往道暎千古譽光百辟
與善俄褰殲良奄洎□□遺□震□于心宜崇缺州刺
史□□□□□□□□冊命給班劒卌人及羽葆
鼓吹贈絹布壹千伍伯段米粟壹阡伍伯石陪葬
□□□□所須並宜官給并賜東缺少卿殷令名為副
務從優厚稱朕意焉又下詔　詔曰名以賓稱事光
□□□□□表禮缺上柱國鄂國公贈司徒并州都
督敬德襟宇宏劭機神秘遠氣□英果情馳義烈闡雄
圖而贊□□□□凝功道缺安人□□□經邦之懿
範式詳茲典錫以大名可謚忠武仍遣使持節備禮告
柩以顯□□□□□□月丁未朔缺六軍不失□

夫之□□□四海期於萬里之外登□車而繹慮無陳
室以栖情蒼璧內馳負青寘其非缺上輪而効捷觀其養
親孝事君忠居身節與士信識通其變遠鑒窮於未形
智括其缺上牧□孫吳而髙視韓白以長驅是以捨代
優齊似青丘之吞夢澤擢堅砥缺上紀律寄深錫□接十
部以宣風年暨抽簪禮優執餞懸輿勝躅昭□寵於安
車納駟缺上孫望髙倒屣掩□乇而効職副九列以騰芳
履孝揚名克隆華閥顯親穆譽行缺一
缺上文叶貺弃繻關下受符圯上秘筴金韜騰猷玉帳貞
心孤劭壯氣横飛長戈三捷缺上功宣授律□北光騁圖
南載逸受脤楊威專征耀武馬陵削樹蠹方鑄柱雲卷

鳴祠風駐上缺入桼鳳輦名班贊玉賁光儀鉝朱戶吟翁
青門掛冕金裝甫散琁霜遽踐昔恭丹扆下缺

蘭陵公主碑

碑三十一行每行七十字額題大唐故蘭陵長公主碑九字並正書在醴泉縣下古村

大唐故蘭□□公主碑　吏部尚書缺

□□□□□□□史□宣平之□□□□□之故□□
於□□□□□□□祀□□□□□□□□□□□□
□不□□□□□□□□□□□□□□□□□□□
□□穫餗緬懷千□□□乎若乃禀柔範於樹庭奉
□規於□□包四德而由已揔六行以立身騰潤質於
方流耀清輝於圓魄言□□□□□□□□□□□□

昭中　蘭陵公主碑　三　晨風閣

迨□弘□□□祀則蘭陵長公主蕭之矣
公主諱淑字麗貞隴西狄道人也
高祖武皇帝之孫
太宗文皇帝之第十九女也原夫電影流樞搖華襲月
千□兮景五潢疏派帝子光於□□天孫降於□陀固
亦煥彼緹紬懸諸日月公主禀中和之正氣陶上哲之
粹靈履冰泉以表潔踐霜柏以含貞首無金翠之飾耳
絕絲桐之聲共梁妻而比行與萊婦而齊名況乃婉順
幽閑端凝淑美擢春葩於蘭籍皎秋月於芝田神鑒詳
明風徽韶美仁為性道豈資冥助孝實天經因心必極
雖左嬪之含華挺秀謝媛之毓德揚芬式鏡前芳風流

詎遠九齡讀易窮謙損之微言七歲學書盡鍾張之妙
迹
文皇愛既纏心特流原空十五格慈旨貞觀十年乃
下原空十五格詔曰第十九女理識幽閑質性柔順
幼閑禮訓夙鏡詩史湯沐之典抑有恒規可封蘭陵郡
公主食邑三千戶□寵之錫雖冠公□撝挹之心常懷
已足而彤闈未降棠剹□停妙選高門方從下嫁
天子永言舅氏情深渭陽載穆彝章用崇姻戚駙馬都
尉慶州諸軍事使持節慶州刺史扶風竇懷哲即
太穆皇后之孫銀青光祿大夫少府監上柱國德素之
子潔澄瀾之萬頃飛辯箭以□□擢□□於千尋聳□

昭中　蘭陵公主碑　四　晨風閣

□以拂日譬良金之百練喻華□之九光踐孝資忠履
仁基信泛虛舟而獨往鑒止水而忘歸出總褰帷政均
黃趙入司交戟任切鈎陳業□籯金滿班家之十紀勳
高鈞玉鏑□宗之五碑射枝逸技貫七札而稱妙揮豪
雅製摽六義而含章搏勁翮於南溟騁逸足於西海自
中陽纂曆舂陵應圖或慶發黃雲祥浮紫氣或家藏金
穴瑞表玉衣皆聲塵寂寥巨樹荒毀我有餘慶□代樹
房嬰則望重西京融乃名高東漢克復其始遠屬華宗
故知德祖太尉之孫既傳芳於楊敞立成丞相之子亦
絢美於韋賢□地清華僉論□□竇□之婿光武□□
□□比夫遠□□□前脩公主義叶三從情歸百兩賓

敬之禮必表於閨庭喜慍之容不形於造次敦睦親於
娣姒竭烝孝於舅姑言應禮經動□規矩
皇明嗣極載蔫周親永徽元年别拜長公主仍加封五
十戶原空十五格 恩崇湯沭寵茂輜軿公主深誠驕
侈常安儉薄前後錫賚莫不固辭皆理為情申文非貌
請誠宜彌斯積慶享彼遐齡而與善徒欺輔仁多爽春
秋卅二以顯慶四年八月十八日遘疾薨於雍州萬年
縣之平□□第反魂之香空留□被□簫之□終辭鳳
臺奉
詔賓氏既是太外家情禮稍異特宜陪葬
昭陵即以其年歲次已未十月甲辰朔廿九日 遷

窆於原空十五格 □陵東南十里安樂原禮也
聖上哀深同氣特降殊私賵襚所須務存優厚弔祭之
禮有□常倫仍原空十五格 勑衛尉卿閻立□光禄
卿殷令名為副監護喪事特給鼓吹送墓往還惟公主
妙質柔明雅識詳潤芝蘭成性琬琰為心莊敬自持温
謙逮下聿脩蘋藻□奉宗□有□□之容懷貞慎之操
信可以流芳鼎室垂訓台庭茂麟趾於黃圖儆龍門於
赤縣而星沉寶婺月掩金娥窅窅荒墳唯瞻茂草亭亭
虛帳空見遊塵豈直痛結原空十五格 冕旒悲深
儲貳而已駙馬軼安仁之永歎邁奉倩之傷神悼奔駟
之難留泣藏舟之易遠披文相質追陸賦以□□幼婦

外孫想曹□而見託輒牽拙思乃作銘云其詞曰
赫赫
皇猷昭昭
帝族導源委水分枝若木月浦資粹星津誕淑秀發雲
翹祥摛日谷其一雨儀濱慶四象□輝承□掖作儷黃
扉淑慎無忘祗敬弗違禮崇舉案慈流斷機其二秋窻挈
月春樹臨風裁箴作範草賦開篆詞温華瑾文艷雕蟲
鈆芳罷飾緗組爲工其三桂棟晨開梅粱曙敞光□繡杏
香飄翠幌鳳簫疑吹魚軒疊響虹玉輝庭驪珠耀掌其四
學有通人標映搢紳日下馳譽席上稱珍好合成偶輔
德爲隣一調琴瑟載□松筠其五皎皎令姿盈盈淑哲匪

唯偕□所期同穴□斂先沉孤鸞□絕蘭儀方秀芃芳
遽折其六女樓西顧娥臺北臨山煙漠漠隴日沉沉白楊
行拱翠櫃方深式刊貞琰永播徽音

許洛仁碑

碑三十九行每行七十七字正書額題大唐故冠軍大將軍代州都督許公之碑十六字篆書在醴泉縣莊門村

唐故左監門將軍冠軍大將軍使持節都督代忻朔蔚
四州諸軍事代州刺史上柱國許公下缺似有書撰人名已不可見
蓋聞在天成象辰緯昭其度在地成形山岳闕其寶氤
氳感會孕育英靈吐秀降神佐周翼漢缺 勳茂耿賈之
洪烈美披荆棘遂偶會昌望古為隣庶可揚推公諱洛

仁字濟博陵安喜人也始自潁川從尉 缺 列於東晉春
秋□思錫珪顯於西京外戚豈惟尗重博物立言不朽 缺
圖亦子將清鑒月旦稱工年祀綿邈英賢接武曾祖
□照情田玄府清風獨開心鏡即安樂王權居晉陽祖
彬齊儀同三司贈元都守武川鎮將襲爵盧國縣公蘊
圖稱奇無姿 缺 澂都督綦州刺史江夏縣開國公學窮
訓詁智周微慾言多未代勳必師古建旗仗節恩洽去
思開國承家毅光分社公稟淳□之 缺 便率童幼共成
軍旅有相者見之稚相推挹歎曰此兒即公侯子孫必
復其始年甫弱冠氣蓋關河節慕原嘗志淩韓白門多
長者之轍 缺 □□不下地之深熊熊有衝天之氣削迹

閭巷潛結英雄載懷圯上之書盛着跨下之辱炎靈標
季綱維秋荼前代衣□推令宿衛俛俛從事不敢告勞
缺 室□□漢川 高祖膺樂推之運掃欃燦之告
太宗挺匯聖之姿救昏墊之疾援旗冀野拔蝸
衆壉 文皇昔在龍潛密招英傑 缺 孫□□□□
都□□□□都尉□威擅士馬之強摠甲兵之富俱迷
天命莫悟真主 文皇引公等數人密圖討擊二
凶授首三軍告慶昔□祖□兵詠□□□□光 缺 之□
勳實冠終古即授朝散大夫
文皇引公於內營為領兵壓主授之禁旅委以兵機雖
滕公之誠著奉車典韋之勤宣繞帳弗之尚也 缺 飲流

之指宣縈觸山之威多有公或蒙輪成隊或掉鞅致師
取汾州平柏壁破宋老生軍擊蒲州大陳皆親領選士
屢摧勍敵仍從平京城積前後勞効□□府賜物□百
段 缺 場預□邑之□議武德開元拜三衛車騎侯君集
段雄爲軌並莫府功臣悉在部內薛仁杲妄假大名僭
竊隴右弗承竇融之撽鄰是□元之 缺 公以龍韜豹變
之□□鷹揚鶚視之姿火烈振其英武泉涌符其智略
勳高諸將賞懋恒序王充跨據伊瀍盜乘輿之器服寶
德并吞趙魏□□□之 缺 □誅公內□□□出捍牧圉
洛汭邙山風馳電擊城皐廣武霧卷冰銷雖 叡筭神
謀出於九天之上而權堅陵險寔惟三令之威及飲至

策勳大詔常典明□以建 缺 良將委其連率之重責以
綏撫之術公以羈靮之勤屢移寒暑推解之惠有背心
蠶眷戀 鴻恩固辭朝寵載感 天聰遂停嚴會既
而奴發前□□□□□公與 缺 等六十□人□□□□
將□其□□公事去官于時武德之九年也其年授大
明府別將尋轉本府統軍貞觀二年除右衛原城府統
軍以屠龍之伎屢割鷄之用小道既□大□方□□年
授左武衛 缺 □爪牙奉 勅授苑北□□於玄武
門宿衛供奉九年加雲麾將軍行右武衛中郎將十八
年行左監門中郎將兼峻戎章授上護軍公翊衛鈎陳
歷茲永久□□□□ 缺 秋之□畫地成圖若夫 紫

宸清蹕高門有閌　皇居嚴閟洞户增深金鋪激
日銅鏻□夜爰命腹心管其綮鑰十八年除左監門将
軍自遷任監缺之□未乏方其仡委□微居上将之列
纔可匹此儀形從尹之望既隆順帝之情逾切朝夕□
侍駈馳咨勿　太宗嘗從容謂公曰我在并缺之
□□□跡隔每忆疇□不□於懷卿□□別与朕相見
欲得時論昔日之事昔者王業權輿帝圖草刱
太宗經綸天下曽渉戎行險阻艱難備嘗之矣公於武
牢□下進騧馬一匹□□追風缺䫻無以□其神速每
臨陳指麾必乘此馬
聖旨自為其目號曰洛仁騧及天下太平思其駿服又

感洛仁誠節命刻石圖像置於　昭陵北門夫以□
汜之缺而徐□□甓臺馭□九□□捴□連類一□耻
小公又於萬年宫進馬一匹　聖情喜悦乃親乘御
顧謂羣臣曰此人家中恒出好馬又能缺詠五絃在御
八佾充庭　文皇嘗於琵琶中度曲忖聲以示羣
下　上回顧問曰諸人有識此曲者乎群臣離席将對
而未有所說公因前頌□此□□□□之缺也如此及
島夷逆命鳳蓋東征行至定州即公之本邑公自以莫
府寮舊顧眄隆重乃獻食上壽弁進女樂迺誠所感親
為舉觴因問公鄉親有何缺六□人皆儀望可觀應對
間　上以公有知人之鑒並慰勞賜物是日賚公絹

一百匹令與鄉親十日聚宴歡舉君觴事匪曲私之澤
過家上冢實忆勲□之隆如缺柱□廿三年以公事解
任俄而閲功臣之籍思将率之重乃召公以雲麾将軍
朝參刑望禄賜同京官防閤三分減二　主□嗣
文遐旌功伐加冠軍大将軍□□如缺天下太平方隅
清晏刋兵甲而依朝伍□章組而狎池臺或掐園濟之
或置驛招士趙瑟秦箏将鶏集鳳韓歌楚袂飛塵留客
方謂玉醴延年□祁錫壽□□克缺之□□□從朝
露奄以龍朔二年四月十六日□□□□里私第春秋
八十有五　皇帝歎歲月之居諸聽鼓鼙而惻愴
賵贈之儀有加常典乃下　詔曰故冠軍大将軍

許洛仁□□□勤預□攀附一從駈策□移年序膺任
寄於爪牙私□□□封□□□既晏寵命逾隆方肆優
閑奄傷淪逝宜加褒錫式旌泉壤可贈使持節都督代
忻朔蔚四州諸軍事代州刺史□□□□賜□□□
　昭陵賜絹□二百段葬事所須並宜官給令京
官六品一人為其撿挍并度三人出家以追冥福謚曰
勇公禮也即以其年十一月十七日葬於　昭陵
□□□□惟公□宇宏邈器□□□□□□鄙其
糟粕深明奇□□□□率然英規叶其武毅稚勇□其
秘訣早符白水之祥妙辯黄龍之運　太宗文皇
帝上迴乾軸下絹坤維暢七徳而拯黎萌駕三傑而忆

宇宙缺欃槍斯滅公言從沛澤廓迹昆陽六輔振其威
聲兩河宣其智力金鼓之下氣讋万夫玉帳之前算居
九變取勝之妙雲驚蔽末擊蝯之伎雹駭釦□以百戰
百勝之□□七縱□抗之□□□□□□□風塵□迹
□迴青紫自家形國移孝盡忠至性將乎荀何庸勳齊
乎絳灌而子房鳳戢莫遂赤松之遊張翊鶴巢俄軼白
駒之歎朱栝立甲永侍茂陵之□壯志英姿長□□□
□□雖九□□□千載□生□□□奄丁荼毒倏變
炎涼痛殷瘡巨毀將滅性為至德之首居要道之極既
峻祁連之墓且開京北之阡以為東觀紀言隨簡策而
方驫南宮畫像與青丹而□□□金石之□□□□□

昭中 許洛仁碑 晨風閣

□□□詞曰
華陽應籙潁川祚土昭彰八代舄弈千古承此丕基爪
斯多祜功顯官族官記書圖景福立感降生時傑□□
□□□□□烈□□□□□□□忆□山川志淩霜
雪五陵交結三河俠遊含孚縣日杖義搢秋或輕車馬
亦弊衣裘駈馳原孟藉甚公侯於惟玄鑒照隣先覺壯
志紛紜奇材卓犖預明□□先知缺闗中□勤垓下□
箭開石飛聲振九厄萼縱轡艱同援馬黃圖禁闥紫極
兵欄表忠書令拜將兆壇式清王軌爰膺帝難雄□肅
肅武義桓桓山缺寘西圍得仙北堂明月中閨綺羅雲
霞獨遠絲竹相和遠逈朝請從容韓纙壽錫難老功被

登歌東川閱水西階晉藏擇厚賜榮勳高缺下

杜君綽碑

碑三十九行每行七十六字正書額題大唐故左戎衛大將軍兼太子左典戎衛率贈荊州都督上柱國懷甯縣開國襄公杜公碑三十五字篆書在醴泉縣

大唐故左缺上柱國懷甯縣下缺
缺臺司元大夫隴西李儼字仲思撰
上缺張膺□帝之□□□錫命缺之重缺英□□□□
□□績宣於草昧執玉銜珠之美寵茂於此行下全泐
上缺而□德□□徽猷□□□□□□純垂芳褒侍中□
□□苞□金之□尚書記□□□當塗之史□□峻代
可略言焉曾祖上缺削墨以飛華□絃歌而闢化祖謐北

昭中 杜君綽碑 晨風閣

齊舉秀才授中山郡功曹遷□郡□□縣令揔理辟而
揚□包水鏡以凝情效五美於亨上缺 皇朝贈使持
節汝州諸軍事汝州刺史納靈秀起含章駿發砥□遊
藝隱括循道生前之德既遠身後之榮弥峻公蓄上缺之
懷始乎弁歲□忠信之甲冑扣儒墨之城池□讓惟於
仁□□談□於義室雖□紫紆青一絃之業可尚而圖
功立事六上缺迺氣風高□情雹激翅關折鍵之材喻羣
拔侶落鷹吟猿之技槩俗標時屬夫句□□□□□□
□□□區宇□□黎元吸霜衣霧擁怨貝禍郊原於上缺
高卷跡□朝□劒而歸漢輸誠 陝王義盟之始□
□都授義

上缺忠勤於鳳邳于時國步□艱方隅未一
上缺邑擢宋金剛於夏縣雖運天舞地縱以神□而執訐
□□資乎□□公□□□□□著勞績既竭忠勤弥循
恩顧尋奉上缺　御輦矢及　宸闈
上缺寔□□□□人缺五字二十北門□□尋封古城縣開
國侯食邑四百户真食綿□陀祁和□君缺十二字之任□
□五等之□□□□通□□□□□□懷寍縣公食
邑一千戸□□□□□茅錫宇開國傳家□□□□歸
其□□□□斯極□□□□□□□□之□冊俾侯
之斌□□□□□□□□年授忠武將軍行左監門中
郎將加護軍昔衛綰忠酬踐中郎之職韓□聡逵居護

昭中　杜君綽碑　臺晨風閣

軍之位在於漢魏是□得人以公方之彼未為重明年
□□祀暑離□□□□□□□忠教並　詔於玄
武北門留守賜綵一百段洎　鑾輿旋闕賚物如前
迨乎從幸靈武又賜馬兩匹雜綵五十段尋拜兼領軍
將軍□□翠微玉華等宮又並
詔公留守宮闕之重絡藏之寄亟承　天眄弥効忠
勳廿三年□除右領軍將軍加上護軍撿校左武候將
軍祀屯營兵知□□□屯羽林於中蠱嚴肅可□擁緹
騎□□術奸凶自屏豈止運以明謨蔫以貟慎稱乎掮
盜統彼兵權而已哉永徽之初兼撿校左武衛將軍又
撿校右武候大將軍兼知右廂諸門兵馬隊使許仲康

之忠勇乃隮其位曹昭埒之□妙□滋其職至乎
恩禮綢繆任□□□□□於我彼亦多愧河輩之地是
曰舊京近控三川遥分九谷測圭之鼎宅中觀奧華闕
□雲雕宮納景眷言監守式佚朝賢其年奉　敕馳
驛往東都留守改授左領軍將軍勵以公方盡其□□
掖地增峻都城載謐加上柱國及　天蹕□巡以公
留守稱旨賜黃金一百兩絹一百五十匹從幸許州奉
敕撿校左衛將軍洎旋京室又撿校右衛將軍禦衛
之重心膂攸託寵授頻加人多□□頃之兼□太子左
衛率　詔曰左領軍將軍懷寍縣開國公杜君綽志
性沉果識懷淳慤時逢締搆宣力於覇朝運偶□平効

昭中　杜君綽碑　臺晨風閣

官於陛戟儲宮禁衛勞舊斯在宜令參典以申幹用尋
又撿校□□□將軍飛華紫禁奉□戟於蘭錡騰芬青
陛警周廬於桂宮兼綜斯美忠勤允著頃之奉使於鄜
州道簡點明年又□遼東道經略大使賜物一百五十
段金帶一□馭馬一匹弭節馳原揚鑣式路□奇兵於
近甸□戎之□克宣申祕算於遐川三韓之酋載惕朝
嘉其美錫以崇章拜左領軍大將軍寵茂登壇榮高坐
樹董司戎政爰戒不虞同羊祜之周客類陶回之方範
其年　□駕□□□□□□公於宮城留守
鸞還京龍朔二年冊拜左戎衛大將軍兼太子左典戎
率　冊曰夫五□斯重允切於惟舊三宮以穆必在

於時英咨尔逸氣昭果英姿沉毅功宣□□□□□經
綸□表書□□聲於捍禦洎□玉鑾西警光齊卜洛之
寄羽旆東臨克隆嶽華之守綢繆心膂款懷弥亮□□
鉤陳僉望攸屬往欽□尔其□徽前烈允終圖始方謂
麦丘貽祉槐路騰□桼月□於滕岸奉　天遊於□
弃豈意逝川□反遷歎涉洹之祓蔵山不留俄深遊岱
之恨春秋六十有二以龍朔二年十月廿五日日朝薨
於禁廡
天子震悼廢朝二日乃下　詔曰書綬追榮□揚於
遐册朱棺縟禮事欝於遙圖故左戎衛大将軍兼太子
左典戎衛率杜君綽器用□□體局淹遂與王在運誠

肅
霸圖紀照登宸功宣代邸當五營之劇務揔七萃之機
謀時歷二朝年將四紀永言勳舊情義兼常少選□□
俄從怛化□□驚悼□□□懷宜茂徽章式旌忠烈可
贈使持節都督荊硤岳朗四州諸軍事荊州刺史餘如
故仍贈絹帛四百段米粟四百石陪葬于　昭陵賜
東園秘器凶事葬事所須並令官給鼓吹儀□送至墓
所往還仍令司庫大夫𣴎翁歸監護
皇□□□□□□□郎賈敦實弔問并贈物一百匹粤
以三年歲次癸亥二月乙酉朔十八日壬寅遷窆于
陵東南一十□奉常考謚曰襄公禮也惟□□□紀

□□□□祀運琁質而巖峙揔壞□□□□□德□名
政言緝行幼懷壯節倜儻不羣智燭機初神探慮表在
物奚忤赴烈火而猶安□仞□辿墜曾臺而靡□□其
趫勇雄毅絶衆□倫𣲖□□之蛟格不虞之獸金賁玉
韜之術得自□□□□三□之□□于杼柚□□□
從□驤首爰屬隆平培風竦翰龒英緹于俊路揚茂軌
於清朝鸞闕增嚴龍□□秘□私於已公丕之道克彰
不謀其慾忠亮之規弥遠雖徂齡弗駐九原之□□□
□□□□千載之聲逾穆嗣子□王府□曹參軍事
上柱國延基等並光凌謝玉彩潤韋珠充窮之酷既深
苫菒之容弥切泣清儀之永翳懼徽烈之将泯載刊□

琬式樹昭亭與山川而並（此下一行全泐）
（上缺）須昌矯矯風標清令中山愔愔攸資□匹於鑠顯考
立德無競没□可稱追崇曩命偉哉上哲茂質艿□迦
善若流（上缺）駿節氣揔奇雄依仁踐孝服義基忠輯顏允
德忄訁循躬往屬道□韜□戢翼今逢運始攀雲騁力
影照□鉤光浮越棘（上缺）恩迴　天顧寄重神京肅肅
勤款昭昭迺誠萬化無期九泉俄閟弔鶴先下遊鷄□
萃攏闊雲愁山空月思書芳篆石此詞（下行全泐）
□□元□□□甲子□□月□□□□□日景子
建
殷王府（缺七字）弘文館高正臣書　萬寶捂刺字

清河公主碑
碑二十七行上截全泐每行字數不可計正書額題
大唐故清河長公主碑九字篆書在醴泉縣北二十
里老軍營
上缺隴西李儼字仲思製文　雍州長安縣品子暢
整書　雍州長安縣上騎都尉辛胡師鐫字
上缺稟慶宸樞兮光日馭依紫壚而擢秀藹彤闈以凝質
若金娥之祕影託照仙輪㝵寶婺上缺奇長公主而見之
乎　公主諱敬字德賢隴西狄道人也繞星
舒電明一以上缺攸歸允開　昌運曽祖世祖元
皇帝稟乾巛之休氣降川岳之淑精夢上缺高祖太武皇
帝推端揆俟養晦乘時提名於溟涬之初播物於氤氳

之始履上缺叶□文□錫命□階立遂弈甸通萌運天舞
地之功輯寍區宇鞭霆震靁上缺仁姿朗媚如彼仙葯曜
彩秋潯如彼幽松擢茂春巘聡幾達妙寍仁訓上缺而□
鑒淑慎之□自追蹤於曩□貞靜之風必耿試於緗冊
翙詩鷟禮上缺式崇笄□載加湯沐貞觀二年詔封清河
郡公主食邑三千戸褕衣在飾翟上缺使持節瀛州諸軍
事瀛州刺史婁之孫岐州諸軍事岐州刺史鎮軍大将
上缺𠂇東阿縣開國公食邑一千戸茂族華宗人英時彥
同謝莅之風皃類殷沖之上缺之重王姬之威□降情抑
志流謙自牧弗恃貴以宣驕豈矜榮而黜禮纚笄裼簞
上缺情□濵□□□忌切毎嗤陰謁追仰盭斯之德遂奉

關雎之化若廼蕣宇披軒依上缺花兮態驕禽亂曲公主
尤非所樂恬然自處惕彼華侈務茲儉約上缺頌□山之
耀笄若槐江之駐蹕公主地惟近屬駙馬任光巡譬粤
因扈上缺期□乏桂而符壽豈謂明靈爽鑒福履差欺龍
門迅流隨奔箭而上缺有一　皇帝情深共蕚慟切
兮枝躬為舉哀撤朝三日上缺昭陵儀仗送至墓所往
反送葬家人並官給食料仍令殷王府司馬屈上缺廿三
日　遷窆□　陵南一十一里禮也重惟公主中樞
演照方載上缺回風態獨高綽而能和華而不冶埌情書
史係心組織飛文屬思錦上缺我有餘地降年不永今古
長辭追帝子於湘川從宓妃於洛浦上缺神傷撫遺孤而

情換眷言千載期乎同宂而悲葭灰驟飛柘燧上缺其詞
曰
上缺允□□□賢明夙摽柔令撫懷莅德循躬砥行桂馥
貞襟蘭薰淑上缺□□□辱□貴忘嬌金迤匪替寶瑟伎
調去奢崇儉樂靜澄懷其風上缺帳广飄幽□莫莫潜室
寥寥山滑霧景林斷霜飆曽徽不昧馳下缺

昭陵碑錄卷中

昭陵碑錄卷下

上虞 羅振玉 校錄

紀國陸先妃碑

碑三十八行每行七十三字正書額題大唐紀國故先妃陸氏之碑銘十二字篆書在醴泉縣北二十里西村昭陵西南十里

首行全泐

（上缺）觀少女之迴風瑞啓靈泉覩常儀之浴月蓄渟精於洛口則仙媛呈姿浮淑氣於巫臺則神妃降彩識昭天祚乘馬闢桑珪（上缺）斧口口基中饋靈液手歇固韞異於遐年神道會昌復摛英於　聖代妃諱　字　河南洛陽人也自大電流樞有（上缺）軒口之始錫命於中陽

國與地分人隨代起晉人失御鍾鼎遷於金陵魏氏乘期衣冠還於鼎邑天保未定闕散為疏（上缺）兵部使持節洛州諸軍事洛州刺史上柱國定陵懷公椎岳降神自天生德受黃書而蒞仕拔青萍而應務漢開八校金鉞摠（上缺）於書社祖立素益州大都督府長史太子右庶子材膺半古道亞鄰幾更生九流之藝惠施五車之學緝容（上缺）榮口口口口寔允官賢之寄護鴛銅闈深諧匹人之舉父爽尚書庫部兵部二曹郎中渾金在器瑾璋表質齊臣守境莅照乘（上缺）奏丹墀口口口口之眷含香粉署旋承覆被之榮東道未申西崦驟落妃回精月媛擢秀川娥體柔順以宅躬資閑婉而居性德行高（上缺）佩

口候曉事親之道逾恭執燧乘宵端巳之情弥厲父母由是特所寵異常稱之曰此女年雖幼小至於女則婦道母儀三者（上缺）即究精微石室蔵書一覽便探奥賾察姜姙之往行雅叶貞心想樊衛之餘風懸符夙志女圖斯鑒恥飾於鉛華姆教可遵欣（上缺）之杼口聰穎徹敏藝該通縱八體於銀鈎垂六文於繡篆口口玉覆先裁柳絮之詞歲啓銅匕獨綴椒花之頌然以神虬沐雨良非躍（上缺）宸紫泥降合姓之恩立口致問名之禮年口有三出歸於紀國曰惟大王　高祖神堯皇帝之孫

（上缺）之口八釭分區下應天孫之岳口車命祑盛德光於

建侯璜玉疏封鴻勳表於維翰貞觀十七年有

詔冊命為紀王妃禮（上缺）鳴之兆三星始照符結帨之嘉期一月初開合口笄之令節鏘八鑾於桂國聲振歸韓駐百兩於香街禮均迎渭來朝

（上缺）入口口庭口口口口口口上口誠口下剛柔式序無口口地之儀尊卑有常克盡移天之敬暨隼旟出牧翟羽隨軒幾馭韓城之口洊撫漢口之國㪍夫執耜瞻杏路以（上缺）樅口桑郊口口口口與口口口口雖被大王之風亦乃先妃之口口以微羃酒醴供潔口脩怡顏候色朝夕無怠此妃之孝德一也沃盥饋食脩服紘綖代終無成理內從教此妃之順德二也粉澤圖史

尊敬師傅毀譽靡乚於言喜恨不形於色此妃之撝德
三也閑邪去偽避嫌遠引匪車迎而未從無符召而弗
至此妃之正德四也食無重味衣絕輕鮮襲澣服之□
□□□之□□此妃之儉德五也鳴鳩均養蓼莪深
恩始鞠之於乳哺終免之於繈褓此妃之慈德六也持
盈守道蘊智韜光悟託賢之去禍知淩人之及難此妃
之明德七也以斯七德□□□□□較□□或聯芳
彤管疇賢罕能齊躅名馳楚甸道邁梁藩舉族挹其徽
音□壺傾其懿範皇姑降念方愛子而為一
睿后流恩□容親而莫二既而祥通隕鵲慶動□□
□□□之充庭□金芝之照室妃所生東平郡王績等

六男江陵縣主等八女錦紳在歲咸承教紐之慈髫髮
登辰俱禀斷機之訓是使貞姿夙茂暉光日新令德彰
於遠迩休聲顯於家□□□□□□□梓之芬芳膏壤
兮□睦常棣之花萼實謂浮觴九獻永保長筵之驩積
粟萬鍾方慶□堂之壽而福謙衍應遘疾弥□金液□
痾去三山而海絕玉損延歲瞻五城而地遠風□不□
遂軫□吾之□□隙易流俄啜仲由之泣以麟德二年
六月廿六日薨於澤州之館舍春秋卅有五其日即
孝之諱辰妃久嬰沉疾屬斯增慕情不勝哀因而
殞絕
（上缺十四字）辰愴乚空盈襚衣之念歎結行路哀感搢紳紀

國太妃時在洛下初聞凶訃頗極哀痛之情旋遣悼書
倚竭辛酸之旨自非德行昭著操履堅貞何以見重□
親□終不□□□□□□□明敏□性純□屬纊之際
先爲供侍□家易簀之初特令善□慈母送終之禮繞
使具於楸衣居堊之制不許越於苫寢追往慎終咸從
遺命有
□遣□□□□祭賻絹布五百□米粟二百石陪葬于
昭陵喪葬所須隨由官給又令京官五品
監護靈轝還京又遣司衛少卿楊知乚監護儀仗送至
墓所往還粤以乾封元年□次景寅十□□□□朔□
九日庚子葬于　陵南二十三里惟妃太陰

之靈仙允之英乘絳河以秀出體黃坤而挺生履道循
規□□□粹抱犀學圃習詩書以立身礪屋情田樹（上缺）
始□□□□□□七篇深窮於旨趣榮辱一致偏崇
杜下之言得喪兩忘殊好給園之說由是動無悔吝居
靡憂虞嚴以訓家敬以直內至於四時享宴三朝起居
或稱（上缺）塗山之歌悅□摛詞雅會娥臺之曲聲參夏籥
韻入虞韶金石由其克諧人祇以之有悅故得教孚繇
寓德符前脩雲籀奮其英蕤河緯騰其茂烈而（上缺）未中
天而奄□鳴呼哀哉□□從紼禮備於飾終鸞軺戒徒
榮領於　詔葬川兮清渭路轉黃山拒畢陌而疏
塋控槁陰而列隧峯擴偃蓋爰標錫崑（上缺）之□□□□

口光禄大夫行司属少卿東平郡王續等茹茶嬰慕集
蓼縺哀擗厚地而無追攀穹蒼而罔逮日月遄謝愈傷
望岵之懷霜露亟濡尤切循陔之痛以為上缺式鐫金碣
以樹山門口銘曰
上缺祚繁門口黄閤路轉朱口其一錫類有徽象賢無墜上
肅登鉉口陵傳瑞大父忠良儲端表器顯考英偉郎官
啓位其二諝緒克昌賢才挺上缺四行迺專一其三稟教母儀
憲規師氏藝口口帨學該圖史摛燧貽則佩觿成軌潔
盛羞蘋陳甘薦祉其四譽洽彤扆　恩迺緑綈
施上缺五潢蝁耀千枝分景翦桐開國疏茅樹屏驅馬爰
駕龍祈載嫳蓁譪書丹切崇鏤鼎其六合酳貞吉諧琴佐

昭下　紀國陸妃碑　五　晨風閣

配方咸娶女比允歸妹上缺遄沍翊化千里宣條口城曹
闔月朗楚觀風清春椒獻頌秋菊裁銘其八永言思孝因
心則友訓子折箋承姑奉篚匪莪思洽吹新德上缺烈謂
神祐仁先喪明哲悲逾輟相悼深掮玦其十卜遷夏屋
　詺葵蛩陰地乳西距天紀北臨楚挽胥唱哀笳
曉吟峯高霧上缺莫留歎藏舟之難固庶貽範扵穹壤敬
刊石扵泉路其十二
張阿難碑
碑二十九行每行五十二字正書額題大唐故將軍張公之碑九字篆書在醴泉縣北二十里馬旂寨
首行全泐
上缺君為元首臣作股肱口口口口鶴之滋齊庭口口口

之翼故能致其上缺扵既往馳雅譽扵將來聞望無華獨
見扵汝江公矣公諱難字口上缺交辯遺竹扵汾陰情該
口識珩璜結韻口桂聯芳祖緒粱散騎侍郎從口上缺敬
口之賞公稟靈川嶽口口標雄衆之姿挺秀珪璋口澤
口口口之口然諾上缺仁壽二年故事口德口口屬有隨
失德口口口亿氂幕氈裘結氣扵上缺戈口口口摛雲旆
以先登克解平城之圍卒殄鵰口之衺以功授口口尉
洎
上缺變亿曉存亡乃拔迹亂朝口口興運口　口龍口
而口口陪口口以亿氛上缺之口　天兵遥掩地陣
斜交曾未浹口俄平兩被公時桼幕府勳居第一乃

昭下　張阿難碑　六　晨風閣

此行全泐
上缺王充建德黑闥武周口口口平俱陪弔伐又以勳口
上柱國口口口口
帝系初口口峰口口口口口口口口裔未賔北口肆
射口之侵西戎縱鳴鏑之侮　文帝天行地上親
捴元戎口亿口口肅清汾口公時口五口魚口口口口
接口口而口解又以勳擢為謁者監尋轉内給事馳
芳樹口受顧問扵青規口口口宮盡温清扵彤掖俄遷
内侍正議大夫缺十二字而肆虐驅九種以挻灾遠勞丹亿
之師迥振滄江之外公口桼口算口口口亿中權奮勇
臨敵有口大樹論功口口列將口口汝口縣開國侯食

邑七百户　詔曰贍力英果志懷沈毅翼陪□□
□□□宜□茅土用□垂裕既缺十一字□□□□
申中□　詔曰内侍汶江縣開國侯張阿難委質
□□□識□□□事禁闥勤慎可稱言念□□宜加□
獎□□青光□大夫□□如故周廬千列寄重於嚴□
□闥九□任隆於司藉□□□□□左監門將軍兼
撿挍内侍　詔曰□□□□必寄於心膂□路望
隆允賓於恭慎銀青光禄大夫行内侍汶江縣開國侯
張阿難器量沈敏識□上缺謹可稱宜□門衛之榮兼司
内省之任公一德逾謹□□□自□以□□□□上缺
德光於二代接□翠松之□聲徽騰於萬古可謂立□

□事作□□範者歟昔□□上缺有慙色所以樹□貞□
式播鴻猷□託短才□為銘□
上缺七□榮高八使□□珪組蟬聯貂珥　渥流傳
種風□□□□□追電一舉搏狀光上缺松□材杞梓
欝欝萬尋昂昂千里日下馳譽雲中□□□□□□智
融積水　上缺縈微式□□算克□重□　閑牝
既亡潛龍遂躍鳳翔豹變雲飛電爍旅□□□陣□□
□□□□□□□□□□□　惟公□□作範垂勲讜
陳九德勇冠三軍廓平汧隴掃定河汾皇極□建茅土
遂兮　上缺階玉度□□□掖望先□路迴迹長秋昇
暉大樹　期門寄切□門任隆珠韜演懿玉帳上缺

禮華叅禪逸問遐□清颷遠扇豫□陵遷□□海變惟
芳蘭之靡絕寄□□□□□
　咸亨二年九月廿日瑤臺寺僧普□書

馬周碑

碑三十七行每行八十餘字下截漫滅太甚不能確計八分書額題大唐故中書令高唐馬公之碑十二字篆書在醴泉縣北下古村昭陵南十里

首行全泐

益聞行缺三耆艾相□　缺　詠□寒缺而不□□□□之□
□□□□□□□□□□□□同缺既而神凝物表久抗
粱甫之吟運拒□來思效扶搖之舉方屬□□域缺勅
公直門下省修起居注兹綜國言虔司帝舉良直之道

驟簡　宸心貞觀六年缺有□稱職無競惟人八年
擢授承議郎行侍御史頃之加位員外散騎侍郎仍行
本缺其式叙十二年轉守中書舍人久之遷持書侍御
史彯纓西掖潤　玄紱以申讜□步南缺緬選三代之
渟贊端拱之　玄猷將致五刑之厝彌綸　昌運寔允
具瞻　今上缺苑區清夜而飛文揮翰鵷波
入　紫宸而㳂詰任遇斯極時論榮之及　大□□
□□□□□多缺違難樹含芬飾五字而摛絢十八年
□正議大夫守中書令仍兼左庶子□兼□□望重缺
乘□□□□□□而順動遮□□□駕□□中山軍國
務殷摠歸缺下玉□青瑣□□□□□□金□黃□靜□

邇博望之仙𠈌闕建禮之缺下銀青光祿大夫□□飛□
□□於是□其□□□□□□□無所缺下幽涇莫不□
紀　聖□□發　神衷襃善之義以彰得人之舉
□盛缺下臣特超於終古俄嬰沉瘵攝衄私違分玉饌於
仙廚驛珍羞於御府　綸□□發缺貞觀廿二年正
月九日薨于萬年縣之隆慶里第春秋卌八
太宗撤懸流□慟結於殲良　今上缺如
□　」
詔以其年歲次戊申三月辛巳朔四日甲申陪葬于
昭陵賻絹布三百段葬事所須□令官缺懷□茅社
而旌德永徽二年　詔贈高唐縣開國公食邑一千

戶恩兼餘□禮茂□𢀀聲塵没而不渝缺下書贈幽州都
督高唐縣開國公馬周宇量沖深思用韻舉昔佐藩邸
□遇斯隆逮□□□□𠀋逾切缺軫悼宜申旌壤之義
兼加延賞之恩可贈尚書右僕射餘官封如故其子□
□朝散郎□𠈌之缺紀□器式夷簡神情朗晤天經地
義基百行以立身覩奧升堂包四科而敬業𠈌𠈌□量
包□澄缺下高步文昌之右體無私於雨露隨方被霑沐
之歡變大造於陰陽稱物荷平分之施缺下明故得任切
近機榮躋上秩附蟬留影用表高潔之姿行馬□□□
顯權奇之略既而缺于家□人莫之知至是焚之式符
藏用危纊逾迫無忘致美之心隅燭既陳猶叩自□之

觵沒而後巳□□之缺之巳□陰德無爽緝丕搆以增
遥羿奪金蕩幾凝悽於宿草芳留玉樹足慰懷於故人
□□披文而為頌曰　」
姬御疇庸趙城開國望高秦右聲馳魏北奕葉提休蟬
聯稱德靈慶斯𠃊芳□允塞缺下滄茶思越紀慮冥感至
精天發既除纖縞乃綜緹緗弋獵訁圖隱□文場成缺
□起雲幄累綜霜臺清襟月湛朗議霞開黃扉夕拜紫
禁朝陪簪纓□躅□廟登材缺下羿等墳膺歲寒增勵夙
夜無虧望棘鶴關榮𠃊螭冕推轂謀暢持衡譽缺下□帝
□贈□□歸魂畢陌式陳容衞載光窀穸捨玦哀盈投
□慕積　鈞臺缺下□□□□貞石永傳來□

阿史那忠碑
碑三十二行每行八十二字正書額題大唐故右驍衞大將軍薛國貞公阿史那府君之碑二十字篆書在醴泉縣北二十里西峪村昭陵南十里
上缺共語言□□□執羿結繩八極與四均齊致□幽陵
之憬服考太陰之列壤天騎擁眾罕屈上缺化□猷掩□
瀛而被有截辯方正位踰亥步而極無垠礬域輸賝傾
娫入侍若乃器藏於用幾動於上缺吕□□聖人而委十缺
四字孫吴以高視□□□□長駈應運傑出在於薛國公
矣公諱忠字義節其先代人今為京北萬年人也鬱矣
曾基克承大禹□□遐哉茂業奄有幽都之地洪源共
昌海分流崇構與軒□競□曾祖□□□□□本囗

□氵早稱強盛□承㔾翊控千□杦龍□境窮西夜驍
萬騎於雞□威讋東胡夊蘇　皇朝左驍衛大將軍盧
州都督懷□□□□□□是曰□金之肩□該逢順
恭惟□□之□信化□□特缺八字揚□聖麻侯□□□
□丹墀不□以貴□□泉□愷澤異姓而□埒長沙□
啓祚公丕承昌緒允迪潛禎上分列緯應天街之祕象
下屬□山□寶籙之□氣□□則英略□運缺十八字風□
仌知□之心弥遠千將甫成剸犀之奇可察豫章初拱
□鶚之□先彰素懷不羈之節載蘊非常之志及隨季
崩離中州版蕩我　大唐撥亂反㔾□天立極二缺
十字錦軒之使公□□命言歸咸承繡袷之賞石奮父子

昭下　阿史阿忠碑　十三晨　風閣

共沐朝恩秺侯仁孝式流家祉時以漠南未靜委公作
鎮頡利可汗乘閒內侮　□遣張仁相□齎遠入公
□引缺十字利以□訁乚□札以囚埶兵刃不加凶渠庢
宖之大夫之使閩越嘉謨斯在介子之刂樓蘭英風可躡
竭誠之跡基於此矣　乚
詔授左屯衛將軍仍令北門宿衛賜甲第一區降定襄
縣主□□□□時貞觀之四年也□御中軍□□□之
睿㤅去來外館動吹簫之妙曲望□勲戚讋泱遐迩俄
丁元王憂尋起復職寢苫結慕集蓼纏哀善喪能毀棻
皃悲於行路奪禮即戎柴形愴於朝序九年　詔封
薛國公食邑□□戶十一年撿挍長州都督　澤□仁

仁門四豪之舊國任隆式□□十角之新□克清邊壃
言旋京邑撿挍左屯營既而句驪百濟互相侵逼虜月
焉耆各為脣齒肆回邪於荒裔斬弔伐於　皇情天□
□□□□□辶𧾷□□□□廼□綏邊□□
詔公□域安撫載叶□如之寄右地讋□加授上柱國
廿年遷右武衛大將軍復屬延陁縱慝鐵勒怙亂乘壯
月以控弦侯翊風以鳴鏑孰膺分閫缺十四字先之以德□
翹□而逆命後之以刑□□軌以□績廓清栁室繫公
是賴賜金銀器物數十事繒綵五百匹錢廿万馬五十
匹霍氏辭第竟收絕漠之功荀父延錫寔賚克狄之効
俄而七□□□　八□晚出□□□□侍嚴廊而逾謹

昭下　阿史阿忠碑　十三晨　風閣

宸駕上僊攀弓□而殆絕　天皇纂麻景祚惟
新　帝澤滂流伸恩念舊爰復本任委之心膂永徽中
以太妃憂去職欒棘之痛若居元王之喪其年起復授
左武衛大將軍□□北門扌乚扎遷右驍衛大將軍顯慶
五年　詔為使持節長岑道行軍大揔管辰韓倂擾
從旆除殘羿丹縱毒廻戈掭亂剿玄兔之遊魂覆黃龍
之巨孽亦既至乜　恩賞兼隆初改屯營為羽林軍委
公統□□□□冂□□兵　禁闈妙識機權深閑體制□
□□□徙□候於中衢紫掖分嚴整雲營於上苑六軍
取其節度八校法其規模是以應事　乚
兩朝俱□□□□每名諸王宴集公必預焉伯初之恒

宿禁中仲□之常居□内比跡□□□何等□洎檢玉
梁陰封金岱趾□□□□□□昝勲　詔公兼右衛
大将軍撿校羽林如故式彰廵警之効聿陪登降之禮
嘉慶是覃　鴻私允洽復以吐蕃蟻結近□凶醜弓月
□□辶（缺九字）孔熾□蘭之域□想伏波載思横海總章
初　詔公為青海道行軍大摠管甫臨邊服克靜妖
□将軍有百勝之功
天子綏一隅之慮尋又奉　詔□西域道安撫大使
兼行軍大摠管乘□則發在變以能通扙義斯舉有征
而無戰威信並行羌夷是□洎乎振旅頻加勞問方當
克享期頤永膺福禄延十紀之遐算丼九命之崇班不

謂大樹先秋和松落其□□高臺遂毀□□□其□□
悲□以上元二年□月廿□日薨於洛陽尙善里之私
第春秋六十有五　皇上夙延　恩顧事越等倫
羙自寢疾深於□辟之寵逮是歸全甚於避輪之慟前
後中使相望於道　詔贈□軍大将軍使持節大都
督□□□□□州諸軍事荊州刺史賻絹布七百段米
粟七百石賜東園祕器凶事葬事並令官給務從優厚
陪葬　昭陵儀仗送至墓所往還常所服印　勑
令随靈并賜衣服錦礼等物特　□□□立碑粤以其年
歲次乙亥十月辛未朔十五日乙酉遷窆於　昭陵
之安□原謚曰貞禮也惟公擅生知之敏稟默識之資

器局□峻襟靈爽澈蘊蒼璧以載融瑩白珪以無玷貞
心勁勇儀竹柏而齊秀猛氣抑揚□風雲而共□□該
武藝洞曉兵□言合於道□真齐乎精粕理會於神慮
物期於簡易觀其在制能斷□危就安士會入秦而著
勣天錫歸晉而延寵此乃周身之智也清以激貪勤以
應務心戈而清□□授□而□邊塵此□□□之□也
愛敬無違純□□□化色匯三姜之養居喪極二辶之
毀此乃奉親之孝也珠璣孕掌瑶瑾光庭辛氏皆将帥
之風陳扉無鄉長之□□乃□子之慈也赫奕鍾鼎留
□□會（缺十五字）乃知命之達也凡□□美□振嘉聲故能
上閉　紫極排閶闔而遐舉側□　丹宫肅鈎陳以嚴

侍左臨海甸一戰而蕩立夷右瞰河□□□晴白虜
出□□釗入□六□屬（缺十一字）居□□□八□寵□
□□冠於□□之右謙恭無怠光於□将之先搏陸之
謹慎□心二十餘載宵平之勤勞處事三十餘祀挍被
聲塵固□□劣咨所謂立功立□有始有卒者矣□□
太□少（缺十七字）誕秀質於玉山蘊貞猷於金柅學該七略
發揮書府之奥辯縱三牙含吐談叢之實君子稱其禮
節通人許其遠大至性有聞因心則感以為□臺纘象
丹青有歇滅之（缺十三字）刊盛德式□典□□□過客披文
戴揖先賢之範故人望拜遐傳不朽之業其銘曰
文昌列将武庫陳兵敵万為傑踰千□英属此邦彥□

玆字（缺十字）旁誕□□□□□□質六象雲翥三才電逐虹寶
連城驪珠照室器則瑚□材惟梓漆德宇曾鶩禮興遐
振斷山載㠜證跛巳稽踐孝履仁宅謙居慎處事無惑
出言有信鈐符蘊妙劒術窮微（缺二十二字）聖爰歸禮極將
壇榮開戚里韓城巳賦秦樓載峙軒蓋縣華歌鍾遞起
宅躬伊泰在貴不恃盡節禁戎扙威遐服東涉鯨海西
臨烏谷（缺三十一字）謡蹊桃遷落營栁先凋九泉永閟三宮
寂寥慶屬象賢德鍾令嗣質裘允龏文武不墜仰畢陌
以纏哀望廬山而結欷紀貞石而垂範庶□□□□□

李勣碑

碑三十二行每行九十餘字不等行書額題大唐故司空上柱國贈太尉英貞武公碑十六字篆書在醴泉縣北二十里趙村

大唐故司空太子太師上柱國贈太尉楊州大都督英
貞武公李公之碑
御製 御書（此四字正書）
朕聞四維紀地坤元所以載物八柱承天乾策由其列
耀故軒后御曆資六相以經綸豐水膺圖憑九臣而締
搆莫不道符金礪契叶鹽梅聲嘯龍騰風翔雲起公名
勣字懋功滑州衛南人也本姓徐□靈源有□□□□
□□之（缺下）□郡守祖康齊伏波將軍譙郡太守追贈濟
州刺史父蓋散騎常侍陵州刺史上柱國濟陰郡王後
固辭王改封舒國公贈濮州都督業傳弓治代列簪裾

載德象賢□光惇史公稟靈川岳毓□星辰□□奇□
之字（缺八）長風（缺下）英□年甫十七屬隨運分崩于時卒土
沸騰羣方競逐黃龍白騎手動干戈丹浦緑林遞興氛
祲家負吞沙之力人懷練石之心李密據九洛以稱兵
臨二周而問鼎公權推盟主暫定君臣□□黎陽□之
□□□
高祖神堯皇帝膺昊穹而撥亂順斗極以龔行四海樂
推兆人思戴及密來投附公獨未歸既承其旨方奉皇
運誠於所事造次必形風霜之節其在茲矣
高祖乃詔公為黎州總管上柱國萊國公尋改封曹公賜
同國氏公臨危守義類交夷之懷忠建策承恩同奉春

之得姓武德二年又授右武候大將軍是時國步未夷
王塗尚梗
太宗文武聖皇帝戀茲交喪大拯橫流公出贊元戎入
參神筭受分麾之重寄沐賜綮之殊榮剗武周卒彼犬
羊憑凌汾晉
先朝躬親矢石公則任屬偏裨蕭斧纔臨胡菌俄翦王
充竇德潛議合從南瀕控鶴之山北距飛狐之塞擁周
韓之銳卒驅趙魏之梟兵自謂力動天關威迴地軸□
軒營乚明月陣交鋒□□竟（缺下）徐負朗虔劉齊地南征
北伐並効深功懔彼凶奴自昔為患乘折膠而犯鄣候
滿月而来侵玥騎騁於唐郊胡笳沸於汾陽鐵林搖岳

噉野騰川烽火照於回中羽檄飛於關下公口車受（下缺）
豪之逄臣燎弥山抑室似危葉之遇衝飈滅跡掃壓追
奔逐北乃加食封九百户叅壢奥壤王迹所基傍控竇
符之鄉近對金涯之域眷言樞要綏撫特難鎮俗威邊
非公莫（下缺）浮草舩而度口河窮鳫海而傾巢就狼臺以
撫穴遂使地空塞北候静漠南漢將勒燕然之銘胡騎
動陰山之哭既而頻丁臣罰殆不勝哀累　詔
寬解敦還扌口于時（下缺）
先聖承閑曲垂談宴緒言之際以朕託公便即齧指流
血銘肌為記忠貞之操振古莫倚金石之心唯公而已
改封英國公授兵部尚書尋授特進太子詹事左衛率

貞觀十九年授遼東道行軍大揔管
先朝東征大破駐蹕尋授靈州道安撫大使破延陁於
烏德鞬山又授太常卿出為疊州都督尋除特進撿校
口州刺史朕纂承不緒延想舊勳又授公開府儀同三
司尚書口僕射（缺二十一字）以（下缺）授職勳賢異宜踐位未淹
遽申沖讓朕成公之美權遂謙光尋拜司空用旌高德
傍勇九土上穆三台聿膺玄武之符載調黃鼎之飪彝
倫式叙庶績其凝乃將有事口山又以公為口口口使
（下缺）
先朝親行吊伐雲衝萬道天兵四臨口飄徒於握中置
凶羣於几上但

聖心惻隱不忍坑夷賜以重生返其歸路猶復收合餘
燼背義忘恩莫念解網之仁還興舉斧之逆朕恭惟
往志情切授柯思清遂穴之祆誓雪
園陵之憤昔王翦舊將方吞南楚之强充國老臣始定
西羌之孽立功立事者德是憑故勞公暮年出征外域
乃以公為遼東道安撫大使行軍大揔管韞玉帳之宏
口口口宮之妙（缺）養口口雅投壺縱閒諜以知窮因鄉
導而乘隙弥茲寢壘不籍九攻之勞獲彼凶渠唯恃七
擒之術傾源拔本海嶅山空万代逋誅一朝清蕩及旋
拜太子太師加封二百户公自少及長忘身奉國口口
口風（缺十四字）以口口疒口口口口口口口口憂上藥名醫

相望道路曰仁必壽竟爽神期天不憗遺殲我良懿以
總章二年十二月三日薨於私第春秋七十有六朕遂
車輟慟去籥興哀爰命百寮廢朝七日豈亶泰口輟相
鄭（缺）日口口口東口祕器口事口口口令官給以咸亨
元年二月六日陪葬
昭陵所築之墳一准衛霍故事象烏德鞬山及陰山鐵
山等以旌破北狄東夷之功爲其遷葬之晨朕自至横
門投書永訣穿壁候疾不救鶴板之災登城望泣徒深
蟻慕之感公口渴（下缺）朋則厓舟靡逆行已則暗室無欺
晦雨不草其音疾風益知其勁奉親思孝遠彰懷橘之
誠事上資恭無待覩蒿之誡孫吳藝術弗學而生知管

樂才□率性而斯缺辶之慎濳德隱□□燿□□□□
獻替之言外不彰其直入盡弼諧之致出不顯其忠就
禮俗而存道㠯善詭而申諷抵掌宏議庶歐咸技其謀
造膝詭詞羣寮莫知其際夷險一槩寵辱齊驚□□爲
竦□□之缺霙之心□無□□□□相觀□之懼其為
吏也嚴而不殘其為将也威而能愛子顏之方敵國在
昔多慙道濟之比長城於今為劣朕以公葉榆㝵景力
謝年侵欲令諸子仕京滑申私養缺亿負保餘生懷此
知足加以卜居開宇唯欣里宅之卑列壤䟽封獨尚寢
上之儉豈非業光三傑譽重二南為社稷之元龜實期
運之隆棟公村公望有始有終者歟朕□□□唯缺下

昭下　李勣碑　十九　晨風閣

逝何痛如之徂光倏而不留宰樹森其成列恐栒邑之
地竟淪彩於瑚戈庶武昌之原永傳輝於翠琰式旌遺
懿乃勒銘云
惟皇建極惟臣佐功吟嘯立感卜夢潛通如鱗縱壑若乚
羽隨風弼諧天構光亨棟隆其一爰有傑人胄承華緒德
□殆庶道光性與情希管樂器侔伊呂應物卷舒隨□
出處其二□缺下泉其三金石齊貞松筠表勁攝下唯□基身
以正賜厚分駱恩隆渥姓燮和師律抑揚辞令其四騏營開
偃月旆扛連雲下江澄霧平林散氛玄池妙略黃石崇
勳威横百戰勇冠三軍其五□資缺下慎同温室其六出車青
徼申謀絳宮觜狄攻狄驅戎伐戎鯨銷海晏蜃碎樓空

永殪逋藪長清大風其七締搆邦基經綸國步或盈彛淵
鳴謙履素克壯其猷聿光歲暮凛凛奇節温温雅度其八
□缺下涓誠戴主傾身奉國其九負山潛遠夢瓊興愴階裂
下台星沉上将朝悲野泣投環輟相晉原長往吴閶徒
望其十三河聚騎五校陳兵旌軒委轡笳挽淒清沉沉□
□穸穸佳城松□月缺下峴首墳象戦山樹疑營柳人謡
國頌天長地久其十一
儀鳳二年歲次丁丑十月庚寅朔六日乙未建此行正書乚
附碑陰計十二行行十八字行書
唐太子太師英國公李勣以總章二年薨年八十六
贈太尉楊州大都督陪葬昭陵起冢象陰鐵烏德鞬

昭下　李勣碑　二十　晨風閣

山以旌勳烈今按其墓在昭陵之东北距山麓八里
南距今醴泉縣三十里冢高七十五尺東西綿延七
十五步周圍二百步有羣峰高下崔嵬之狀勢極雄
壯前有神道碑高二丈二尺廣五尺八寸五分鼇座
甚偉乃儀鳳三年高宗御製御書過之者有以見一
代元勳之遺迹也元祐四年二月六日奉議郎權陝
府西路轉運判官游師雄題本司勾當公事宣義郎
陳令邑主簿蔡安時尉刁玠同觀邑令宣義郎吕由
聖命工刻石清源王持書

乙速孤神慶碑

碑四十四行每行八十字正書額題大唐故右虞候
副率撿校左領軍衛將軍上柱國乙速孤府君碑二

十五字篆書在醴泉縣北六十里叱干村
大唐故右虞候副率撿校左領軍衛將軍上柱國乙速
孤府君碑銘并序
天地之大德曰生聖人之大寶曰位生不可以無宰□
有道以存之位不可以無□□有德以尊之故翔撫剖
天張維闢□□君有作□□□而乘雲多士聿興□登
山而捧日可久可大闡洪業於非常立德立功垂大名
於不朽存而為一時之□歿而為百代之英爰有與人
今可得而聞矣　公諱神慶字昭祐其先王氏太
原人也昔□□以天戈耀象六英聞鳳舞之祥后弃以
星祑興農萬里屆鸞歌之域帝圖克峻王道攸歸周德

方隆翦商以□其業□□可遂敗狄而有其□□□□
乎天下□緒傾乎海內五代祖顯後魏拜驃騎大將軍
偉德挺生禀嵩岱之精魄洪川派別洩江海之波瀾搞
扙千仞盤紆九野遂賜姓為乙速孤氏始為京兆醴泉
人焉□□□家代功居□然後□周幾委□□□□
□□門漢殿乘軒□秋匪珪璋之□□其榮閥故無得
而傳之曾祖貴齊右衛大將軍儀同三司使持節都督
岐州諸軍事岐州刺史周上開府□□三司□□大夫
□河州諸軍事河州刺史河州總管太子□庶子和仁
郡開國公祖安齊前鋒都督周右武候右六府驃騎將
軍開府儀□三司使持節長州諸軍事長州刺史隨益

州都督襲封和仁郡開國公拜前拜後惟昭惟穆□以
忠貞之操並資文武之才終始一□雖百君而每合出
入三代居八命而逾隆父昇　皇朝上開府右武
候右廿府左車騎將軍轉驃騎將軍令緒逾崇高門克
大岳靈□德紹賢悊以相趍□□□文□□佚而繼出
公山貲海授星傑□英□□騰彩驚時駭矚雖仲連飛
兔追日電以長鳴而諸葛卧龍候風雲而戢□俄屬竈
驪架海猨鶴淩江黃神吟而萬縣分素靈歎而區域震
　高祖神堯皇帝開□躡步翼□□精儀撫流於
九海蕩洪烝於八極雲雷憤薄興於晉水之湄天地氤
蘊闢於渭川之涘于□邑居幅裂豪□棊分鵲起逢時

之心寡中既擾烏亡于誰之室寓內攸瞻公乃蓄悟井
之深幾載驅驪阜知躍泉之祕賾言訪龍□獄訟歸禹
不忘於寤寐歌舞迎周獨斷於襟抱以義寧之始乃奉
見於涇陽即蒙　恩□預叅　秦府從平京
邑授通議大夫賜物六十段戎章克峻雖策勳而既重
國圖伊始以門胄而方榮乃承祖長州府君之資任右
親衛于時雖地闢金策翦鶉甸而斯安而池陰玉□亂
雞津而未靜公於是□陪八校薄伐三川從討王充破
青城壘賜物一百段并袍衫牛等加勳大將軍武德元
年又□薛舉二年復破武周神兵□舉每摧亡於後朕
□□百勝必賈勇於先登時朱金劉尚溝弄地險更勞天

伐公乃□機有捷燭雲□之高輝應變無方刋風灰之
遠陣平寢之後蒙賜馬及金搴綵物百段王充以□□
窺豐假位號於成周建德以□益曰時竊仁義於全趙
恃連雞之援以興危邦託刑馬之盟方為□國
□宗乃韜龍豹掩貔貅黃鉞排天朱旗斷霧沸洛川而
憤蛕震嵩巖而疊鼓王充以送食為〇不移蚩駈之心
建德以弱□相依無舛螳蜋之衛公乃懷奇請奮受命
長驅破王充千金堡并從擒建德預軒勝於□符奉堯
績於丹浦燕趙俄獲蚌為脯而無遺虞孫終亡馬服興
而不失加勳柱國賜物二百段劉黑闥擁銅馬之餘□
氣蘊□南□金鳳之□川兵雄趙北公乃從平清漳洛

水二□因遂俘之授上柱國□□□□并□馬等綵物
一百五十段粤以茲時之効恒當不次之恩滿寵受田
殊非異賞李忠錫馬遂多慙色尋又從破徐貢朗復著
奇勳既而　聖情載洽念功勞匕特蒙賜□用表
□榮　太宗以玄雲入□未改唐侯之爵白水開錢
猶踐蕭王之號　秦王府妙資左右公以良家首
辟□令□上仍賜□袍既而飛鵜亻□長□竭井雖域
中四大臣西北之傾維而天下一家有東南之□氣一
　太宗乃□□□命殲厥渠首推大義以襲行弭至
公而克翦公以九年六月四日載靜紆回因而侍衛□
□不□既而汾陽脫屣代□承□高鳥盡而藏弓歸獸

存而□戰公乃方從挾策且欣橐矢結墳籍而為呂□
禮□□□禽然以七德攸歸五營斯佇方始執鞭之任
式隆初賛之基以貞觀五年授右衛勳衛校尉御策長
上六年□□□□賜絹一百疋八年授右勳衛挍尉
公以懷才樂道緯武經文□而時習顛沛必於□□□
□不居終始存乎退尺每策勳而命賞常後已而先人
所以幽谷非遷望喬木而韜響渑池徒奮坐□樹而銷
聲雖薄遊之志每深而厚祿之期終及十年蒙授游擊
將軍守左領軍長春府□別將仍□□□□□佳兵
七萃左帶　皇畿敖庾千箱傍臨陝服匠壘壁其
斯重瞻海陵其已陋聿兼其任隧寄存焉十二年以

璇極西傾玉鸞東警　皇輿□□肅龍旟於□雲
天動神行楊鳳旗於□□□□□□□忠賢
車駕自東都還京乃　勅公撿校右衛勳上府郎
將□□□以震宮養德　乹□佇□□□
詔曰厶官厶志懷強濟□□抗遠勞効著於戎旅恪勤
宣於階闥宜□□□□□□可守太子右衛率府勳
衛郎將於是青闥□景絳地增輝韜搖之桂連芳□□
□琅之竹比□同□□年□□慭職無踰於驟山之
義　龍顏慿怒有事於遼水之陽鶩晉輜於碣石
洮□□□□□　高宗天皇大帝銅樓毓粹玉
裕流溫雖義在懸弓宜息於扎□而時方□□實資於

監□乃□□州留守□公□□奉儲闈廿年丁驟騎府
君憂去職乚輟趍□□悲陟岵絶漿九□巳□□□□
□□□□年每泣髙紫之血廿三年
詔授太子右衛率府翊衛郎將犀鈎在飾鶴□登榮抑
禮援琴仍奏樂風之韻踰碁改燧更承重日之輝既而
龍躍在天臣銀題於紫極鴻飛漸陸□玉羽於玄霄
□□□□□□授右衛郎將永徽三年除守右驍
衛翊衛中郎將張奐坐帷奮雄邊之遠略馬卿建節馳
諭蜀之髙文才宦雙□括囊千載五年　詔守太
子右虞候副率尋加兼太子右虞候副率□□□□
□□□□卞敦良將之才閑邪是屬公之授也斯實

兼馬俄屬六麟徐駕御□京之霧雨五□遐拂俯□洛
之風煙鈎陳□委英賢是賴　駕幸東都之日撿
校□領軍衛將軍尋又　駕□□□□□□□□
□弁州先置還東都日撿校右領軍衛將軍仍知六閑
馬事溫驪驌景馭□□於雷谷瑞□生風銜珠耀於□
并職無不理　帝有嘉焉俄又兼太子右衛率緬
惟□秩寔□茲□□□□□□□□□□門興績
瞻言故實英尚斯途公以儔之則爲優矣方冀有仁必
壽有壽必隆而位未極於鈞□□□望周之浦齒不延
於練玉遽頹觀會之峯以顯慶五年八月□四日遘疾
□□□□□□□□□□□□□六十有二冕旒興

悼哀榮兼撫　勑書弔慰賵贈逾隆　詔問
嗣子行儀等并賜物二百段粤以龍朔元年歲次癸亥
二月戊午朔十九日巽□永厝於雍州醴泉縣履中川
□□□□□□□□□□緯誕靈川岳德光□璧舒
白氣以成虹才苞利器横紫氣而射斗昔在髫初即踰
常類嶷然殊狀如旭日之□青山湛乎深識若明月之
含碧海克峻日就至性天成教以義方則行□□□
□□□□□□□承顏必當於隱犯知年每形於喜
懼不愆于德恥札無以措其□未嘗有過折莖無以申
其罰洎乎□丁艱疚殆不勝喪在驃騎府君之憂公時
巳班隆貴屢將□滅痛深朝野于□□□□□□□

□□□□古今攸絶豈㠯許孜永慕栖雉翟於虛檐
丁窮哀□□梟於□沼若斯而已矣加以友于成性
怡愛爲懷共駕無睽屢極鍾輿之□同衾有慰每追□
室之歡兄弟數人公爲□□□□□□□□□□
增映怡怡可樂其後五門將闕三荊遽憭公乃責深自
簪悲共氣而無終訓切在原泣分形而有異雖同胞竟
阻王脩之踰孚遵而推産不干卜式之資□給公以斳
貴餘業財□□□□□□□□□□□□伏宗姻
駭歎公以幼承教義早聞詩禮德思潤已學尚專門俄
屬有隨蕩□生人殄喪鄙書劒而事干戈弃俎豆而脩
軍旅故得藝殫弧矢精極韜鈐戟枝楊葉窮取睽之妙

□□□□□□□□□□□□□□□大憝斯殲霝靡
遺策兵無挫銳非以賞而邀利盜以功而自伐然則因
時命律□稔論兵受而莫違當厚□而居百夫之長推
而不有委榮名而辭万戶之侯卓矣高縱□□□□□
□□□□□□□□□□□執戟大雅君子斯之謂焉
子國子明經高第朝請大夫行綿州司馬行儼寧遠將
軍守岐陽府長上折衝行均游擊將軍守甘泉府左果
毅都尉行方等或傳經綜業或良□□□□□□□
□□□□□□□仁者安仁道無昧於觀行將門有將
理不羌於必復既而匪義嬰酷悴栢纏哀攀纛纛而增
梟循鑿楹而載感於是乃与昆季聚族興言以為陵谷

昭下　乙速孤神慶碑　廿七晨　風闕

雜恃風猷易絕雲臺入□□□□□□□□□□□□
□□□□刊之跡必存無媿之詞於是爰勒他山用旌
斯□庶使波空渤澥識墮淚於千齡山徙琅琊傳受辛
於萬古其詞曰　立功立德惟武惟文銘戈著範
勒斯昭勳名□□□□□□□□□□□□□□□□
□伊笙望隆淮叡肇錫官族即榮昌袞衮服有輝旗章
麗替明德斯誕高門是繼英英尭挨灼灼瑰奇不忝于
道無忒其儀光含巨闕彩振長離公山比驥呂望非彪
運□□□□□□□□□□□□□□□□秦亡登
山趙滅功成百牒途夷九折已逵宏勳俄膺懋寵期門
甫陟羽林初奉帝扆斯衛儲兵載擁寓省才高司階位

重官連四率望越五營聲芳漢將器表周楨未□□□
□□□□□□□□□□□□□□王哀松凋許泣九
泉長送百身何及鶴兆方□鳥墳永戢山秋月思野寒
風急傳鈞令緒待漏英才蘭期奄隔楸思俄開圖芳□
路紀德泉臺九原徽烈万古風埃
朝散大夫守著作郎弘文館學士兼脩國史上柱
國濟南縣開國男苗神客撰
淨□寺釋行滿書　神跡鄉尚
□□□季歲次庚寅二月戊申朔十九日景寅
立
乙速孤行儼碑

昭下　乙孤速神慶碑　廿八晨　風闕

碑三十行每行六十七字額題唐故右武衛將軍乙
速孤公碑十二字並八分書在醴泉縣北六十里叱
干村
大唐故右武衛將軍上柱國乙速孤府君碑銘并序
正議大□□祕書監修文館學士兼修國史上柱
國劉憲撰　朝議郎行祕書郎白義晊書
□之時□與文德而競馳陰之歲功配陽和而竝運利
用厚生之□依古以來折衝禦侮之材何代蔑有秦之
強也起翦恬賁用其兵漢之盛也李衛霍為其將
大唐操什□□鈞陳帶甲百萬授鉞凡七其有中分麾
下摠堂堂正正之師□若敵國負赳赳桓桓之稱者左
玆乙速孤府君矣公諱行儼字行儼本姓王氏太原人

也五代祖有功於魏□□□□焉因居京兆之醴泉縣
王子晉之上仙礼開茂緒車千秋之佐相重錫華宗家
何代而乏賢人何時而不賢曾祖安齊前鋒都督右武
候右六府驃騎將軍開府儀同三司使持節長州刺史
隨益州都督襲封和仁郡開國公從孝移忠遷虞事夏
司馬安之兕至晏平仲之一心祖晟　皇朝上開府
右武候右廿府左車騎將軍驃騎將軍藏器於身待時
而用功參列將寵盛興王父神慶右虞候副率撿校左
右領軍衛將軍氣岸瓌傑志力雄武持軍以禮陰德有
徵丰子挺生將門斯在公鍾家代之休烈奉韜鈐之成
訓鷹圖□於霄漢鶚□溢於風飈得射瀍於□靈習軍

容於嬉戲子房智勇□其森敵郄穀詩書頗交兼善永
徽中司成生擢第開慶中丁父憂性實過人俯而就禮
麟德初授宣德郎虢王府記室參軍事開平郎第枚馬
□遊曳裾其間首席推美咸亨元年以將門子弟授振
威校尉守普濟府左果毅都尉丁太夫人憂哭泣之節
饘粥之數復如居府君之喪儀鳳二年　勑除興
國府右果毅都尉鎮河源軍定州道□□□河陽橋鎮
拱二年授游擊將軍黃城府左果毅都尉幽果為毅從
戎以律洗兵鹽澤秣馬中山護瀫河之橋綰黃圖之府
智謀洋溢威武紛紜功靜朔鄙氣雄京邑永昌元年
制除朝散大夫縣州司馬天授二年加朝議大夫長壽

二年除資州長史延載元年加中散大夫題興縣□展
驥資中風俗所同政教如壹證聖元年　制除使持節
萬州諸軍事萬州刺史萬歲通天元年　制加中大夫
二年加太中大夫其年撿校永州刺史聖曆二年授使
持節都督夔歸忠萬渝涪□等七州諸軍事守夔州刺
史三年授使持節都督廣韶端康封岡等□二州諸軍
事守廣州刺史長安三年授使持節泉州諸軍事守泉
州刺史神龍元年授使持節都督黔辰沅等州諸軍事
守黔州刺史其年加正議大夫神授政理之材天挺公
侯之表故能方州典郡盡周官牧伯之尊越棄凌山窮
禹貢荊楊之域控御數千里周旋廿年化洽夷夏功成

□□置生祠之廟涖涖而然畏清酒之盟于今莫犯神
龍二年　墨制授忠武將軍守右武衛將軍員外置同
正員特　勑停南衙上下專委北軍事羽林之任
歷代為重用周勃而後安名宋昌而先擇以公確乎忠
信厲然壯勇□命卿之秩掌孤兒之軍宿衛陛殿而逾
嚴徼巡嚴廊而匪懈壘垣增肅軒禁穆清錫御府之金
錢分大官之玉食　殊恩所逮　中使相望而執□持
戟筋力為倦輸節竭誠心術俱盡神用疲而斂損勝理
勞而生疾其歲夏中遇病廢事半體云癡經時未瘳頷
休攝於家庭遂遲迴於　□闕陳情辭疏理切詞殫□
感、宸衷特聽致仕仍褒美績更惜羸痾　睿旨殷勤

形乎綍翰公結欷而辭　雲陛投迹而返私門懸廣德
之安車施仲翁之行馬仙方上藥㝵□性而延齡芳醞
嘉羞且忘憂而永日而公縈纏息肩命昆弟之子令從
為嗣鞠育侔於已生俅為太子通事舍人𡍬外氏累左
除溱州扶驩縣令公天屬為重既切猶子之慈門寄所
鍾何淚舐犢之念示既離□舊疾暴增春秋七十有二
景龍元年十二月十五日薨于大寧里第嗚呼哀哉惟
公盛德溫恭雅懷寬肅行無文飾言不浮華出身入仕
自家形國靡欺暗室獨蓮虛舟於人之善無所遺於人
之惡無所記可疑之地投足莫踐弗稽之謀措心所絕
親友信而敬之老少安而懷之唯汲汲以行仁豈遑遑

昭下　乙孤速行儼碑　呈晨　風

而求利防衛之際屢有奇功撫字之方□彰譽感公之
在永州也屬時□不登士人多餧餒倉儲而窂瞻捃山
谷而無資所部界中䊵餞穭竹盤根合尋珍漫蒼然忽
於一朝結實咸徧若五穀之□穎油然可觀比千箱之
□詠□□□給人皆□□□□盈路公仍持數石奏進
京師　聖旨咨嗟歎其靈味公之在萬州也鄰界不虞
羣蠻輒擾侵軼城郭殘傷吏人公不佚　制命星言致
討威靈震蕩氛祲□清稽顙咽於□□□□□於江水
．天朝命將甫戒於師期邊郡飛書已鬪於戰捷雖取
弃之不遺賊於君父亦何以尚茲時嘉乃功　璽書慰
勉□盛之日昝慮珍長遺書□令從曰吾遭遇　□□

□□卌餘載悒㦖以報不敢絲毫有負於　聖朝家業
縈貧喪葬所須務從節儉勿違吾平生志也所樹碑務
令存實無為虛美□□吾真爾□唯清唯慎勿矜勿伐
劇吾死而無恨矣夫人常樂縣君賀若氏宋公弼之姪
孫開州刺史懷莊之第六女門宗之盛鐘鼎連華家室
之徽琴瑟齊契春秋五十一證聖元年八月五日亡於
萬年官舍維景龍二年歲次景申二月丰卯朔十六日
景午合葬於雍州醴泉縣白鹿鄉李中川先府君之塋
從禮也嗣子令從叫叫穹蒼哀哀霜露永言營擗終身
奉行子胥右驍衛鎧曹參軍安定梁望之代業通家□
眞長者冰清玉潤常懷國士之恩石字金書顒託中郎

昭下　乙孤速行儼碑　呈晨　風

之華□□景行乃作銘云　公侯子孫必復其始
將門有將其來久矣伊我將軍弈代為美壯勇傑出威
稜峻峙文則循良六條千里武以侍衛嚴除軍壘黃霸
匪儔宋昌寧擬中外從事良夾勤止丰至禮優神勞疾
起有涯終謝令問不已賢哉伏波誡其兄子
大唐開元十三年歲次乙丑□月景□□□□□
辛未令從自曹州濟陰令秩滿建
渤褰徐元禮鐫

唐儉碑
碑四十七行每行八十五字正書額題唐故特進莒國公唐府君之碑十二字八分書在醴泉縣北二十五里小郵村

□□□□特進□部尚書贈□□上柱國□公碑
□□□□辺位拓后膺千載之期惟岳降神賢臣承五
百之運是以軒丘御紀風力贊其氾基嬀汭乘時稷契
生其景化（缺三十二字）舜倫□□□□□□□□□則聲高
彥伯之〇頌功□孟堅之表見之開府莒公矣公諱儉字
茂約太原晉陽人也若夫窮微知遠高辛之化闡緗□
□日望雲（缺二十字）符□□忠恕之道徽烈□□□□□□
□於後昆脩在□□□□言矣高祖岳後魏肆州刺史
禁止令行有伯山之威信垂訓起學邁仲□之禮□□
祖靈芝齊□尚書右僕射司空公（缺十七字）於千尋未騁足
於□□□□□□□□□□豈侍中□□□左右僕射尚

昭下　唐儉碑　壹　晨風閣

書令録尚書事晉昌王抱廊廟之材懷公輔之器同傳
險之感夢類滋泉之入兆叅□□謀預経綸□□□
高（缺九字）之崇班享万鍾之高袟父鑒齊中書□□□
散騎常侍隨虜□□□戎順二州刺史晉昌郡公
皇朝贈太常卿台司令肖宰門華胄公侯奕代簪紱□
光禮縟七葉之貂蟬〇九□之□公氣□□□□氾
□□資〇□以成性□辺德以立身文拕九流□□□
□藻□麗於翰苑雄□□於談叢行地方馳則遺風追
雷沖天將擧則切漢摩霄合浦騰暉邑賦朱幡之乘嚴
水□彩光照赤城之峯□氣從横雄才高於管樂奇謀
（缺八字）寔□倫之軌儀信衣冠之表□□□解褐左勳衛

昔長卿□為武騎職未當才亭伯之宰長岑位不充量
以今方古彼此一時屬炎政風頽寰宇幅裂邊服擾□
□之巨寢中原□獨山之醜徒□□□痛深漂杵公
□黄星□曜識椠沛之真人見彤雲□□□芒碭之奥
□未建并□之業遽會盟津之期先君昔在有隋典
高祖連□□敦莫逆契若斷金雖□□□王□故□
盧綰□公之同里以今方古彼何足（缺九字）水□□之□
□左待士側席思賢□□□隱太子至晉陽　高祖
初申通家之交好次論天下之撗流公奏前載之變興
及列代之成敗□夷吾之九合□孔明之三分既□〇
於□□遂□謀於□□□□〇之□□□似漢□之遇

昭下　唐儉碑　貳　晨風閣

子房時屬経綸本資□□□有陳琳殊健之筆□築
宿搆之才任以文房實諧衆望拜大將軍府記室加〇
議大夫尓乃日辺□□巳臨虜塞氾□□□將度龍城
漢□□□□□盡□人情怠〇□〇〇□公壺□□□
□□□□河之易起乃命方部之將帥賁育之兵千□
□□万騎波屬拔西河如拉朽敳并部若蹇氛行至吕
州秋潦遂降粮□斷絶泥淖□深（缺十一字）戰　□□旋師
方謀後擧
□□云機不可失時□□来儻使官渡息兵破袁之軍
未卜洪溝若剖滅項之日未期既鏡良規於前□□□
□□□□□□□□　高祖□□聖慮□□辺使公

□刻缺五字士□□於□頂□老生如□掌下□□□□
□雖曲逢六奇薛□三策何以加之以功拜右光禄大
夫授渭北道行軍司馬元帥即
□□帝□運玄女三宮之法陳黄石一卷之書或面水
背山或先偏後伍鼓角鳴厚地旌旆彗高天缺二十五字迎
□□之□八□□□□□□夏之□平城之勳公居其
最進□□禄大夫封新成縣公尋改為晉昌郡公食邑
二千户暨受終文祖肆類繁昌叙撥乱之功□□□之
□□佀今之右□□□之□加散騎常侍臣三品□中
書侍郎□以□□□□一□□□凌烟閣珥華掖垣飛
□綸閣□□於兹逾浚雞樹所以增華昔孔演宏才将

元規而並列王浚恬暢與真長而共鼻今古相方異代
俱缺九字昔東京佐命轡播雲臺□漢□□□麟閣以
今方古彼獨何□劉武周□□蕩之□□控弦之衆竊
九五之位窺萬乘之尊剽邑屠城裂冠毁冕　高祖
批患釋難拯溺□殘命右僕射裴寂受□陳師□□□
□三□□□八陣□空解入吕崇茂□命醜徒同悪相
濟公時使□夏縣遂陷賊庭公覩諸将□□入多庸鄙
唯尉遲敬德頗識事機公示之以安危告之以成敗涣
若氷釋翻然改圖雖有此心計猶未果獨孤懐恩缺十三字
賊内上書□□□同□從□戮□武周平後　詔公
為并州道安撫大使尋拜禮部尚書賜以懐恩田宅雲

門大章之樂咸究精微春誦夏弦之礼並窮枝葉李耳
通識素王禀其舊□張缺九字　春官之職寔難其人以公
居之□有餘裕
文帝功齊覆載績邁陶均既答元勳必資美稱以上将
之位照灼文昌天策之名獨暎玄象特　詔授
太宗文皇帝天策上将然首寮之任妙算時英以公為
長史實諧僉論尋而逆賊劉闥擁徒梟北埏禍燕南缺八
字霧□麗龍之塞雲擾白馬之津□時□軍出討□公
監統而偏裨歷代謀之略士卒无摧□之心公迎輕□
賊城以陳利害不勞飛箭便下聊城詎假拔旗乃傾趙
壁廓清河朔公有毗□之功以公為幽州道安撫大使

□州道行軍揔管定州道安撫大使□之以□□□之
以□□後進禮重於弓旌貪殘貶踰□□□百城□其
懿範兩河仰其風猷而馬邑之酋長導狼望之兇渠越
彼長城寝兹晉水公杖節出使届於虜庭具陳華夷□
殊中外斯□□□垂曜穹蒼所以分缺七字於兹□野何
必裹粮□□背約違盟□□□□匿殫釁皷滌鍔單于
納公此對翻然改圖榆關寝其爟烽柳室散其部落謁
長平之地入受降之城□山谷□□公咸畳金缺十字聲
□蕪黄門侍郎進封莒國公食邑三千户實封六百户
除□□□□□寄隆八乇功彰於□警茅賦錫重五等
誓比於山河三蜀膏腴九折崇□子陽僭号之邑玄德

竊位之都作鎮□於杞□□城資於右戚命公□往□
□得人貞觀□年授使持節都督遂梓普□等五州諸
軍事□□□□□加鴻臚卿戶部尚書□實封八百戶
詔曰與卿故舊可申姻好徵男尚識尚豫章公主
加光祿大夫特進公忌滿誡盈屢有辭讓奉　詔養
閑仍朔望朝□□賜俸□□□一依職事春秋七十有
八薨於私□□□□儀同三司使持節并□□嵐等四
州諸軍事并州刺史所司備禮冊命賻絹布一千匹米
粟一千石陪葬　昭陵賜東園祕器葬事官給
務從優厚仍令太常卿駙□都□□□鉊監護□禮部
侍郎陸□信為副伯□□葬往還并為立碑□□□大

人河南元氏孝行儒毛州司馬封莒國夫人維
皇唐開元廿（此處原空十六字）□曾孫將軍守右金吾衛
大將軍雲麾將軍上柱國（缺三十五字）之孝□□□□記事
□大重建　皇孝戶部尚□□□莒國公神道碑禮
也祭統曰子孫之守宗廟孝先祖無美而稱是誣也有
而不知不明也知而不傳不仁也此□者君子耻之□
□□原追□兄□□□祖曰孝著累代□銘□□足之
言□□伯碑□□□既毀重飾丹青□□□焚更刊琬
琰追崇之義有自來矣□□□意□□敢不順乎計功
復美敢不□乎□□為情勉力從事孝子□孫□□□
□□□□忘□□□迄□□□□□不容□□之□君

予道消遏見□呂之（缺十四字）氣迴環關燕嘗之薦貞石
斷裂□□□淚之□黃絹將□誰辯受辛之妙屬□□
□朗拔滯甄遺既陰德之盈□乃公侯之□□□□
□□勳膏載光□邦□□連□於斯為□而□況（缺十三字）
人□極□王大經超三台之上階冠五等之尊祀浸而
不朽傳帶礪於山河吾□□□歸□同盟□窆穸□紀紹
□□□□有（缺二十四字）□（缺十二字）遙兮於祭仲韋丞相之祖
業不待飾於□□陳太上之家風命直書於孫子從孫
□對□嘉命追述徽音攄詞□□豈□□一□□曰
（缺十三字）氣為□□微變方萬國崩淪匈匈闘虐□□□□
□□亡羊中原逐鹿　□聖提劍羣雄□□旗

誠□□□□□山（缺二十三字）□（缺十七字）龍□社□尊能
劍袪服態戟□□□□論道啓沃□□□□固本長□
□□源（缺三十二字）敵滅身退功成（缺二十字）鑿沼聽鳥觀魚福
兮所倚禍生有胎朝聞蟻闘夜夢瓊瓌□項東岳天□
中□道脩運（缺三十字）松□（缺二十一字）羣邪搆惑忠臣□□賢
□□□霜露□□□□□□碑版紀文人爲觀德□孫
下缺
開元廿九年歲□辛巳□月□□朔廿□□□□
□

牛秀碑

碑左方及下截殘缺存十八行每行存二十二字前九行可讀餘並漫漶正書額題大唐故左□□大將

□□□□公之碑十
六字篆書在醴泉縣
大唐故左驍衛大將軍幽州都督上柱國琅邪郡開國
公牛公碑銘 并序
若夫仰觀成象三辰開上將之星俯察成形九地揔中
權之術故迺聞鼓鼙而仁想感下缺祉告徵編星北既受
天明命光宅域中制軒弧而駕羣材乘夏載而朝萬國
其有克□下缺乎琅邪公焉
公諱秀字進達其先隴西狄道人也因官而遷于濮龍
首鶩鵉之澤龜文負卦之濵誕下缺之舊龍光照於緗纂
鴻伐旌於表綴固以籠冕前載軌躅後昆者矣曾祖定
後魏韓川下缺顯銜珠之瑞□□齊潤仁敷導栢之流父

漢隨濮州主薄洺州清漳縣令劉客談星□下缺之禮童
戲叶軍旅之容開八陣之圖非宄覽於魚復體三宮之
奥馬取鏡於龍韜天□下缺運拒箕亡咸池□三札之華
煬谷□一枝之景縱岷墟之烈火決渤海之衝流三户
□下缺□□□□仁□公體命遺隨之境掐朔橘柚之鄉
咸造和門策名麾下白馬之黐徒□下缺□□□□□□
□寔□□□□□□□□□□□王室拜□□之
□□□□之下缺

姜遐碑

碑僅存下截三十三行每行存三十
三四五字不等正書在醴泉縣昭陵
上缺部侍郎郕國公晞撰文并書

上缺望與彼規規之流衣閭閎之智亦衆矣咸欲輸英攀
景躡賢飛光則負鼎者絶臏□□上缺□子之溥於德而
厚於□東里閭之美其貌而空其腹復何取烏其前王
允之一日千里上缺後 於魯□ 公之有焉公諱遐字
柔遠代為天水著姓惟先肇於炎農氏大□配于天上缺
□之□芳聲□國命於晉年□微君之□首天祚休祉代
不虛賢　曾祖景周使持節驃騎上缺□允迪徽猷克象
山岳繼代二千石賢期五百年祖暮　唐起義相國府
貪外寶曹參軍上缺□□亡□□□奉　□起義□部兵
部郎中四為將作少匠殿中監左屯衛大將軍贈左上缺
□旗鼓終摧□壁　公毅盛德雍熙之風稟靈岳逍遥

之氣□五秀以會質□六行以崇心上缺□之以孝友仁
之以仁賢時謂謝室顔回張家曾子矣故伯父太子僕
嘗指　公而謂人上缺　宗黨吹其秀□邦國以為□□
又奉　制授東宮通事舍人時　春闈肇建妙選寮寀
上缺鳳□□遷通事舍人　公□形瑰偉明晤如神彦輔
雲天披覩瑩目太初日月懷袖上缺鸞鳳六象方□俯仰
之容□韶九成□□鏗鏘之韻袁夏以為殊觀朝廷莫
不駭矚昔上缺茲任以　公□無以易故久於其職頃之
遷左衛翊府郎將肅鈞陳以警衛奉　閶闔上缺難其選
□□□綱以取俊採時秀以旌奇雖則荏苒有年□無
以上膺成命尋又　制上缺□儀喻鹿眼□鮮箭矣尋擒

挍光禄少卿明試以功滿歲為臣叫口九列有美昔人
七侍（上缺）衛将軍此後七年不進轉後来者多昇上位時
論殊以為屈　公處之怡然未始以細（上缺）考洛州及諸
縣官屬　公神無滯識明有餘□臣之以黜陟餙之以
文理自午及未考（上缺）官侍郎餘如故佐六禮以節人性
明七教以興人德天工人代　公實崇之至若躡競（上缺）
以無聲□是靈□在天豈直風生閣時　恩勅賜絹
百廷以彰才用之効也又奉（上缺）前故授斯任以　國
慶累封□□□俄丁内憂去職哀貶柴毁莫能俯就尋
奪禮起為左豹（上缺）典憲每　勅公與執事參議焉或降
中使頻延厚錫　公雖袛奉　恳辭而毁疚弥憂（上缺）

十有二遺命務令薄葬歸於舊塋　冕旒興悼歛日
賜朝服一襲賵贈有加哀榮以備（上缺）諸朕史即以天授
二年十月十日同合葬于　昭陵神跡鄉之舊
塋禮也惟（上缺）生以道潤身恥名浮行詣徵索隱
搴枝蘂於玄經衰始要終求聖賢於黃卷性堅臣以靜
（上缺）檢訓子姪不交異類□□操行不入□㕡之門人□
通家豈造李膺之室自喪妻後不復再（上缺）於窮蹙每有
□濟則終始紅之加以愽聞強識備殫諸藝尤善草隸
趍衍一時雅好山水（上缺）之良會雖家尚清素恒或滿盈
至於奉親也則罄無方之養故有女伎歌舞之娛加洞
精（上缺）通率有逾焉〇酣宴之後未嘗不操翰紀時文詠

翩翩諒以繼乎風雅矣時中書令薛元（上缺）抱創□於泉
壤瘞明德於山巳長子銀青光禄大夫太常卿楚國公
皎次子兵部侍郎晦（上缺）追贈　公吏部尚書贈太夫人
為□國夫人永昭　明靈以申罔極痛百身兮無贖思
萬古（上缺）以親奉風規□假傍求　刊術意將申而氣□言
欲□而心□遂為銘□
（上缺）建摽□偶儻□氷□□瓊峯外明心晬逢減雲披還
（上缺）〇行必可則言歸于讜括囊眾藝該（上缺）□□美□憲
必□　帝宇北宸重寄西□掌武珪□赫奕謙光偪僂
神□昧昧天若（下缺）

昭陵碑錄卷下

附錄　校錄劄記

昭陵陪葬諸臣碑版之著錄宋田氏京兆金石錄最詳金石萃編謂讀禮通考注引京兆金石錄者三十四碑今撿讀禮通考注所引實三十二碑而寶刻叢編所引則多至五十一碑萃編又言金石錄目載七碑集古錄目載十一碑復齋碑錄載一碑今覆撿諸書則金石錄目載三十三碑集古錄目載十九碑復齋碑錄載二碑蘭泉先生所舉殆無一核今將宋以來迄於今茲著錄昭陵碑版者得十七家列表於左以備考核

表一

碑名	年月	宋	明	國朝
昭陵石刻文	貞觀十年	趙 類編 田		
汝南公主墓誌	貞觀十一年十一月	類編		
溫彥博墓誌	貞觀十一年十一月	趙 類編		
溫彥博碑	貞觀十一年	歐 趙 鄭 類編	趙 志	孫 畢 朱 王 孫 毛
秦瓊碑	貞觀十三年	田		
楊仁恭碑	貞觀十三年	田		
太宗尚服宗道墓誌	貞觀十四年	田		
段志玄碑	貞觀十六年	趙 陳	趙 志	畢 朱 王 孫 毛
魏徵碑	貞觀十七年正月	歐 趙 類編		
岑文本碑	貞觀十八年	田		

姜確碑	貞觀十九年	歐 趙 類編		
楊師道碑	貞觀二十一年	田		
文安縣主墓誌	貞觀二十二年三月	田		陸 孫 毛
孔穎達碑	貞觀二十二年九月	歐 趙 類編	趙 志	林 畢 朱 王 毛
長廣長公主墓誌	貞觀二十二年	趙		
順義公裴義碑	貞觀二十三年	趙 田 類編		畢 朱 毛
蕭銳碑 長安志唐會要作蕭銳及田氏唐書公主傳作蕭鈗	貞觀中	田		
房玄齡碑	當在高宗初年	歐 趙 類編	趙 志	林 畢 朱 王 孫 毛
褚亮碑	當在高宗初年	歐 趙	趙	林 畢 朱 王 孫 毛
豆盧懷讓碑 公主傳同通考長安志作盧懷讓會要作竇盧讓	永徽元年	田		
豆盧寬碑 唐會要作豆寬	永徽元年六月	歐 趙	趙 志	林 畢 朱 陸 孫 毛
薛收碑	永徽五年十一月	歐 趙	趙 志	林 畢 朱 王 孫 毛
高士廉塋兆記	永徽六年二月	歐 趙 類編	趙 志	林 畢 朱 王 孫 毛

豆盧承基墓誌	永徽六年二月	趙		
豆盧行業碑（諸家作豆盧承業殆即承基避玄宗諱改唐會要長安志京兆金石錄作行業又作承業之誤）	年月無考	田		
王濤碑（唐會要長安志作王波利一舉其名一舉其字）	永徽中	歐	趙 志	畢 毛
姜簡碑	永徽中	田		
長孫順德碑	永徽中	趙		
長孫儆碑	永徽中	田		
張公謹碑（類編作公瑾）	永徽中	田 類編		
崔敦禮碑	顯慶元年十月	歐 趙 鄭 類編	趙 志	林 畢 朱 陸 毛
張胥碑（唐會要作張後允長安志作張俊允並誤）	顯慶三年三月	趙 王	趙 志	林 畢 朱 王 孫 毛

昭附

李靖碑	顯慶三年	歐 類編 趙	趙 志	林 畢 朱 王 孫 毛
尉遲恭碑	顯慶四年三月	歐 趙	趙	畢 朱 王 孫 毛
蘭陵長公主碑	顯慶四年	歐 類編 趙	趙 志	林 畢 朱 王 孫 毛
寶懷悊碑（長安志等作懷悊唐會要作哲）		田		
梁敏碑	顯慶中	田 類編		
張士貴碑（長安志唐會要集古錄並作士貴田氏作仁貴）	顯慶中	歐 田		
許洛仁碑	龍朔二年十一月	田 類編	趙 志	葉 林 畢 朱 王 孫 毛
杜君綽碑（長安志圖作張君綽誤）	龍朔二年二月	趙 類編		畢 王 孫 毛
乙速孤晟碑	麟德元年二月	趙 類編		
清河公主碑	麟德元年十月	趙 類編 鄭		朱 孫 毛
程知節碑	麟德二年十月	歐 類編 趙		
紀國陸先如碑	乾封元年十二月	趙 類編		畢 朱 王 孫 毛
吳廣碑（長安志唐會要）	總章二年	歐		

昭附

作吳黑闥殆舉其字				
蕭業碑（唐會要作蕭鄴長安志亦作業）	總章二年	田 類編		
尉遲寶琳碑（唐會要作寶林誤）	咸亨元年正月	歐 類編 趙		
尉遲寶琪碑		田		
張阿難碑	咸亨二年九月		趙 志	畢 朱 王 孫 毛
蜀王愔碑	咸亨中	田		
趙王福碑	咸亨中	田		
薛瓘碑	咸亨中	田		
馬載忠碑（唐會要讀禮通考作馬載）	咸亨中	田		
馬周碑	上元元年十月	趙 類編 王	趙 志	林 畢 朱 王 孫 毛
阿史那忠碑	上元二年十月	歐 趙	趙 志	林 朱 王 孫 毛
周道務碑	上元二年	田		
李勣碑	儀鳳二年十月	趙 類編 鄭	趙 志	林 畢 朱 王 孫 毛
乙速孤神慶碑	載初二年（金石錄作元年）	歐 類編 趙	趙 志	畢 朱 王 孫 毛

昭附　五　晨風閣

許敬宗碑		田		
乙速孤行儼碑	開元十三年九月	趙 類編	趙 志	林 畢 朱 王 孫 毛
唐儉碑	開元二十九年	趙	趙 志	朱 王 孫 毛
牛秀碑（長安志作牛進達）	以下各碑並無年月可攷			陸 孫 毛
姜遐碑（京兆金石錄作姜遠長安志唐會要作姜遠並誤）		田	趙 志	葉 林 畢 朱 王 孫 毛
趙國太妃楊碑		田 類編		
段倫碑（唐書唐會要作段綸長安志兩見於主公二十一人內作高密段綸於三品五十三人內作宗正卿段倫）		田		
王大禮碑（京兆金石錄別）		田		

昭附　六　晨風閣

出王恭碑他書無之殆與王太禮爲一人

長孫沖碑 田

史仁表碑 田

程弘亮碑 唐會要作知亮公主傳長安志通考並作懷亮 田

獨孤湛碑 唐書公主傳作 田

獨孤謀讀禮通考作獨孤諶通考唐會要長安志作獨孤彥雲

章正舉碑 唐書及長安志並作正矩通考唐會要作政舉 田

虞世南碑 田 鄭

長孫無忌碑 趙 志

鄭仁泰碑 田

房仁裕碑 唐會要誤作粱仁裕 田 乇

唐義識碑 公主傳同通考長安志唐會要作善識 田

長孫曦碑 田

劉玄懿碑 公主傳作元意會要作元懿

唐嘉會碑 會要同讀禮通考引作唐素會豆盧貞松碑長安志京兆金石錄作盧貞松會要作虞正並誤 田 田

賈義節碑 田

周仁護碑 田

李正朝碑 田

長安志　有原州都督李正明會要作政明殆節正朝				
梁建方碑		田		
史奕碑		田		
賀拔儼碑		田		
阿史那德昌碑		田		
阿史那步眞碑		田		

以上宋以來著錄者共八十八碑茲更將各書所記分載如下

歐　宋歐陽修集古錄及歐陽棐集古錄目　著錄十九碑

趙　宋趙明誠金石錄　著錄三十三碑

田　宋田槩京兆金石錄據寶刻叢編所引　著錄五十一碑

鄭　宋鄭樵通志金石畧　著錄五碑

王　宋王厚之復齋碑錄　著錄二碑

陳　宋陳思寶刻叢編　著錄一碑叢編著錄最多僅云一碑者因各碑皆著所引書名茲但著其不注引書未見他家著錄者

類編　宋人寶刻類編　著錄二十六碑

趙　明趙崡石墨鐫華　著錄二十四碑

志　明醴泉縣志　著錄二十二碑

葉　葉奕苞金石錄補　著錄二碑

林　林侗昭陵石蹟考　著錄十七碑

畢　畢沅關中金石記　著錄二十四碑

朱　朱楓雍州金石記　著錄二十五碑

王　王昶金石萃編　著錄二十二碑

陸　陸耀遹金石續編　著錄三碑

孫　孫三錫昭陵碑考　著錄二十六碑

毛　毛鳳枝關中金石存佚考　著錄三十碑

昭陵諸碑由宋以來訖于乾嘉大率皆半截拓本予平生所見若北平李氏所藏梁文昭公碑宋拓本南豐趙氏所藏孔祭酒碑宋拓本皆僅拓上截又見明拓唐儉段志元衞景武公諸碑亦然此宋以來皆僅拓上截之證也至蘭泉先生始並下截拓之然所錄諸碑中如杜君綽碑仍據半截拓本也宋人著錄不記字數茲將明以來諸家著錄所記字數附以今錄列表於左

表二

書名／碑名	石墨鐫華	醴泉縣志	昭陵石蹟考	雍州金石記	金石萃編	昭陵碑考	今錄
溫彥博碑	五百餘字　墨林快事亦云存五百餘字舊本存八百二十	四百二十字	三百餘字	四百字	一千十四字	九百餘字	二千一百零九字半字二十六一

	字						
段志玄碑		八百餘字		千字	約千字	一千三百餘字	一千六百十七字半字二十三
文安縣主墓誌							七百九十一字
孔穎達碑		千字	七百餘字	二百餘字	一千六百餘字	一千八百餘字	二千三百二十三字半字十三
順義公碑				五十餘字			二百八十七字半字二十五
房玄齡碑	六百字	五百字	四百八十字	六百字	六百餘字		一千一百六十五字半字九
褚亮碑			五百餘字 金石存亦云五百餘字	四百餘字	八百字	約七百字	九百十五字半字十四
豆盧寬碑		四百餘字	三百餘字	二百餘字			一千三百五十五字半字二十五
薛收碑	數十字	百餘字 顧氏金石文字補遺亦云存百餘字	一百十字	百餘字	二百八十二字	五百餘字	五百七十六字半字六

昭附 十二 晨風閣

高士廉塋兆記	三百餘字	三百餘字	百餘字	二百餘字	一千二百餘字	一千二百餘字	一千八百零七字半字十六
崔敦禮碑	一千餘字	七百餘字	五百餘字				一千三百四十一字半字一
張允碑		六百餘字	寥寥數字	六百餘字	九百餘字	一千餘字	一千一百九十字半字十五
李靖碑		一千五百字	一千二百字	二千字	一千七百餘字		一千九百四十六字半字十一
尉遲恭碑無一字			千字	千餘字			一千零七十六字半字九
蘭陵公主碑	五百六十字	七百五十字	八百餘字	一千二百十四字			一千二百七十九字半字九
許洛仁碑	九百餘字	八百五十字	一千五百字	一千七百字	一千六七百字		二千零六十五字半字二十七
杜君綽碑					約千字	一千餘字	一千八百零三字半字二十二
淸河公主碑			僅二三字可辨				六百四十九字

昭附 十二 晨風閣

							半字九
紀國陸妃碑				六百餘字	一千五百二字	一千七百餘字	一千七百八十二字半字十
張阿難碑		百餘字		一百五十餘字	三百八十六字	三百九十六字	六百五十二字半字十三
馬周碑	四百餘字	六百餘字	三百餘字	四百字	六百五十二字	七百數十字	七百七十一字半字十五
阿史那忠碑		七百餘字	五百餘字	七百餘字	一千四百六字	一千七八百字	一千八百零三字半字二十二
李勣碑				一千六百字	存十之六		一千九百十六字半字五
乙速孤神慶碑		二千五百餘字			三千餘字		二千六百三十五字半字六
乙速孤行儼碑		二千五百餘字	二千餘字				一千八百二十字半字七
唐儉碑		一千一百字		四百字	一千二百餘字	千餘字	一千九百八十五字半字三十五
牛秀碑						二百餘字	二百八十八字半字二
姜遐碑		九百餘字		二百餘字	二百二十六字		八百九十八字

半字十

據右表觀之則萃編所錄字數最多孫氏碑考又有加焉然孫氏箸錄紕繆殊甚非迻寫前人箸錄卽憑虛造且行款及缺字數目等均鹵莽任意奪落譌誤滿紙皆是更數倍於萃編茲之所錄或一碑校以十餘本或經日而辨一字然索居寡陋不能多得善本是爲憾事茲將各碑箸錄時校讐所得分記於後

溫彥博碑王氏所錄千十四字翁蘇齋曾以整本精拓考釋得二千八十六字蔣生沐得陸伯齋釋文一千四百餘字參以翁釋錄入東湖叢記凡一千九百餘字魏稼孫績語堂碑錄復取整本證以蔣錄得二千百二十字將蔣釋誤字一一訂正此碑先後經諸賢之手疑若無遺憾矣乃予取何夢華所藏整本參以宋拓明拓半截本復據數精本參校計得全字二千百有九半字二十有六知魏氏所錄仍有譌誤未刊正者第一行騎都尉譌作口都督第二十七行風疾發動譌作感疾發動寄深舟楫恩篤股肱譌作寄深指臂恩隆股肱第三十一行並令官給譌作並由官給起於口代誤作口竹口代此皆確證爲誤者並補魏釋所未及者十餘字至魏釋中有今本已泐不能辨其確否者則側書之今本雖漫漶而確證魏釋之未當者則逕削之

段志元碑據舊藏明拓半截本及何氏整本錄之正萃

編譌字九增全字百六十七半字二十有三

文安縣主墓誌寶刻叢編巳箸其目孫氏碑考始錄其文今錄正孫錄譌字五增釋字一此石今在吳縣吳愙齋中丞家毛氏關中金石存佚考以爲不知所在箸之以告世之訪碑者

孔祭酒碑據南豐趙森伯舍人世駿所藏謝安山宋拓半截本而參以何氏整本趙舍人跋言補萃編所缺者二百六十三字正其譌誤者九字其所空之處有相連十餘二十餘字視此本尙存而按字比句字無從塡補者五十五字都爲三百二十七字云云今錄凡補萃編五百餘字全文朗然可誦

順義公碑據金石錄已云姓氏殘缺由明訖今諸家所記均云存五十餘字從無箸錄其文者予所得何氏本僅存上截每行二十一字漫漶幾不可辨又藏剪裝舊本得七十字然不能得其原來行次嗣借徐梧生監丞坊所藏大興劉氏整本精拓以三日之力竟得二百八十七字又半字二十有五可謂奇快然予所藏裝本尙有二十餘字爲徐本所無以不能得其行次故無從補入爲可惜也

房梁公碑據北平李芝陔在銘所藏元翰林國史院宋拓半截本李氏跋稱曾見王蘭泉先生手拓贈胡莊敏公者僅四百餘字今本三百餘字而巳此本尙存完好之字八百餘其殘缺可辨者亦三百餘云云今參校諸本入錄較王氏所錄增字五百餘李本今歸趙次珊制軍

褚卿碑未得善本合十餘本校錄補萃編三百十五字又半字十有四

豆盧定公碑萃編未箸錄陸氏金石續編所錄僅得字二百五十又別錄吳荷屋箸錄本得字千一百餘今較吳釋增字二百餘又集古錄目載寬字口恕恕與寬名字似相應然細辨碑字實是字口奴寬爲胡人故字口奴集古所云殆未確也附箸於此

薛收碑萃編所錄二百八十二字茲據翁宜泉藏舊拓半截本及何本並參以他本得五百七十餘字視王氏

所錄幾增至倍

高士廉塋兆記據何氏本參以大興劉氏本及近拓精本補正萃編六百餘字

崔敦禮碑昭陵石迹考尙箸錄而孫北海則言久佚萃編及劉燕庭昭陵復古錄均不箸錄此碑殆明末亡失予平生未得一見茲據陸氏續編錄入然陸氏所據乃剪裝本譌誤甚多安得舊本爲一一補正之乎

張允碑據明拓半截本及雍乾間整拓剪裝本而參以何氏本然此碑明拓本較雍乾本僅增五十餘字耳較萃編所錄約增二百字

李靖碑據明拓半截本及何氏整本箸錄較萃編所錄

補全字一百四十七半字九
尉遲恭碑萃編及孫伯淵先生醴泉志均據文苑英華刻本以補碑本之缺但英華本譌誤甚多孫氏已爲舉正今以舊藏李鐵橋藏本及整本精拓校勘英華本知譌誤尚不止如孫氏所舉如莫不凝徽篆冊英華誤作篆策五爲總督英華誤作總管朱藻徙傳英華誤作朱輪諒阻路之難追英華路上缺阻字閏風元穆英華誤作陶風光祿少卿殷令民爲副英華誤作太卿副九列以騰芬英華誤作騰芳則英華未足爲信故此錄但就石本可見之字錄之不以英華本附注計補萃編缺字九正誤字七

蘭陵公主碑嚴鐵橋平津館金石萃編此書未刊原稿在河間龐氏謂王氏所錄缺誤二百二十七字予得善拓本多識一百十六字云云予以嚴氏所錄校以拓本譌錄不少茲據國初拓半截本一近拓整本三合校補正萃編六十餘字至嚴氏所增之字因無可證據故不復列入附注又梁茝林退菴題跋言謝古樓所藏舊本校近拓多可辨者二百餘字以校金石萃編所錄略同而尚多完好者十許字據此知蘭泉先生所據以入錄者亦舊本也
許洛仁碑苦不得乾嘉以前舊拓據何本及近拓精本校錄較萃編約增四百餘字
杜君綽碑萃編所據乃半截本曩吾友蔣伯斧諮議黼嘗補錄下截予已據以錄入金石萃編校字記茲更據舊拓三本較蔣錄約增二百字較萃編增七百餘字
淸河長公主碑醴泉縣志言已佚故萃編未箸錄雍州金石記則云僅二三字可辨則碑實未佚孫氏所錄約得六百字茲較孫錄增字三十有四正誤字二十有四
陸先妃碑萃編云碑文二千七百餘字存者一千七百餘字今復核萃編所錄實得一千五百又二字今據明拓全本及何本校錄較萃編增二百七十餘字
張阿難碑萃編所錄頗草草瑤臺寺僧普口款本在碑末年月之下萃編誤書於文前茲據國初拓本並參以精拓整本較萃編增二百八十餘字

馬周碑萃編云存者約七百字今細核之得六百五十二字今據精拓整本箸錄較萃編增一百二十餘字
阿史那忠碑萃編云碑文得二千六百餘字存者千七百餘字今復核萃編所錄實千四百有六字今錄較萃編約增四百字嚴氏平津館金石萃編所錄計千八百五十四字校以拓本譌誤不少故不復據以入錄又前表所載萃編存字之數皆就蘭泉先生跋尾所自記然以陸先妃碑馬周碑及此碑復撿所得字數考之則所記殆不免舛誤異日當一一復核之
李英公碑據嘉興沈竹岑先生所藏明拓半截翦裝本並參以精拓整本得字一千九百餘凡萃編側注之字

沈本大半完好

乙速孤神慶碑予得明拓裝本每行僅存上截二十餘字參以何氏本得字二千六百餘此碑近漫漶殊甚遽遜萃編所據本嘗見張氏清儀閣藏本已然嚴氏平津館金石萃編云全碑三千二百七十三字王錄缺誤六百五十字此據舊拓僅缺三十餘字云云今以較王氏所錄增字數百以無古本可校未敢遽據以入錄至碑末之神跡鄉下嚴錄有薰大字鐫字五字此從來箸錄家所未知特附錄之

乙速孤行儼碑嚴氏平津館金石萃編云通一千九百三十字不辨者僅二十三字校王氏多二百餘字今錄

得字一千八百餘校嚴錄約少百字

唐儉碑嚴氏所錄得二千九十二字較王氏多八百六十餘字今錄據丹徒劉氏藏明拓翦裝本並校以何氏整本得字一千九百餘較王錄增七百餘字較嚴錄少百餘字

牛秀碑出土最晚故陸氏金石續編及孫氏碑考始箸錄茲據初出土精拓整本及翦裝本三得字二百八十有二又半字二較陸氏增全字十半字二正誤字一較孫錄增字二十有五正誤字十有六

姜遐碑久佚或云石存而漫漶殆盡萃編所錄僅二百二十餘字茲據湞陽端制軍匋齋所藏明拓翦裝本而參以徐梧生監丞所藏舊裝本徐本僅約二百字然間有可補明本之缺者較萃編所錄約增七百字可謂奇快矣

予箸此書先後校攷殆閱兩歲凡同好所藏昭陵碑善本大半寓目惟會於津沽見銅梁王孝禹觀察(瓘)所藏明拓蘭陵公主碑翦裝本匆匆未及借校並聞所藏昭陵諸碑多善本又聞匋齋制軍藏明拓唐儉碑亦未得一校異日得閒卒當校閱以彌吾憾

予校錄昭陵諸碑見碑中凡遇王字皆被鑿損初不能知其故嗣見宋楊文公談苑載王溥薦何拱為鳳翔帥拱思所以報問溥所欲溥曰長安故都多前賢碑版願

悉得見之拱至分遣使督匠摹打凡得石本三千餘以獻溥命善書者分錄為琬琰集凡百卷當拱訪求古碑成蹊害稼村民深以為害多鑱鑿其文字或鐫斵擊折為柱礎帛碪云云始知昭陵諸碑乃鑴鑿於是時且知諸碑多鑿損王字者因恨溥故也此亦昭陵諸碑一故實爰附箸之並以為來者之戒

附錄

潛采堂書目四種

全唐詩未備書目

秀水朱彝尊

賀德仁集二十卷 貞觀時爲東宮學士
李長源集二十卷 名泌
李栖筠集
張志和玄眞子集
劉太眞集三十卷 天寶進士
令狐楚漆園集一百三十卷
崔元翰集三十卷 權德輿序
李吉甫集
王涯集十卷
陳詡詩十卷 貞元中人
陸暢集
段成式漢上題襟集
施肩吾集 又春山百韻詩
王駕集
馮宿集
劉洞集 南唐人
孟賓于金鰲集 南唐人
楊夔集十五卷
陶穀集 五代人
韓熙載集五卷 五代人

潙遺集五代人
翁承贊畫錦集
翁承贊宏詞前後集
徐寅探龍集閩中人
江爲處士詩集南唐人
閩山秀句集黃滔選
霏雪集齊己鄭谷沈彬虛中共著
僧靈澈集十卷劉禹錫序
僧廣宣紅樓集
僧可朋玉壘集
僧彙征集五代人

續本事詩南唐人撰
僧智濬洴萍篇開元時人
沈崧文集三十卷閩中人乾寧三年登進士第後事吳越王拜丞相
南薰集
斷金集李逢吉令狐楚倡和詩裴夷直爲之序
崔道融申唐詩
崔道融東浮集
林鼎文集十卷閩中人
廖氏家集五代人廖凝廖匡圖等作
余璉拾遺集南唐人
奇章集

袁皓道林集三十卷
鄭士良白岩集閩中人
孫光憲鞏湖編玩三卷
孫光憲筆傭集十卷
孫光憲荊臺集四十卷
林肱古詩一百三十首晉江人
李蕘夫梓潼集二十卷五代人
洞庭集一卷文宗時
煙花集五卷蜀後主王衍集豔詩二百篇且爲之序
牛嶠歌詩三卷
王鍇集五代人

張立皂江漁翁集
盧廷讓詩一卷
雍距集韋丹靈一廬山唱和詩
陸贄膀子集
又別集
朱存覽古詩二百首五代人
胡曾安定集十卷
吳越石壁集錢鏐選
趙遠集二十卷五代人
公乘億朱方集一卷
劉商集十卷武元衡集

王虬集十卷大順進士
易重集會昌進士
姚巖傑集大中時人
盧肇文標三卷會昌進士
鄭史宜陽集谷之父
陳上美集開成進士
王仁裕西江集一百卷
吳仁壁詩一卷大順中進士
陳商集十七卷貞元時人
黃璞集二十卷字德溫莆田人大順進士
張仲方集二十卷

張司馬集名希元張說序
孔補闕集名季詡張說序
崔沔集李華有序
楊極騎曹集李華序
蕭立集獨孤及序
李華集獨孤及序
朱拾遺集亡名顧況序
李翰集蕭梁序
崔涯集王仲舒序
姚南仲集吳興人權德輿序
相國李公集名絳劉禹錫序

張司徒文集名建封權德輿序
韋南康集名皐
玄宗簡集白居易序
穆公集名員許孟容序
韋執誼集劉禹錫序
陳先生集名黯黃滔羅隱序
諫議大夫韋君集名未詳貞元人權德輿序
錢翊舟中錄
許經邦集權德輿序
唐文編盛山唱和集權德輿序
盧象集十二卷劉禹錫序

李昌符婢僕詩五十首
顏上人集顏真序
汝洛集劉禹錫裴度唱和
樊南甲乙二集李商隱序
裴氏海昏集贈尚書右僕射平正郡公
董氏武陵集名侹劉禹錫序
實儀文集七十卷五代人
彭陽唱和集劉禹錫令狐楚
吳蜀集劉禹錫李德裕唱和
僧修睦東林集
朱灣集

長孫佐輔集
雍裕之集
朱景玄集
薛逢歌集
高蟾集
林藻集一卷
高駢集
周濆集
劉昭禹集
陳摶集
常建詩集三卷

吳學士詩集名蘭
唐三宗詩集
文丙集一卷
三僧詩集靈一等
任希古文集十卷
楊炎文集一卷
常相文集名衮
符元興文集一卷
柳冕文集一卷
劉三復集一卷
顧況文集十九卷

歐陽袞文集三卷
李諧夷集一卷
潘咸集一卷
張安石涪江集一卷
陳蛻詩一卷肅代時人
羅袞集三卷
陸扆集七卷
鄭元集一卷
范質文集三十卷
朱昂文集三十卷
李煜集十卷

杜光庭集三十卷
成文幹梅頂集五卷
張碧歌詩一卷
楊巨源歌詩一卷
褚載詠史詩三卷
劉言史歌詩一卷
鄭雲叟詩集三卷
孫光憲橘齋集二卷
孫魴詩三卷
李朋詩集五卷
鮑防詩集一卷

皇甫持正集湜名

林蘊集

廖凝集

廖邈集

廖融集

伍子蘭集一卷

伍處默詩一卷

韋靄集

洞天集神仙隱逸詩

孫晟文集南唐人

陳光集一卷

盧士衡集一卷

王德輿詩一卷

崔櫓無機集四卷

扈載集十卷

王希羽四庫集

五家宮詞五卷

毛欽一集二卷一名傑

蔣吉集一卷

先生與曹通政寅書云曩承面諭補綴全唐詩第十一函第七冊孫元晏以下至張元正共十四開無考今查出四十三人官爵似宜注明又李譚曰六詩七首又聯句三首似宜補入但業經進呈成事不說留此以見愚者千慮之一得耳云云此目疑爲同時錄補者時方脩兩淮鹽筴志先生已望八而端楷無一筆之率如此可敬也馮登甫記

全唐詩未備書目

明詩綜采摭書目 專集暨府州縣志概不載

潛采堂書目四種之二

秀水朱彝尊

劉仔肩雅頌正音五卷

偶桓乾坤清氣十卷

許中麗光岳英華十五卷

王諤皇明珠玉八卷

賴良大雅集八卷

沈巽明詩選

游芳皇明雅音三十卷

鄭晦朝野詩選八卷

魏仲敬敦交集一卷

徐達左金蘭集三卷

顧瑛玉山雅集十三卷

俞道生蘭芬集二卷

李伯璵文翰類選一百六十二卷

蕭儼風雅廣選三十七卷

瞿佑鼓吹續音一卷

朱紹鼓吹續編十卷

胡珍大明鼓吹十卷

晏鐸鳴盛集十卷

蘇大皇明正音

高播明詩選粹十卷

李景孟皇明正音七卷

徐庸湖海耆英詩集十二卷

徐泰皇明風雅四卷

范士衡羣英珠玉集

江昌盛明風雅十二卷

程慶琉聲文會選

楊循吉大明文寶八十卷

懷悅士林詩選二卷

陳察名臣觀感集二卷

釋文湛江海羣英集

符觀明詩正體五卷

楊慎明詩鈔七卷

謝東山明近體詩鈔二十九卷

狄斯彬明律詩類鈔

李先芳明雋十卷

朱曰藩七言律細二卷

胡應麟七言律範十五卷

穆文熙批點七言律十二卷

彭會明七言律傳五卷

張玉成七言律準四十六卷

楊巍弘正詩鈔十卷

岳岱今雨瑤華一卷

李蓘明藝圃集
俞憲盛明百家詩一百卷
顧起綸國雅二十四卷
李騰鵬明詩統四十二卷
穆光徹明詩正十八卷
盧純學明詩正聲六十卷
黃德水國華集三卷
李攀龍今詩刪三十四卷
范惟一明詩摘鈔四卷
張士淪國朝詩纂十四卷
董匡自見集六卷

屠本畯情采篇二十六卷
愼蒙明詩選七卷
何喬遠明文徵七十四卷
朱之蕃明百家詩選三十卷
曹學佺明詩六集共五百四十八卷
周詩雅明詩選十五卷
華淑明詩選四卷
朱梧琬琰清音十二卷
錢謙益列朝詩集八十一卷
陸應陽明詩妙絕五卷
黎民表明音類選十二卷

朱多炤友雅三卷
唐濱石松集一卷
陸原溥明賢詩選二卷
朱萬年明詩脈七卷
傅振商明風雅元音四卷
陳子龍明詩選十三卷
陳繼儒國朝名公詩選
朱隗明詩平論二十卷
陳濟生兩朝遺詩十卷
黃傳祖扶輪集十四卷
韓純玉明詩兼一百卷

彭孫貽明詩選
吳系驚隱集
吳振蘭歲寒集
陳瑚離憂集二卷
顧有孝驪則集
朱士稚等道南集二十卷
曾燦過日集
馮舒懷舊集
陳光緯明詩選
徐崧詩南十二卷
鄧漢儀詩觀

魏璧今詩粹
閔士行明布衣詩
張可仕補訂明布衣詩一百卷
許國七八鳴盛集
益藩潢南盛明十二家詩
陳經邦皇朝館課五十一卷
陸翀之經世宏辭十四卷
失名明詩妙絕
失名大明詩選二十卷
失名大明雅音六卷
梅鼎祚女士集二十卷

劉之汾翠樓集
方維儀宮閨詩史
鄒漪江蕉集
沈宜修伊人思一卷
酈琥彤管遺編二十卷
季嫻閨秀集二卷
失名名媛璣囊
釋普文禪藻集二十八卷
毛晉明僧弘秀集十二卷
陳文燭江國風雅
王崇簡畿輔詩存十二卷

孫汝敉燕郡游覽志詩
劉侗帝京景物略詩
譚吉璁肅松錄詩
姚汝循金陵風雅四十卷
謝稚白門新咏八卷
葛口金陵梵刹志詩
歐勝江浦餘音十卷
史學埭谿文獻
吳頴溧詩選四卷
錢穀續吳都文粹六卷
劉同升金陵游覽志

杜嗣昌姑蘇集
皇甫汸等長洲藝文志二十四卷
王賓虎邱詩集二卷
黃習遠靈巖山志八卷
顧瑛玉山名勝集八卷
王鏊震澤編八卷
蔡雲程包山集四卷
管一德常熟藝文志十八卷
周復浚玉峰詩纂六卷
俞允文崑山雜詠二十八卷
周永年吳江藝文志

顧有孝等吳江詩略十卷
周安松陵詩乘六卷
陸之裘太倉文略六卷
翟校練音四卷
邵寶惠山集六卷
周玄初鶴林類集一卷
翟厚錫山遺響十卷
沈敕荆溪外紀詩
邱維賢澄江詩選四十二卷
唐成京江遺響四十卷
張萊京口三山志詩十卷

胡經會山志
朱文山京口三山續志詩
程敏政新安文獻志詩
陳有守等徽郡詩選
王寅新都秀運集二卷
李敏徽詩類篇四十二卷
汪先岸休陽詩雋十二卷
程孟黄山小錄
方漢齊雲山志七卷
梅鼎祚宛雅八卷
李士珙續宛雅八卷

湯賓尹宣城右集
潘塤淮郡文獻二十六卷
盧純學明廣陵詩集
趙廷瑞南滁會景編四卷
方繼學浙音會略十七卷
楊維楨西湖竹枝詞一卷
孫景時武林文獻錄
田藝蘅西湖游覽志餘詩
徐懋升湖山詩選六卷
吳之鯨武林梵刹志詩
至正庚申檇李倡和詩

朱翰檇李英華詩集十六卷
蔣之翹檇李詩乘四十卷
周履靖鴛湖唱和詩一卷
沈季友檇李詩繫三十六卷
劉常武原詩集一卷
王文祿海鹽文獻志
水竹居詩一卷
龔勉烟雨樓集四卷
錢琦等小瀛洲十老詩
浦端模嘉善人文紀略十二卷
胡震亨鹽邑藝文志

徐獻忠吳興掌故集十七卷
董斯張吳興藝文補七十卷
錢學吳興詩選六卷
朱士稚等吳越詩選二十二卷
張園眞烏青文獻六十卷
求漁越山鍾秀集
王垄越詩十二卷
謝黨古虞詩集二卷
毛奇齡越郡詩選
祁彪佳寓山志四卷
芒韡山志

黃宗羲姚江逸詩十五卷
黃潤玉四明文獻錄
李堂四明文獻志十卷
宋恢四明雅集四卷
何白鄞詩嫡派四卷
楊子器慈溪詩選十卷
戴鯨四明風雅四卷
宋弘之四明雅集
陳□□甬東詩括
黃宗羲四明山志
周應賓普陀山志五卷

李嗣鄴甬東耆舊詩集三十卷
徐楚青溪詩集六卷
吳堂富春志四卷
鮑楹青溪詩集
吳希孟釣臺集十卷
章璩釣臺集拾遺四卷
阮元聲金華詩粹十二卷
鄭氏麟谿集二十二卷
童品金華文獻錄
錢奎北山志十卷
董肇勳東陽歷朝詩六卷

謝鐸赤城詩集六卷
王啟三台文獻
潘瑊天台勝蹟二卷
天台方外志
趙諫東甌詩集十五卷
朱諫雁山志四卷
韓陽西江詩選十卷
舒曰敬豫章詩選二十四卷
王綸滕王閣集二卷
董遵滕王閣集十卷
張應雷金溪文獻考

桑喬廬山紀事十二卷
朱觀熰海岳靈秀集
錢肅潤泰山詩選三卷
魯藩别乘不分卷
查志隆岱史
王崇慶蓬萊觀海亭集三卷
燕汝靖嵩岳古今集錄
明中州詩選二十二卷
趙來復梁園風雅二十六卷
朱睦㮮中州文獻志四十卷
李濂祥符文獻志十七卷

胡纘宗雍音四卷
南鏜商山題詠二卷
南軒明關中文獻志五十卷
南師仲增定關中文獻八十卷
文翔鳳周雅續
李時芳華岳全集十卷
楊慎溫泉詩一卷
仕國人文
喬世甯五臺山志一卷
清涼山志一卷
丁守中王官谷圖集四卷

王濬和恒岳志二卷
婁虛心北岳編五卷
陳士元岳紀六卷
彭簪衡岳志八卷
鄧雲霄衡岳志八卷
任自垣太和山志十五卷
岳陽紀勝彙編四卷
馬朴襄陽名蹟錄二卷
鄧原岳閩中正聲七卷
陳元珂三山詩選八卷
徐熥晉安風雅十二卷

何烱清源文獻十八卷
鄭岳莆陽文獻志七十五卷
柯維騏續莆陽文獻志
汪佃武夷山志二卷
楊亘武夷山志六卷
勞堪武夷山志四卷
邱雲霄武夷山志六卷
黄天全九鯉湖志
鼓山志
玉華洞志
王惠嶺南聲詩鼓吹

韓延粵音三卷
區懷瑞嶠雅
王準嶺南詩
陳璉羅浮志十五卷
黎民表羅浮山志四卷
霍尙守西樵山志
陳璉寶安詩錄一卷
祁順寶安詩錄後集一卷
張邦翼嶺南文獻三十八卷
魏濬西事珥八卷
張鳴鳳桂勝十四卷
楊愼全蜀藝文志六十四卷
杜應芳續補蜀藝文志五十四卷
沐昂滄海遺珠四卷
吳明濟朝鮮詩選四卷
黃洪憲輶軒錄四卷
嚴從簡殊域周咨錄二十四卷
李文鳳粵嶠書詩二卷
孫致彌朝鮮采風錄
朝鮮皇華集

明詩綜采摭書目不知何人手鈔乃先生所改定者亦係老年筆也明詩綜開琱於白蓮涇鏤版極精而未刻此目安得好事者補成之此版昔爲桐鄉金氏所得今不知在何所矣道光乙未重午里後學馮登甫裝治成册并記

明詩綜采摭書目

兩淮鹽筴書引證書目

潛采堂書目四種之三

秀水朱彝尊

周易

周易正義 孔穎達

易玩辭 項安世

易說 鄭東卿

尚書

尚書正義 孔穎達

尚書講義 范祖禹

書解 夏僎

周禮

周禮注 鄭眾

周禮注 杜子春

周禮疏 賈公彥

周禮新經義 王安石

禮經會元 葉時

周禮詳解 王昭禹

周禮解義 鄭諤

周官解義 史浩

周禮總義 易祓

儀禮

禮記

禮記注 鄭康成

禮記疏 孔穎達

禮記解義 方愨

春秋左傳

左傳疏 孔穎達

左傳解詁 賈逵

爾雅注 李巡

爾雅

爾雅注 郭璞

說文解字 許慎

釋名 劉熙

玉篇 顧野王

經典釋文 陸德明

一切經音義 釋玄應

羣經音訓 賈昌朝

史記索隱 司馬貞

七經中義 劉彝

夢溪筆談 沈括

七啟 曹植

北堂書鈔 虞世南

類篇 司馬光等

世本

魯連子
字林呂忱
古史蘇轍
路史國名記羅泌
路史注羅苹
素問
博物志張華
本草經
本草綱目李時珍
物理小識方以智
本草別錄陶弘景

素問注王砅
史記
嘉靖鹽法志史起蟄
弘治運司志徐鵬舉
漢書
隋書
羣書考索章如愚
北戸錄段公路
文采豹斑
大學衍義補邱濬
南沙集熊過

晏子春秋
越絕書
嘉靖鹽政志朱廷立
歷代制度詳說呂祖謙
漢書注如淳
古今鹺略汪砢玉
西漢會要徐天麟
續漢書志司馬彪
漢百官簿胡廣
後漢書范曄
東漢會要徐天麟

後漢書表熊方
文獻通考馬端臨
三國志陳壽
晉書
唐書劉昫
新唐書紀志表歐陽修
新唐書列傳宋祁
職官分紀孫逢吉
儀真縣志
維揚志盛儀
唐會要

五代會要
續通鑑長編李燾
通州志
九朝編年備要陳均
太平治迹統類彭百川
輿地紀勝王象之
宋史
鹽官圖經胡震亨
元史
元典章
續文獻通考王圻
嘉靖鹺志劉仕賢
明太祖實錄
大明官制
秘史姜淸
大明會典
太宗實錄
景泰實錄
憲宗實錄
世宗實錄
萬歷野獲編沈德符
淮南中十場總志徐光國

潛三　五　晨風閣

江都縣志趙訥
兩淮鹽法新志崔𣏌
如皐縣志
宋會要
正統實錄
萬歷揚州府志楊洵
維揚海防志
淮鹺本論胡文學
六帖白居易
續事始馮口
墨子墨翟
酉陽雜俎段成式
歸雲外集陳士元
明世法錄
孝宗實錄
武宗實錄
西園聞見錄張萱
淸類天文分野之書
元和郡縣志李吉甫
輿地廣紀歐陽忞
太平寰宇紀樂史
淮安新志

潛三　六　晨風閣

寰宇通志陳循等
鹽書圖注郝浴
鹽政通考胡文學
漢書注顏師古
金史
九域志王存
古今郡縣名考
九朝通略熊克
圖經
新唐書注
金陵新志張鉉

高淳縣志
十道志梁載言
南齊書
梁書
金陵地紀元庶之
輿地志顧野王
釋志
水經注酈道元
南兗州記
宋書
續漢書注劉昭

壽春記
中都志
潁州志
新建縣志
豫章記雷次宗
五代史
江西通志
萬歷都昌志
潯陽記
南城縣志
南豐縣志

建昌府志
臨江府志
袁州府志
贛州府志
名勝志曹學佺
漢書志應劭
江夏記
武昌記
荊州記盛弘之
承天府志
永初山川記劉澄之

湖廣總志
楚故略 陳士元
方輿勝覽 祝穆
岳陽風土記 范致明
尋江源記
湘中記 羅含
十三州志
楚記 廖道南
長沙府志
湖廣通志
靖州志
永州府志
寶慶府志
衡州府志
河南通志
萬歷上蔡志
萬歷西平志
遂平志
萬歷光州志
萬歷固始志
北魏書
正德陳州志

潛三　九　曝風閣

明類姓登科考 盛子鄴
登科考 俞憲
蘭臺法鑒錄 何出光
嘉靖壬戌以來履歷
南國監書
浙士登科錄
闕省監書
隆慶淮安志 陳文燭
淮安新志
陳書
南史
北史
兩淮鹽法始末 康丕揚
兩淮鹽政疏理成編 袁世振
玉海 王應麟
大學衍義 眞德秀
儀眞志
風土記 周處
曝書亭說證
寶應縣志
神宗實錄
熹宗實錄

潛三　十　曝風閣

光宗實錄
唐會要 王溥
大清律
六部新例
國榷 談遷
萬歷會計錄
光祿寺志 徐必達
棗林雜俎 談遷
止齋集 陳傅良
圖書編 章潢
陸文裕公集 陸深

泰州志
渭厓集 霍韜
周禮訂義 王與之
周禮 李叔寶
周禮 陳汲
唐韻 孫愐
增韻 毛晃
東都事略 王偁
大明律
明律疏附例
明律箋釋 王肯堂

宣宗實錄
天順實錄
穆宗實錄
昌黎集 韓愈
六一居士集 歐陽修
管子
管子注 房喬
廣韻
鹽鐵論 桓寬
涑水紀聞 司馬光
中興龜鑑

中興紀事本末
中興聖政錄
草木子 葉世奇
理道要訣
鹽池賦 郭璞
會稽志 施宿
黃氏日鈔 黃震
建炎以來朝野雜記 李心傳
世法錄
本草圖經
雷公炮炙論

宋名臣奏議
富安場志
安豐場志
何垛場志
丁谿場志
東臺場志
梁垛場志
草堰場志
小海場志
拚茶場志
角斜場志

空同集　李夢陽
東洲集　夏良勝
明疏鈔　孫甸
歐陽澈集
元文類　蘇天爵
蒼霞集　葉向高
李直講集　李覯
鼠璞　戴埴
名山藏　何喬遠
韓忠定公集　韓文
許讚集

梁文康公集　梁儲
楓山集　章懋
樊川集　杜牧
梁溪集　李綱
孫夢觀集
文苑英華
海陵集　周麟之
李文節公集　李廷機
唐音統籤　胡震亨
淵穎集　吳萊
范文正公集　范仲淹

東洲集　崔桐
郭子章集
滴露漫錄
柴墟集　儲巏
仁宗實錄
史概　朱國禎
史竊　尹守衡
史取
吾學編　鄭曉
大政記　雷禮
獻徵錄　焦竑

明經世文篇 陳子龍
國朝典彙 徐學聚
泳化類編
兩朝從信錄 倪國元
五朝典略
四朝野紀
嘉隆疏鈔
萬歷疏鈔
嘉靖初政疏鈔
八科館課
明文衡 程敏政

文則 愼蒙
文範
文徵 何喬遠
唐文粹 姚鉉
宋文鑑 呂祖謙
兩浙名賢錄 徐象梅
列卿紀 雷禮
通典 杜佑
大唐六典
廣陵集 盧綱學
分省人物考 過庭訓

長慶集 元稹
濯纓亭筆記
鹽法條例
淮政集 郝浴
景定建康志 周應合
闕水集 龐尙鵬

先生年譜康熙乙酉秋之揚城訪曹通政寅爲輯兩淮鹽筴志至戊子八月告成共二十卷此稿當爲成書時手草先生年八十歲矣書法老境有自得之意抑足徵醞舫藏書之富裝治成册後之人勿視爲故紙堆中物也道光乙未重午後學馮登

甫記於甬上

中有曝書亭說證當爲先生手著未之見也柳東記

此稿與全唐詩明詩綜書目藏篋衍已二十年恐爲乾魚餓鼠所飽後人且覦爲補袍蠟車之具特裝成册可以久遠不知此中有眞意在幵柳東又跋

兩淮鹽筴書引證書目

竹垞行笈書目

潛采堂書目四種之四

秀水朱彝尊

心字號

梁谿集四十本

王文公集十本

朱子全集四十本

王梅溪集十本

東坡集二十二本

歐陽公集二十六本

欒城集八本

韓文公集十六本

橫浦集五本

小畜集四本

古靈集三本

盤洲集二本

網山集一本

樂軒集一本

霽山集一本

馬石田集四本

嵩山集六本

竹友集一本

鄱陽集二本

何大復集一本

吾汶集一本

青山集二本

貢雲林集一本

馮太師集一本

方壺集一本

李元賓集一本

傅與礪集一本

石初集一本

范德機集一本

養蒙先生集一本

羅昭諫集一本

三雅齋集一套

四元人詩一本

事字號

津逮秘書一百六本

百川學海四十本

紀事本末四十二本

數字號

蘇氏經義十二本

先聖大訓三本

春秋詳說四本

儀禮經傳續三本
丁氏易彖義四本
李黄詩解七本
周易口義六本
邱氏周禮三本
禮經會元一本
儀禮經傳通解十本
春秋提綱一本
春秋或問六本
大學衍義補三十二本
誠齋易傳四本
十三經註疏五十一本
春秋意林一本
易鏡一本
屬詞鈔一本
儀禮商一本
詩緝十二本
易象義三本
石經二本
國策二本
孝經一本

茲字號

史概二十二本
國朝典彙二十六本
高麗史三十六本
明會典十五本
鑑誡錄
翰墨全書三十本
方輿勝覽十一本
鄭世子樂書十本
陵陽集一本
三垣筆記二本
安南志略四本
羣雄事略三本
東國史略
日本考一本
石刻一束

白字號

禮記集說二十本
麗澤論說十本
儀禮集說五本
周禮訂義九本
政和五禮十二本
開元禮八本

周禮句解四本
儀禮圖三本
詩輯聞三本
周易原旨三本
周易贊義六本
禮記纂言四本
三易備遺二本
易學啟蒙二本
音樂五書十二本
元典章十本
文恪公鑑十四本

易規等六種一本
楓林易圖一本
經禮補逸一本
丙子學易編一本
易圖叢說一本
易象鈎隱圖一本
復齋易說一本
易本義通釋四本
古易圖說一本
唐詩紀事二十本
書蔡傳旁通二本

尚書通考二本
東萊書說增補三本
能改齋漫錄十五本
朱子遺書十二本
建元考二本
嘉靖祀典五本
苑洛志樂十二本　石刻一束
髮字號
名山藏三十本
說海三十一本
歷代小史十二本

秘笈五十四本
唐宋叢書二十本
漢魏叢書四本
明詔令十本
館閣漫錄六本
萬首唐絕二十本
隸釋二本
太史華句一本
吳越僞史二本
周曇詠史詩一本　石刻一束
生字號

文選三十一本
西園聞見錄三十本
北盟會編二十六本
廣輿圖二本
銓諫子三本
仙朋詩在四本
詞覯一套
國朝典故三本
槎翁詩四本
宋元詩二十四本
古詩紀二十本

潛四　七　晨風閣

全邊略紀四本
南豐集八本
兵例六本
呂氏春秋八本
律歷考二十八本
南太僕志三本
宣和畫譜一本
異物彙苑二本
博物志補一本
食品集一本
謝華啟秀一本　雜紙一束

涯字號
閩書四十本
元文類二十本
唐文粹二十本
廣博物志二十四本
徵吾錄二本
南■積志三本
太學志六本
農政全書十六本
楚紀十二本
嶺南文獻十二本

潛四　八　晨風閣

金陵梵剎圖八本
延綏志八本
宛邱集十本
宋詞鈔四本
琴心集一本
正氣記三本
金臺集一本
古今事物考四本
山谷集六本
招水集四本
陸平集五本

唐語林二本
吳中人物志三本
峴泉集三本
觀象玩古八本
名勝志八十八本
一字號
經世文編一百二十本
武編十二本
詩統四十二本
春明夢餘錄十二本
國朝典故三十二本

紀錄會編四十八本
談薈十六本
全蜀藝文志三本
宋詩鈔十二本
元藝圃集二本
盱江集六本
清江碧嶂集一本
片字號
宋史七十四本又八本
綱目七十六本
續通鑑二十本

續綱目十本
通鑑前編十本
偽長編二十四本
長編十五本
長編本末二十本
通鑑續編四本
靑字號
讀春秋編四本
易外別傳一本
周官講義一本
四鎮三關志十本

萬歷武功錄七本
三鎮邊務一本
唐鑑二本
春秋諸國■記一本
國語六本
蜀漢本末一本
史記索隱一本
論語意原一本
伊洛淵源一本
春秋權衡二本
東萊左傳三本

春秋師說一本
詩名物解一本
詩疑問一本
儀禮逸經一本
春秋本例一本
熊氏五經說一本
呂氏春秋論一本
春王正月考一本
宋名臣言行錄五本
吏部志二十九本又九本
淮郡文獻志十八本
潛四
銓曹紀要五本
中樞集略五本
叢桂詩解五本
宋事實類苑六本
青瑣高議一本
元名臣事略三本
明典故紀聞十本
建文朝野彙編十本
柳文肅集三本
劉左史集二本
十國春秋八本

十二晨風閣

陸氏南唐書二本
史通四本
潢山集六本
通雅六本
字彙補四本
余襄公集四本
說文十二本
范石湖詩二本
晁子西集四本
貞觀政要四本
東觀餘論一本
潛四
明香類選六本
晁氏書十本
元詩體要四本
孝經鈔本一本
學庸四種一本
羣經音辨一本
程氏詩議一本
正問考四本
六書本義二本
杼山集二本
白蓮集二本

十三晨風閣

鐔津集一本
易增注二本
石林建康集一本
性命圭旨四卷
山字號
藝文類聚十四本
事文類聚二十一本
北堂書鈔十二本
唐六典四本
通典四十本
山堂考索三十四本

唐類函四十一本
類林二本
類略六本
事物紀原四本
太平治跡統類十本
中晚唐詩十二本
中州集四本
成都文類十五本
翠微南征錄一本
徐節孝集五本
唐子西集二本

陳後山集四本
五代會要三本
荀悅漢紀二本
袁宏後漢紀二本
朝野雜記四本
荔支通譜五本
虎邱詩一本
空字號
明人雜集
林字號
石譜四本

天都載一本
讀書一得二本
榕陰新□三本
禮書八本
孔門全載二十二本
山書四本
燕史二本
長短經三本
月山叢談二本
靖康要錄三本
內閣名臣事略十二本

容齋隨筆十四本
鶴林玉露三本
古文奇字一本
文選雙字三本
學圃萱蘇六本
疑耀二本
湧幢小品六本
高子遺書四本
朱子實記四本
華陽集四本
格物通二十八本

京察紀事十本
張曲江集六本
性理大全二十四本
近思錄三本
正蒙釋二本
雲笈七籤二十本
山海經廣注三本
籌海圖編八本
嘉興栁志九本
鹿皮子集一本
梅宛陵集十二本

崔清獻集二本
支離子詩一本
栲栳山人集一本
吳草廬集七本
溫庭筠詩一本
謝疊山集二本
源流錄六本
徐廸功詩一本
有字號
南太常志十二本
王謝世家六本

聖宋文選四本
古文苑四本
漢隸字源四本
一統志二十三本
南詹事府志四本
玉堂叢語四本
殿閣詞林記十本
館閣類錄十六本
鐵網珊瑚五本
寶刻叢編四本
國朝典故輯遺十本

燕山叢錄二本
嘯餘譜十本
王忠文集十本
罪知錄二本
春秋屬詞六本
杏花村志四本
祟禎紀略二本
南渡錄二本
物類相感志二本
禁扁一本
元和郡縣志五本
潛四
寰宇記十三本
靈樞素問三本
救荒本草四本
西洋書四十三本
畿輔人物志五本
針灸大成一套
詞綜五本
三孔集三本
宋詞三本
館閣錄二本
研北雜志一本
七 晨 風 閣

雪字號
宋名臣奏議五十本
八大家文鈔三十六本
過日集二十本
瑤華集六本
水經注八本
文選二套
本草綱目二十二本
又一部三十本
博古圖六本
十八種秘書二套
潛四
登科考八本
皇極書六本
嵩山志一套
韻府羣玉五本
諸訪謚號册一本
保邦十策一本
契丹志二本
芸心識餘四本
鹖元子十二本
相字號
臺閣精華四本
十八 晨 風 閣

宋元詩會二十四本
通志略十五本
文獻通考四十六本
玉海七十一本
清類分野天文十本
宣公翰苑集三本
象賢錄六本
安南事略一本
唐詩三集六本
三體唐詩八本
韓子四本

子彙十二本
顏子一本
揚子三本
抱朴子八本
諸子八本
文子二本
至游子二本
姚少監詩一本
待字號
九朝編年備要十五本
中興宋鑑四本

三朝類要一本
刪長編三本
洞庭板唐詩八本
盧溪集四本
穆參軍集一本
蛻庵詩二本
嵩陽石刻記二本
陳其年稿十本
安祿山事跡一本
唐詩韻匯四十本
錦里耆舊傳一本

詩話補遺一本
石鼓文考注一本
吳舡錄一本
春塘詩話一本
急就篇一本
封氏聞見記一本
又玄集一本
弘秀集一本
畿輔詩四本
舊本唐鑑三本
鈔本明絕句十四本

疑雨集二本
典雅詞一本
詞綜五本
亦園詞選二本
名家詞選二本
道一編一本
莊一話譏一本
學詩管見一本
字觸一本
國香集一本
歙硯志一本
潛四　主晨風閣
北夢瑣言二本
岩下放言一本
猗覺寮雜記一本
北狩等錄一本
虐政等錄一本
剝復錄一本
明名臣言行錄十本
艾軒集二本
楮記室五本
顔山雜記一本
后鑒錄二本

漢史億一本
槃庵憶記二本
锡詢錄一本
吉州人文紀略十本
徵賸八編二本
箋牘二本
鄭洛款塞紀略二本
樂典六本
家禮六本
歷代款式二本
韻補二本
潛四　主晨風閣
明宰輔傳一本
遵古錄學十一本又一包
續吳先賢讚三本
古字號
十七史一百四本
王治條例一本
九域志一本
玉壺淸話一本
容齋詩話一本
泊宅編一本
六月譚一本

無用閒談一本
流寇志二本
學林三本
后村詩話三本
焦氏類林三本
明倫大典四本
劉氏三禮圖一本
內外服制一本
五服集證一本
道字號
東都事略十本

復陸集一本
趙東山集四本
杜律虞注一本
會稽三賦一本
韻是三本
蓉城集一本
花間集一本
一鳴集一本
滄浪集一本
秋聲集一本
文原文斷一本

后鑒錄一本
石鼓文鈔二本
疑獄集二本
金石志四本
塵史一本
考古圖二本
書則一本
宋小集八本
絕妙好辭一本
元詞一本
梅苑一本

延平府志十二本
益陽縣志四本
廣州鄉賢傳四本
祥符鄉賢傳二本
磁州志五本
中州人物考六本
長洲志十本
記錄彙編五本
吏部職掌八本
帝京景物略八本
林和靖集二本

忠節錄一本
四六菁華一本
陽愚集一本
亞愚紀行詩一本
順適堂集一本
方泉集一本
李詩一本
周益公雜記五本

人字號

臺儀輯略一本
中山沿革志一本

潛四 三十二 晨風閣

翰苑須知一本
謝臯羽年譜一本
演繁露二本
蕭松錄一本
玉堂嘉話一本
詩話總龜五本
詞綜二本
谷水談林一本
庚申紀事一本
轉音迪凡一本
后紀一本

幽憤錄一本
山陵考一本
通書述解一本
心學宗元一本
傳信錄一本
大學證文一本
孟子師說一本
詩說一本
太極圖說一本
沈侍御疏一本
夏忠靖遺事一本

潛四 三十三 晨風閣

嘉靖大政編年四本
晞髮等稿一本
雪溪詩集一本
鄭安晚詩一本
野谷集一本
王常宗集一本
新都秀運集一本
渭泉詞一本
西崑集一本
夢窗甲乙稿一本
典雅詞一本

水雲詞一本
張仲舉詞一本
鈞溪樂府一本
續玉臺新詠二本
松陵集一本
盡忠錄二本
輿觀集一本
國秀集一本
廣肩吾集一本
孟忠毅奏疏二本又二本
燕石集一本

華彥清詩一本
蘘園詩删二本
淩谷集一本
不知名文稿一本
比調集一本
楊澤民詞一本
月屋漫稿一本
兩宋人稿一本
黃在軒集一本
詞綜補遺一本
書史一本

徵吾錄二本
蜀難敘略一本
崇禎遺錄一本
妖書事紀一本
蜀寇紀略一本
大事紀講義三本
野獲編四本
外戚傳一本
閔關三疏序一本
殉難諸臣考一本
風庭掃葉錄一本

村夫子說一本
崇禎宰相年表一本
謀夏錄一本
雜字韻寶一本
南燼紀聞一本
甲申雜記一本
聖武親征記一本
古今詞話一本
歷代編年一本
杜工部年譜一本
魏鄭公諫錄一本

江南野史一本
五代史補一本
釣磯立譚一本
渚宮舊事一本
赤雅一本
殉義諸臣考一本
唐闕史一本
孤臣泣血錄一本
墓銘舉例一本
碧血一本
杜陽雜編一本

却掃編一本
間中野語一本
耆舊續聞一本
墨藪一本
清暇錄一本
小名錄一本
讕言長語
珊瑚林一本
大滌洞天記一本
古音略例一本
安南雜錄一本

治河管見一本
禦侮錄一本
泰昌雜錄一本
兵燹雜記一本
十二故人傳一本
儒林公議一本
文苑英華辨證一本
漱石閒談一本
摭言二本
賓退錄四本
石鼓文正誤一本

皇陵碑一本
金陵金石考一本
金石古文二本
沈華陽傳一本
五國故事一本
經子難字一本
杜律本義一本
紀古滇說一本
紫桃軒雜綴四本
神宗紀要二本
雜鈔一本

明良紀一本
毘陵人品記一本
輿地廣記一本
鎮廣記一本
儒志編一本
古穰雜錄一本
蘆浦筆記一本
蘭亭考一本
明內閣諸臣記一本
宋西事略一本
宋小集一本

肯綮錄一本
杜氏編珠一本
夢粱錄二本
江西詩派圖一本
姑溪集一本
張伯雨集外詩一本
文淵閣書目一本
兩漢刊誤二本
玉音問答一本
壘史一本
籀史一本

科名盛事一本
戶部題名一本
滇考二本
困學紀聞三本
虛清語錄二本
表學繩尺一本
奇門大成一本
致身錄一本
平夏等錄二本
焦文端志狀一本
潁野說錄二本

虎口餘生一本
禾錄一本
不全工部志二十本
太元經二本
石屋語錄一本
袁靜春詩一本
白田集一本
天地間集一本
樵歌一本
學古編一本
宮殿額名一本

中麓畫品
庶齋老學叢談一本
雲麓漫鈔一本
金石史一本
倭志一本
翰苑粹編一本
丁文恪年譜一本
四朝聞見錄四本
陰符增註一本
北窗炙輠
含經堂碑目一本
默記一本
清波雜志一本
文昌雜錄一本
歸潛志一本
翰林記二本
診家正脈一本
夢蕉稿二本
國書四本
理學名臣錄一本
口譜三本
潛獻記一本

天下金石志二本
溫純庵集一本
西園聞見目錄二本
巡海紀略一本
讀禮疑圖一本
聖宋文選三本
南渡錄一本
徵刻書目一本
水晶宮款識一本
邦政略一本
張詡疏一本
先公雜鈔一本
雲水洞記一本
秋槐堂集一本
海東志一本
崇禎殿閣表一本
詞鈔一本
石經十束
獨字號
崇禎長編十六本
藝文志稿十四本
臨安志

輿地廣記
天乙閣書目一本
求古錄一本
三禮圖三本
史傳備
紀事本末十套
外倶雜辭五本
還字號
唐類函
宋史記
職官分凡

分省人物考
河雙

曝書亭目錄先生手定然未見全本各家鈔本互有同異此册以心事數莖白髮生涯一片青山空林有雪相待古道無人獨還二十四字編目不分四部殆行笈之記號也爲先生親筆與石樓詩稿同裝一套子孫其寶藏之道光庚寅校於四明癸巳殘冬書後拜竹生

竹垞行笈書目

藝芸精舍宋元本書目

汪君閬源藏書甚富取宋本元本別編其目各成一冊以予於此向嘗究心出以相示且屬爲序夫宋元本之可貴前人所論綦詳收藏之家罔不知寶而近世稱鑒別精審網羅廣博者唯遵王斧季數子而已今汪君宿具神解凡於有版以來官私刊支流派別心開目瞭遇則能名而又嗜好所至專壹在茲仰取俯拾兼收並蓄揮斥多金曾靡厭倦以故郡中傳流有名秘笈搜求略徧遠近風聞挾冊趨門朝夕相繼如是累稔遂目中所列宋若干種元若干種既精既博希有大觀海內好古敏求之士未能或之先也汪君之於宋元本可謂知之深而愛之篤矣間嘗聞天水蒙古兩朝自秘閣興文以

暨家塾坊場儒學書院雕鋟印造四部咸備往往可考固無書無地無人不皆宋元本也其距今日遠者甫八百餘年近者且不足五百年而天壤乃已萬不存一雖常熟之錢毛泰興之季崐山之徐向者於錄者亦十不存二三然則物無不敝時無不遷後乎今日之年何窮而其爲宋元本者竟將同三代竹簡六朝油素名可得而聞形不可得而見豈非必然之數哉然則爲宋元計者當柰何曰舉斷不可少之書覆而墨之勿失其眞是縮今日爲宋元也是緩千百年爲今日也幸其間更生同志焉而所謂宋元本者或得以相尋而無窮計無過於此者矣乃若汪君之於宋元本其知之也深其愛之

語用爲序而諗諸壬午閏月朔思適居士顧千里書時
也篤其欲爲之計者當必有度越尋常之見故詳述絀
將復之揚州爲洪賓華殿撰校刋說文繫傳之前一日
也

藝芸書舍宋元本書目

經部 易類宋本

周易注疏鈔補 十三卷

周易本義鈔補 十二卷

楊誠齋易傳 二十卷

易經 三卷

易類元本

周易朱子本義 十卷

周易集說 不分卷

文公易說 三十三卷

書類宋本

尚書孔傳　十三卷
金板尚書注疏鈔補　二十卷
尚書白文　十三卷
金仁山尚書表注　二卷

書類元本

尚書輯錄纂注　六卷
陳大猷尚書集傳　十二卷
或問　二卷
尚書經傳音釋　六卷

詩類宋本

詩經　二十卷
劉氏詩說　存十一卷三卷至八卷十一卷十二卷
詩經解詁　二十卷
讀詩記　存十一卷一卷至九卷

詩類元本

詩經朱子集傳　十卷
又　十卷
詩經問疑　八卷
詩經集傳附錄纂疏　二十卷
韓齊魯三家詩考　六卷
詩經疏義　二十卷
詩經通釋　二十卷

禮類宋本

周禮鄭注 十二卷

又 存一卷至三卷

北宋板儀禮鄭注 十七卷

景德官本儀禮單疏 存一至三十一卷三十八至五十卷

禮記鄭注 二十卷

又 存九卷

衞湜禮記集說 百六十卷

朱子家禮鈔補 五卷附錄一卷

周禮 十二卷

儀禮要義 五十卷

禮記 二十卷

禮記釋文 不分卷

周禮 存三卷至六卷九卷十卷

禮記 存一卷二卷五卷至十卷

周禮要義

禮類元本

儀禮圖 十七卷

附旁通圖 一卷

五服圖解 一卷

陳澔禮記集說 十六卷

禮書 一百五十卷

樂類 元本

樂書　二百卷

春秋 宋本

小字本左傳集解　存一至十三卷十九至二十四卷二十七至三十卷

又大字本　存八至十卷十五至二十卷二十二至三十卷

又　存十一至二十九卷

宋岳板左傳 零配覆本　三十卷

小字本重言重意左傳　存十五至三十卷

十行本公羊注疏　二十八卷

春秋公羊經傳解詁　十二卷

穀梁經傳解詁　存七至十二卷

春秋釋文　六卷

左傳　三十卷

春秋 元本

春秋左傳單林注　七十卷

春秋纂言　十二卷

附總例　一卷

春秋會通　二十四卷

春秋辨疑　十卷

春秋纂疏　三十卷

左氏傳議 錢楚殷校宋本　二十五卷

四書 宋本

四書章句

大學章句 一卷　論語集注 十卷

孟子集注 十四卷　中庸章句 一卷

大學或問 二卷　中庸或問 二卷

每卷後附音攷

張九成孟子傳 二十九卷

四書 元本

四書叢說 八卷

訓詁 宋本

爾雅郭注 三卷

爾雅單疏 十卷

羣經音辨 七卷

字書宋本

說文解字　三十卷

說文繫傳　存三十至四十卷

古文四聲韻　五卷

龍龕手鑑鈔補　四卷

說文解字　三十卷

字書元本

六書統　二十卷

六書泝源　十二卷

六書正譌　五卷

韻書宋本

吳才老韻補　五卷

附釋文互注禮部韻略　五卷

毛晃增補韻略　五卷附貢舉條式一卷

押韻釋疑　五卷

玉篇　存七卷至十八卷二十五卷至三十卷

韻書元本

韻會舉要　三十卷

平水韻略　五卷

史部

正史宋本

史記集解 百三十卷

宋耿板史記索隱 存帝紀八卷至十二卷年表一卷至三卷六卷至十卷八書一卷至四卷六卷至八卷世家八卷至三十卷列傳一卷至五十六卷

又一部 存帝紀一卷至七卷年表一卷至七卷八書八卷全世家一卷至十二卷二十五卷至三十卷列傳一卷至八卷十四卷至五十一卷五十八卷至七十卷

又一部 存帝紀六卷至十二卷年表一卷至十卷八書一卷至八卷世家一卷至六卷十九卷至三十卷列傳十四卷至十八卷二十七卷至六十九卷

景祐本前漢書 百卷

又一部 仝

後漢書 百二十卷

三國志鈔補 六十五卷

單吳志 二十卷

晉書 百三十卷

北史 存列傳三十卷

小字本新唐書 二百五十卷

又大字本一部 仝

又一部 存本紀十卷全禮樂志一卷至八卷十五卷三十六卷四十卷至四十七卷表二卷至上十卷下十一卷至上十二卷十三卷至十五卷列傳一卷至三十六卷四十四卷至八十一卷八十九卷至百二卷百八卷至百二十六卷百三十六卷至百四十五下百四十八至百五十卷

又一部 存本紀十卷全禮樂志三十四卷至五十卷表十五卷全列傳一卷至二十一卷

舊唐書 存志十一卷至十四卷二十一卷至二十五卷二十八卷至三十卷傳十五卷至二十八卷三十八卷至四十七卷五十卷至六十卷七十八卷至八十三卷百十五卷至百十九卷百二十九卷至百三十四卷百四十下卷至百四十四卷

梁書 存本紀一卷四卷至六卷列傳五十卷

陳書 本紀六卷列傳三十卷

史記索隱 一百三十卷

後漢書 鈔補　一百二十卷

三國志　存七卷八卷九卷二十五至三十卷三十九至四十五卷四十九五十卷五十七至六十卷

史記集解 鈔補　一百三十卷

後漢書 鈔補　一百二十卷

編年 宋本

資治通鑑　二百九十四卷

又一部　存十一卷至十五卷二十二卷至四十二卷四十五卷至四十七卷五十一卷至五十二卷七十三卷至七十九卷八十八卷至八十九卷九十二卷至百二卷百十卷至百十四卷百十七卷至百三十六卷百四十卷至百四十四卷百四十七卷至百五十一卷百五十八卷至百七十卷百七十三卷至百七十四卷百八十八卷至二百卷二百九卷至二百十六卷二百三十四卷至二百三十七卷二百四十卷至二百

五十五卷二百六十三卷至二百六十五卷二百六十八卷至二百七十一卷二百八十卷至二百八十一卷二百八十四卷至二百九十四卷

又一部 大字本　存一卷至五卷七卷至三十五卷三十七卷至三十八卷四十二卷至八十三卷八十六卷至百五卷百七卷至百十八卷百二十卷至百五十卷百五十三卷至百五十五卷百六十卷至百八十卷百八十二卷至百八十三卷百八十五卷至百八十九卷百九十一卷至百九十二卷百九十六卷至二百一卷二百三卷至二百七卷二百九卷至二百三十九卷二百四

十二卷至二百七十一卷二百七十六卷至二百七十九卷二百八十六卷至二百八十九卷二百九十一卷

資治通鑑 大字本　存六卷至十六卷十九卷至二十一卷三十四卷三十八卷至五十四卷五十七卷至七十卷七十二卷至百十一卷百十三卷至百十七卷百二十二卷至百二十九卷百三十五卷至百三十九卷百四十一卷至百五十五卷百五十七卷[redacted]百六十一卷至百八十六卷百八十八卷至百九十卷百九十四卷至二百二十五卷二百二十七卷至二百五十卷二百五十四卷至二百五十五卷二百六十卷至二百六十五卷二百七十一卷

資治通鑑大目錄　三十卷

資治通鑑考異 鈔補　三十卷

通鑑釋文　三十卷

通鑑外紀詳節　十卷

九朝編年備要　三十卷

又一部 鈔補　三十卷

編年通載　存一至四卷

續資治通鑑節要　存一至六卷

中興繫年要錄　存八至十七卷

中興聖政錄　存一至二十卷四十五至六十四卷

鈔本太宗實錄　存三十一卷至三十五卷四十一卷至四十五卷七十七卷七十八卷

李燾長編　存三十卷至三十四卷又三十八之一卷四十之一卷五十七之二卷至七十五之二卷七十九卷至八十之三卷八十一卷之一卷至八十一之三卷八十二之一卷之八十二之四卷八十三之一卷至八十三之四卷八十四之一卷至八十五之五卷八十六之一卷至八十八卷九十一之二卷至九十六之三卷九十七之一卷至一百四之二卷一百五之一卷至一百六之一卷

通鑑長編　百零八卷

陸唐老通鑑　一百二十卷

通鑑綱目　五十九卷

資治通鑑　二百九十四卷

編年元本

胡三省音注通鑑　二百九十四卷

胡三省通鑑辨誤　十二卷

陳桱續通鑑　二十四卷

宋季三朝政要　六卷

十七史纂古今通要　十七卷

古今通要後集　三卷

又　三卷

宋史全文　三十六卷附錄二卷

紀事本末宋本

通鑑紀事本末　四十二卷

又小字本一部　仝

又撮要一部　八卷

別史宋本

建康實錄　二十卷

古史　六十卷

東都事略　存三十一至四十四十六至四十八卷五十一至六十八十四至一百零五一百十六至一百二十九卷

別史元本

逸周書　十卷

契丹國志　二十七卷

蜀漢本末　三卷

雜史宋本

鮑彪注戰國策　十卷

高誘注戰國策　三十二卷

雜史元本

吳師道校注戰國策　十卷

詔令宋本

兩漢詔令　前十二卷　後十一卷

藝目　史部　詔令

三三　晨風閣

奏議宋本

石林奏議　十五卷

諸臣奏議　百五十卷

奏議元本

陸宣公奏議　十五卷

藝目　史部　奏議

三三　晨風閣

傳記聖賢宋本

東家雜記　二卷

傳記聖賢元本

孔子祖庭廣記　十二卷

道命錄　十卷

傳記名人宋本

諸葛武侯傳　不分卷

傳記名人元本

晏子　八卷

傳紀總錄宋本

古列女傳　七卷續一卷

傳紀總錄元本

南渡十將傳　十卷

元名臣事略　十五卷

百將傳　存六卷

史鈔宋本

兩漢博聞　十二卷

史鈔元本

通鑑總類　二十卷

宫殿疏　元本
三輔黄圖　六卷

地理總志　宋本
方輿勝覽　七十卷
東南進取輿地通鑑　存一至三十卷
輿地廣記　三十八卷
殘宋板輿地廣記　存十八卷至三十四卷

地理總志　元本
混一方輿勝覽　三卷

都會郡縣宋本

吳郡續圖經　三卷

咸淳臨安志　九十三卷

新定續志元人鈔補　十卷

嚴州圖經　存一至三卷

吳郡志　五十卷

山川元本

茅山志　十五卷

地理雜記宋本

會稽三賦　三卷

六朝事迹編類鈔補　十四卷

地理雜記元本

東京夢華錄　十卷

職官宋本

中興館閣錄　存二至十卷

又續錄　存一至九卷

史評宋本

通鑑博議　十卷

藝目　史部　史評　　芸晨風閣

政書通制元本

通典　二百卷

又　二百卷

藝目　史部　政書通制　　芸晨風閣

典禮元本

聖朝孔子廟祀　不分卷

影元鈔素王事記通制孔子廟祀　不分卷

法令元本

唐律疏義　三十卷

金石元本

隸續鈔補　二十一卷

藝目史部　金石　羌晨風閣

子部

儒家宋本

熙甯本荀子　二十卷

錢佃本荀子　二十卷

說苑　二十卷

新序　十卷

中說　十卷

大學衍義　四十三卷

童蒙訓　三卷

眞西山讀書記　甲三十七卷乙二十二卷丁二卷

西山讀書記　甲一至二十六卷乙二十二卷

李軌注楊子法言　十三卷

附音義　一卷

藝目子部　儒家　羌晨風閣

儒家元本

元人鈔本孔叢子　七卷

祟正辯　三卷

近思錄　十四卷

小字本陸賈新語　二卷

讀書分年日程　三卷

兵家宋本

武經七書　孫子　三卷　吳子　二卷

司馬法　三卷　唐太宗李衛公問對　三卷

尉繚子　五卷　黃石公三略　三卷

六韜　六卷

孫子　二卷

吳子　二卷

司馬法　二卷

法家宋本

管子　二十四卷

管子　二十四卷

棠陰比事　不分卷

醫家宋本

鬼遺方　五卷

龐安時傷寒總論　六卷

史載之方　二卷

雞峰普濟方　存一卷四卷五卷七卷九卷至三十卷

活人書　十八卷

洪氏集驗方　五卷

衛生家寶產科備要　八卷

政和本草　三十卷

又一部鈔補　全

傷寒要旨　二卷

金板新刊圖解素問要旨論　八卷

千金方　三十卷

金板儒門事親　十五卷

十便良方　存十卷

外臺秘要　存一卷至二十卷二十四卷至三十七卷

幼幼新書鈔補　存七卷

杜光庭玉函經　不分卷

仁齋直指　二十六卷

附醫脈眞經　一卷

仁齋傷寒活人總括　七卷

小兒方論　五卷

張氏醫說 十卷
三因極一病證方論 十八卷

醫家 元本
千金方 三十卷
錫類鈐方 二十二卷
傷寒百證歌發微論 歌五卷 論二卷
傷寒直解 五卷
太平惠民和劑局方 十卷
醫學發明 存七卷
傷寒括要 百二十篇
傷寒論注 十卷
外科精義 二卷
濟生拔萃 十九卷

附保命集論 二卷
惠民御藥院方 二十卷
醫方大成 十卷

數學　宋本

宋鈔本太玄經　十卷

相宅墓　宋本

金板五音地理新書　十五卷

星命宋本

範圍數 二卷

三命消息賦 三卷

陰陽五行宋本

三歷撮要 一卷

陰陽五行元本

年月備要 前集三元通用六十年定例 後集六卷諸家總要

書畫宋本

圖畫見聞志　六卷

畫小史　十卷

書畫元本

繪圖寶鑑　五卷

續　一卷

器用雜物宋本

硯史　一卷

忘憂清樂集　一卷

器用雜物元本

考古圖　十卷

食譜宋本
大隱翁酒經　三卷

花木宋本
梅花喜神譜　不分卷

雜學宋本

顏氏家訓　七卷

北宋板小字本淮南鴻烈解　二十一卷

尹文子　二卷

雜學元本

呂氏春秋　二十六卷

雜考宋本

容齋續筆　十六卷

程大昌演繁露　十卷

雜考元本

小字本白虎通　二卷

雜說宋本

示兒編　二十三卷

媿郯錄　十五卷

張子語錄　四卷

楊龜山語錄　六卷

春明退朝錄　三卷

雜說元本

夢溪筆談　二十六卷

雜纂宋本

文苑英華鈔　四卷

藝目子部　雜纂

晨風閣

雜品元本

居家必要　十卷

藝目　子部　雜品　五十八　晨風閣

雜編元本

六子全書

老子道德經　二卷　南華眞經　十卷

沖虛至德眞經　八卷　荀子　二十卷

新纂門目五臣音注楊子法言　十卷

文中子　十卷

六子全書

老子道德經　二卷　南華眞經　十卷

沖虛至德眞經　八卷　荀子　二十卷

新纂門目五臣音注楊子法言　十卷

文中子　十卷

王應麟雜著

詩考　一卷　詩地理考　六卷

漢藝文志　十卷　通鑑地理通釋　十四卷

漢制考　四卷　急就篇　四卷

姓氏急就篇　二卷　周易鄭康成注　一卷

王會解　一卷　踐阼篇　一卷

小學紺珠　十卷　六經天文篇　二卷

通鑑問答　五卷

又一部

書學彙編　十卷

藝目　子部　雜編　五十九　晨風閣

類書 宋本

初學記　三十卷

白氏六帖　三十卷

白孔六帖　一百卷

事物紀原　二十卷

紀纂淵海　百九十五卷

詩律武庫　前三十卷 後

事類賦　三十卷

古今合璧事類　存前一卷四卷至四十一卷四十三卷至六十九卷後一卷至十二卷十五卷至十九卷四十三卷至五十二卷五十八卷至六十三卷六十五卷至八十一卷

十二先生詩宗集韻　二十卷

太平御覽　存一卷至百三十三卷百七十二卷至二百卷二百十二卷至三百六十八卷四百二十四卷至四百五十五卷五百三十一卷至五百三十五卷五百四十一卷至五百四十五卷七百二十六卷至七百三十卷

蒙求補注　八卷

三續千字文　一卷

册府元龜　存一百二十九卷至一百六十六卷一百七十一至一百八十卷一百八十二至二百零四卷五百零五至五百三十八卷五百四十二至五百七十七卷五百八十三至五百九十九卷六百零四卷六百零五卷鈔六百零八至六百六十卷六百六十六卷至七百零一卷七百零六卷至七百零八卷七百十七卷至七百二十卷七百二十六至七百三十二卷七百三十七卷至七百三十九卷七百四十二至七百五十六卷七百六十一卷至七百九十一卷七百九十六至八百卷八百零三卷至八百零六卷八百十一至八百十二卷八百十五至八百六十五卷八百七十六至九百卷九百零六至九百三十三卷

九百三十六至九百三十八卷九百四十至九百四十二卷九百四十四卷至九百四十七卷九百五十至九百五十六卷九百六十七卷至一千卷舊鈔六百零一至六百零三卷六百零六卷六百零七卷七百零二至七百零五卷七百零九至七百十六卷七百三十三至七百三十六卷七百四十一卷七百五十七卷至七百六十卷七百九十二卷至七百九十五卷八百零一卷八百零二卷八百零七卷至八百十一卷八百十三卷八百十四卷八百六十六卷至八百七十五卷九百三十四卷九百三十五卷九百三十九卷九百四十三

卷九百四十八卷九百四十九卷九百五十七卷
至九百六十六卷止

類書　元本

藝文類聚　百卷

山堂考索　前六十六卷　續五十六卷
後六十五卷　別二十五卷

山堂考索　前六十六卷　續五十六卷
後六十五卷　別二十五卷

玉海　二百卷

附辭學指南　四卷

玉海　二百卷

附辭學指南　四卷

袖珍本事文類聚翰墨大全
甲十二卷　后甲十五卷
乙九卷　后乙十三卷
丙十四卷　后丙十二卷
丁十一卷　后丁十四卷
戊九卷　己十二卷
庚十五卷　辛十六卷
壬十七卷
癸十七卷

袖珍本啟劄青錢
前十卷　後十卷
續十卷　別十卷
外十卷

事文類聚　前六十卷　續二十八卷
後五十卷　別三十二卷

氏族大全　十集

大學重新增修決科截江網　三十五卷

小說雜事　宋本

湘山野錄　元人鈔補　三卷　續一卷

清波雜志　十二卷

茅亭客話　十卷

雲溪友議　三卷

揮麈錄

前錄　四卷　後錄　二卷

三錄　三卷

又一部

前錄　四卷　後錄　十一卷

三錄　三卷　餘話　二卷

鑑誡錄　十卷

小說　元本

鐵圍山叢談　鳳生草堂本　述古堂藏　六卷

異聞宋本

夷堅志甲乙丙丁四集　八十卷

幽怪錄續　四卷

山海經　三卷總目分十八卷

釋家宋本

翻譯名義　七卷

又一部毛氏鈔補　仝

五燈會元　存一至十卷

首楞嚴經玄覽　一卷

大慧普覺禪師年譜　不分卷

宗鏡錄節要　二卷

景德傳燈錄　三卷

人天寶鑑　二卷

釋家元本

釋氏通鑑　十二卷

釋氏稽古略　四卷

道家 宋本

建安虞氏河上公注老子道德經 二卷

沖虛至德眞經 八卷

郭象注南華眞經 十卷

亢倉子 五卷

通玄眞經 十二卷

玉皇心經 一卷

道家 元本

關尹子 三卷

清菴先生中和集 六卷

集部

楚辭類 宋本

反離騷 一卷

錢杲之離騷集傳 一卷

王逸注楚辭 十七卷 釋音一卷

離騷草本疏 四卷

別集 宋本
陶淵明集　十卷
大本陶淵明詩　不分卷
湯注陶淵明詩　四卷
駱賓王集 鈔補　十卷
王右丞詩文集　十卷
北宋板李太白集　三十卷
九家注杜詩　存一卷至十八卷二十卷至二十四卷二十七卷至三十四卷
杜工部草堂詩箋　存二十六卷至五十卷附錄一卷
孟浩然詩集　三卷
小字本孟東野詩集　十卷

又一部　存一卷至五卷
金板李賀歌詩編　四卷
世綵堂韓文公全集
正集　四十卷　外集　十卷
遺文　一卷
補注韓昌黎文集
外集　十卷　遺文　三卷
文公志　三卷
增廣注釋音辨柳子厚文集　四十五卷
柳柳州集　存三卷至八卷十四卷
至二十五卷三十八卷至四十五卷

又外集
白文公文集　存十七卷
甲乙集　十卷
許丁卯集　二卷
李頻詩集　一卷
孫樵集　十卷
胡曾詠史集　三卷
李建勳詩　一卷
周賀詩集　一卷
唐秦隱君集　一卷
唐求詩集　一卷

藝目　集部　別集　壬辰風閣

朱慶餘集　一卷
浣花集 鈔補　十卷
乖崖文集　十二卷
林和靖集　存一卷
鉅鹿東觀集　十卷
司馬温公集　八十卷
趙清獻公集　十六卷
歐陽公居士集　五十卷
欒全集　存十七卷至三十四卷
嘉祐集　十五卷
荊公詩注　存宋板二十七卷二十

八卷三十四卷至三十八卷四十八卷至五十卷
鈔四十五卷四十六卷四十七卷
蘇東坡和陶淵明詩集　二卷
欒城文集　存前進一卷至八卷後進九卷至二十一卷
山谷詩注　存一卷至十八卷
參寥子詩集　十二卷
梁溪文集　存十三卷十四卷四十一卷至五十二卷六十二卷至七十卷九十一卷至九十八卷百四十八卷百五十三卷百五十四卷百六十一卷至百六十三卷

北山小集　四十卷
孫尚書內簡尺牘　十六卷
孫尚書大全集　存六卷九卷十卷十五卷至十八卷二十三卷至二十五卷三十卷至三十五卷四十卷四十二卷至四十九卷五十卷至五十七卷
黃豫章文集　存一卷至十四卷十七卷至十九卷
又外集一部　存一卷至六卷
葛歸愚集　存五卷至十三卷
范香溪集　二十二卷

周益公集　存
省齋文稿一卷至八卷二十八卷至三十六卷
平園續稿一至十五卷二十七卷至三十卷三十六卷至四十卷　玉堂類稿六卷至八卷十一卷至十三卷　歷官表奏一卷至五卷十卷至十二卷
承明錄一卷至六卷　書稿九卷至十一卷　附錄五卷
義豐文集　一卷
雲莊四六餘話　不分卷
楊誠齋文膾前後集　二十四卷

藝目　集部　別集　晨風閣

陸渭南文集　五十卷
劍南詩稿　存
目錄　三卷　正集　十卷
續集　八卷
黃勉齋集　四十卷
魏鶴山集　百九卷
渠陽詩　不分卷
眞西山集鈔補　五十四卷
友林乙稿　一卷
劉后村集　六十卷
文文山指南錄　四卷

王建詩集　鈔補　十卷
東坡集　存一卷至二十三卷三十二卷三十三卷三十六卷至三十九卷
白文公集　七十一卷
東坡文集　存一卷至十一卷二十一至二十七卷三十至四十卷
黄山谷大全集　五十卷
小畜集　鈔補　三十卷
后山詩注　鈔補　十二卷
北宋板王右丞文集　十卷

別集元本
箋注陶淵明集　十卷
集千家注杜詩　二十五卷
王右丞詩集　六卷
增廣注釋音辨唐柳先生全集　詩文集四十三卷　別錄二卷　外集二卷　附錄一卷
許丁卯集　二卷　遺編續補　拾遺
伊川擊壤集　二十卷
王注蘇詩　三十二卷
范香溪集　二十二卷

任松鄉文集　十卷
劉靜修集　三十卷
馬石田集　十五卷
楊鐵崖古樂府　十卷
附復古詩　六卷
元人俞貞木鈔存悔齋詩　朱性甫補頁　一卷
吳禮部集　二十卷
程雪樓集　三十卷
陳簡齋詩集　三十卷
范德機集　七卷
麟溪集　十六卷

麗則遺音　四卷
白玉蟾武夷集　八卷
張伯雨詩集　五卷
梅花百詠　一卷
翰林珠玉集　六卷
滄浪吟　三卷
趙松雪集　十卷
詩文外集　一卷
黃文獻公集　存一卷至十二卷二十二至三十一卷
分類補注太白集　存二十五卷
范文正公集　二十卷
別集　四卷　尺牘　三卷
遺文　一卷
范忠宣公集　二十二卷
張忠文公集　二十八卷

總集　宋本
李善注文選　鈔補　六十卷
又一部　存三十三卷　內鈔三卷
六臣文選　六十卷
張之綱本六臣文選　六十卷
竇氏連珠集　五卷
才調集　鈔補　十卷
文苑英華辨證　十卷
唐百家詩選　存一卷至五卷十一卷至十五卷
唐僧弘秀集　存八卷
三謝詩　一卷
詩苑衆芳　一卷
分類唐詩　存十二卷
聖宋文選　鈔補　三十二卷
萬首唐人絕句　存三十六卷
崇古文訣　二十卷
中興羣公吟稿戊集　七卷
吳說編杜王絕句　四卷
昆山雜咏　三卷
三蘇文粹　七十卷
觀瀾集　八卷

古文苑　二十一卷
麗澤集　三十五卷
續麗澤集　十卷
附關鍵增廣麗澤集文　一卷
唐百家詩選　存十一卷
唐文粹秀配覆本　一百卷

總集元本
李善注文選　六十卷
又　六十卷
皇元風雅　不分卷
中州集　十卷
附樂府　一卷
皇元文類小字本　七十卷
左克明樂府　十卷
大字本皇元文類　七十卷

詞集宋本
周美成詳注片玉詞　十卷
宋鈔楊太后宫詞　一卷
蘆洲詞　一卷

詞集元本
東坡詞　二卷
辛稼軒長短句　十二卷

曲元本

琵琶記　二卷

荆釵記　二卷

詩文評元本

文則　百五十六條

文心雕龍　十卷

金石例　十卷

結一廬書目

結一廬書目卷之一　唐棲朱氏收藏

經部

易學辨惑一卷　宋邵伯溫撰　元和顧氏藝海樓傳鈔閣本

讀易詳說十卷　宋李光撰　同上

周易窺餘十五卷　宋鄭剛中撰　同上

易變體義十二卷　宋都絜撰　同上

厚齋易學五十二卷　宋馮椅撰　同上

周易總義二十卷　宋易祓撰　同上

西谿易說十二卷　宋李過撰　同上

周易詳解十六卷　宋李杞撰　同上

涂山讀周易記二十一卷　宋方實孫撰　同上

周易集說四十卷附易圖纂要一卷　宋俞琰撰　舊鈔本　怡邸藏書

周易象義十六卷　宋丁易東撰　藝海樓傳鈔閣本

周易啟蒙翼傳四卷　元胡一桂撰　元刊本

易傳言外翼八卷　元吳澄撰　藝海樓傳鈔閣本

周易集傳八卷　元龍仁夫撰　同上

易精蘊大義十二卷　元解蒙撰　同上

易學變通六卷　元曾貫撰　同上

易學會通十四卷　元董眞卿撰　明洪武二十一年建安務本堂刻本

周易爻變義蘊四卷　元陳應潤撰　藝海樓傳鈔閣本

周易參義十二卷　元梁寅撰　元刊本

周易文詮四卷　元趙汸撰　藝海樓傳鈔閣本

尚書講義二十卷　宋史浩撰　同上
絜齋家塾書鈔十二卷　宋袁燮撰　同上
尚書精義五十卷　宋黃倫撰　同上
讀書叢說六卷　元許謙撰　影元精鈔本
書傳會選六卷　明翰林學士劉三吾等奉敕撰　明味經堂刊本
毛詩本義十六卷　宋歐陽修撰　明成化刊本
慈湖詩傳二十卷　宋楊簡撰　藝海樓傳鈔閣本
呂氏家塾讀書記三十二卷　宋呂祖謙撰　明嘉靖十年影宋刊本
毛詩講義十二卷　宋林岊撰　藝海樓傳鈔閣本
毛詩集解二十五卷　宋段昌武撰　同上
詩緝三十六卷　宋嚴粲撰　明味經堂刊本

詩纘緒十八卷　元劉玉汝撰　藝海樓傳鈔閣本
詩演義十五卷　元梁寅撰　同上
韓詩外傳十卷　漢韓嬰撰　明嘉靖間通津草堂仿宋刊本
周禮鄭氏注十二卷　漢鄭康成注　明嘉靖間重刊相臺岳氏本
周禮注疏五十卷　唐賈公彥疏　宋慶元間吳興沈賓之校刊本每半葉八行每行大十六字至十九字小二十二字至二十七字不等不附音釋　明晉府藏書
周禮新義十六卷附考工記解二卷　宋王安石撰　藝海樓傳鈔閣本
周禮詳解四十卷　宋王昭禹撰　舊鈔本　璜川吳氏藏書
禮經會元四卷　宋葉時撰　明成化刊本
周禮總義三十卷　宋易祓撰　藝海樓傳鈔閣本
周官集傳十六卷　元毛應龍撰　同上

儀禮鄭氏注十七卷　漢鄭康成注　明嘉靖間重刊宋相臺岳氏本
內外服制通釋九卷　八九兩卷原闕　宋車垓撰　舊鈔校本
禮記鄭氏注四十九卷　漢鄭康成注　明嘉靖間重刊宋相臺岳氏本
月令解十二卷　宋張虙撰　藝海樓傳鈔閣本
禮記集說一百二十卷　宋衞湜撰　舊精鈔本
大戴禮記十三卷　周盧辯注　明嘉靖十二年吳郡袁氏重刊宋本
夏小正戴氏傳四卷　宋傅崧卿撰　明吳郡袁氏重刊宋本
禮書一百五十卷　宋陳祥道撰　元至正七年刊本　郡城汪氏振綺堂藏書
儀禮經傳通解三十七卷續二十九卷　宋朱子撰　門人黃幹等續　明正統間刊本
纂圖集注文公家禮十卷　宋朱子撰門人楊復附注後學劉垓孫增注　宋季麻沙

坊間刊本　琴川毛氏汲古閣藏書
春秋經傳集解三十卷　晉杜預撰　宋湻熙三年閩山阮仲猷種德堂刊每半葉十行行十八字注二十二字首帙春秋名號歸一圖二卷年表一卷後附音釋　季滄葦藏書
春秋五禮例宗十卷　原闕三卷　宋張大亨撰　舊鈔校本
春秋讞二十三卷　宋葉夢得撰　藝海樓傳鈔閣本
春秋左氏傳續說十二卷　宋呂祖謙撰　同上
春秋比事二十卷　宋沈棐撰　舊精鈔本
春秋分紀九十卷　宋程公說撰　影寫宋湻祐三年刊本
春秋講義四卷　宋戴溪撰　藝海樓傳鈔閣本
春秋集義五十卷綱領三卷　宋李明復撰　同上
春秋集傳十九卷綱領一卷　原二十六卷今佚七卷　宋張洽撰　歸安嚴修能

手錄本　同里勞氏丹鉛精舍藏書

春秋說三十卷　宋洪咨夔撰　藝海樓傳鈔閣本

春秋經傳句解七十卷　宋林堯叟撰　宋季刊本每半葉十行每行大小均二十字至二十三字不等　季滄葦藏書

春秋纂言十二卷總例七篇不分卷　元吳澄撰　舊鈔本　郡城吳氏瓶花齋藏書

春秋讞義九卷　宋王元杰撰　藝海樓傳鈔閣本

春秋讞義十二卷　宋王元杰撰　舊鈔足本　振綺堂藏書

春秋詩說三卷　元趙汸撰　明刊細字本

春秋左氏傳補注十卷　元趙汸撰　明刊細字本　鄞縣范氏天一閣藏書

春秋明志錄十二卷　明熊過撰　舊鈔本

孝經注一卷　唐玄宗明皇帝御撰　汲古影寫宋咸平四年刊本

孝經述注一卷　明項霦撰　藝海樓傳鈔閣本

十一經問對五卷　元何異孫撰　元刊本

蒙齋中庸講義四卷　宋袁甫撰　藝海樓傳鈔閣本

讀四書叢說八卷　元許謙撰　元刊本　孫淵如藏書

四書通二十六卷　元胡炳文撰　元泰定間刊本　元和顧氏小讀書堆藏書

皇祐新樂圖記三卷　宋阮逸胡瑗奉敕撰　影寫宋刊本

樂書二百卷　宋陳暘撰　元刊本　振綺堂藏書

爾雅三卷　晉郭璞撰　元雪窗書院刊本

埤雅三十卷　宋陸佃撰　明初刊細字本

鐘鼎彝器欵識法帖二十卷　宋薛尚功撰　明人影摹薛氏手書眞蹟本後有周亮工顧苓兩跋

六書正譌五卷　元周伯琦撰　元刊本

集韻十卷　宋丁度等奉敕撰　錢遵王影寫宋刊本

韻補五卷　宋吳棫撰　元刊本　天一閣藏書

五音集韻十五卷　金韓道昭撰　明成化三年刊本

結一廬書目卷之一終

結一廬書目卷之二

唐棲朱氏收藏

史部

史記一百三十卷漢司馬遷撰 宋裴駰集解 唐司馬貞索隱 明嘉靖四年震澤王氏重刊宋本

史記一百三十卷漢司馬遷撰 宋裴駰集解 唐司馬貞索隱 明嘉靖四年莆田柯氏校刊宋本

漢書一百二十卷漢班固撰 唐顏師古注 明嘉靖十六年廣東崇正書院刊本

後漢書一百二十卷宋范曄撰唐章懷太子賢注志三十卷晉司馬彪撰梁劉昭注補欵式與漢書同亦崇正書院刊本

西漢刊誤補遺十卷宋吳仁傑撰 影寫宋刊本

舊五代史一百五十卷目錄二卷宋薛居正撰 舊鈔本 此本每條下注大典卷數及宋補書名

五代史記七十五卷宋歐陽修撰 徐無黨注 元宗文書院刊本

建炎以來繫年要錄二百卷宋李心傳撰 傳鈔閣本

皇朝編年備要三十卷宋陳均編 影宋鈔本

通鑑紀事本末四十二卷宋袁樞編 宋寶祐四年大字刊本

三朝北盟會編二百五十卷宋徐夢莘編 舊鈔本

蜀鑑十卷宋郭允蹈撰 明鈔本 南昌彭氏知聖道齋藏書

汲冢周書十卷晉孔晁注 元至正十四年刊本

東都事畧一百三十卷宋王稱撰 明重刊宋本

春秋別典十五卷明薛虞畿撰 鈔本 孫淵如考注出典

貞觀政要十卷唐吳兢撰 元戈直注 明成化間內府刊大字本

五代史闕文一卷宋王禹偁撰 知聖道齋鈔本

松漠紀聞一卷續一卷宋洪皓撰 明初刊本

皇朝太平治迹統類前集宋彭百川撰 舊鈔校本 知聖道齋藏書

唐大詔令一百三十卷原闕二十三卷 宋宋敏求編 知聖道齋鈔本

兩漢詔令二十三卷宋林虙樓昉編 元刊本 詒晉齋藏書

孝肅包公奏議集十卷宋包拯撰 明正統刊本

國朝諸臣奏議一百五十卷宋趙汝愚編 宋淳祐十年刊元至大間印本每半葉十一行每行二十三字 天一閣藏書

歷代名臣奏議三百五十卷明黃淮楊士奇等奉敕編 永樂刊本

魏鄭公諫錄五卷唐王方慶撰 明正德二年刊本

紹陶錄二卷宋王質撰 舊鈔本

廣卓異記二十卷宋樂史撰 知不足齋校鈔本

廉吏傳二卷宋費樞撰 精鈔本

紹興十八年同年小錄一卷宋刊本

名臣碑傳琬琰集一百七卷宋杜大珪編 宋刊本

寶祐四年登科錄一卷明刊本

敬鄉錄十四卷元吳師道撰 舊鈔校本

通鑑總類二十卷宋沈樞撰 宋嘉定間刊本每半葉十一行每行二十二字 季滄葦藏書

吳越春秋十卷漢趙煜撰元徐天祐音注 元大德十年刊本

江南野史十卷宋龍袞撰 知聖道齋鈔本

江南別錄一卷宋陳彭年撰 同上

江表志三卷宋鄭文寶譔　同上

三楚新錄三卷　宋周羽翀譔　同上

南唐書三十卷宋馬令譔　明刊本

吳越備史四卷宋范坰林禹譔　錢塘吳氏繡谷亭校鈔本

安南志略十九卷元黎崱譔　知聖道齋鈔本　又一部精鈔本

越史略三卷不著譔人名氏　知聖道齋鈔本

三輔黃圖六卷明刊本　長洲顧千里據毛斧季校宋本傳錄

元和郡縣圖志四十卷原闕六卷　唐李吉甫譔　影寫宋刊本　怡邸藏書　又一部原闕十九二十卷　舊精鈔本　振綺堂藏書

元豐新定九域志十卷宋王成等奉敕刪定　影宋鈔本

方輿勝覽七十卷宋祝穆譔　元刊本　瓶花齋藏書

乾道臨安志三卷　宋周淙譔　舊鈔本　振綺堂藏書

吳郡志五十卷宋范成大譔　首卷至十八卷二十卷至二十二卷爲宋刻餘影鈔補足

嘉禾志五卷故事一卷　宋張元成譔　舊鈔本

剡錄五卷宋高似孫譔　舊鈔本

嘉泰吳興志十五卷宋談鑰譔　舊鈔本　諸城劉燕庭藏書

嘉泰會稽志二十卷寶慶續志八卷宋施宿等譔　續志張淏譔　明正德五年刊本　劉燕庭藏書

嘉定赤城志四十卷　宋陳耆卿譔　明宏治十年刊本

寶慶四明志二十一卷開慶續志十二卷宋羅濬譔　續志梅應發劉錫同譔　劉燕庭鈔本

澉水志八卷宋常棠譔　舊鈔本

淳祐臨安志六卷宋施諤譔　舊鈔本

景定嚴州續志十卷　宋鄭瑤方仁榮同譔　舊鈔本

至元嘉禾志三十二卷元徐碩譔　明刊本　又一部舊鈔校本

延祐四明志二十卷原闕三卷　元袁桷譔　劉燕庭鈔本

至正金陵新志十五卷元張鉉譔　元至正刊本　汲古閣藏書

長安志二十卷圖三卷　宋宋敏求譔　圖元李好文譔　明初刊本　崑山葉氏菉竹堂藏書

雍錄十卷　宋程大昌譔　明嘉靖十一年重刊宋本

汴京遺蹟志二十四卷　明李濂譔　明初刊本

北戶錄三卷　唐段公路譔　崔龜圖注　影寫宋刊本

桂林風土記一卷　唐莫休符譔　明謝氏小草齋鈔本

岳陽風土記一卷　宋范致明譔　明嘉靖二十五年刊本

中吳紀聞六卷　宋龔明之譔　明刊本　顧千里手校

宣和奉使高麗圖經四十卷　宋徐兢譔　影宋鈔本

島夷志略一卷　元汪大淵譔　舊鈔本

大唐六典三十卷　唐元宗皇帝御譔李林甫等奉敕注　明正德十年重刊宋本

簪纓必用翰苑羣書七十卷宋洪遵編　明鈔本　璜川吳氏藏書

中興館閣錄十卷續錄十卷原闕一卷續錄不著譔人名氏　宋陳騤譔　影寫宋刊本

祕書監志十一卷　元王士點商企翁同譔　舊鈔本

官箴一卷　宋呂本中譔　明成化四年刊本

百官箴六卷　宋許月卿譔　明嘉靖間刊本

通典二百卷　唐杜佑撰　明仿宋刊本
唐會要一百卷　宋王溥撰　明鈔本　惠紅豆藏書
五代會要三十卷　宋王溥撰　舊鈔小字本　又一部萃古齋影寫宋刊本
建炎以來朝野雜記四十卷　宋李心傳撰　影宋鈔本　知聖道齋藏書
西漢會要七十卷　宋徐天麟撰　明鈔本　惠紅豆藏書
東漢會要四十卷　同上　同上　同上
文獻通考三百四十八卷　元馬端臨撰　元延祐六年刊本
大唐開元禮一百五十卷　唐蕭嵩等奉敕撰　知聖道齋鈔本
大唐郊祀錄十卷　唐王涇撰　舊鈔本　劉燕庭藏書
政和五禮新儀二百四十卷　原闕七卷　宋鄭居中等奉敕撰　經鉏堂重錄影宋鈔本

大金集禮四十卷　金張暐等撰　舊鈔本　彭文勤手校
崇文總目六十六卷　宋王堯臣等奉敕撰　明鈔本　每條均有解題　黃氏千頃堂藏書
集古錄十卷　宋歐陽修撰　舊鈔本　盧抱經手校
金石錄三十卷　宋趙明誠撰　商邱宋氏精鈔本
法帖刊誤二卷　宋黃伯思撰　舊鈔本附入東觀餘論內
隸釋二十七卷隸續二十一卷　宋洪适撰　盧抱經手校　舊鈔本
隸續二十一卷　宋洪适撰　舊鈔本　何義門手校
寶刻叢編二十卷　宋陳思撰　舊鈔本　盧抱經手校
寶刻類編八卷　宋不著撰人名氏　舊鈔本　盧抱經手校
名蹟錄六卷附錄一卷　明朱珪編　知不足齋藏書　舊鈔本　歙鮑氏

史通二十卷　唐劉子元撰　明刊校本
唐鑑二十四卷　宋范祖禹撰　呂祖謙注　精鈔本
六朝通鑑博議十卷　宋李燾撰　藏書　影宋鈔本　振綺堂
類編皇朝大事記講義二十三卷　宋呂中撰　舊鈔本　振綺堂藏書
皇朝大事記九卷中興大事記四卷　宋呂中撰　宋刊本　影寫
十七史纂古今通要十七卷後集三卷　元胡一桂撰　後集董鼎撰
元刊本　毘陵周氏九松迂叟藏書

結一廬書目卷之二終

結一廬書目卷之三　唐棲朱氏收藏

子部

鹽鐵論十卷漢桓寬撰　明宏治十四年涂氏刊

新序十卷漢劉向撰　明嘉靖間重刊宋本

說苑二十卷漢劉向撰　宋咸淳元年九月鎮江府學教授李士龍等校刊本每半葉九行每行十八字　怡邸藏書

帝學八卷宋范祖禹撰　明仿宋嘉定間本

二程全書六十五卷程子門人所編凡遺書二十八卷附錄一卷外書十二卷經說八卷文集十三卷拾遺一卷續附錄二卷　明宏治十一年刊本

朱子語錄一百四十卷宋黎靖德編　明成化九年刊本

邇言十二卷宋劉炎撰　明嘉靖間刊本

結三　一　晨風閣

大學衍義四十三卷宋眞德秀撰　元刊小字本

北溪字義二卷宋陳淳撰　明宏治三年刊本

東宮備覽六卷宋陳模撰　舊鈔本

讀書分年日程三卷元程端禮撰　元刊本　怡邸藏書

辨惑編四卷附錄一卷元謝應芳撰　元至正十四年刊本

治世龜鑑一卷元蘇天爵撰　明成化二十二年刊本

理學類編八卷明張九韶撰　舊鈔本

大學演義補一百六十卷明邱濬撰　明宏治間刊本

困知記八卷明羅欽順撰　舊鈔本

太白陰經十卷唐李筌撰　影寫宋刊本

武經總要前集二十卷後集二十一卷宋曾公亮奉敕撰　明正統間

刊本

管子二十四卷　明刊本顧千里據宋紹興本手校

韓非子二十卷　明刊本顧千里精校

農桑輯要七卷元至元十年官撰　元延祐七年大字刊本　四庫著錄本從永樂大典錄出此元刊原帙

黃帝內經素問十二卷唐王冰注　明趙府居敬堂重刊宋本

靈樞經十二卷　明趙府重刊宋本

傷寒論注十卷漢張機撰晉王叔和編金成無已注　元大德八年刊本

甲乙經十二卷晉皇甫謐撰　影寫北宋刊本

脈經十卷晉王叔和撰　元刊本

巢氏諸病源候論五十卷隋巢元方等奉敕撰

結三　二　晨風閣

千金方三十卷翼方三十卷唐孫思邈撰　明初刊小字本

外臺祕要四十卷唐王燾撰　明重刊宋本據殘宋本精校

聖濟經十卷宋徽宗御撰辟雍學生吳禔注　明刊本

蘇沈良方十卷宋沈括撰後人以蘇軾說附之　明宏治間刊本

本草衍義二十卷宋寇宗奭撰　宋刊本　知不足齋藏書

史載之方十卷宋史載之撰　影寫北宋刊本

類證普濟本事方十卷宋許叔微撰　明鈔本

太平惠民和濟局方十卷總論三卷宋淳祐中醫院增修　元刊本

醫說十卷宋張杲撰　明仿宋大字本

百一選方二十卷宋王璆撰　元刊本　朱竹垞藏書

救急仙方十一卷　舊鈔本

瑞竹堂經驗方十五卷元薩里彌實撰　元刊本
瘟疫論二卷補遺一卷明吳有性撰　精鈔本并錄徐大椿按語
重修革象新書二卷元趙友欽撰　明王禕删定　舊鈔校本
大元經十卷漢揚雄撰晉范望解贊　明嘉靖三年江都郝梁重刊宋本盧抱經據北宋刊本校
又合何義門諸校本訂正　丹鉛精舍藏書
靈臺秘苑十五卷後周庾季才撰宋王安禮等奉敕删定　舊精鈔本
唐開元占經一百二十卷唐瞿曇悉達奉敕撰　明刊本　又一部繡州邱氏三省
齋鈔本嚴鐵橋精校
撼龍經一卷疑龍經一卷唐楊筠松撰　影寫宋刊本
易林十六卷明成化十六年刊宋本並據各本參校　顧千里錄陸敕先校
易傳八卷漢京房撰，嚴鐵橋重輯，精鈔本

太乙金鏡式經十卷唐王希明奉敕撰　舊精鈔本
法書要錄十卷唐張彥遠撰　錢塘何春渚手錄本
歷代名畫記十卷唐張彥遠撰　何春渚手錄本
墨池編六卷宋朱長文撰　影寫宋刊本
書小史十卷宋陳思撰　影寫宋刊本
圖繪寶鑑五卷元夏文彥撰　元刊本
珊瑚木難八卷明朱存理撰　舊精鈔本
鐵網珊瑚十四卷明朱存理撰　江陰周硯農重錄眞蹟本
珊瑚網四十八卷明汪砢玉撰　舊鈔本
琴史六卷宋朱長文撰　影寫宋刊本
文房四譜十卷宋蘇易簡撰　黃蕘圃合諸家校本訂正重錄　丹鉛精舍藏書

墨子三卷明吳文定公手錄本　振綺堂藏書
鶡冠子二卷明嘉靖間重刊宋本
樂菴先生語錄五卷宋李衡撰龔昱編　舊鈔本
習學記言五十卷宋葉適撰　舊鈔本
獨斷二卷漢蔡邕撰　影宋精鈔本　述古堂藏書
東觀餘論三卷宋黃伯思撰　舊鈔本　盧抱經據知不足齋藏宋本校
容齋隨筆十六卷續筆十六卷三筆十六卷四筆十六
卷五筆十卷宋洪邁撰　明宏治八年錫山華氏會通館活字印本
蘆浦筆記十卷宋劉昌詩撰　影宋精鈔本
野客叢書三卷附錄一卷宋王楙撰　明嘉靖十七年刊本
朝野類要五卷宋趙昇撰　影寫宋刊本

困學紀聞二十卷宋王應麟撰　元泰定二年刊本
新刊王充論衡三十卷漢王充撰　此本合兩卷爲一卷凡十五卷　元至元十年重
刊宋小字本　又一部明通津草堂刊本　盧抱經據宋本校　又一部明人鈔本
風俗通義十卷漢應劭撰　元刊大字本　述古堂藏書
封氏聞見記十卷唐封演撰　明正德三年刊本　又一部明鈔校本　又一部精鈔本常
熟馮舒手校　丹鉛精舍藏　又一部丹鉛精舍精鈔　附同里勞茂才格校勘記一卷
尚書故實一卷唐李綽撰　丹鉛精舍鈔本
塵史三卷宋王得臣撰　精鈔本　述古堂藏書
夢溪筆談二十六卷宋沈括撰　宋刊本每半葉十二行每行十八字
石林燕語十卷宋葉夢得撰　明初刊本　振綺堂藏書
巖下放言三十卷宋葉夢得撰　舊鈔本

卻掃編三卷　宋徐度撰　宋臨安尹家書籍鋪刊本每半葉九行每行十八字　季滄葦藏書

粱谿漫志十卷　宋費袞撰　明重刊宋本　嘉興項氏萬卷堂藏書

鶴林玉露十六卷　宋羅大經撰　明刊小字本

腳氣集二卷　宋車若水撰　瓶花齋鈔本　丹鉛精舍藏書

齊東野語二十卷　宋周密撰　元刊本

敬齋古今黈十一卷　原本四十卷今存前十一卷　元李冶撰　丹鉛精舍影寫明刊本

研北雜志二卷　元陸友撰　舊鈔本

雲煙過眼錄二卷　宋周密撰　葉林宗手校本又一部嚴修能手錄　丹鉛精舍藏書

紺珠集十三卷　不著編輯名姓　明天順四年刊本　季滄葦藏書

重刊校正類說五十卷　宋曾慥編　明人精鈔本　玉蘭堂藏書

皇朝事實類苑六十三卷　宋江少虞編　明人鈔本　開萬樓藏書

皇朝仕學規範四十卷　宋張鎡撰　宋嘉熙三年刊本每半葉十二行每行二十五字　楊鐵崖袁忠徹舊藏前序目及後八卷均缺嘉興張叔未從明覆刊本影寫補足

自警編九卷　宋趙善璙編　宋刊本每半葉九行每行十七字　述古堂藏書

藝文類聚一百卷　唐歐陽詢撰　明嘉靖七年重刊宋小字本

事類賦三十卷　宋吳淑撰并自注　明重刊宋本

太平御覽一千卷　宋李昉等奉敕撰　明鈔校本

新刻監本册府元龜一千卷　宋王欽若等奉敕纂　明人傳錄北宋本

海錄碎事二十二卷　宋葉廷珪撰　明鈔本　菉竹堂藏書

歷代制度詳說十二卷　宋呂祖謙撰　元泰定三年刊本

事文類聚前集六十卷後集五十卷續集二十八卷別集三十二卷新集三十六卷外集十五卷遺集十五卷　前後續別四集皆宋祝穆撰新外二集元富大用撰遺集元祝淵撰　明成化中內府刻大字

一本

記纂淵海一百九十五卷　宋潘自牧撰　明人影寫宋本

山堂考索前集六十六卷後集六十五卷續集五十六卷別集二十五卷　宋章如愚撰　元延祐五年圓沙書院刊本

古今源流至論前集十卷後集十卷續集十卷別集十卷　宋林駉撰別集黃履翁撰　元延祐四年圓沙書院刊本

玉海二百卷附刻書十三種四十八卷　宋王應麟撰　元刊元印本目錄後有至正三年慶元路儒學刊造玉海書籍提調等官銜名

皇鑑箋要六十卷　宋林駉撰　元延祐四年圓沙書院刊本

六帖補二十卷　宋楊伯嵒撰　舊鈔本

古今姓氏遙華韻九十六卷　元洪景修編　明人鈔本　天一閣藏書

西京雜記二卷　晉葛洪撰　明活字印本

大唐世說新語十三卷　唐劉肅撰　述古堂影寫宋本

次柳氏舊聞一卷　唐李德裕撰　丹鉛精舍鈔本

劉賓客嘉話錄一卷　唐韋絢撰　同上

明皇雜錄二卷補遺一卷　唐鄭處誨撰　同上

教坊記一卷　唐崔令欽撰　同上

幽閒鼓吹一卷　唐張固撰　同上

松窗雜錄一卷　唐李濬撰　同上

雲溪友議三卷　唐范攄撰　明重刊宋本　振綺堂藏書

雲仙散錄十卷　舊本題唐馮贄撰　十笏山房鈔本

中朝故事二卷　南唐尉遲偓撰　丹鉛精舍鈔本

開元天寶遺事四卷 五代王仁裕撰 同上

東齋記事十卷 宋范鎮撰 明人鈔本

蘇魏公譚訓十卷 宋蘇象先編 丹鉛精舍鈔本

續世說十二卷 宋孔平仲撰 影寫宋刊本

東軒筆錄十五卷 宋魏泰撰 舊鈔本

泊宅編十卷 宋方勺撰 明重刊宋本 璜川吳氏藏書

玉照新志五卷 宋王明清撰 盧抱經手校舊鈔本

投轄錄一卷 宋王明清撰 精鈔本 述古堂藏書

邵氏聞見錄二十卷後錄三十卷 宋邵伯溫撰後錄其子博撰 明精鈔本

津逮秘書刻此書中有脫葉遂并兩條首尾爲一而自譔數語以聯綴之又題曰前錄謬甚此葉石君手校明宏治閒舊鈔尚是邵氏原書

桯史十五卷 宋岳珂撰 宋刊本每半葉九行每行十七字 九松迂叟藏書

輟耕錄三十卷 明陶宗儀撰 明玉蘭堂刊本

太平廣記五百卷 宋李昉等奉敕撰 明內府精鈔本每卷後格闌外有鈔書人姓名冊首有廣運之寶

茅亭客話十卷 宋黃休復撰 影寫宋尹家書籍鋪刊本

蜀本分門古今類事二十卷 宋蜀人撰無名姓 彭文勤從內府所藏影宋本鈔出冊首有題識

夷堅志八十卷 宋洪邁撰 影寫宋季閩刊本

夷堅支志五十卷 宋洪邁撰 影寫明嘉靖閩刊本

釋氏稽古略四卷 元釋覺岸撰 元至正十四年刊本 怡邸藏書

道德眞經疏十卷 唐玄宗明皇帝御撰 丹鉛精舍藏書

道德眞經集解八卷 唐張君相撰 丹鉛精舍鈔本

南華眞經注疏三十五卷 晉郭象注 唐成元英疏 影寫北宋刊本

南華眞經新傳二十卷 宋江遹撰 明人鈔本

通玄眞經注十二卷 唐徐靈府撰 丹鉛精舍鈔本

抱朴子內篇二十卷外篇五十卷 晉葛洪撰 明精鈔本

眞誥二十卷 梁陶宏景撰 明刊本

雲笈七籤一百二十卷 宋張君房撰 明內府鈔本

結一廬書目卷之三終

結一廬書目卷之四　唐棲朱氏收藏

集部

楚辭章句十七卷　漢王逸撰　明豫章王氏芙蓉館重刊宋本
楚辭補注十七卷　宋洪興祖撰　明重刊宋本
楚辭集注八卷辨證二卷後語六卷　宋朱子撰　明重刊宋本
嵇中散集十卷　魏嵇康撰　明嘉靖四年黄氏仿宋刊本
鮑參軍集十卷　宋鮑照撰　明活字印本
陶隱居集一卷附錄一卷　梁陶弘景撰　明葉林宗手鈔本
王無功文集五卷　唐王績撰　舊鈔本　朱筍河藏書
沈雲卿文集五卷　唐沈佺期撰　舊鈔本　朱筍河藏書
張說之文集三十卷　唐張說撰　舊鈔本　朱筍河藏書

岑嘉州集七卷　唐岑參撰　精鈔本　常熟席玉照藏書
顏魯公文集十五卷補遺一卷年譜一卷附錄一卷　明錫山安氏刊本　吳郡趙宧光藏書　惠定宇手校
晝上人集十卷　唐釋皎然撰　明鈔本
韋蘇州集一卷　唐韋應物撰　明宏治四年吳郡張習刊本
毘陵集二十卷　唐獨孤及撰　西圃蔣氏手校鈔本
李君虞詩集二卷　唐李益撰　影寫宋刊本　汲古閣藏書
陸宣公集二十二卷　唐陸贄撰　元至大四年刊本
注陸宣公奏議十五卷　宋郎曄注　元至正十四年翠巖精舍刊本
權載之文集五十卷　唐權德輿撰　舊鈔本　朱筍河藏書
呂和叔文集十卷　唐呂温撰　舊鈔本　朱筍河藏書

張司業詩集三卷　唐張籍撰　影寫宋刊本　汲古閣藏書
皇甫持正集六卷　唐皇甫湜撰　西圃蔣氏手校鈔本
李文公集十八卷　唐李翺撰　明成化十一年刊本
歐陽行周文集十卷　唐歐陽詹撰　舊鈔本　朱筍河藏書
孟東野集十卷　唐孟郊撰　明嘉靖三十六年刻本
長江集十卷　唐賈島撰　精鈔本
沈下賢文集十二卷　唐沈亞之撰　知聖道齋鈔本
李文饒文集二十卷別集十卷外集四卷　唐李德裕撰　明重刊宋本
元氏長慶集六十卷補遺一卷　唐元稹撰　明嘉靖三十二年董氏刻校宋本
白氏長慶集七十一卷　唐白居易撰　明錢應龍刊本　盧抱經據宋刊本校

鮑溶詩集六卷外集一卷　唐鮑溶撰　明鈔本　彭文勤手校
樊川文集二十卷別集一卷外集一卷　唐杜牧撰　明重刊宋本　孫淵如藏書　趙味辛據宋刊本校
李商隱詩集三卷　唐李商隱撰　影寫宋刊本
黎嶽集一卷附錄一卷　唐李頻撰　明鈔本　山陰祁氏澹生堂藏書
碧雲集三卷　唐李中撰　影寫宋刊本
李羣玉詩集三卷後集五卷　唐李羣玉撰　影寫宋刊本
皮子文藪十卷　唐皮日休撰　明正德十五年袁表刊本
甫里集二十卷　唐陸龜蒙撰　明成化二十三年刊本
詠史詩二卷　唐胡曾撰　明刊大字本
雲臺編三卷　唐鄭谷撰　明分宜嚴氏重刊宋本

司空表聖文集十卷 唐司空圖撰 明鈔本顧千里精校

唐英歌詩三卷 唐吳融撰 明鈔本 彭文勤手校

披沙集六卷 唐李咸用撰 明鈔本

元英先生詩集十卷 唐方干撰 明鈔本 述古堂藏書

杜荀鶴文集三卷 唐杜荀鶴撰 北宋刊本每半葉十二行每行二十一字 黄子羽藏 卷首有毛子晉季滄葦諸家印記

釣磯文集十卷 唐徐夤撰 明鈔本 曹倦圃藏書

黃御史集八卷附錄一卷 唐黃滔撰 明正德八年重刊宋本

讒書五卷 唐羅隱撰 舊鈔校本

白蓮集十卷附風騷旨格一卷 後唐釋齊己撰 明柳大中手鈔本 大中名僉 正德間吳中布衣 錢氏絳雲樓藏書

禪月集二十五卷 蜀釋貫休撰 明劉大中手鈔本 絳雲樓藏書

浣花集十卷 蜀韋莊撰 明劉大中手鈔本 絳雲樓藏書

廣成集十二卷 蜀杜廣庭撰 知聖道齋鈔本

徐常侍集三十卷 宋徐鉉撰 同上

河東集十五卷附錄一卷 宋柳開撰 影寫宋鈔本

咸平集三十卷 宋田錫撰 澹生堂鈔本

寇忠愍公詩集三卷 宋寇準撰 明宏治十三年刊本

乖崖集十二卷附錄一卷 宋張詠撰 舊鈔本 朱笥河藏書

小畜集三十卷外集七卷 宋王禹偁撰 影宋鈔本

武夷新集二十卷 宋楊億撰 知聖道齋鈔本

林和靖詩集四卷 宋林逋撰 明正統八年餘姚陳贄刊本

穆參軍集三卷附錄一卷 宋穆修撰 舊鈔本 知聖道齋藏書

舂卿遺稿一卷 宋蔣堂撰 舊鈔本 彭氏藏書

東觀集七卷 宋魏野撰 舊鈔本 知聖道齋藏書

武溪集二十一卷 宋余靖撰 明成化刊本

安陽集五十卷 宋韓琦撰 明正德刊本

范文正公全集四十八卷 宋范仲淹撰 明刊本

尹河南文集二十七卷附錄一卷 宋尹洙撰 明鈔本 葉石君藏書

徂徠集二十卷 宋石介撰 影宋鈔本 璜川吳氏藏書

鐔津文集二十二卷 宋釋契嵩撰 明宏治十二年刊本

蘇魏公文集七十二卷 宋蘇頌撰 舊鈔校本

古靈文集二十五卷附錄一卷 宋陳襄撰 宋紹興三十一年其六世孫曄校刊本每半葉十行每行十八字 郡城孫氏壽松堂舊藏

伐檀集二卷 宋黃庶撰 明嘉靖刊本附山谷集後

司馬温國文正公傳家集八十卷 宋司馬光撰 明初刊本

趙清獻公文集十五卷附錄一卷 宋趙抃撰 宋景定元年刊元印本

邕州小集一卷 宋陶弼撰 舊鈔本

都官集十四卷 宋陳舜俞撰 藝海樓傳鈔閣本

鄖溪集三十卷 宋鄭獬撰 同上

錢塘韋先生文集十八卷 宋韋驤撰 原二十卷今佚首二卷 舊鈔本 丹鉛精舍藏書

安岳馮太史文集十二卷 宋馮山撰 舊鈔本

元豐類稿五十卷附錄一卷 宋曾鞏撰 明成化八年刊本 天一閣藏書

祖龍學文集十六卷　宋祖無擇撰　影宋鈔本
宛陵先生文集六十卷附錄一卷　宋梅堯臣撰　明正統四年刊本
文潞公文集四十卷　宋文彥博撰　明嘉靖五年呂柟重刊宋本
鄱陽先生文集十二卷　宋彭汝礪撰　舊鈔本　彭文勤手校
南陽集三十卷附錄一卷　宋韓維撰　澹生堂鈔本
節孝先生文集三十卷附錄一卷　宋徐積撰　明嘉靖中重刊宋本
歐陽文忠公集一百五十三卷附錄五卷年譜一卷　宋歐陽修撰　明天順六年錢溥重刊宋本
歐陽文粹二十卷　宋陳亮撰　明重刊宋本　季滄葦藏書
樂全先生文集四十卷　宋張方平撰　精鈔本
嘉祐集十五卷　宋蘇洵撰　明嘉靖十一年太原府重刊本

結四　五　晨風閣

臨川先生文集一百卷　宋王安石撰　明重刊宋本
廣陵先生文集四十二卷　宋王令撰　澹生堂鈔本
廣陵先生文集二十卷補遺一卷附錄一卷　宋王令撰　影鈔宋本
東坡全集一百十五卷　宋蘇軾撰　明成化四年重刊宋本
欒城集五十卷後集二十四卷三集十卷　宋蘇轍撰　明鈔本　天一閣藏書
山谷全集七十卷　宋黃庭堅撰　明嘉靖中重刊宋本
後山先生文集三十卷　宋陳師道撰　明宏治十二年重刊宋本
宛邱先生文集七十六卷補遺六卷　宋張耒撰　舊鈔本　葉石君藏書
張右史集六十卷　宋張耒撰　精鈔本　汲古閣藏書
濟南集八卷　宋李廌撰　藝海樓傳鈔閣本

寶晉英光集八卷　宋米芾撰　舊鈔本　丹鉛精舍藏書
青山集三十四卷　宋郭祥正撰　舊鈔本
倚松老人詩集三卷　宋饒節撰　劉燕庭鈔本
景迂生文集二十卷　宋晁說之撰　樂圃周氏鈔本
雞肋集七十卷　宋晁補之撰　明重刊宋本
具茨集十五卷　宋晁沖之撰　元刊本　開萬樓藏書
龍雲先生文集三十二卷　宋劉弇撰　明宏治刊本　葉石君藏書
雲溪居士集三十卷　宋華鎮撰　藝海樓傳鈔閣本
演山集六十卷　宋黃裳撰　舊鈔本　知聖道齋藏書
姑溪居士文集五十卷後集二十卷　宋李之儀撰　舊鈔本　朱笥河藏書

結四　六　晨風閣

潏水集十六卷　宋李復撰　藝海樓傳鈔閣本
道鄉先生鄒忠公文集四十卷　宋鄒浩撰　影宋鈔本　宋賓王手校
樂靜集三十卷　宋李昭玘撰　劉燕庭鈔本
北湖集五卷　宋吳則禮撰　藝海樓傳鈔閣本
溪堂集十卷　宋謝逸撰　鈔本
謝幼槃集十卷　宋謝薖撰　舊鈔本
灌園集二十卷　宋呂南公撰　藝海樓傳鈔閣本
襄陵集十二卷　宋許翰撰　同上
東堂集十卷　宋毛滂撰　同上
劉給事集五卷　宋劉安上撰　鈔本
劉左史集四卷　宋劉安禮撰　鈔本

竹隱畸士集二十卷宋趙鼎臣撰　藝海樓傳鈔閣本
跨鼇集三十卷宋李新撰　劉燕庭鈔本
忠愍集三卷宋李若水撰　鈔本
忠肅集三卷宋傅察撰　鈔本
宗忠簡公文集八卷補遺四卷附錄四卷宋宗澤撰樓昉編　知不
足齋鈔本補遺目錄卽鮑以文所輯錄也
橫塘集二十卷宋許景衡撰　藝海樓傳鈔閣本
西渡集一卷宋洪炎撰　舊鈔本
莊簡集十八卷宋李光撰　藝海樓傳鈔閣本
忠惠集十卷附錄一卷宋翟汝文撰　同上
松隱文集三十九卷宋曹勛撰　舊鈔本

簡齋詩集十六卷宋陳與義撰　元刊本　朱笥河藏書
檆溪居士集十二卷宋劉才邵撰　藝海樓傳鈔閣本
筠溪集二十四卷宋李彌遜撰　舊鈔本
紫微集三十六卷宋張嵲撰　藝海樓傳鈔閣本
苕溪集五十五卷目錄三卷宋劉一止撰　舊鈔本　朱笥河藏書
東牟集十四卷宋王洋撰　藝海樓傳鈔閣本
相山集三十卷宋王之道撰　同上
沈忠敏公龜溪集十二卷宋沈與求撰　舊鈔本　秀野草堂藏書
栟櫚先生文集二十五卷宋鄧肅撰　元刊本　樊榭山房藏書　又一部西圃蔣
氏鈔校本
韋齋集十二卷附玉瀾集一卷宋朱松撰玉瀾集其弟槔撰　元至元刊本

又一部明宏治間刊本
陵陽先生詩集四卷宋韓駒撰　舊鈔本　朱笥河藏書
盧溪先生文集五十卷宋王庭珪撰　明仿宋刊本
北海集四十六卷附錄三卷宋綦崇禮撰　藝海樓傳鈔閣本
孫尙書大全文集七十卷宋孫覿撰　舊鈔本　小山堂藏本
鴻慶居士文集四十二卷宋孫覿撰　舊鈔本　彭文勤手校
豫章羅先生文集十七卷宋羅從彥撰　明成化七年刊本
王著作文集八卷宋王蘋撰　一小山堂鈔本
雙溪集十五卷附欒城遺言一卷宋蘇籀撰　明鈔本　千頃堂藏書
歐陽先生飄然集七卷宋歐陽澈撰　舊鈔本
東溪文集二卷附錄一卷宋高登撰　精鈔本　振綺堂藏書　又一部舊鈔本

知聖道齋藏書
岳武穆王遺集十卷宋岳飛撰其孫珂編　精鈔本　原本在蕭山魯氏乃倦翁手書
雪溪詩集五卷宋王銍撰　舊鈔本　又一部劉燕庭鈔本　彭氏藏書
東萊先生詩集二十卷宋呂本中撰　衎齋馬氏鈔本　又一部舊鈔本　謝珊嶠藏
書
致堂胡先生斐然集三十卷宋胡寅撰　舊鈔本　知聖道齋藏書
浮山集十卷宋仲并撰　藝海樓傳鈔閣本
縉雲文集四卷宋馮時行撰　秋聲館精鈔本
嵩山居士文集五十四卷宋鼂公遡撰　知聖道齋鈔本
默堂先生文集二十二卷宋陳淵撰　明小草齋影宋鈔本　又有晉江徐氏鈔本
知稼翁集二卷宋黃公度撰　知不足齋鈔本

侍郎葛公歸愚集十卷 宋葛立方撰 小山堂鈔本
香溪先生范賢良文集二十二卷 宋范浚撰 元刊本 季滄葦藏書
拙齋文集二十卷 宋林之奇撰 影寫宋刻本
太倉稊米集七十卷 宋周紫芝撰 舊鈔本 璜川吳氏藏書 又一部 劉燕庭藏書
海陵先生文集二十三卷外集一卷 宋周麟之撰 鈔本 小山堂藏書 舊
竹洲文集二十卷附錄一卷 宋吳儆撰 明宏治六年刊本 秀野草堂藏書
高峰文集十二卷 宋廖剛撰 舊鈔本
鄂州小集五卷附錄一卷 宋羅願撰 明洪武二年刊本
艾軒文集九卷附錄一卷 宋林光朝撰 舊鈔本
晦菴先生文集一百卷別集七卷 宋朱子撰 宋刊大字本每半葉十行每行十九字刻工精妙惟紙墨如新疑明時重刊 項氏萬卷堂舊物後歸汪氏藝芸精舍均有收藏印記

周益公文集一百卷附錄五卷年譜二卷 宋周必大撰 影宋鈔本 冊首有竹垞識語全書經竹垞從子䕫遠手校 曝書亭藏書
方舟集二十四卷 宋李石撰 藝海樓傳鈔閣本
網山月漁集八卷 宋林亦之撰 舊鈔本 振綺堂藏書
止齋先生文集五十二卷附錄一卷 宋陳傅良撰 明正統元年刊本
梅溪先生文集五十四卷 宋王十朋撰 明正統五年刊本
格齋四六一卷 宋王子俊撰 知聖道齋鈔本
樂軒先生集八卷 宋陳藻撰 桐鄉汪氏裘杼樓鈔本
攻媿先生文集一百二十卷 宋樓鑰撰 舊鈔本 桐城姚氏藏書
東塘集二十卷 宋袁說友撰 藝海樓傳鈔閣本

義豐文集一卷 宋王阮撰 舊鈔本 知聖道齋藏書
涉齋集十八卷 宋許及之撰 藝海樓傳鈔閣本
蠹齋先生鉛刀編三十二卷 宋周孚撰 影宋鈔本 劉燕庭藏書 一
撙齋先生緣督集四十卷 宋曾丰撰 明鈔本
象山先生文集二十八卷外集四卷語錄四卷 宋陸九淵撰 明嘉靖間刊本
慈湖先生遺書十八卷 宋楊簡撰 舊鈔本 知聖道齋藏書
定齋集二十卷 宋蔡戡撰 藝海樓傳鈔閣本
九華集二十五卷附錄一卷 宋員興宗撰 同上
盤洲集八十卷 宋洪适撰 彭文勤據內府所藏影宋鈔本傳錄
平菴詩稿十六卷 宋項安世撰 舊鈔本 劉燕庭藏書

應齋雜著六卷 宋趙善括撰 藝海樓傳鈔閣本
艮齋先生浪語集三十五卷 宋薛季宣撰 澹生堂鈔本
石湖居士集三十四卷 宋范成大撰 明宏治十六年金蘭館刊本 蓮涇王氏藏書
誠齋集八十五卷 宋楊萬里撰 精鈔本 葉石君藏書
誠齋集一百三十三卷 宋楊萬里撰 汲古閣鈔本
水心文集二十九卷 宋葉適撰 明正統間黎諒刊本
水心先生別集十六卷 宋葉適撰 精鈔本 同邑何氏夢華館
石屏詩集十卷 宋戴復古撰 明宏治十七年刊本 又一部 劉燕庭鈔本
燭湖集二十卷附編二卷 宋孫應時撰 藝海樓傳鈔閣本
昌谷集二十二卷 宋曹彥約撰 同上
黃文肅公文集四十卷附錄一卷 宋黃幹撰 舊鈔本

北溪先生大全文集五十卷外集一卷　宋陳湻撰　商邱宋氏精鈔本
後樂集二十卷　宋衞涇撰　藝海樓傳鈔閣本
梅山續集十七卷　宋姜特立撰　一小山堂鈔本
疏寮小集一卷　宋高似孫撰　舊鈔本
性善堂稿十五卷　宋度正撰　藝海樓傳鈔閣本
漫塘文集三十六卷　宋劉宰撰　明正德刊本
瓜廬詩一卷　宋薛師石撰　明怡顏堂鈔本
洺水集三十卷　宋程珌撰　明嘉靖三十五年刊本
龍川先生文集三十卷　宋陳亮撰　明成化間刊本
龍洲道人集十四卷附錄二卷　宋劉過撰　彭文勤公手校　舊鈔本
鶴山先生大全文集一百九卷　宋魏了翁撰　明嘉靖元年無錫安氏刊本

結四　十一　晨風閣

西山先生眞文忠文集五十一卷　宋眞德秀撰　明嘉靖元年常熟張氏刊本
方泉先生詩集四卷　宋周文璞撰　舊鈔本　竹垞藏書
白石道人詩集一卷　宋姜夔撰　影宋鈔本
野谷詩稿六卷　宋趙汝鐩撰　又有舊鈔本　舊鈔本　曹楝亭藏書
平齋先生文集三十二卷　宋洪咨夔撰　舊鈔本　知聖道齋藏書
杜清獻公集二十卷別錄一卷　宋杜範撰　明嘉靖二十六年刊本
鶴林集四十卷　宋吳泳撰　藝海樓傳鈔閣本
方是閒居士小稿二卷　宋劉學箕撰　影寫元刊本
滄洲塵缶編十四卷　宋程公許撰　藝海樓傳鈔閣本
梅亭先生四六標準四十卷　宋李劉撰　元刊本　天一閣藏書

泠然齋集八卷附補遺附錄　宋蘇泂撰　藝海樓傳鈔閣本
可齋雜稿三十四卷續稿八卷續稿後十二卷　宋李曾伯撰　舊鈔本　振綺堂藏書
後村居士集五十卷　宋劉克莊撰　明鈔本
澗泉集二十卷　宋韓淲撰　藝海樓傳鈔閣本
篔牕集十卷　宋陳耆卿撰　同上
友林乙稿一卷　宋史彌寧撰　宋刊本
鐵菴方公文集三十六卷　宋方大琮撰　明正統間刊本
默齋遺稿二卷　宋游九言撰　舊鈔本
臞軒集十六卷　宋王邁撰　鈔本
文溪存稿二十卷　宋李昴英撰　明嘉靖刊本

結四　十二　晨風閣

彝齋文編四卷　宋趙孟堅撰　知不足齋鈔本
玉楮詩集八卷　宋岳珂撰　舊鈔校本
楳埜集十二卷　宋徐元杰撰　藝海樓傳鈔閣本
芸隱橫舟稿一卷勌遊稿一卷　宋施樞撰　舊鈔本
蒙川遺稿四卷　宋劉黼撰　常熟馮氏鈔本
雪磯叢稿五卷　宋樂雷發撰　舊鈔本
西塍集一卷　宋宋伯仁撰　舊鈔本
字溪集十一卷附錄一卷　宋陽枋撰　藝海樓傳鈔閣本
雪坡文集五十卷　宋姚勉撰　同上
本堂集九十四卷　宋陳著撰　舊鈔本
汶陽端平詩雋四卷　宋周弼撰　影宋鈔本

王文憲公文集二十卷　宋王柏撰　舊鈔本
須溪集十卷　宋劉辰翁撰　藝海樓傳鈔閣本
蘭皐集三卷　宋吳錫疇撰　舊鈔本
碧梧玩芳集二十四卷　宋馬廷鸞撰　藝海樓傳鈔閣本
秋曉先生覆瓿集六卷　宋趙必瑑撰　舊鈔本
閬風集十二卷　宋舒岳祥撰　藝海樓傳鈔閣本
石堂先生遺集二十二卷　宋陳普撰　明嘉靖間刊本
陵陽先生集二十四卷　宋牟巘撰　舊鈔本　曝書亭藏書
晞髮集十卷附錄一卷　宋謝翱撰　明宏治十四年刊本
梅巖先生文集十卷　宋胡次焱撰　明嘉靖間刊本
勿軒先生文集八卷　宋熊禾撰　舊鈔本

結四　　十三　晨風閣

古梅吟稿六卷　宋吳龍翰撰　舊鈔本
佩韋齋文集十六卷　宋俞德鄰撰　舊鈔本　曹楝亭藏書
吾汶稿十卷　宋王炎午撰　明鈔本
在軒集一卷　宋黃公紹撰　舊鈔本
紫巖詩選三卷　宋于石撰　劉燕庭鈔本
九華詩集一卷　宋陳巖撰　舊鈔本
甯極齋稿一卷附錄一卷　宋陳深撰　舊鈔本
閑閑老人滏水文集二十卷　金趙秉文撰　舊鈔本
滹南遺老集四十五卷　金王若虛撰　舊鈔本
莊靖集十卷　金李俊民撰　舊鈔本
湛然居士文集十四卷　元耶律楚材撰　龍池山房鈔本

淮陽集一卷附錄一卷　元張宏範撰　舊鈔本　秀野草堂藏書
陵川文集三十九卷附錄一卷　元郝經撰　舊精鈔本
張文忠公文集二十八卷　元張養浩撰　影元鈔本　瓶花齋藏書
白雲集三卷　元釋英撰　舊鈔本　朱笥河藏書
稼村類稿三十卷　元王義山撰　明正德十一年刊本
桐江集八卷續集三十七卷　元方回撰　鈔本　何夢華藏書
月屋漫稿一卷　元黃庚撰　舊鈔本　謝珊嶠藏書
剡原戴先生文集三十卷　元戴表元撰　舊鈔本　劉燕庭藏書
養蒙先生文集十卷　元張伯淳撰　舊鈔本　朱笥河藏書
牆東類稿二十卷　元陸文圭撰　藝海樓傳鈔閣本
巴西鄧先生文集一卷　元鄧文原撰　舊精鈔本　怡邸藏書

結四　　十四　晨風閣

竹素山房詩集三卷　元吾邱衍撰　舊鈔本
柴山大全集二十六卷　元胡祗遹撰　藝海樓傳鈔閣本
松鄉先生文集十卷　元任士林撰　石倉吳氏手鈔本
小亭集六卷　元楊宏道撰　藝海樓傳鈔閣本
靜修先生文集三十卷　元劉因撰　明宏治二十六年刊本
靑崖集五卷　元魏初撰　藝海樓傳鈔閣本
養吾齋集三十二卷　元劉將孫撰　同上
存悔齋稿一卷附錄一卷　元龔璛撰　舊鈔本　知聖道齋藏書
雙溪醉飲集八卷　元耶律鑄撰　藝海樓傳鈔閣本
白雲先生文集四卷　元許謙撰　澹生堂鈔本
畏齋集六卷　元程端禮撰　藝海樓傳鈔閣本

默菴文集五卷附錄一卷 元安熙撰 劉燕庭鈔本
雲峰胡先生文集十卷 元胡炳文撰 明正德二年刊本
秋澗先生大全文集一百卷 元王惲撰 舊鈔本 劉燕庭藏書
雪樓程先生文集三十卷 元程鉅夫撰 明洪武二十九年刊本
漢泉漫稿十卷附錄一卷 元曹伯啟撰 元刊大字本 知不足齋藏書
陳剛中詩集三卷附錄一卷 元陳孚撰 知聖道齋藏書
玉井樵唱三卷 元尹廷高撰 舊鈔本 振綺堂藏書
周此山先生詩集四卷 元周權撰 舊鈔本 朱笥河藏書
申齋劉先生文集十五卷 元劉岳申撰 舊鈔本 知聖道齋藏書
西巖集二十卷 元張之翰撰 藝海樓傳鈔閣本
知非堂稿十七卷 元何中撰 舊鈔本 秀野草堂藏書

雲林詩集六卷 元貢奎撰 明宏治三年刊本
中菴集二十卷 元劉敏中撰 藝海樓傳鈔閣本
王文忠集六卷 元王結撰 同上
惟實集四卷外集一卷 元劉鶚撰 劉燕庭鈔本
勤齋集八卷 元蕭𣂏撰 藝海樓傳鈔閣本
馬石田文集十五卷附錄一卷 元馬祖常撰 明宏治間刊本 怡邸藏書
又一部 文瑞樓鈔本 又一部 精鈔本 臨何義門校
榘菴集十五卷 元同恕撰 藝海樓傳鈔閣本
道園學古錄五十卷 元虞集撰 明景泰七年鄭達重刊元本
道園遺稿六卷 元虞集撰 舊鈔本 知聖道齋藏書
道園文補鈔 元虞集撰 舊鈔本 翁覃谿手校

范德機詩 元范梈撰 知聖道齋藏書
揭文安集十四卷 元揭傒斯撰 舊鈔本 知聖道齋藏書
伊濱集二十四卷 元王沂撰 藝海樓傳鈔閣本
淵穎先生文集十二卷附錄一卷 元吳萊撰 明嘉靖間刊本
圭齋文集十六卷 元歐陽元撰 舊鈔本 朱竹垞藏書
柳待制文集二十卷附錄一卷 元柳貫撰 明宏治間刊本
順齋先生閒居叢稿二十六卷 元蒲道源撰 舊鈔本 知聖道齋藏書
圭塘小稿十三卷別集二卷續集一卷附錄一卷 元許有壬撰 舊鈔本 振綺堂藏書
吳禮部文集二十卷 元吳師道撰 舊鈔本
積齋集五卷 元程端學撰 藝海樓傳鈔閣本

秋聲集十卷 元黃鎮成撰 明嘉靖十二年刊本 又一部影寫明洪武刊本 愛日精廬藏書
雁門集六卷 元薩都拉撰 明宏治刊本
安雅堂文集十三卷 元陳旅撰 舊鈔本 振綺堂藏書
傅與礪文集十一卷附錄一卷 元傅若金撰 舊鈔本 知聖道齋藏書
瓢泉吟稿五卷 元朱晞顏撰 愛日精廬鈔本
鄱陽仲公李先生文集三十卷 元李存撰 影寫明永樂刊本
滋溪文稿三十卷 元蘇天爵撰 舊鈔本 朱笥河藏書
青陽先生文集六卷附錄二卷 元余闕撰 明正德二年刊本 朱笥河藏書
近光集三卷扈從集一卷 元周伯琦撰 知聖道齋藏書
經濟文集六卷 元李士瞻撰 影元鈔本
蛻菴詩五卷詞三卷 元張翥撰 石倉吳氏校鈔本

五峰文集六卷　元李孝光撰　舊鈔本　振綺堂藏書

午溪集十卷　元陳鎰撰　舊鈔本

藥房樵唱三卷附錄二卷　元吳景奎撰　舊鈔本　振綺堂藏書

栲栳山人詩集三卷　元岑安卿撰　舊鈔本　朱笥河藏書

貢禮部玩齋集十卷拾遺一卷　元貢師泰撰　影寫明天順刊本

羽庭集六卷　元劉仁本撰　藝海樓傳鈔閣本

不繫舟漁集十五卷附錄一卷　元陳高撰　知聖道齋藏書

僑吳集十二卷　元鄭元祐撰　舊鈔本　朱笥河藏書

師山文集八卷　元鄭玉撰　舊鈔本

友石山人遺稿一卷　元王翰撰　舊鈔本　知聖道齋藏書

聞過齋集八卷　元吳海撰　影寫明洪武刊本

東皐先生詩集五卷　元馬玉麟撰　舊鈔本　知聖道齋藏書

北郭詩集六卷補遺一卷　元許恕撰　舊鈔本　振綺堂藏書

青村遺稿一卷　元金涓撰　叢書樓鈔本

華陽貞素齋集八卷附錄一卷　元舒頔撰　明鈔本　王文恪公藏書

一山文集九卷　元李繼本撰　舊鈔本　振綺堂藏書

江月松風集十二卷　元錢惟善撰　舊鈔本　惠紅豆藏書

龜巢稿十七卷　元謝應芳撰　舊鈔本

石初周先生文集十卷　元周霆震撰　舊鈔本　池北書庫藏書

梧溪集七卷　元王逢撰　舊鈔本

吾吾類稿三卷　元吳皐撰　愛日精廬鈔本

樵雲獨唱集六卷　元葉顒撰　元刊本

雲陽李先生文集十卷　元李祁撰　舊鈔本　曹楝亭藏書

南湖詩集六卷　元貢性之撰　舊鈔本　劉燕庭藏書

佩玉齋類稿十卷　元楊翮撰　影寫元刊本　又一部　舊鈔本　劉燕庭藏書

樂志園詩集八卷補遺一卷　元呂誠撰　舊鈔本　知聖道齋藏書

雪松巢集三卷　元朱希晦撰　舊鈔本

花溪集三卷　元沈夢麟撰　舊鈔本

樗隱集六卷　元胡行簡撰　藝海樓傳鈔閣本

東山先生存稿七卷附錄一卷　元趙汸撰　明嘉靖間刊本

東維子集三十卷附錄一卷　元楊維楨撰　明刊本　怡邸藏書

夷白齋稿三十五卷附錄一卷　元陳基撰　舊鈔本　劉燕庭藏書

石門先生文集七卷　元梁寅撰　明刊本

鄧伯言玉笥集十卷　元鄧雅撰　愛日精廬鈔本

潛溪集十卷附錄一卷　明宋濂撰　元刊本　此集乃未入明時所作世罕傳本

潛溪集十八卷附錄一卷　明宋濂撰　明天順二年劉中刊本

宋學士文集七十五卷　明宋濂撰　明正德九年太原張縉刊本

誠意伯文集十八卷　明劉基撰　明嘉靖十八年刊本

陶學士集二十卷　明陶安撰　明宏治十二年刊本

王忠文公文集二十四卷附錄一卷　明王禕撰　明正統七年刊本

說學齋稿四卷　明危素撰　知聖道齋鈔本　又一部　錢塘女史施淑蘭鈔本

雲林集二卷　明危素撰　施淑蘭鈔本

東皐錄五卷　明釋妙聲撰　明洪武十七年刊本

柘軒集四卷　明凌雲翰撰　舊鈔本

白雲稿十卷 明朱右撰 舊鈔本
蘇平仲集十六卷 明蘇伯衡撰 明正統間刊本
胡仲子文集十卷又一部 明胡翰撰 明洪武十四年刊本 又一部精鈔本 又一部知聖道齋鈔本
始豐稿十四卷 明徐一夔撰 舊鈔本
白石山房逸稿二卷 明張孟謙撰 劉燕庭鈔本
滄螺集六卷 明孫作撰 明宏治九年刊本
藍山集六卷 明藍仁撰 明洪武刊本
白雲樵唱二卷 明王恭撰 明鈔本
望雲集五卷 明郭奎撰 舊鈔本
蚓竅集十卷 明管時敏撰 舊鈔本 毛西河藏書

春草齋集十卷附錄一卷 明烏斯道撰 舊鈔本 天一閣藏書
耕學齋詩集十二卷 明袁華撰 文瑞樓鈔本
強齋集十卷 明殷奎撰 明洪武十五年刊本
海叟集四卷集外詩一卷 明袁凱撰 明宏治間刊本
斗南老人詩六卷 明胡奎撰 明初刊本 劉燕庭藏書
鼓枻稿一卷 明虞堪撰 舊鈔本
滎陽外史集一百卷 明鄭眞撰 舊鈔本內有缺卷
全室外集九卷續集一卷 明釋宗泐撰 明永樂元年刊本
峴泉集十二卷 明張宇初撰 明鈔本 天一閣藏書
虛舟集五卷 明王偁撰 明宏治十六年刊本
王舍人詩集五卷 明王紱撰 舊鈔本 瓶花齋藏書

文選六十卷 梁昭明太子編 唐李善并五臣注 明吳郡袁氏仿宋刊本 臨馮氏竇伯陸氏敕先何氏義門惠氏定宇顧氏澗蘋校宋本又無名氏據諸書校
玉臺新詠十卷 陳徐陵編 明仿宋刊本
高氏三宴詩集三卷附錄一卷 唐高正臣編 影寫宋刊本
河岳英靈集三卷 唐殷璠編 明鈔本
唐詩極元集二卷 唐姚合編 述古堂影宋鈔本
松陵集十卷 唐陸龜蒙皮日休唱和詩 明宏治中刊本
才調集十卷 蜀韋穀編 宋刊本六卷至末精鈔補足 季滄葦藏書
文苑英華一千卷 宋李昉等奉敕編 明鈔本
文苑英華辨證十卷 宋彭叔夏撰 明嘉靖間會通館活字本
唐文粹一百卷 宋姚鉉編 明刊校宋本

西崑酬唱集二卷 宋楊億編 元刊本
清江三孔集四十卷 宋王葦編 知聖道齋鈔本
坡門酧唱集二十三卷 宋邵浩編 影宋鈔本
樂府詩集一百卷 宋郭茂倩編 元至正六年刊本
新刊古今歲時雜詠四十六卷 宋蒲積中編 明萬歷二十三年影宋鈔本 知聖道齋藏書
嚴陵集九卷 宋董棻編 明初刊本
南嶽唱酧集一卷附錄一卷 宋朱子等紀遊詩 舊鈔本
萬首唐人絕句一百一卷 宋洪邁編 明嘉靖二十年仿宋刊本
宋文鑑一百五十卷 宋呂祖謙奉敕編 明天順八年張邵齡重刊宋本
聖宋名賢五百家播芳大全文粹一百十卷 宋魏齊賢葉棻同編

舊鈔本
崇古文訣三十五卷 宋樓昉編 明仿宋刊本
赤城集十八卷 宋林表民編 明宏治十年刊本
妙絕古今四卷 宋湯漢編 明仿宋刊本
唐僧宏秀集十卷 宋李龏編 元刊本
箋注唐賢絕句三體詩法二十卷 宋周弼選 元釋圓至注 明刊大字本
吳都文粹十卷 宋鄭虎臣集 影寫宋刊本
西漢文鑑三十二卷東漢文鑑二十卷 宋陳鑑編 明刊本 天一閣藏書
文選補遺四十卷 宋陳仁子編 明刊本
三國志文類六十卷 舊鈔本

唐詩鼓吹十卷 金元好問編元郝天挺注 明初刊本
二妙集八卷 金段克己成己編 舊鈔本
河汾諸老詩集八卷 元房祺編 明宏治十一年謝景星刊本
瀛奎律髓四十九卷 元方回編 元至元間刊本
天下同文集五十卷 元周南瑞輯 元大德間刊本
古賦辨體十卷 元祝堯編 明安南國刊本
圭塘欵乃集二卷 元許有壬等唱和詩詞 舊鈔本
國朝文類七十卷 元蘇天爵編 元至正二年西湖書院刊本
皇元風雅三十卷 元蔣易編 元至元三年刊本
唐音十四卷 元楊士宏編 元刊本
古樂府十卷 元左克明編 元刊本

玉山名勝集二卷外集一卷 元顧瑛編 知聖道齋鈔本
草堂雅集十三卷 元顧瑛編 舊鈔本
大雅集八卷 元賴良編 舊鈔本
元音遺響十卷 知不足齋鈔本
風雅翼十二卷 元劉履編 明刊本
荆南唱和集一卷 元周砥等唱和詩 明成化中刊本
乾坤清氣集十四卷 明偶桓編 舊鈔本
元音十二卷 明孫原理編 明初刊本
雅頌正音五卷 明劉仔肩編 明洪武間刊本
元詩體要十四卷 明宋緒編 明正德十四年刊本
皇明文衡九十八卷 明程敏政編 明宏治間刊本

新安文獻志一百卷 同上
全蜀藝文志六十四卷 明周復俊編 舊鈔本
吳都文粹續集五十六卷補遺一卷 明錢穀編 舊鈔本
文心雕龍十卷 梁劉勰撰 元至正十五年刊本 又一部明刊本臨馮己蒼校
優古堂詩話一卷 宋吳幵撰 舊鈔本 知聖道齋藏書
詩話總龜前集四十八卷後集五十卷 宋阮閱撰 明嘉靖間月窗道人刊本
風月堂詩話二卷 宋朱弁撰 舊鈔本
韻語陽秋二十卷 宋葛立方撰 明仿宋刊并據宋本校
詩人玉屑二十卷 宋魏慶之撰 元刊本
娛書堂詩話一卷 宋趙與虤撰 舊鈔本

後村詩話前集二卷後集二卷續集四卷新集六卷 宋劉克莊譔 舊鈔本

草堂詩話二卷 宋蔡夢弼譔 舊鈔本

竹莊詩話二十四卷 宋何谿汶譔 舊鈔本

詩林廣記前集十卷後集十卷 宋蔡正孫譔 元刊小字本

蒼崖先生金石例十卷 元潘昂霄譔 元刊本 顧澗薲校

樂章集九卷 宋柳永譔 元刊本

東山詞二卷 宋賀鑄譔 影寫宋刊本 述古堂藏書

片玉詞二卷 宋周邦彥譔 元刊本 汲古閣藏書

于湖先生長短句五卷拾遺一卷 宋張孝祥譔 影寫宋刊本

石湖詞一卷和石湖詞一卷 宋范成大譔 和詞陳三聘譔 明人鈔本

風雅遺音四卷 宋林正大譔 影寫宋刊本

遺山新樂府五卷 金元好問譔 知聖道齋藏書

天籟集二卷 金白樸譔 舊鈔本

花間集十卷 後蜀趙崇祚編 宋紹興十八年晁謙之刊本每半葉十行每行十八字 席玉照藏書

尊前集一卷 朱竹垞手鈔本

類編草堂詩餘四卷 明嘉靖間重刊宋本

宋名家詞 明毛晉編 精鈔本 按晉曾編宋人詞一百家已刻者六十家未刻四十家此本係知不足齋依晉原本重錄計四十家末二家有錄無書緣詩詞雜俎已刻實三十八家也

元名家詞 明毛晉編 精鈔本凡二十家

葉兒樂府八卷 元張可久譔 精鈔本 劉燕庭藏書

小山樂府八卷 元張可久譔 精鈔本

朝野新聲太平樂府八卷 元楊朝英編 汲古閣藏書 元刊小字本

誠齋樂府十卷 明周憲王譔 明刊本 振綺堂藏書 案振綺堂書目著錄誠齋樂府十册不分卷注云元刊本宋楊萬里譔誤

中原音韻不分卷 元周德清譔 元刊本

結一廬書目卷之四終

滂喜齋宋元本書目

滂喜齋宋元本書目　吳縣潘氏藏

經部

宋板周禮注疏　一套
宋板袖珍周禮　四本
元板周禮句解　一套
宋板考工記　一匣
宋板禮記集說
宋板禮記纂言　四匣
元板禮記集釋
宋板樂書　八套
宋板左傳杜注

滂目　一　晨風閣

十行本公穀注疏　三套
宋板巾箱五經　一套
元板五經　一套
宋板孟子　一匣
宋板張九成孟子傳　八本
金刻玉篇　二套
宋板廣韻
宋板禮部韻畧　一套
宋鈔本吳才老韻補　一套
元本韻補　四本
元本隸韻　一套

宋板押韻釋疑　一套

史部

宋板史記淳化王辰臨安陳氏萬卷堂刊　八套

中統本史記　四匣

宋板前漢書　六套

元板前後漢書　十二匣

元板晉書　六匣

元板宋史　二十四套

宋板隋書　四套

元板資治通鑑　四十套

元板資治通鑑詳節　四套

元板資治通鑑長篇　六套

元板通鑑紀事本末　六套

元板汲冢周書　一匣

宋板古史　一匣

宋板三朝政要　三本

宋板鄭樵通志畧　二套

元板文獻通考　十套

宋板國語　一匣

宋板國語補言　一匣

宋板戰國策　一匣

元板宋名臣奏議　八套

宋板金陀粹編　一匣

元板名臣碑傳琬琰集　一套

宋板紹興題名　一本

宋板寶祐登科錄　一匣

宋板登科錄　三本

宋板諸儒名道　二套

宋板方輿勝覽　一匣

元板中興紀聞　一套

鈔本大元一統志　六本

宋板漢雋　一匣

宋板皇朝仕學規範　十本

元板法帖釋文　二本

宋板金石錄韓氏舊藏

子部

元板曾子　一本

宋板孔叢子　一匣

又又　四本

宋板鹽鐵論　二本

咸淳本說苑　一套

元板說苑　一套

宋板揚子法言　四本

宋板文中子　二本

宋板眞西山讀書記　二套
宋板司馬法直解　一本
宋板唐律疏義　四套
宋板難經本義　一本
宋板本草要錄　二本
宋板千金要方　二十四本
宋板和劑局方　一套
宋板三因極一病症方論　一匣
中統本儒門事親分上中下三卷　六本
元板醫學啟源　三本
宋板周髀算經　一匣

宋板算經三種　一匣
宋蜀本東觀餘論韓氏舊藏　一套
宋板梅花喜神譜　二本
元板圖繪寶鑑　一套
元板書史會要　六本
元板呂氏春秋　二套
宋板淮南子　十六本
宋板顏氏家訓　三本
北宋本白虎通　二本
元板風俗通　一套
宋板司馬書儀　一套

宋板羅湖野錄　二本
元板夢溪筆談　一套
元板輟耕錄　十本
又　十六本
宋板翻譯名義　四本
宋板語錄　十六本
元板列子　二本

集部

宋板楚詞後語　二本
宋板陶靖節集　一本
宋板杜詩　二匣

宋板千家注杜詩　二十六本
宋板白氏長慶集　二十五本
宋板范文正公集　二套
宋板歐陽文忠公集
又　一匣
宋板嘉祐集　四本
宋板王注蘇詩　四匣
宋板蘇文忠公詩集　六套
元板蘇文忠公文集　四套
宋板鐔津文集　一本
宋板陳后山集　一套

宋板後村集　一套六本
宋板唐眉山集　四本
宋板楊龜山集　二十本
宋板梁溪集　二十本
宋板竹友集　二本
宋板湛和尚偈頌　二本
宋板友林乙稿　一本
宋板葛歸愚集　一匣
元板范香溪集　四本
元板雪樓先生集　二套
元板道園學古錄　十本

宋板昭明文選　四匣
元板文選　四匣
宋板玉臺新詠　二本
宋板古文苑　二套
宋板文苑英華纂要　五套
宋板皇朝文鑑
宋板荊公百家詩選　五本
元板元文類　八匣
元板國朝文類　二套
宋板太平樂府　四本
宋板淮南居士長短句　一本

吳縣潘氏宋元本書目未曾編定此光緒乙未文勤身後其眷屬南歸廠肆爲檢點書籍時所鈔貴陽陳松山給諫田錄入日記中者宣統元年四月上虞羅叔言參事從給諫迻錄以詒畸亟取付剞劂書目中所列諸書聞尚完好所冀永久保存勿如皕宋所藏之歸海外則幸甚番禺沈宗畸

滂喜齋宋元本書目

曲録六卷

曲錄序

戲曲之興由來遠矣宣和之末始見萌芽乾淳以還漸
多纂述泗水潛夫紀武林之雜劇南村野叟錄金人之
院本醜齋點鬼丹邱正音箸錄斯開蒐羅尤盛上自洪
武諸王就國之裝見李開先張小山小令跋下訖天崇私家插架之
軸則有若章邱之李列朝詩集李開先小傳臨川之湯姚士粦見只編卷中
黃州之劉靜志居詩話卷十五臧懋循條下山陰之淡生同上卷十六祁承㸁條下
海虞之述古錢曾也是園書目富者千餘夾亦百數然中麓諸
家未傳目錄也是一編僅窺崖略存什一於千百或有
錄而無書曁乎　國朝亦有撰著然傳奇彙攷之作僅
見殘鈔廣陵進御之書惟存總目放失之阨斯爲甚矣

曲序　一　晨風閣

鄙薄之原抑有由焉粵自貿絲抱布開叙事之端織素
裁衣肇代言之體追原戲曲之作實亦古詩之流所以
窮品性之纖微極遭遇之變化激蕩物態抉發人心舒
軫哀樂之餘摹寫聲容之末婉轉附物怊悵切情雖雅
頌之博徒亦滑稽之魁桀惟語取易解不以鄙俗爲嫌
事貴翻空不以謬悠爲諱庸人樂於染指壯夫薄而不
爲遂使陋巷言懷人人青紫香閨寄怨字字桑間抗志
極於利祿美談止於蘭勺意匠同於千手性格歧於一
人豈託體之不尊抑作者之自弃也然而明昌一編盡
金源之文獻吳興百種抗皇元之風雅百年之風會成
焉三朝之人文繫焉況乎第其卷帙軼兩宋之詩餘論

其體裁開有明之制義攷古者徵其事論世者觀其心游藝者玩其辭知音者辨其律此則　石渠存目不廢雍熙洙泗删詩猶存鄭衞者矣國維雅好聲詩粗諳流別痛往籍之日喪懼來者之無徵是用博稽故簡撰爲總目存佚未見未敢頌言時代姓名粗具條理爲書六卷爲目三千有奇非徒爲考鏡之資亦欲作搜討之助補三朝之志所不敢言成一家之書請俟異日宣統改元夏五月海甯王國維自序

曲錄卷一

海甯王國維

宋金雜劇院本部

王煥一本

宋黃可道撰劉一清錢唐遺事云湖山歌舞沈酣百年賈似道少時佻撻尤甚自入相後猶微服閒或飲於伎家至戊辰己巳間王煥戲文盛行於都下始自太學有黃可道者爲之一倉官諸妾見之至於羣奔遂以言去云云

樂昌分鏡一本

宋無名氏撰周德清中原音韻云沈約之韻乃閩浙之音而製中原之韻者南宋都杭吳興與切鄰故其戲文如樂昌分鏡等類唱念呼吸皆如約韻則此本德淸猶及見之矣

王魁一本

宋無名氏撰明葉子奇草木子云俳優戲文始於王魁永嘉人作之識者曰若見永嘉人作相宋當亡及宋將亡乃永嘉陳宜中作相其後元朝南戲盛行及當亂北院本特盛南戲遂絕

爭曲六么一本　六么即綠腰宋史樂志教坊十八調中中呂調南呂調仙呂調均有綠腰曲

扯攔六么一本　原注云三孛

教聲六么一本

鞭帽六么一本

衣籠六么一本

厨子六么一本

孤奪旦六么一本

王子高六么一本

崔護六么一本

骰子六么一本

照道六么一本

鶯鶯六么一本

大宴六么一本

驢精六么一本

女生外向六么一本

慕道六么一本

三偖慕道六么一本

雙攔哮六么一本

趕厥夾六么一本

羹湯六么一本

索拜瀛府一本　瀛府曲名宋史樂志教坊部正宫南吕宫中均有瀛府曲

厚熟瀛府一本

哭骰子瀛府一本

醉院君瀛府一本　院君一作縣君

懊骨頭瀛府一本　懊一作燠

賭錢望瀛府一本

四僧梁州一本

三索梁州一本

詩曲梁州一本

頭錢梁州一本

食店梁州一本

法事饅頭梁州一本

四哮梁州一本　梁州一作伊州

領伊州一本　宋史樂志教坊部越調歇指調中均有伊州曲

鐵指甲伊州一本

鬧五伯伊州一本

裴少俊伊州一本

食店伊州一本

桶擔新水一本　桶一作橋　宋史樂志教坊部雙調中有新水調曲　新水或即新水調之略也

雙哮新水一本

燒花新水一本

簡帖薄媚一本　宋史樂志教坊部道調宫南吕宫中均有薄媚曲

請客薄媚一本

錯取薄媚一本

傳神薄媚一本

九妝薄媚一本

本事現薄媚一本

打調薄媚一本
拜禱薄媚一本
鄭生遇龍女薄媚一本
土地大明樂一本 宋志教坊部大石調中有大明樂
打毬大明樂一本
三爺老大明樂一本
列女降黃龍一本 降黃龍黃鐘宮曲名宋志無考
雙旦降黃龍一本
柳玼上宮降黃龍一本
入寺降黃龍一本
偷標降黃龍一本

趕厥胡渭州一本 宋志教坊部所奏小石調林鐘商雲韶部所奏越調中皆有胡渭州曲
單番將胡渭州一本
銀器胡渭州一本 原注云三厥
看燈胡渭州一本
打地鋪逍遙樂一本 逍遙樂宋詞有之亦入曲雙調宋志無考
病鄭逍遙樂一本
崔護逍遙樂一本
蹇湎逍遙樂一本
單打石州一本 宋志教坊部越調中有石州曲
和尚那石州一本 和尚一作石和
趕厥石州一本

塑金剛大聖樂一本 宋志教坊部道調宮有大聖樂曲
單打大聖樂一本
柳毅大聖樂一本
霸王中和樂一本 宋志教坊部黃鐘宮有中和樂曲
馬頭中和樂一本
大打調中和樂一本
喝貼萬年歡一本 宋志教坊部中呂宮有萬年歡曲
託合萬年歡一本
迓鼓兒熙州一本 熙州宋詞有之樂志無考
駱駝熙州一本
二郎熙州一本

大打調道人歡 宋志教坊部中呂調有道人歡曲
會子道人歡一本
雙拍道人歡一本 雙一作打
越娘道人歡一本
打勘長壽仙一本 宋志教坊部般涉調中有長壽仙曲
偌賣旦長壽仙一本
分頭子長壽仙一本
棊盤法曲一本
孤和法曲一本
藏瓶兒法曲一本
車兒法曲一本

病爺老劍器一本 宋志教坊部中呂宮黃鐘宮中均有劍器曲

霸王劍器一本

黃傑進延壽樂一本 宋志教坊部仙呂宮有延壽樂曲

義養娘延壽樂一本

扯籃兒賀皇恩一本 籃一作艦 宋志教坊部林鐘商有賀皇恩曲

催妝賀皇恩一本 原注云三偌

封涉中和樂一本

唐輔採蓮一本 宋志教坊部雙調中有採蓮曲

雙哮採蓮一本

病和採蓮一本

諸宮調霸王一本

諸宮調卦冊兒一本

相如文君一本

崔智韜艾虎兒一本

王宗道休妻一本 宗一作崇

李勉負心一本

四鄭舞楊花一本

四偌皇州一本

檻偌賽金枝一本 原注云磕瓦寶一作保 宋志教坊仙呂宮有保金枝曲

浮漚傳永成雙一本

浮漚暮雲歸一本

老孤嘉慶樂一本

兩相宜萬年芳一本

進筆慶雲樂一本 宋志教坊歇指調中有慶雲樂

裴航相遇樂一本 宋志教坊歇指調中有君臣相遇樂

能知他泛清波一本 宋志林鐘商中有泛清波曲

三釣魚泛清波一本

五柳菊花新一本

夢巫山彩雲歸一本 宋志仙呂調有彩雲歸曲

靑陽觀碑彩雲歸一本

四小將整乾坤一本

四季夾竹桃花一本

禾打千秋樂一本 秋一作春 宋志教坊十八調四十六曲中有千春樂而無千秋樂則自

以作春爲是

牛五郎罷金征一本 宋志南呂調有罷金鉦曲征當作鉦

新水爨一本 爨院本之別名見陶宗儀輟耕錄

三十拍爨一本

天下太平爨一本

百花爨一林

三十六拍爨一本

四子打三教爨一本

孝經借衣爨一本

大孝經孫爨一本

喜朝天爨一本

說月爨一本
風花雪月爨一本
醉青樓爨一本
宴瑤池爨一本
錢手帕爨一本 原注云小字太平歌帕一作拍
詩書禮樂爨一本
醉花陰爨一本
錢爨一本
鞨鶉爨一本 鞨一作鶻
借聽爨一本
大徹底錯爨一本

黃河賦爨一本
睡爨一本
門兒爨一本
上借門兒爨一本
抹紫粉爨一本
夜半樂爨一本
火發爨一本
借衫爨一本
燒餅爨一本
調燕爨一本
棹孤舟爨一本

木蘭花爨一本
月當廳爨一本
醉還醒爨一本
鬧夾棒爨一本
撲胡蝶爨一本
鬧八妝爨一本
鍾馗爨一本
銅博爨一本
戀雙雙爨一本
惱子爨一本
像生爨一本

金蓮子爨一本
思鄉早行孤一本 輟耕錄院本五人一日孤裝甯王權太和正音譜云孤當場裝官者
睡孤一本
迓鼓孤一本
論禪孤一本
諱藥孤一本 藥一作樂
大暮故孤一本
小暮故孤一本
老姑遺妲一本 姑一作孤妲即旦也
孤慘一本
雙孤慘一本 原注云骨突肉

三孤慘一本
四孤醉留客一本
四孤夜宴一本
四孤好一本
四孤披頭一本
四孤擂一本
病孤三鄉題一本
王魁三鄉題一本
强偌三鄉題一本
文武問命一本
兩同心卦鋪兒一本

一井金卦鋪兒一本
滿皇州卦鋪兒一本
變猫卦鋪兒一本
白苧卦鋪兒一本
探春卦鋪兒一本
慶時豐卦鋪兒一本
三哮卦鋪兒一本
三哮揭榜一本
三哮上小樓一本
三哮文字兒一本
三哮好女兒一本

三哮一槽腳一本
襤哮合房一本
襤哮店休姐一本
襤哮負酸一本 胡應麟少室山房筆叢世謂秀才爲措大元人以秀才爲細酸倩女離魂首摺末扮細酸爲王文舉是也
秀才下酸擂一本
急慢酸一本
眼藥酸一本
食藥酸一本
風流藥一本
黃元兒一本

論淡一本
醫淡一本
醫馬一本
調笑驢兒一本
雌虎一本 原注云崔智韜
解熊一本
鶻打兎變二郎一本 鶻打兎曲名見董解元西厢記
二郎神變二郎神一本 二郎神曲名見唐崔令欽教坊
毀廟一本
入廟霸王兒一本
單調霸王兒一本

單調宿一本
單背影一本
單頂戴一本
單唐突一本
單折洗一本
單兜一本
單搭手一本
雙搭手一本
雙厥送一本
雙厥投拜一本
雙打毬一本

曲一 十二 晨風閣

雙頂戴一本
雙圓子一本
雙索帽一本
雙三教一本
雙虞候一本
雙養娘一本
雙快一本 快一作抉
雙捉一本
雙禁師一本
雙羅羅啄木兒一本 啄木兒曲調名
賴房錢啄木兒一本

圍城啄木兒一本
大雙頭蓮一本
小雙頭蓮一本
大雙慘一本
小雙慘一本
小雙索一本
雙排軍一本
醉排軍一本
雙賣妲一本
三入舍一本
三出舍一本

曲一 十三 晨風閣

三笑月中行一本
三登樂院公狗兒一本
三教安公子一本 安公子曲名
三社爭賽一本
三頂戴一本
三偌一賃驢一本
三盲一偌一本
三教鬧著棋一本
三借窯貨兒一本
三獻身一本
三教化一本

三京下書一本
三短蹬一本
打三教菴宇一本
普天樂打三教一本
滿皇州打三教一本
領三教一本
三姐醉還醒一本
三姐黃鶯兒一本
賣花黃鶯兒一本
大四小將一本
四小將一本

四國朝一本
四脫空一本
四教化一本
泥孤一本　右見二百八十本見周密武林舊事卷十題日官本雜劇段數
君聖臣賢爨一本
楊飯一本
四偌少年游一本　右三本見武林舊事卷一係南宋聖節所用者

右二百八十四種宋無名氏撰雜劇之名始見於宋史樂志志稱眞宗不喜鄭聲而或爲雜劇詞未嘗宣布于外則北宋初葉雜劇固已有腳本唯無傳于後世者且并亡其目耳右二百餘種大率以所演之事繫所歌之曲其例與陶宗儀輟耕錄所載院本名目相同且有十餘本互見

燈花婆婆一本
種瓜張老一本
紫羅蓋頭一本　周煇淸波雜志婦女步通衢以方幅紫羅障蔽半身俗謂之蓋頭蓋唐帷帽之制也
女報冤一本
風吹轎兒一本
錯斬崔甯一本
小亭兒一本
西湖三塔一本

馮玉梅團圓一本
簡帖和尚一本
李煥生五陣雨一本
小金錢一本

右十二種錢曾也是園書目編入戲曲部題曰宋人詞話遵王藏曲甚富其言當有所據且其題目與元劇體例不同而大似宋人官本雜劇段數及陶宗儀輟耕錄所載金人院本名目則其爲南宋人作無疑矣

月明法曲一本
鄆王法曲一本

燒香法曲一本
送香法曲一本
上墳伊州一本
燒花新水一本與前官本雜劇重出或一本也
熙州駱駝一本宋官本雜劇有駱駝熙州疑是一本
列良羸府一本羸府當爲瀛府之訛
病鄭逍遙樂一本與宋官本雜劇重出當是一本
四皓逍遙樂一本
四酸逍遙樂一本宋官本雜劇有喝貼萬年歡不知即
賀貼萬年歡一本此本否
拼廩降黃龍一本

列女降黃龍一本與宋官本雜劇重出當是一本右十四種陶宗儀輟耕錄題曰和曲院本
壺堂春一本
太湖石一本
金明池一本詞調名
戀鼇山一本
六變妝一本
萬歲山一本
打草陣一本
賞花燈一本
錯入內一本
問相思一本

探花街一本
斷上皇一本
打毬會一本
春從天上來一本右十四種輟耕錄題上皇院本打毬會一本元無名氏有雜劇當自此出
春從天上來則調名宋詞有之元曲不用金明池同
柳絮風一本
紅索冷一本
牆外道一本
共粉淚一本
楊柳枝一本
蔡消閒一本金蔡丞相松年號蕭閒老人元李文蔚有蔡蕭閒醉寫石州慢雜劇當自此本出

方偷眼一本
呆太守一本
晝堂前一本
夢周公一本
梅花底一本
三笑圖一本
窄布衫一本
呆秀才一本
隔年期一本
賀方回一本
王安石一本

斷三行一本

競尋芳一本

雙打梨花院一本 右二十種輟耕錄題曰題目院本

悲怨霸王一本

范增霸王一本

草馬霸王一本

散楚霸王一本

三官霸王一本

補塑霸王一本 右六種輟耕錄題曰霸王院本愚意霸王亦調名因創調之人始詠霸王即以名其調故有范增霸王三官霸王等異名

喬記孤一本

旦判孤一本

計算孤一本

雙判孤一本

百戲孤一本

哨咭孤一本

燒棗孤一本

孝經孤一本

菜園孤一本

貨郎孤一本

合房酸一本

麻皮酸一本

花酒酸一本

狗皮酸一本

還魂酸一本

別離酸一本

王纏酸一本

謁食酸一本

三揲酸一本

哭貧酸一本

插撥酸一本

酸孤旦一本

毛詩旦一本

老孤遣旦一本 宋官本雜劇亦有此目當是一本

纏三旦一本

禾哨旦一本

哮賣旦一本

貧富旦一本

書櫃兒一本

紙襴兒一本

蔡奴兒一本

剁毛兒一本

喜牌兒一本

卦册兒一本

繡篋兒一本
粥碗兒一本
佀娘兒一本宋人詞調即醜奴兒之異名
卦鋪兒一本
師婆兒一本
教學兒一本
雞鴨兒一本
黃丸兒一本
稜角兒一本
田牛兒一本
小丸兒一本

醜奴兒一本
病襄王一本
馬明王一本
閙學堂一本
閙浴堂一本
寬布衫一本
泥布衫一本
趕湯瓶一本
紙湯瓶一本
閙旗亭一本
芙蓉亭一本元王實父有雜劇當自此出

壞食店一本
閙酒店一本
壞粥店一本
莊周夢一本
花酒夢一本
蝴蝶夢一本元關漢卿有蝴蝶夢雜劇當自此出
三出舍一本
三入舍一本右二本與宋官本雜劇重出當是一本
瑤池會一本
八仙會一本
蟠桃會一本

洗兒會一本
藏鬮會一本
打五臟一本
蘭昌宮一本元庾天錫有薛昭誤入蘭昌宮雜劇當自此出
廣寒宮一本
閙結親一本
倦成親一本
强風情一本
大論情一本
三圖子一本
紅娘子一本

太平還鄉一本
衣錦還鄉一本
四論藝一本
殿前四藝一本
競菽門一本
都子撞門一本
呆大郎一本
四酸擂一本
問前程一本
十樣錦一本元無名氏有十樣錦諸葛論功雜劇或自此出
長慶館一本

賴將軍一本
兩相同一本
競花枝一本
五變妝一本
白牡丹一本
洪福無疆一本
赤壁鏖兵一本
窮相思一本
金壇謁宿一本
調雙漸一本
官吏不和一本

鬧巡鋪一本
判不由己一本
大勘刀一本
同官不睦一本
鬧平康一本
趕門不上一本
賣花容一本
同官賀授一本
無鬼論一本
四酸諱喏一本
鬧[illegible]闌一本

雙藥盤街一本
鬧文林一本
四國來朝一本
雙捉壻一本
酒色財氣一本
醫作媒一本
風流藥院一本
監法童一本
漁樵問話一本
鬬鵪鶉一本鬬鵪鶉越調曲名
杜甫游春一本元范康有曲江池杜甫游春雜劇當自此出

鴛鴦簡一本 元白朴有鴛鴦簡牆頭馬上劇或自此出
四酸提候一本
滿朝歡一本 宋詞調名
月夜聞箏一本 元鄭光祖有雜劇
鼓角將一本
鬧芙蓉城一本
雙鬪醫一本
張生煮海一本 元尚仲賢李好古有雜劇
賒饅頭一本
文房四寶一本
謝神天一本

陳橋兵變一本
雙揭榜一本
朦啞質庫一本
雙福神一本
院公狗兒一本
告和來一本
佛印燒猪一本
酸賣徠一本 元曲中調童子爲徠
琴劍書箱一本
花前飲一本 詞律拾遺收無名氏花前飲一調在詞曲之間
五鬼聽琴一本

白雲庵一本
迓鼓二郎一本 迓鼓仙呂曲名
壞道場一本
獨腳五郎一本
賣花聲一本 宋詞調名入曲中呂宮名昇平樂
進奉伊州一本
錯上墳一本
醫五方一本
打五鋪一本
拷梅香一本
四道姑一本

隔簾聽一本 隔簾聽宋詞調名
硬行蔡一本
義養娘一本
啗師姨一本
論秋蟬一本
劉盼盼一本 元關漢卿有劉盼盼鬧衡州劇當自此出
牆頭馬一本 元白朴有牆頭馬上劇此馬字下當有上字
刺董卓一本
鋸周村一本
四拍板一本
大論談一本

攧龍舟一本元關漢卿有雜劇
擊梧桐一本
渰藍橋一本元李直夫有水渰藍橋雜劇
入桃園一本王實父有誤入桃源雜劇
雙防送一本
海棠春一本宋詞調名
香藥車一本
四方和一本
九頭頂一本
鬧元宵一本
趕材不一本

眼藥孤一本與宋官本雜劇重出當是一本
兩同心一本
更漏子一本詞調名
陰陽孤一本
提頭巾一本
三索債一本
防送哨一本
偌賣旦一本
是耶酸一本
怕水酸一本
回回梨花院一本

晉宣成道記一本右一百八十九種輟耕錄題曰諸雜大小院本
海棠軒一本
海棠園一本
海棠怨一本
海棠院一本
督李王一本
慶七夕一本
再相逢一本
風流壻一本
王子端捲簾記一本
紫雲迷四季一本

張與夢孟楊妃一本
女狀元春桃記一本
粉墻梨花院一本
妮女梨花院一本
龐方溫道德經一本
大江東往一本
吳彥舉一本
不抽闌一本
不掀簾一本
紅梨院一本
玎璫天賜暗姻緣一本右二十一種輟耕錄題曰院么

鬬夾棒六么一本
鬬夾棒法曲一本
望瀛法曲一本望瀛當作望瀛宋史樂志法曲部其曲二一曰道調宮望瀛
分抝法曲一本
送宣道人歡一本
逍遥樂打馬鋪一本
擣練延壽樂一本
諱老長壽仙一本長壽仙般涉調中曲名董西廂用之元曲無
夜半樂打明皇一本夜半樂詞調名
歡呼萬里一本
山水日月一本

集賢賓打三教一本集賢賓商調曲名
打白雪歌一本
地水火風一本
夜深深三磕胞一本
佳景堪游一本
琴棋書畫一本
喜遷鶯剗草鞋一本喜遷鶯黃鐘宮曲名
太公家教一本
十五郎一本
滕王閣鬧八妝一本
春夏秋冬一本

風花雪月一本
上小樓衮頭子一本
噴水胡僧一本
汀注論語一本
恨秋風鬼點偌一本
詩書禮樂一本
論語謁食一本
下角瓶大醫淡一本
再遊恩地一本
累受恩深一本
送羹湯放火子一本

擂鼓孝經一本
香茶酒果一本
船子和尚四不犯一本
徐演黃河一本
單兜望梅花一本望梅花詞調名
皇都好景一本
四偌大提猴一本
雙聲疊韻一本雙聲疊韻乃黃鐘宮及中呂宮曲調名惟董西廂中用之元人不用
上皇四軸畫一本
三偌一卜一本
調猿卦鋪一本

倬刀餶頭一本
河轉迓鼓一本
背箱伊州一本
酒樓伊州一本
賣衣百家詩一本
埋頭百家詩一本
偷酒牡丹香一本
雪詩打樊噲一本
抹麪長壽仙一本
四偌賈諢一本
四偌祈雨一本

松竹龜鶴一本
王母祝壽一本
四偌抹紫粉一本
四偌劈馬樁一本
襯紅閙浴堂一本
和燕歸梁一本
蘇武和番一本
羹湯六么一本與宋官本雜劇重出當是一本
河陽舅舅一本
偌請都子一本
雙女賴飯一本

一貫質庫兒一本
私媒質庫兒一本
清朝無事一本
豐稔太平一本
一人有慶一本
四海民和一本
金皇聖德一本
皇家萬歲一本
背鼓千字文一本
變龍千字文一本
摔盒千字文一本

曲一　三十　晨風閣

錯打千字文一本
木驢千字文一本
埋頭千字文一本
講來年好一本
講聖州序一本
講樂章序一本
講道德經一本
神農大說藥一本
食店提猴一本
人參腦子爨一本
斷朱温爨一本

變二郎爨一本
講百果爨一本
講百花爨一本
講蒙求爨一本
講百禽爨一本
講心字爨一本
變柳七爨一本
三跳澗爨一本
打王樞密爨一本
水酒梅花爨一本
調猿香字爨一本

三分食爨一本
煎布衫爨一本
賴布衫爨一本
雙揲紙爨一本
調金門爨一本
跳布袋爨一本
文房四寶爨一本
開山五花爨一本 右一百七種輟耕錄題曰諸雜院爨內百家詩質庫兒干字文雖不見傳訛似是曲調之名
打三十一本
打謝樂一本

打八哥一本
錯打了一本
錯取兒一本
說狄青一本
憨郭郎一本 大石調曲名
枝頭巾一本
小鬧攧一本
鶯哥猫兒一本
大陽唐一本
小陽唐一本
歇貼韻一本

三般尿一本
大驚睡一本
小驚睡一本
大分界一本
小分界一本
雙雁兒一本
唐韻六貼一本
我來也一本
情知本分一本
喬捉蛇一本 中呂曲調名
鐺鍋釜竈一本

代元保一本
母子御頭一本
背苗兒一本
山梨柿子一本
打淡的一本
一日一箇一本
村城詩一本
胡椒雖小一本
蔡伯喈一本陸游劍南詩稿斜陽古柳趙家莊負鼓盲翁正作場死後是非誰管得滿村聽唱蔡中郎此本不知較南宋盲詞同異若何要爲東嘉琵琶祖本
遮截架解一本

窪磚兒一本
三打步一本
孛百倬一本
盤榛子一本
四魚名一本
四坐山一本
提頭帶一本
天下樂一本仙呂曲調名
四柏木一本
西門兒一本
說古人一本

山麻稭一本山麻稭越調曲名唯董西廂用之元人不用
喬道傷一本
黃風蕩蕩一本
貪狠觀一本
通一母一本
串梆子一本
啞伴哥一本
拖下來一本
劉千劉義一本
歡會旗一本
生死鼓一本

搗練子一本雙調曲名
三摹頭一本
酒糟兒一本
淨瓶兒一本大石調曲名
賣官衣一本
苗青根白一本
調笑令一本越調曲名
鬬鼓笛一本
柳青娘一本正宮曲名
調劉衮一本
講車兒一本

身邊有藝一本
論句兒一本
霸王草一本
難古典一本
左必來一本
香供養一本
合五百一本
嫺嫺嘖一本
一借一與一本
己己己一本
舞秦始皇一本

學像生一本
支道饅頭一本
打調敠一本
驢城白守一本
呆木大一本黃山谷鼓笛令詞副靖傳語木大鼓兒裏且打一和副靖卽副淨則木大亦腳色之名也
定魂刀一本
說罰錢一本
年紀大小一本
打扇一本
盤蛇一本

相眼一本
告假一本
捉記一本
照淡一本
矇啞一本
投河一本
略通一本
調賊一本
多筆一本
僉押一本
扯肰一本

羅打一本
記水一本
求楞一本
燒奏一本
轉花枝一本
計頭兒一本
長嬌憐一本
歇後語一本
蘆子語一本
迴且語一本
大支散一本右一百九本輟耕錄題曰衝撞引首

襄陽會一本 元高文秀有劉玄德獨赴襄陽會雜劇當自此出

驢軸不了一本

鞭敲金鐙一本

門簾兒一本

天長地久一本

衙府則例一本

金合楞一本

天下太平一本

歸塞北一本

春夏秋冬一本

鬭百草一本

叫子蓋頭一本

大劉備一本

石榴花詩一本

啞漢書一本

說古棒一本

唱柱杖一本

日月山河一本

胡餅大一本

背揾地一本

屋裏藏一本

罵呂布一本

張天覺一本

打論語一本

十果頌一本

十般乞一本

還故里一本

劉金帶一本

四草蟲一本

四厨子一本

四妃豔一本

望長安一本

長安住一本

罵江南一本

風花雪月一本

錯寄書一本

睡起教杖一本

打婆束一本

三交兩撲一本

大對景一本

小護鄉一本

少年游一本 詞調名

打青提一本

千字文一本

酒家詩一本
三拖旦一本
睡馬杓一本
四生屬一本
喬唱諢一本
桃李子一本
麥屯兒一本
大菜園一本
喬打聖一本
杏湯來一本
謝天地一本

十隻腳一本
請生打納一本
建成一本
縛食一本
毬棒豔一本　豔與爓同爓段亦院本之意但差簡耳取其如火爓易明而易滅也
破巢豔一本
開封豔一本
蕣子豔一本
打虎豔一本
四王豔一本
蝗蟲豔一本

撅子豔一本
七捉豔一本
修行豔一本
般調豔一本
棗兒豔一本
蠻子豔一本
快樂豔一本
慈烏豔一本
眼裏喬一本
訪戴一本
眾半一本

曲一　晨風閣

陳蔡一本
范蠡一本
扯休書一本
鞭寨一本
杴杴掃竹一本
臧吾智一本
諸宮調一本
金鈴一本
彫出板來一本
套靴一本
舌智一本

俯飲一本
釵髮多一本
襄陽府一本
仙哥兒一本右九十二種輟耕錄題曰拴搐豔段
照天紅一本
琴家弄一本
著棋名一本
亥骰子一本
樂人名一本
鬬葫蘆一本
握龜一本右七種賭撲名
說駕頑一本
敲待制一本
上官赴任一本
押剌花赤一本右四種官職名
青鵲一本
老鴉一本
斷料一本
鷹鴿鵰鶻一本右四種飛禽名
石竹子一本
調狗一本
散水一本右三種花名

厨難偖一本
蘑菇菜一本右二種喫食名
成佛板一本
爺娘佛一本右二種佛名
盤驢一本
害字一本
劉三一本
一板子一本右四種難字兒
數酒一本
三元四子一本右二種酒下栓
孟姜女一本
遮盞了一本
詩頭曲尾一本
虎皮袍一本右四種唱尾聲
杜大伯一本
大黃一本右二種猜謎
禿醜生一本
窗下僧一本
坐化一本
唐三藏一本右四種和尚家門
入口鬼一本
則要胡孫一本

曲一
晨風閣

大燒餅一本
清閒眞道本一本右四種先生家門
大口賦一本
六十八頭一本
拂袖便去一本
紹運圖一本
十二月一本
胡說話一本
風魔賦一本
療丁賦一本
撞著駱駝一本

看馬胡孫一本右十種秀才家門
說卦彖一本
由命賦一本
混星圖一本
柳簸箕一本
二十八宿一本
春從天上來一本右六種列良家門
萬民快樂一本
咬的響一本
莫延一本
九斗一石一本

共牛一本右五種禾下家門
三十六風一本
傷寒一本
合死漢一本
馬屁勃一本
安排鍬钁一本
三百六十骨節一本
便癱賦一本右七種大夫家門
針兒線一本
甲仗庫一本
革鬧一本

陣敗一本右四種卒子家門
方頭賦一本
水龍吟一本右二種良頭家門
腳言腳語一本
則是便是賊一本右二種邦老家門
後人收一本
桃李子一本
上一上一本右三種都下家門
朕聞上古一本
刀包待制一本
絹兒來一本右三種孤下家門

罷筆賦一本

是故榜一本右二種司吏家門

一遍生活一本右作作行家門

受胎成氣一本右撅徠家門以上八十八種輟耕錄題曰打略拴搐又睹撲名七種之前尚有星象名果子名草名軍器名神道名燈火名衣裳名鐵器名書籍名節令名蔬菜名縣道名州府名相撲名法器名門名草名軍名魚名菩薩名則有其目而無其曲又睹撲名中書棋名樂人名恐亦為目而非曲當屬傳寫之誤

模石江一本

梅妃一本

浴佛一本

三教一本

姜武一本

救駕一本

趙娍娥一本

石婦吟一本

變猫一本

水母一本

玉環一本

走鷯哥一本

上料一本

瞎脚一本

易基一本

武則天一本

告子一本

拔蛇一本

鹿皮一本

新太公一本

黄巢一本

恰來一本

蛇師一本

投字碑一本

臥草一本

衲襖一本

封碑一本

鋸周村一本

史弘肇一本

懸頭梁上一本右三十種輟耕錄題曰諸雜砌

右六百九十種見陶宗儀輟耕錄卷二十五院本名目余定為金人之作其目淩亂詭異不可鈎稽約舉之有以調名者如金明池之類有以所譜之事名者如賞花燈之類有以所譜之人名者如蔡消閑之類有以曲之首句名者如倩朝無事之類有以事係扮演之人者如柴圓孤之類有以事繫曲調者如四皓逍遙樂之類何以知為金人之作中有金皇聖德一本一證也其以調名者如山麻楷水龍吟雙聲疊

韻各調惟金時董解元西廂中用之元人從未用此數調二證也董西廂多用宋人詞調此目中之以調名者亦詞曲相半三證也中有十餘本同南宋官本雜劇四證也惟此種院本大抵出於伶人之手者多出于士大夫之手者少耳

曲錄卷一

曲錄卷二

海甯王國維

雜劇部上

劉阮誤入天台洞一本　明甯獻王權太和正音譜作誤入桃園

呂太后人彘戚夫人一本

江州司馬靑衫淚一本　明臧懋循元曲選本　明陳與郊古名家雜劇本

風雪騎驢孟浩然一本

呂洞賓三醉岳陽樓一本　元曲選本　古名家雜劇本

王祖師三度馬丹陽一本

太華山陳摶高卧一本　元曲選本　古名家雜劇本　明息機子元人雜劇選本

孟朝雲風雪歲寒亭一本

凍吟詩踏雪尋梅一本　元人雜劇選本　也是園書目作孟浩然踏雪尋梅太和正音譜有此本而無風雪騎驢孟浩然一本或二本關目略同歟

呂蒙正風雪齋後鐘一本

大人先生酒德頌一本

破幽夢孤雁漢宮秋一本　元曲選本上十二本見元鍾嗣成錄鬼簿

半夜雷轟薦福碑一本　元曲選本　古名家雜劇本

馬丹陽三度任風子一本　元曲選本　古名家雜劇本　上二本見太和正音譜

右十四種元馬致遠撰致遠號東籬大都人江浙行省務官案元有兩馬致遠錢謙益列朝詩集甲十三有張學士以寧題馬致遠淸溪曉渡圖自注云致遠廣西憲掾子琬從余學琬字文壁秦淮人則其父非

大都之馬致遠也

太和正音譜馬東籬之詞如朝陽鳴鳳又云其詞典雅清麗可與靈光景福相頡頏有振鬣長鳴萬馬皆瘖之意又若神鳳飛鳴于九霄豈可與凡鳥共語哉宜列羣英之上

東海郡于公高門一本

韓彩雲絲竹芙蓉亭一本

曹子建七步成章一本

蘇小卿月夜販茶船一本

孝父母明達賣子一本

才子佳人拜月亭一本

四大王歌舞麗春堂一本　元曲選本　四大王元曲選作四丞相

趙光普進梅諫一本

呂蒙正風雪破窰記一本

陸績懷橘一本

詩酒麗春園一本

雙渠怨一本　樂府紀聞大名民家有男女以私情不遂赴水者後三日二尸相抱出水濱是年此陂荷花無不並蔕李治賦雙蕖怨詞云云此劇疑譜此事然則渠當作蕖太和正音譜作雙題怨似誤都穆南濠詩話引此正作雙蕖怨

嬌紅記一本　右均見錄鬼簿尚有西廂記入第四卷傳奇部茲不錄

右十三種元王實父撰實父大都人案實父所作麗春堂雜劇譜金完顏某事而劇末云早先聲把煙塵掃蕩從今後四方八荒萬邦齊仰賀當今皇上以頌禱金皇作結則此劇之作向在金世實父亦由金入元者矣

太和正音譜曰王實父之詞如花間美人又曰鋪敍委婉深得騷人之趣極有佳句如玉環之出浴華池綠珠之採蓮洛浦

關張雙赴西蜀夢一本

董解元醉走柳絲亭一本

丙吉教子立宣帝一本

薄太后走馬救周勃一本

太常公主認先皇一本

曹太后死哭劉夫人一本

荒墳梅竹鬼團圓一本

劉夫人寫恨萬花堂一本

閨怨佳人拜月庭一本　也是園書目作王瑞蘭私禱拜月亭太和正音譜亦作拜月亭

即幽閨記祖本

呂蒙正風雪破窰記一本

風月狀元三負心一本

晏叔原風月鷓鴣天一本

沒興風雪瘸馬記一本

錢大尹智寵謝天香一本　元曲選本　古名家雜劇本

金銀交鈔三告狀一本

姑蘇臺范蠡進西施一本

蘇氏造織錦回文一本

開封府蕭王勘龍衣一本

介休縣敬德降唐一本
杜蘂娘智賞金綫池一本元曲選本　古名家雜劇本
昇仙橋相如題柱一本
金谷園綠珠墜樓一本
漢匡衡鑿壁偷光一本
柳花亭李婉復落倡一本
風雪狄梁公一本
望江亭中秋切鱠旦一本元曲選本　元人雜劇選本
甲馬營降生趙太祖一本
賢孝婦風雪雙駕車一本
屈勘宣華妃一本

雙提屍究報汴河冤一本
月落江梅怨一本
老女壻金馬玉堂春一本
煙月舊風塵一本也是園書目作趙盼兒風月救風塵　太和正音譜元曲選亦作救風塵
元曲選本　古名家雜劇本
宋上皇御斷死央簿一本
管寧割席一本
崔玉簫擔水澆花一本
晉國公裴度還帶一本也是園書目作山神廟裴度還帶
隋煬帝牽龍舟一本
白衣相高鳳漂麥一本

唐明皇哭香囊一本
孫康映雪一本
唐太宗哭魏徵一本
鄧夫人哭存孝一本
關大王單刀會一本
溫太眞玉鏡臺一本元曲選本　古名家雜劇本
武則天肉醉王皇后一本
翠華妃對玉釵一本太和正音譜作對玉釧
漢元帝哭昭君一本
劉盼盼鬧衡州一本太和正和譜作鬧邢州
劉夫人救啞子一本

呂無雙銅瓦記一本
風流孔目春衫記一本
萱草堂玉簪記一本
錢太尹鬼報緋衣夢一本也是園書目作錢大尹智勘緋衣夢
醉孃子三撇一本太和正音譜作三撇嵌
楚雲公主酹江月一本
詐妮子調風月一本
魯元公主三敕赦一本右五十八本見錄鬼簿
感天動地竇娥寃一本元曲選本　古名家雜劇本
包待制三勘蝴蝶夢一本元曲選本　續古名家雜劇本
狀元堂陳母教子一本右三本見太和正音譜也是園書目

劉夫人慶賞五侯宴一本　右見也是園書目
包待制智斬魯齋郎一本　元曲選本　古名家雜劇本　元曲選題大都關漢卿撰
姻緣簿一本　見太和正音譜疑卽錄鬼簿之宋上皇御斷死央簿附錄于此
右六十三種元關漢卿撰漢卿號已齋叟大都人官大醫院尹按楊維楨元宮詞云開國遺音樂府傳白翎飛上十三絃大金優諫關卿在伊尹扶湯進劇編此關卿當指漢卿則漢卿猶逮事金矣然伊尹扶湯雜劇據錄鬼簿及太和正音譜乃鄭德輝作豈楊詩之誤歟抑漢卿自有此劇而不傳於世歟
太和正音譜曰關漢卿之詞如瓊筵醉客又曰觀其詞語乃可上可下之才蓋所以取者初爲雜劇之始故卓以前列
輟耕錄大名王和卿滑稽佻達傳播四方中統初燕

市有一蝴蝶其大異常王賦醉中天小令曰撐破莊周夢兩翅駕東風三百處名園一採一箇空難道風流種諕殺尋芳蜜蜂輕輕的飛動賣花人搧過橋東由是其名益著同時有關漢卿者亦高才風流人也王嘗以譏謔加之關雖極意還答終不能勝王忽坐逝而鼻垂雙涕尺餘人皆歎駭關來弔唁詢其由或對曰此釋家所謂坐化也復問鼻懸何物又對曰此玉筯也關云我道你不識不是玉筯是嗓咸發一笑或戲關云你被王和卿輕侮半世死後方還得一籌凡六畜勞傷則鼻中常流膿水謂之嗓病又愛訐人之過者亦謂之嗓故云爾
秋江風月鳳皇船一本
唐明皇秋夜梧桐雨一本　元曲選本　古名家雜劇本
鴛央簡牆頭馬上一本　元曲選本　古名家雜劇本　元曲選也是園書目均作裴少俊牆頭馬上
韓翠蘋御水流紅葉一本

唐明皇游月宮一本
董秀英花月東墻記一本
漢高祖斬白蛇一本
祝英臺死嫁梁山伯一本
闍師道趕江一本
楚莊王夜宴絕纓會一本
蕭翼智賺蘭亭記一本
泗上亭長一本　太和正音譜作高祖歸莊
崔護謁漿一本
蘇小小月夜錢唐夢一本
薛瓊瓊月夜銀箏怨一本　右十五本見錄鬼簿

李克用箭射雙雕一本　右見李玉北詞廣正譜
右十七種元白朴撰朴字仁甫後改字太素號蘭谷眞定人父華字文舉號寓齋金樞密院判金史有傳錄鬼簿云朴贈嘉議大夫掌禮儀院太卿　維案金史白華傳華陝州人錄鬼簿云仁甫眞定人殆以其父子卜築滹陽時言之耳
太和正音譜曰白仁甫之詞如鵬摶九霄又曰風骨磊磈詞源滂沛若大鵬之起北溟奮翼凌乎九霄有一舉萬里之志宜冠于首
元王博文天籟集序曰元白爲中州世契兩家子弟每舉長慶故事以詩文相往來太素郎寓齋仲子於遺山爲通家姪甫七歲遭壬辰之難寓齋以事遠適明年春京城變遺山遂挈以北渡自是不茹葷血人問其故曰俟見吾親則如初嘗罹疫遺山晝夜抱持凡六日竟於臂上得汗而愈蓋視親子姪不啻過之讀書穎悟異常兒日親炙遺山謦欬談笑悉能默記數年寓齋北歸以詩謝遺山云顧我眞成喪家狗頼君曾護落巢兒居無何父子卜築於滹陽律賦爲專

門之學而太素有能聲號後進之翹楚者遺山每過之必問爲學次第嘗贈之詩曰元白通家舊諸郎獨汝賢未幾生長見聞學問博覽然自幼經喪亂蒼皇失母便有滿目山川之歎逮亡國恒鬱鬱不樂以故放浪形骸期於適意中統初開府史公將以所業薦之於朝再三遜謝棲遲衡門視榮利茂如也明孫大雅天籟集序先生少有志天下已而事乃大謬顧其先爲金世臣既不欲高蹈遠引以抗其節又不欲使爵祿以干其身於是屈己降志玩世滑稽徙家金陵從諸遺老放情山水間日以詩酒優游用示雅志以忘天下詩詞篇翰在在有之王鵬運天籟集跋康熙中六安楊氏希洛以曝書亭訂本授梓卷首有仁甫小像末附摭遺爲所製曲

黑旋風鬬雞會一本

黑旋風詩酒麗春園一本

黑旋風窮風月一本

黑旋風大鬧牡丹園一本

曲二　八　晨風閣

黑旋風喬教學一本

黑旋風敷衍劉要和一本要和太和正音譜作耍和錄鬼簿于紅字李二花李郎二人下皆注云教坊劉要和壻輟耕錄謂教坊色長魏武劉三人鼎新編輯院本魏長于念誦武長于筋斗劉長于念誦卽此人也

黑旋風雙獻頭一本元曲選本太和正音譜元曲選均作雙獻功

老郎君養子不及父一本

病樊噲打呂靑一本太和正音譜作打呂胥案史記樊噲列傳以呂后女弟呂須爲婦胥須由音同而誤又由胥而誤爲靑耳

黑旋風借尸還魂一本

劉先主襄陽會一本

禹王廟霸王舉鼎一本

窮秀才雙弃瓢一本

忠義士班超投筆一本

煙月門神訴寃一本

五鳳樓潘安擲果一本

須賈誶范雎一本元曲選本

好酒趙元遇上皇一本

周瑜謁魯肅一本

木乂行者鎖水母一本

伍子胥弃子走樊城一本

豹子尙書謊秀才一本

豹子秀才不當差一本

曲二　九　晨風閣

豹子令史自請俸一本

太液池兒女並頭蓮一本

風月害夫人一本

相府門廉頗負荆一本

鄭元和風雪打瓦罐一本

御史臺趙堯辭金一本

醉秀才戒酒論杜康一本

志公和尙開啞禪一本太和正音譜作問啞禪

宣帝問張敞畫眉一本右三十二本見錄鬼簿

雙獻頭武松大報讐一本

保成公竟赴澠池會一本右廿一本見也是園書目

右三十四種元高文秀撰文秀東平人府學生蚤卒
太和正音譜曰高文秀之詞如金瓶牡丹

楚莊王疎者下船一本（元曲選本）
宋上皇御斷鳳皇釵一本
齊景公驅馬奔陣一本（太和正音譜作驛馬奔陳）
包待制智勘後庭花一本（元曲選本）
采石渡漁父辭劍一本
吹簫女悔教鳳皇兒一本
冷臉劉斌料到底一本
尉遲公鞭打李道煥一本（太和正音譜作打李奐恐譜敬德打任城王道宗事）
布袋和尚忍字記一本（元曲選本　元人雜劇選本）
子父夢秋夜欒城驛一本
孟縣宰因禍致福一本
賣兒女沒興王公綽一本
風月郎君雙教化一本
一百二十行販揚州一本
冤報冤貧兒乍富一本
看錢奴買冤家債主一本（元曲選本）
曹伯明復勘贓一本
漢高祖哭韓信一本
風月七眞堂一本
蕭丞相復勘贓一本

孫恪遇猿一本
孟姜女送寒衣一本
奴殺主因禍折福一本　右二十三本見錄鬼簿
崔府君斷冤家債主一本（元曲選本　元人雜劇選本　元曲選題元無名氏撰今從也是園書目定爲廷玉撰）

右二十四本元鄭廷玉撰廷玉彰德人
太和正音譜鄭廷玉之詞如佩玉鳴鑾

常何薦馬周一本
隋煬帝江月錦帆舟一本
裴航遇雲英一本
孟嘗君雞鳴度關一本
列女青綾臺一本
會稽山買臣負薪一本
玉女琵琶怨一本
薛昭誤入蘭昌宮一本
秋夜凌波夢一本
封陟先生罵上元一本
英烈士周處三害一本
蘇小卿麗春園一本
秋月蕊珠宮一本
楊太眞霓裳怨一本
楊太眞華清宮一本　右見錄鬼簿太和正音譜

曲二　　十二　晨風閣

右十五種元庾天錫撰天錫字吉甫大都人中書省掾除員外郎
太和正音譜庾吉甫之詞如奇峰散綺

張子房圯橋進履一本
漢武帝死哭李夫人一本
謝安東山高卧一本（錄鬼簿云趙公輔次本盥咸韻）
蔡逍遥醉寫石州慢一本（逍遥當作蕭閑蕭閑老人金蔡松年別號也松年在翰林日奉使高麗東夷故事每上國使來館有侍伎松年于使還日爲賦石州慢詞見蕭閑老人明秀集第五卷今明秀集四卷以下已佚元楊朝英陽春白雪載之）
謝玄破苻堅一本（也是園書目作破苻堅蔣神靈應）
盧亭亭擔水澆花一本

金水題紅怨一本
秋夜芭蕉雨一本
燕青射雁一本
報冤臺燕青撲魚一本（元曲選本　元曲選也是園書目均作同樂院燕青博魚）
風雪推車記一本（太和正音譜作風月推車旦）
濯錦江魚雁傳情一本（右均見錄鬼簿）

右十二種元李文蔚撰文蔚眞定人江州路瑞昌縣尹
太和正音譜李文蔚之詞如雪壓蒼松

武元皇帝虎頭牌一本（元曲選本）
穎考叔孝諫莊公一本

風月郎君怕媳婦一本
鄧伯道棄子留姪一本
宦門子弟錯立身一本
尾生期女淹藍橋一本
歹鬬娘子勸丈夫一本
念奴教樂府一本
晏元叔風月夕陽樓一本（晏元叔疑當作晏叔原）
俏郎君占斷風光好一本
謊郎君敗壞盡風光好一本（右十一本見錄鬼簿）
火燒祆廟一本（見太和正音譜）

右十二種元李直夫撰直夫女直人德興府住卽蒲察李五也
太和正音譜李直夫之詞如梅邊月影

唐三藏西天取經一本
張天師夜祭辰鉤月一本（元曲選本　元曲選作張天師斷風花雪月）
浣紗女抱石投江一本
鬼子母揭鉢記一本
哪吒太子眼睛記一本
狄青撲馬一本
浪子回回賞黃花一本
貨郎末泥一本
月夜走昭君一本（右九本見錄鬼簿）

花間四友東坡夢一本 元曲選本 元曲選題吳昌齡撰並見太和正音譜

搜胡洞一本 見太和正音譜

右十一種元吳昌齡撰昌齡西京人

太和正音譜吳昌齡之詞如庭草交翠

抱姪攜男魯義姑一本

趙太子淑立天子班一本

虎牢關三戰呂布一本

鄭瓊娥梅雪玉堂春一本

女元師掛甲朝天一本

謝瓊雙千里關山怨一本

曹伯明錯勘贓一本

四哥哥神助一本

窮韓信登壇拜將一本

散家財天賜老生兒一本 元曲選本 元人雜劇選本 德人叔本華意志及寫象之世界第三冊詩論中述英人大闢會譯此本於千八百十七年在倫敦出板迄今九十餘年矣 右十本見錄鬼簿

提頭鬼一本 見太和正音譜

李素蘭風月玉壺春一本 元曲選本

包待制智勘生金閣一本 元曲選本 題武漢臣撰 右二本元曲選

右十三種元武漢臣撰漢臣濟南府人

太和正音譜武漢臣之詞如遠山疊翠

淮陰縣韓信乞食一本

齊賢母三教王孫賈一本

洛陽令董宣強項一本

諸葛亮秋風五丈原一本

感天地王祥臥冰一本

趙太祖夜斬石守信一本

七星壇諸葛公祭風一本

救孝子烈母不認尸一本 元曲選本

漢張良辭朝歸山一本

孟月梅寫恨錦江亭一本 右均見錄鬼簿太和正音譜

右十種元王仲文撰仲文大都人

太和正音譜王仲文之詞如劍氣騰空

說專諸伍員吹簫一本 元曲選本

月明三度臨歧柳一本 元曲選本即月明和尚度柳翠

鼓盆歌莊子嘆骷髏一本

司馬昭復奪受禪臺一本

船子和尚秋蓮夢一本

呂太后夜鎮鑑湖亭一本

呂太后定計斬韓信一本

呂太后祭滻水一本

呂無雙遠波亭一本

辜負呂無雙一本 錄鬼簿云與遠波亭闕目同 右均見錄鬼簿太和正音譜

右十種元李壽卿撰壽卿太原人將仕郎除縣丞

太和正音譜曰李壽卿之詞如洞天春曉又曰其詞雍容典雅變化幽玄造語不凡非神仙中人孰能致此

陶淵明歸去來辭一本

海神廟王魁負桂英一本

鳳皇坡越娘背燈一本

洞庭湖柳毅傳書一本 元曲選本

張生煮海一本

崔護謁漿一本

沒興花前秉燭旦一本 太和正音譜作秉燭達旦誤

武成廟諸葛論功一本 也是園作玉清殿諸葛論功

尉遲公三奪槊一本 元曲選本

漢高祖濯足氣英布一本 元曲選本太和正音譜 右均見錄鬼簿

右十種元尙仲賢撰仲賢眞定人江浙行省務官

太和正音譜尙仲賢之詞如山花獻笑

魯大夫秋胡戲妻一本 元曲選本

李亞仙詩酒曲江池一本 元曲選本 古名家雜劇本

呂太后醢彭越一本

趙二世醉走雪香亭一本

柳眉兒金錢記一本

張天師斷歲寒三友一本

窮解子紅綃驛一本

東吳小喬哭周瑜一本

士女秋香怨一本

諸宮調風月紫雲亭一本 右見錄鬼簿太和正音譜

右十種元石君寶撰君寶平陽人

太和正音譜石君寶之詞如羅浮梅雪

臨江驛瀟湘夜雨一本 元曲選本

蕭縣君風雪酷寒亭一本 元曲選本 古名家雜劇本 二書俱作鄭孔目風雪酷寒亭

醜駙馬射金錢一本

蒲魯忽劉屠大拜門一本

黑旋風喬斷案一本

大報冤兩世辨劉屠一本 太和正音譜有小劉屠恐即此本

劉泉進瓜一本

借通縣跳神師婆旦一本 右均見錄鬼簿

右八種元楊顯之撰顯之大都人

太和正音譜楊顯之之詞如瑤臺夜月錄鬼簿顯之與漢卿莫逆交凡有珠玉與公較之

趙氏孤兒冤報冤一本 元曲選本

韓湘子三度韓退之一本

曹伯明錯勘贓一本

信安王斷復販茶船一本

李元眞松陰記一本

驢皮記一本 右均見錄鬼簿太和正音譜

右六種元紀君祥撰君祥大都人與李壽卿鄭廷玉

同時
太和正音譜紀君祥之詞如雪裏梅花
丁香回回鬼風月一本
莽和尚復奪珍珠船一本太和正音譜作珍珠旗
呂太后餓劉友一本
尉遲公病立小秦王一本
白門斬呂布一本
狄梁公智斬武三思一本右均見錄鬼簿
右六種元于伯淵撰平陽人
太和正音譜于伯淵之詞如翠柳黃鸝
陶秀實醉寫風光好一本元曲選本　古名家雜劇本

柳耆卿詩酒翫江樓一本也是園書目作玩江亭
關大王三捉紅衣怪一本
伯俞泣杖一本
宮調風月紫雲亭一本右均見錄鬼簿太和正音譜
右五種元戴善甫撰善甫眞定人江浙行省務官
太和正音譜戴善甫之詞如荷花映水
秦始皇坑儒焚典一本
周亞夫屯細柳營一本
石頭和尚草庵歌一本
鹽客三告狀一本右均見錄鬼簿太和正音譜
右四種元王廷秀撰廷秀山東益都人淘金千戶
太和正音譜王廷秀之詞如月印寒潭
霸王垓下別虞姬一本
昭君出塞一本
賽花月秋千記一本
沈香太子劈華山一本右均見錄鬼簿
右四種元張時起撰時起字才英東平府學生居長蘆
太和正音譜張時起之詞如雁陣驚寒
太祖夜斬石守信一本
崔和擔土一本
風月害夫人一本右均見錄鬼簿

魯夫人一本太和正音譜無風月害夫人而有此本疑字形之譌姑附于此
右四種元趙子祥撰
太和正音譜趙子祥之詞如馬嘶芳草
褚遂良拉詔立東宮一本
神武門逢萌挂冠一本
漢太守郝廉留錢一本右均見錄鬼簿太和正音譜
右三種元姚守中撰守中洛陽人平江路吏牧庵學士燧之姪也
太和正音譜姚守中之詞如秋月揚輝
張生煑海一本元曲選本
趙太祖鎭凶宅一本

巨靈擘華岳一本 也是園書目作劈華山神香救母 右均見錄鬼簿太和正音譜
右三種李好古撰好古保定人或云西平人案宋末元初有兩李好古一作碎錦詞者自署鄉貢免解進士一字敏仲見趙聞禮陽春白雪此李好古或即二人中之一然曲家多以字行則恐又是一人矣
太和正音譜李好古之詞如孤松掛月
試湯餅何郎傅粉一本
賈愛卿金錢剪燭一本 太和正音譜作金釵剪燭
右二種元趙天錫撰天錫汴梁人鎮江府判輟耕錄載宛邱趙天錫爲吾邱衍買妾事殆即其人非元史立傳之趙天錫也
太和正音譜趙天錫之詞如秋水芙蓉
榮陽城火燒紀信一本
陵母伏劍一本 右均見錄鬼簿太和正音譜
右二種元顧仲清撰仲清東平人
太和正音譜顧仲清之詞如鵰鶚沖霄
黃貴孃秋夜竹窗雨一本
秦脩然竹塢聽琴一本 元曲選本 續古名家雜劇本 元人雜劇選本 右均見錄鬼簿太和正音譜
右二種元石子章撰子章大都人
太和正音譜石子章之詞如蓬萊瑤草
鬭盼盼春風燕子樓一本

元侯克中撰克中字正卿號艮齋先生眞定人
四庫全書提要正卿幼喪明聆群兒誦書不終日能悉記其所授稍長習詞章自謂不學可造詣既而悔之以爲刊華食實莫首于理原易以求乃爲得之於是精意讀易著書名大易通義年至九十餘而卒有艮齋詩集十四卷
周密癸辛雜識云方回年登希歲適牟獻之與之同庚其子成文與乃翁爲慶且徵友朋之詩仇仁近有句云姓名不入六臣傳容貌堪傳九老碑且作方回云老尚留樊素貧休比范丹方嘗有句今生能似范丹於是方大怒其褒牟貶已遂摭六臣之語以此比今上爲朱温必欲告官殺之諸友皆爲謝過不從仇遂謀之北客侯正卿正卿訪之徐扣曰聞仇仁近得罪于虛谷何邪方曰此子無禮遂比今上爲朱温侯笑曰仇亦止言六臣今比上爲朱温者執事也方色變矣遂索其詩之元本手碎之乃已
花間四友莊周夢一本 也是園書目作老莊周一枕蝴蝶夢
元史九敬先撰錄鬼簿作史九散人眞定人武昌萬戶
張鼎智勘魔合羅一本 元曲選本 續古名家雜劇本
元孟漢卿漢卿撰亳州人
漢丞相丙吉問牛喘一本
元李寛夫撰寛夫大都人刑郎令史除廬州合肥縣尹
包待制智賺灰闌記一本 元曲選本
元李行道撰行道錄鬼簿作行甫絳州人
才子佳人菊花會一本
元費君祥撰君祥大都人
錄鬼簿曰與漢卿交有愛女論行于世

蘇子瞻風雪貶黃州一本
靳鄧通一本
漢丞相韋賢籯金一本
右三種元費唐臣撰唐臣大都人君祥之子
太和正音譜費唐臣之詞如三峽波濤又曰風神蘊秀氣勢縱横放則驚濤拍天斂則山川倒影自是一般氣象
糊突包待制一本
元江澤民撰澤民眞定人見鍾嗣成錄鬼簿而太和正音譜及王世貞藝苑卮言均作汪澤民汪字叔志一婺源人官集賢直學士死宣州之難謚文節元史有傳文節死事遠在嗣成作錄鬼簿之後今錄鬼簿中澤民在已死才人之列則自以從姓江爲是

風月兩無功一本
元陳寧夫撰寧夫太和正音譜作定夫大名人
東海郡于公高門一本
趙光普進梅諫一本
右二種元梁進之撰進之大都人警巡院判除縣尹又除大興府判除知和州
太和正音譜梁進之之詞如花裏啼鶯
李太白貶夜郎一本
張騫泛浮槎一本　右二本見錄鬼簿太和正音譜
興劉滅項一本　無名氏九宮大成譜有此本數闋

右三種元王伯成撰伯成涿州人
太和正音譜王伯成之詞如紅鴛戲波
金章宗斷遺留文書一本
卓文君白頭吟一本
河南府張鼎勘頭巾一本　元曲選本　續古名家雜劇本　元曲選題孫仲章撰然錄鬼簿孫仲章下無此本而陸登善下有之恐元曲選誤也
右三種元孫仲章撰仲章或云姓李大都人
太和正音譜孫仲章之詞如秋風鐵笛
韓湘子三赴牡丹亭一本
陶朱公范蠡歸湖一本
右二種元趙明道撰明道太和正音譜作明遠大都

人
太和正音譜趙明遠之詞如太華晴雲
晉謝安東山高臥一本　沐本
棲鳳堂倩女離魂一本
右二種元趙公輔撰公輔平陽人儒學提舉
太和正音譜趙公輔之詞如空岩清嘯
賈充宅韓壽偷香一本
崔子弑齊君一本
右二種元李子中撰子中大都人知事除縣尹
太和正音譜李子中之詞如清廟朱瑟
神龍殿欒巴噀酒一本

窮解子破雨傘一本

司馬昭復奪受禪臺一本

右三種元李進取撰進取大名人官醫大夫

太和正音譜李進取之詞如壯士舞劍

羅光遠夢斷楊貴妃一本

呂洞賓度鐵拐李岳一本元曲選本

右二種元岳伯川撰伯川濟南府人或云鎮江人

太和正音譜岳伯川之詞如秀林翹楚

梁山泊黑旋風負荊一本元曲選本

黑旋風老收心一本

右二種元康進之撰進之一云姓陳棣州人

宋上皇碎冬凌一本

元陸顯之撰顯之汴梁人

錄鬼簿云顯之有好兒趙正話本

火燒介子推一本

元狄君厚撰君厚平陽人

桑太師東窗事犯一本

元孔文卿撰文卿平陽人

謝金蓮詩酒紅梨花一本元曲選本　古名家雜劇本

元張壽卿撰壽卿東平人浙江省掾吏

李三娘麻地捧印一本

蔡順摘椹養母一本

右二種元劉唐卿撰唐卿太原人皮貨所提舉錄鬼

簿曰唐卿在王彥傅席上會詠博山銅○細裊香風

者

輟耕錄虞邵庵先生集在翰苑時宴散散學士家歌兒順時秀者唱今樂府其折桂令起句云博山銅裊裊香風一句而兩韻名曰短柱極不易作先生愛其新奇其詞見楊朝英陽春白雪曰博山銅細裊香風兩行紗籠燭影搖紅翠袖殷勤捧金鐘半露春葱唱好是會受用文章巨公綺羅叢醉眼朦朧夜宴將終十二簾櫳月轉梧桐其詞頗美但署姚牧庵作不署唐卿也

四不知月夜京孃怨一本

元彭伯威撰又云郭安道撰伯威一作伯成保定人

宋仁宗御覽托公書一本

會稽山越王嘗膽一本

宋上皇御賞鳳皇樓一本

生死交范張雞黍一本元曲選本　元人雜劇選本

嚴子陵釣魚臺一本

濟飢民汲黯開倉一本右均見錄鬼簿太和正音譜

右六種元宮天挺撰天挺字大用大名開州人歷學

官除釣臺書院山長卒于常州

太和正音譜宮大用之詞如西風雕鶚其詞鋒犀利神彩燁然若健翮摩空下視林藪使狐兔縮頸

李太白醉寫秦樓月一本

醜齊后無鹽破連環一本

陳後主玉樹後庭花一本

放太甲伊尹扶湯一本也是園書目作立成湯伊尹耕莘
三落水鬼泛采蓮船一本
秦趙高指鹿爲馬一本
㩳梅香翰林風月一本元曲選本　元人雜劇選本
崔懷寶月夜聞箏一本
醉思鄉王粲登樓一本元曲選本
周公輔成王攝政一本
王太后碎印哭孺子一本
迷青瑣倩女離魂一本元曲選本　古名家雜劇選本
虎牢關三戰呂布一本
齊景公哭晏嬰一本

曲二　晨風閣

謝阿蠻梨園樂府一本太和正音譜作梁園樂府
周亞夫細柳營一本
紫雲孃一本右均見錄鬼簿太和正音譜
哭孫子一本見太和正音譜
鍾離春智勇定齊一本見也是園書目
右十九種元鄭光祖撰光祖字德輝平陽襄陵人以
儒補杭州路吏
太和正音譜鄭德輝之詞如九天珠玉
玉津園智斬韓太師一本
秦太師東窻事犯一本
蕭何月夜追韓信一本

周公旦抱子設朝一本
長孫皇后鼎鑊諫一本
蔡琰還朝一本
蘇東坡夜宴西湖夢一本右均見錄鬼簿太和正音譜
右七種元金仁傑撰仁傑字志甫杭州人建康崇盛
務官
太和正音譜金志甫之詞如西山爽氣
曲江池杜甫游春一本右均見錄鬼簿太和正音譜
陳季卿悟道竹葉舟一本元曲選本　元曲選作誤上竹葉舟
右二種元范康撰康字子安杭州人
太和正音譜范子安之詞如竹裏鳴泉

曲二　晨風閣

才子佳人誤元宵一本削留鞋記雜劇選本　元曲選本　元人
元曾瑞撰瑞字瑞卿大興人寓居錢唐
祈甘雨貨郎朱蛇記一本
徐駙馬樂昌分鏡記一本
鄭玉娥燕山逢故人一本
鬧法場郭興阿揚一本右均見錄鬼簿正音譜
瀟湘八景一本
歡喜冤家一本右二本見正音譜然錄鬼簿不錄疑散曲也
右六種元沈和撰和字和甫杭州人後居江州
太和正音譜沈和甫之詞如翠屏孔雀錄鬼簿以南北調合腔自和甫始如瀟湘八景歡喜冤家極爲工巧後居江州近年方卒江西稱爲蠻子關漢卿者是也

王妙妙死哭秦少游一本
史魚尸諫衛靈公一本
忠義士班超投筆一本
貪財漢爲富不仁一本
摘星樓比干剖腹一本
英雄士楊震辭金一本
漢丞相宋弘不諧一本右均見錄鬼簿正音譜
右七種元鮑天祐撰天祐字吉甫杭州人崑山州吏太和正音譜鮑吉甫之詞如老蛟泣珠周定王元宮詞云尸諫靈公演傳奇一朝傳到九重知奉宣齎與中書省諸路都教唱此詞即吉甫所作衛靈公也
孝烈女曹娥泣江一本中二折汪勉之作
元鮑天祐汪勉之合撰勉之慶元人由學官歷浙東帥府令史
十八騎誤入長安一本
錦堂風月一本右均見錄鬼簿正音譜
右二種元陳以仁撰以仁字存甫杭州人太和正音譜陳存甫之詞如湘江雪竹
春夜梨花雨一本
元趙良弼撰良弼字君卿別作君祥東平人嘉興路吏調杭州
怨風月嬌雲認玉釵一本
玉簫女兩世因緣一本元曲選本　古名家雜劇本

杜牧之詩酒揚州夢一本元曲選本　古名家雜劇本
死生交託妻寄子一本
馬光祖勘風塵一本太和正音譜作勘風情
荊公遺妾一本
唐明皇御斷金錢記一本元曲選本　續古名家雜劇本　元人雜劇選本
節婦牌一本
賢孝婦一本
九龍廟一本
燕樂毅黃金臺一本右均見錄鬼簿
右十一種元喬吉撰吉字夢符太原人太和正音譜喬夢符之詞如神鼇鼓浪錄鬼簿喬夢符號笙鶴翁又號惺惺道人美容儀能詞章以威嚴自飭人敬畏之居杭州太乙宮前有趙西湖梧葉兒百篇名公爲之序江湖間四十年欲刊行所作竟無成事者至正五年二月病卒於家輟耕錄喬孟符吉博學多能以樂府稱嘗云作樂府亦有法曰鳳頭猪肚豹尾六字是也大概起要美麗中要浩蕩結要響亮尤貴在首尾貫串意思淸新能若是斯可以言樂府矣
楚大夫屈原投江一本
鶯鶯牡丹記一本
千里投人一本
右三種元睢景臣撰景臣後字景賢揚州人太和正音譜睢景臣之詞如鳳管秋聲錄鬼簿維揚諸公俱作高祖還鄉套數唯公哨徧製作新奇皆出其下又有南呂一枝花題情云人間燕子樓被冷夗央錦酒空鸚武盞釵折鳳皇金亦爲工巧人所不及也

鏡新磨戲諫唐莊宗一本
孫武子教女兵一本
持漢節蘇武還鄉一本
春風杜韋孃一本
右四種元周文質撰文質字仲彬建德人後居杭州
就路吏
太和正音譜周仲彬之詞如平原孤隼
楚大夫屈原投江一本
火燒正陽門一本
子房貨劍一本
醉游阿房宮一本右均見錄鬼簿

手卷記一本見太和正音譜
右五種元吳弘道撰弘道字仁卿號克齋先生歷仕
府判
太和正音譜吳仁卿之詞如碧山明月
東堂老勸破家子弟一本元曲選本 元人雜劇選本
義士死趙禮讓肥一本元曲選本 元人雜劇選本
天壽太子邢臺記一本
玉溪館一本
陶賢母剪髮待賓一本
右五種元秦簡夫撰案中州集有秦略字簡夫陵川
人輩行長于元遺山非此人也

太和正音譜秦簡夫之詞如峭壁孤松
孫武子教女兵一本
唐太宗驪山七德舞一本
醉寫滿庭芳一本
村學堂一本
燒樊城糜竺收資一本右均見錄鬼簿
執笏諫一本
姜肱共被一本右見太和正音譜
右七種元趙善慶撰善慶字文賢饒州樂平人別作
趙孟慶字文寶
太和正音譜趙文寶之詞如藍田美玉

田單復齊一本
孟宗哭竹一本
昇仙橋相如題柱一本
宋上皇三恨李師師一本
敬德撲馬一本右均見錄鬼簿
右五種元屈子敬撰
王脩然斷殺狗勸夫一本元曲選本
四大王歌舞麗春園一本
包待制三勘蝴蝶夢一本
四春園一本
小孫屠一本右均見錄鬼簿

右五種元蕭德祥撰德祥杭州人以醫爲業

張鼎勘頭巾一本

開倉糶米一本 右見錄鬼簿

右二種元陸登善撰登善字仲良揚州人

昊天塔孟良盜骨殖一本 元曲選本 元曲選題無名氏撰

醉走黃鶴樓一本 右均見錄鬼簿

右二種元朱凱撰凱字士凱里居未詳

破陰陽八卦桃花女一本 元曲選本

臥龍岡一本

雙賣華一本 右均見錄鬼簿

右三種元王曄撰曄字日華杭州人

楊維楨鐵崖文集優戲錄序太史公爲滑稽者作傳取其談言微中錢唐王曄集列代之優辭有聞于世道者自楚國優孟而下至金人玳瑁頭凡若干條太史公之旨其有概于中者乎

東海郡于公高門一本

袁盎卻坐一本

私下三關一本 右均見錄鬼簿

右三種元王仲元撰仲元杭州人

杜秋娘夜月紫鸞簫一本

元孫子羽撰子羽儀徵人

包待制判斷煙花鬼一本

黨金蓮夜月瑤琴怨一本 右見錄鬼簿正音譜

右二種元張鳴善撰鳴善揚州人宣慰司令史

太和正音譜張鳴善之詞如綵鳳刷羽 輟耕錄張鳴善作北樂府水仙子譏時云鋪眉苫眼早三公裸袖揎拳享萬鍾胡言亂語成時用大綱來都是烘㸆說英雄誰是英雄五眼雞岐山鳴鳳兩頭蛇南陽臥龍三腳貓渭水非熊

豫讓吞炭一本

霍光鬼諫一本

敬德不伏老一本 右見鹽邑志林中樂郊私語

右三種元楊梓撰梓字□□海鹽人官至浙江路總管追封弘農郡公謚康惠

元姚桐壽樂郊私語海鹽少年多善歌樂府皆出於澉川楊氏當康惠公梓存時節俠風流善音律與武林阿里海涯之子雲石交善雲石翩翩公子無論所製樂府散套駿逸爲當行之冠即歌聲高引可徹雲漢而康惠獨得其傳今雜劇中有豫讓吞炭霍光鬼諫敬德不伏老皆康惠自製以寓祖父之意第去其

著作姓名耳其後長公國材次公少中復與鮮于去矜交好去矜亦樂府擅場以故楊氏家僮千指無有不善南北歌調者由是州人往往得其家法以能歌名于浙右云

馮諼收券一本

詐游雲夢一本

錢神論一本

斬陳餘一本

章臺柳一本

鄭莊公一本

蟠桃會一本 右均見朱士凱錄鬼簿後序

右七種元鍾嗣成撰嗣成字繼先號醜齋大梁人有錄鬼簿行于世

太和正音譜鍾繼先之詞如騰空寶氣
都孔目風雨還牢末一本 元曲選本 古名家雜劇本 太和正音作無名氏元曲
選題李致遠撰
元李致遠撰
太和正音譜李致遠之詞如玉匣昆吾
馬丹陽度脫劉行首一本 元曲選本 續古名家雜劇本 正音譜作無名氏元曲
選題元楊景賢撰
元楊景賢撰與明初之楊景言或是一人
朱太祖龍虎風雲會一本 續古名家雜劇本 元人雜劇選本 見也是園書目
元羅本撰本字貫中武林人
玉嬌春一本

曲二 三四 晨風閣

鴛央塚一本 右見李玉北詞廣正譜
右二種元邾經撰經字仲誼仁和人元進士有玩齋
集見輟耕錄列朝詩集明詩綜但北詞廣正譜于上
二本皆注朱仲誼而■仲誼于青樓集跋及錄鬼簿
題詞亦自稱朱經仲義則邾朱固通用也
鷫鸘裘一本 見太和正音譜
元范居中施惠黃天澤沈拱合撰居中字子正號冰
壺惠字君美一云姓沈天澤字德潤拱字拱之均杭
州人
開壇闡教黃粱夢一本 元曲選本 古名家雜劇本
元馬致遠李時中花李郎紅字李二合撰時中大都

人
張果老度脫啞觀音一本
渡孟津武王伐紂一本
宦門子弟錯立身一本 右均見錄鬼簿
右三種元趙文敬撰文敬一作明鏡彰德人教坊色
長
相國寺公孫汗衫記一本 元曲選本
漢高祖衣錦還鄉一本
薛仁貴衣錦還鄉一本 元曲選本 右均見錄鬼簿正音譜
羅李郎大鬧相國寺一本 元曲選本題張國賓撰
右四本元張國賓撰國賓一作酷貧大都人教坊管

曲二 三五 晨風閣

勾
折擔兒武松打虎一本
病揚雄一本
板踏兒黑旋風一本 正音譜作板杏兒 右均見錄鬼簿
右三種元紅字李二撰李二京兆人教坊劉要和壻
莽張飛大鬧相府院一本
撇口判官釘一釘一本 右均見錄鬼簿正音譜
勘吉平一本 見北詞廣正譜
右三種元花李郎撰花李郎錄鬼簿但作李郎云劉
要和壻但于黃粱夢下又云花李郎學士豈李郎與
花李郎一爲伶人一爲士大夫歟抑以伶人而進爲

學士歎

曲錄卷三　海甯王國維

雜劇部下

辨三教一本

勘妬婦一本

烟花判一本

瑤天笙鶴一本

白日飛昇一本

九合諸侯一本

私奔相如一本

豫章三書一本

肅清瀚海一本

客窗夜話一本

獨步大羅天一本

楊姨復落娼一本　右見太和正音譜

右十二種明甯獻王權撰王太祖第十六子洪武二十四年就封大甯永樂元年改封南昌晚慕沖舉自號臞仙涵虛子丹邱先生均其別號也上十二本太和正音譜題丹邱先生蓋其自稱之詞如此列朝詩集江右俗故質朴儉于文藻士人不樂聲譽王弘獎風流增益標勝博學好古諸書無所不窺旁通釋老尤深于史凡羣書有秘本莫不刊布國中所著有通鑑博論二卷漢唐秘史二卷史斷一卷文譜八卷詩譜一卷神隱肘後神樞各二卷壽域神方四卷活人心二卷大古遺音二卷異域志一卷遐齡洞

天志二卷運化玄樞琴阮啟蒙各一卷乾坤生意神奇秘譜各三卷采芝吟四卷其他注纂數十種經子九流星歷醫卜黃冶諸術皆具古今著述之富無逾王者又作家訓六篇甯國儀範七十四章

天香圃牡丹品一本

十美人慶賞牡丹園一本

蘭紅葉從良烟花夢一本

瑤池會八仙慶壽一本

河嵩神靈芝慶壽一本

四時花月賽嬌容一本

南極星度脫海棠仙一本

文殊菩薩降獅子一本

關雲長義勇辭金一本

惠禪師三度小桃紅一本

搊搜判官喬斷鬼一本

豹子和尚自還俗一本

甄月娥春風慶朔堂一本

美因緣風月桃源會一本

宣平巷劉金兒復落倡一本

福祿壽仙官慶會一本

神后山秋獮得騶虞一本

黑旋風仗義疎財一本

小天香早夜朝元一本

張天師明斷辰勾月一本

李妙清花裏悟眞如一本

洛陽風月牡丹仙一本　盛明雜劇本

李亞仙花酒曲江池一本

清河縣繼母大賢一本

趙南姬身後團圓夢一本

劉盼春守志香囊怨一本　盛明雜劇本

紫陽仙三度常椿壽一本　古名家雜劇本

東華仙三度十長生一本　古名家雜劇本

群仙慶壽蟠桃會一本　古名家雜劇本

呂洞賓花月神仙會一本　古名家雜劇本　右均見也是園書目

右三十種明周憲王有燉撰王周定王長子洪熙元

年襲封景泰三年薨

列朝詩集憲王遭世隆平奉藩多暇勤學好古留心翰墨製誠齋樂府傳奇若干種音律諧美流傳內府至今中原絃索多用之李夢陽汴中元宵絕句曰中山孺子倚新妝趙女燕姬總擅場齊唱憲王新樂府金梁橋外月如霜由今思之東京夢華之感可勝道哉王詩有誠齋錄新錄諸集傳于世

劉晨阮肇誤入桃源一本　元曲選本　元人雜劇選本　古名家雜劇本

海棠風一本

楚陽臺一本

鶯燕蜂蝶一本　右見正音譜

右四種明王子一撰

太和正音譜王子一之詞如長鯨飲海又曰風神蒼古才思豐豔如漢廷老吏之詞不容一字增減其高處如披瑯玕而叫閶闔

嬌紅記一本

月下老世間配偶一本 右見正音譜

右二種明劉東生撰

太和正音譜劉東生之詞如海嶠雲霞又云鎔意鑄詞纖無塵氣可與王實父輩並驅

呂洞賓三度城南柳一本 元曲選本 元人雜劇選本 古名家雜劇本

枕中記一本

雪恨閻陰司一本 右見正音譜

右三種明谷子敬撰

太和正音譜谷子敬之詞如崑山片玉

嬌紅記一本

風月瑞仙亭一本 右見正音譜

右二種明湯式撰式字舜民號菊莊甯波人

太和正音譜湯舜民之詞如錦屏春風

風月海棠亭一本

吏教坊斷生死夫妻一本 右見正音譜

右二種明楊景言撰

太和正音譜楊景言之詞如雨中之花

鐵拐李度金童玉女一本 元曲選本 古名家雜劇本 右見正音譜

荊楚臣重對玉梳記一本 元曲選本 古名家雜劇本

蕭淑蘭情寄菩薩蠻一本 元曲選本

呂洞賓桃柳昇仙夢一本 古名家雜劇本 右見也是園書目

右四種明賈仲名撰仲名一作仲明

太和正音譜賈仲名之詞如錦幄瓊筵

翠紅鄉兒女兩團圓一本 元曲選本 元人雜劇選本

王魁不負心一本

封隲遇上元一本

玉盒記一本 右見正音譜

右四種明楊文奎撰

太和正音譜楊文奎之詞如匡廬叠翠

黃廷道夜走流星馬一本 見也是園書目

明黃元吉撰也是園書目作元明黃元吉蓋亦明初人也

杜子美沽酒游春一本

明王九思撰九思字敬夫號渼陂鄠縣人弘治丙辰進士授檢討值劉瑾亂政翰林悉調部屬敬夫獨得吏部不數月長文選瑾敗降壽州同知勒致仕

藝苑巵言王敬夫將塡詞以厚貲募國工杜門學案琵琶三絃習諸曲盡其技而後出之又曰敬夫與康德涵俱以詞曲名一時其秀麗雄爽康大不如也評者以敬夫聲價不在關漢卿馬東籬下

列朝詩集敬夫之再謫以及永錮皆長沙李西厓柄國時事盛年屏弃無所發怒作爲歌謠及杜甫春游雜劇力詆西涯流轉豔涌關隴之士雜然和之嘉靖初纂修實錄議起敬夫有言于朝者曰游春記李林甫固指西涯楊國忠得非石齋賈婆婆得非南塢耶吏部聞之縮舌而止

東郭先生誤救中山狼一本 僅一折

明康海撰海字德涵號對山武功人弘治十五年狀

元授翰林院修撰正德中落職

列朝詩集正德初逆瑾恨李獻吉代韓尚書草疏繫詔獄必欲殺之獻吉獄急出片紙曰對山救我葵人皆言瑾恨不能致德涵德涵往獻吉可生也德涵曰吾何惜一官不救李死乃往謁瑾瑾大喜盛稱德涵眞狀元爲關中增光德涵曰海何足言今關中自有三才古今稀少瑾驚問曰何也德涵曰老先生之功業張尚書之政事李郎中之文章瑾曰李郎中非李夢陽耶應殺無赦德涵曰應則應矣殺之闗中少一才矣歡飲而罷明日瑾奏上赦李瑾遂欲超拜吏部侍郎德涵力辭之乃寢瑾敗坐落職爲民

又曰楊侍郎廷儀過滸西德涵留飲甚歡自起彈琵琶勸酒楊言家兄在內閣殊相念何不以尺書通問德涵發怒擲琵琶撞之楊走追而詈之曰吾豈效王維假作伶人借琵琶討官做耶歸田三十餘年其沒也以山人巾服斂遺囊蕭然大小鼓却有三百副風致可思也

朱彝尊靜志居詩話德涵坐援獻吉遂挂清議歸田之後耽心詞曲其小令曰眞箇是不精不細醜行藏怪不得沒頭沒腦受災殃從今後花底朝朝醉人間事事忘剛方傒落了膺和滂荒唐周旋了籍與康論者原其心而悲之

花月妓雙偷納錦郎一本

鄭耆老義配好因緣一本　右見也是園書目

右二種明陳鐸撰鐸字大聲邳州人官指揮使

藝苑巵言陳大聲金陵將家子所爲散套既多蹈襲亦淺才情然字句流麗可入絃索三弄

列朝詩集陳大聲以樂府名于世所爲散套穩協流麗審宮節羽不差毫末山水仿沈啓南自爲詩題其上人知大聲善樂府不知其能畫又不知其工於詩也

宴清都洞天元記一本　見也是園書目

蘭亭會一本　見黃文暘曲海目

太和記六本　見也是園書目及曲海目每本四折凡六本

右八種明楊愼撰愼字用修號升庵新都人官翰林院修撰謫戍雲南

藝苑巵言楊狀元愼才情蓋世所著有洞天元記陶情樂府續陶情樂府流膾人口而不爲當家所許蓋楊本蜀人故多川調不甚諧南北本腔也搆句如費長房縮不就相思地女媧氏補不完離恨天別淚銅壺共滴愁腸蘭燄同煎相愁和恨經歲經年又傲霜雪鏡巾紫髯任光陰眼前赤電伏平安頭上青天皆佳句也第宅曲一多剽元人樂府如嫩寒生花底風兒踈刺刺諸闋一字不改掩爲己有蓋楊多鈔錄秘本不知久已流傳人間矣

四聲猿一本　第一折漁陽弄　第二折翠鄉夢　第三折代父從軍　第四折求凰得鳳　盛明雜劇本　古名家雜劇本

明徐渭撰渭字文清一字文長山陰人

列朝詩集胡少保宗憲督師浙江招致幕府筦書記督府勢嚴重文武將吏莫敢仰視文長戴敝烏巾衣白布澣衣非時直闖門入長揖就座奮袖縱談幕中有急需召之不至夜深開戟門以待偵者還報徐秀才方泥飲大醉叫呶不可致也少保聞顧稱善文長知兵好奇計少保餌王徐諸虜用間鈎致皆與密議當是時上方崇禱事急青詞當國者謂文長文能當上意聘致之文長知其與少保有郤弗應少保下詔室文長懼及發狂後坐罪論死繫獄張宮諭元忭力救乃解年七十三卒

紅線女一本　盛明雜劇本

紅綃一本

右二種明梁辰魚撰辰魚字伯龍崑山人

靜志居詩話伯龍雅擅詞曲所撰江東白苧妙絕時人時邑人魏良輔能喉轉音聲始變弋陽海鹽爲崑腔伯龍塡浣紗記付之王元美詩所云吳閶白面冶游兒爭唱梁郎雪豔詞是已同時又有陸九疇鄭思笠包郎郎戴梅川輩更唱迭和淸詞豔曲流播人間今已百年傳奇家曲別本弋陽子弟可以改調歌之惟浣紗不能故是詞家老手

遠山戲一本　盛明雜劇本　畫眉京兆記　古名家雜劇本　卽張敞

高唐夢一本 盛明雜劇本 王夢游高唐記 古名家雜劇本 即楚襄

洛水悲一本 盛明雜劇本 懷思洛神記 古名家雜劇本 即曹植

五湖游一本 盛明雜劇本 歸泛五湖記 古名家雜劇本 即范蠡

右四種明汪道昆撰道昆字伯玉號南溟歙縣人官至兵部左侍郎

梁狀元不伏老一本 盛明雜劇本

明馮惟敏撰惟敏字汝行號海浮臨朐人官保定府通判

藝苑卮言北調如李空同王浚川何粹夫韓苑洛何太華許少華俱有樂府而未之盡見予所知者李尚寶先芳張職方重劉侍御時達皆可觀近時馮通判惟敏獨爲傑出其板眼務頭攛搶緊緩無不曲盡而才氣亦足發之止用本色過多北音太繁爲白璧微纇耳

列朝詩集汝行善度近體樂府盛傳于東郡余所見梁狀元不伏老雜劇當在王渼陂杜甫春游之上

昭君出塞一本 盛明雜劇本

文姬入塞一本 盛明雜劇本

義犬記一本 盛明雜劇本

右三種明陳與郊撰與郊字廣野號玉陽仙史海甯人官太常寺少卿

崑崙奴一本 盛明雜劇本

明梅鼎祚撰鼎祚字禹金宣城人

列朝詩集禹金弃舉子業肆力詩文撰述甚富有鹿裘六十五卷好聚書嘗與焦弱侯馮開之暨虞山趙玄度訂約蒐訪期三年一會于金陵各出其所得異書逸典互相讐寫事雖未就其志尚可以千古矣

紅線記一本 見客座贅語

明胡汝嘉撰汝嘉字懋禮號秋宇金陵人嘉靖己丑進士在翰林以言事忤政府出爲藩參

顧起元客座贅語先生文雅風流不操常律所著小說書數種多奇豔間亦有閨閣之靡人所不忍言如蘭芽等傳者今皆秘不傳所著女俠韋十一娘傳記程德瑜云云託以詬當事者也其紅線雜劇大勝梁辰魚

獨樂園司馬入相一本 見也是園書目

明桑紹良撰

鬱輪袍一本 盛明雜劇本

眞傀儡一本 盛明雜劇本

長安街一本

沒奈何一本 右見黃文暘曲海目

右四種明王衡撰衡字辰玉太倉人大學士錫爵之子官翰林院編修

武陵春一本 盛明雜劇本

蘭亭會一本 盛明雜劇本

寫風情一本 盛明雜劇本

午日吟一本 盛明雜劇本

南樓月一本 盛明雜劇本

赤壁遊一本 盛明雜劇本

龍山宴一本 盛明雜劇本

同甲會一本 盛明雜劇本

右八種明許潮撰潮字時泉靖州人

北邙說法一本 盛明雜劇本

團花鳳一本 盛明雜劇本

易水寒一本 盛明雜劇本

夭桃紈扇一本 盛明雜劇本

碧蓮繡符一本 盛明雜劇本

丹桂鈿合一本 盛明雜劇本

素梅玉蟾一本 盛明雜劇本

灌將軍使酒罵座記一本

金翠寒衣記一本 右二本見也是園書目

右九種明葉憲祖撰憲祖字美度一字相攸號桐柏又號槲園居士餘姚人官至工部郎中以私議魏忠賢生祠事削籍

鞭歌妓一本 盛明雜劇本

簪花髻一本 盛明雜劇本

霸亭秋一本 盛明雜劇本

右三種明沈自徵撰自徵字君庸吳江人

虬髯翁一本 盛明雜劇本

顛倒因緣一本 見曹寅楝亭書目

右二種明淩初成撰

青虬記一本 見黃文暘曲海目

明林章撰章字初文福清人

列朝詩集世宗末年倭冦犯閩初文年十三上書督府求自試行間萬歷元年以春秋舉于鄉累上不第嘗走塞上從戚大將軍游座上作灤陽宴別序酒未三巡詩序並就將軍持千金爲壽緣手散去挈家僑寓金陵性好公正發憤南曹曲法斷梗陽之獄攘臂直之坐繫金陵獄三年出獄旋燕京十年閹白之亂兩上書請出海上用奇兵勦賊報聞而已戊戌己亥間復抗疏請止礦稅兼陳立兵行鹽之策上感動下內閣票擬舉行四明相承中人指闔其事密揭請逮治即日下獄暴病而死天下惜之

有情癡一本 盛明雜劇本

脫囊穎一本 盛明雜劇本

右二種明徐元暉撰

廣陵月一本 盛明雜劇本

明汪廷訥撰廷訥字昌朝一字無如休甯人官鹽運使

逍遙游一本 盛明雜劇本

明王應遴撰應遴字雲來里居不詳

桃花人面一本 盛明雜劇本

英雄成敗一本 盛明雜劇本

死裏逃生一本 盛明雜劇本

紅顏年少一本

花舫緣一本 右五本見曲海目然花舫緣恐即卓珂月作也

眼兒媚一本 見焦循曲考

花舫緣一本 盛明雜劇本

右六種明孟稱舜撰稱舜字子若又作子適會稽人

明卓人月撰人月字珂月仁和人

紅蓮債一本 盛明雜劇本

明陳汝元撰汝元字太乙會稽人
錯轉輪一本盛明雜劇本
明祁元孺撰
蕉鹿夢一本盛明雜劇本
明車任遠撰任遠字梲齋上虞人
一文錢一本盛明雜劇本
明徐復祚撰復祚字陽初里居未詳
絡水絲一本盛明雜劇本
春波影一本盛明雜劇本
右二種明徐士俊撰士俊原名翽字三有號野君仁和人
國朝杭郡詩輯野君工雜劇所撰多至六十餘種佳者欲與王關馬鄭抗手

櫻桃園一本盛明雜劇本
明王澹翁撰
餓方朔一本見焦循曲考
明孫源文撰源文字南公無錫人
西臺記一本見焦循曲考
明陸世廉撰世廉字起頑號生公又號晚庵長洲人
宏光時官光祿卿入 國朝隱居不出
蘇園翁一本
秦廷筑一本
金門戟一本

雙合歡一本
鬧門神一本右見焦循曲考
右五種明茅僧曇撰僧曇名里不詳按列朝詩集云茅維字孝若歸安人鹿門先生子嘗以所作雜劇屬余序已而語人曰虞山輕我近舍湯臨川而遠引關漢卿馬東籬是不欲以我代臨川也其亢傲如此僧曇豈孝若別號歟
倚門一本
再醮一本
淫僧一本
偷期一本

變童一本
懼內一本右見焦循曲考
右六種李斗揚州畫舫錄引焦里堂曲考云總題陌花軒雜劇黃方印撰案客座贅語卷九云黃上舍方儒著陌花軒詞小令以軒名推之則方印當作方儒方儒金陵人
藍采和一本
阮步兵一本
鐵氏女一本右三本名秋風三叠見黃文暘曲海目
挑燈劇一本
碧紗籠一本

女紅紗一本　右三本見無名氏傳奇彙考

右六種明來集之撰集之號元成子蕭山人崇正間進士大學士宗道之子

曲江春一本　盛明雜劇本

魚兒佛一本　盛明雜劇本

右二種明僧湛然撰湛然一號寓山居士

男王后一本　盛明雜劇本

明秦樓外史撰

再生緣一本　盛明雜劇本

明蘅蕪室撰

齊東絕倒一本　盛明雜劇本

明竹癡居士撰

相思譜一本　盛明雜劇本

明吳中情奴撰

鴛鴦夢一本

明女士葉小紈撰小紈字蕙綢吳江人工部郎中葉紹袁次女適同縣沈永楨

列朝詩集葉仲韶少而韶令有衞洗馬潘散騎之目宛君年十六來歸生三女長曰紈紈次曰蕙綢幼曰小鸞小鸞年十七字昆山張氏將行而卒未幾紈紈以哭妹來歸亦死葉氏宛君神傷心死又三載而卒仲韶於是集宛君之詩曰鸝吹紈紈之詩曰愁言小鸞之詩曰返生香及哀挽傷悼之作都爲一集而蕙綢鴛鴦夢傷姊妹而作者亦附見焉總名曰午夢堂十集盛行於世

玉清庵錯送鴛鴦被一本　元曲選本　續古名家雜劇本

陳州糶米一本　元曲選本

隨何賺風魔蒯通一本　元曲選本

爭報恩三虎下山一本　元曲選本

龐居士誤放來生債一本　元曲選本

硃砂擔滴水浮漚記一本　元曲選本

包龍圖智賺合同文字一本　元曲選本

凍蘇秦衣錦還鄉一本　元曲選本

小尉遲將鬬將認父歸朝一本　元曲選本

神奴兒大鬧開封府一本　元曲選本

謅金吾詐拆清風府一本　元曲選本

龐涓夜走馬陵道一本　元曲選本

朱太守風雪漁樵記一本　元曲選本

孟德耀舉案齊眉一本　元曲選本

李雲英風送梧桐葉一本　元曲選本　古名家雜劇本

兩軍師隔江鬬智一本　元曲選本

玎玎璫璫盆兒鬼一本　元曲選本

風雨像生貨郎旦一本　元曲選本

薩真人夜斷碧桃花一本　元曲選本　元人雜劇選本

馮玉蘭夜月泣江舟一本　元曲選本

逞風流王煥百花亭一本　元曲選本

錦雲堂暗定連環計一本　元曲選本　元人雜劇選本

金水橋陳琳抱妝匣一本　元曲選本

張公藝九世同居一本 元人雜劇選本
趙匡義智取符金錠一本 元人雜劇選本
幸上苑帝妃春游一本 古名家雜劇本
泛西湖秦蘇賞夏一本 古名家雜劇本 此本恐卽金仁傑之蘇東坡夜宴西湖夢
醉學士韓陶月宴一本 古名家雜劇本 此本恐卽戴善甫之陶學士醉寫風光好
憶故人戴王訪雪一本 古名家雜劇本
漢鍾離度脫藍采和一本 續古名家雜劇本
龍濟山野猿聽經一本 續古名家雜劇本
二郎神醉射鎖魔鏡一本 續古名家雜劇本
諸葛亮博望燒屯一本
鄭月蓮秋夜雲窗夢一本 正音譜作秋夜芸窗夢

忠義士豫讓吞炭一本 疑卽楊梓撰
下高麗敬德不伏老一本 疑卽楊梓撰
賢達婦荆娘盜果一本 正音譜作京娘盜果
劉千病打獨角牛一本
蘇子瞻醉寫赤壁賦一本
施仁義劉宏嫁婢一本
關雲長千里獨行一本
孝順賊魚水白蓮池一本
雁門關存孝打虎一本
狄青復奪衣襖車一本
摩利支飛刀對箭一本

行孝道郭巨埋兒一本 右十四本見大和正音譜及也是園書目
夢天台一本
望思臺一本
蟠桃會一本
燕山夢一本
罟罟旦一本
四國旦一本
還牢旦一本
硃砂記一本
紙扇記一本
賢孝牌一本

昇仙會一本
打毬會一本
打阹平一本
祭三王一本
三賢婦一本
竪姑姑一本
雙鬬醫一本
桂花精一本
黃花寨一本
水簾寨一本
銷金帳一本

望香亭一本
霍光鬼諫一本 疑即楊梓撰
綵扇題詩一本
田單火牛一本
袁覺拖笆一本
繼母大賢一本
楊香跨虎一本
田眞泣樹一本
螺螄末泥一本
雪裏報冤一本
佳人寫恨一本

才子留情一本
化胡成佛一本
陶侃拏蘇峻一本
火燒阿房宮一本
夜月杜鵑啼一本
張子晉殺妻一本
智賺三件寶一本
敬德撾怨鼓一本
任千四顆頭一本
任貴五顆頭一本
智賺鬼劈口一本

搥碎黃鶴樓一本
盧仝七碗茶一本
卓文君駕車一本
刀劈史鴉霞一本
策立陰皇后一本
搬運太湖石一本
風雪包待制一本
柳成錯背妻一本
郭桓打官糧一本
黃廚直打到底一本
張順水裏報冤一本

一丈青鬧元宵一本
危太僕後庭花一本 太僕當作太樸太樸危素字此本疑即素撰
包待制雙勘丁一本
明皇村落會佳期一本
哀哀怨怨後庭花一本
風流娘子兩相宜一本
拂塵子仁義禮智信一本 右六十一種見太和正音譜
趙宗讓肥一本 疑即秦簡夫作之趙禮讓肥
魯元公主一本 疑即關漢卿之魯元公主三噉赦
收心猿意馬一本 疑即賈仲名之度金童玉女
夜月判娘墓一本 疑即彭伯威之四不知夜月京娘怨

張儀凍蘇秦一本疑即凍蘇秦衣錦還鄉右五種見太和正音譜題無名氏撰或五本均有次本故附于此
樊事眞金篦刺目一本見元雪蓑釣隱青樓集
捽表諫一本
閥閱舞射柳蕤丸記一本上二本元人作
伍子胥鞭伏柳盜跖一本
十八國臨潼鬭寶一本
田穰苴伐晉興齊一本
後七國樂毅圖齊一本
吳起敵秦掛帥印一本
守貞婦孟母三遷一本

莊周半世胡蝶夢一本
羊角哀鬼戰荊軻一本
四公子夷門元宵宴一本
巫娥女醉赴陽臺夢一本
運機謀隨何騙英布一本
韓元帥暗度陳倉一本
漢公卿衣錦還鄉一本
司馬相如題橋記一本
馬援撾打聚獸牌一本
雲臺聚二十八將一本
漢銚期大戰邳仝一本

寇子翼定時捉將一本
鄧禹定計捉彭寵一本
郅鄆璋昆陽大戰一本
金穴富郭況游春一本
施仁義岑母大賢一本
十樣錦諸葛論功一本
曹操夜走陳倉道一本
陽平關五馬破曹一本
走鳳雛龐統掠四郡一本
周公瑾得志娶小喬一本
張翼德單戰呂布一本

莽張飛大鬧石榴園一本
諸葛亮掛印氣張飛一本
諸葛亮石伏陸遜一本
老陶謙三讓徐州一本
壽亭侯五關斬將一本
關大王月下斬貂蟬一本
關雲長古城聚義一本
關雲長單刀劈四寇一本
關雲長大破蚩尤一本
壽亭侯怒斬關平一本
張翼德三出小沛一本

劉關張桃園三結義一本
米伯通衣錦還鄉一本
張益德大破杏林莊一本
陶淵明東籬賞菊一本
長安城四馬投唐一本
魏徵改詔風雲會一本
程齩金斧劈老君堂一本
徐茂功智降秦叔寶一本
尉遲恭鞭打單雄信一本
十八學士登瀛洲一本
唐李靖陰山破虜一本

立功勳慶賞端陽一本
賢達婦龍門隱秀一本
眾僚友喜賞浣花溪一本
招涼亭賈島破風詩一本
李存孝大戰葛從周一本
狗家疃五虎困彥章一本
朱全忠五路犯太原一本
李嗣源復奪紫泥宣一本
飛虎峪存孝打虎一本
壓關樓疊掛午時牌一本
存仁心曹彬下江南一本

八大王開詔救忠臣一本
楊六郎調兵破天陣一本
焦光贊活拏蕭天祐一本
趙匡胤打董達一本
穆陵關下打韓通一本
宋大將岳飛精忠一本
十探子大鬧延安府一本
蘇東坡誤入佛游寺一本
張于湖誤宿女貞觀一本
魯智深喜賞黃花峪一本
梁山五虎大劫牢一本

梁山七虎鬧銅臺一本
宋公明排九宮八卦陣一本
王矮虎大鬧東平府一本
小李廣大鬧元宵夜一本
宋公明劫法場一本
宋公明喜賞新春會一本
周王誠齋一本
奉天命三保下西洋一本
保國公安邊破虜一本
英國公平定安南一本
五學士明講春秋一本

王閏香夜月四春園一本
李瓊奴月夜江陵怨一本
海門張仲村樂堂一本
崔驢兒指腹成婚一本
女姑姑說法升堂記一本
清廉官長勘金環一本
若耶溪漁樵問話一本
雷澤遇仙記一本
徐伯株貧富興衰記一本
薛包認母一本
認金梳孤兒尋母一本

鴛奔亭蘇娥自許嫁一本
王文秀渭塘奇遇一本
秦月娥誤失金環記一本
寶金蓮花月南樓記一本
風月南牢記一本
慶豐門蘇九淫奔記一本
僧尼共犯一本
釋迦佛雙林坐化一本
觀音菩薩魚籃記一本
許眞人拔宅飛昇一本
孫眞人南極登仙會一本

呂翁三化邯鄲店一本
呂純陽點化度黃龍一本
呂洞賓戲白牡丹一本
邊洞元慕道昇仙一本
李雲卿得悟昇眞一本
王蘭卿服信明眞傳一本
證無爲太平仙記一本
摘李岳詩酒玩江亭一本
太乙仙夜斷桃符記一本
南極星度脫海棠仙一本
時眞人四聖鎖白猿一本

二郎神鎖齊天大聖一本
猛烈哪吒三變化一本
灌口二郎斬健蛟一本
寶光殿天眞祝萬壽一本以下教坊編輯
衆神仙慶賞蟠桃會一本
祝聖壽金母獻蟠桃一本
降丹墀玉聖慶長生一本
衆神聖慶賀元宵節一本
祝聖壽萬國來朝一本
爭玉板八仙過滄海一本
慶豐年五鬼鬧鍾馗一本

南極星金鑾慶壽一本
賀萬壽拜舞黃金殿一本
獻禎祥祝延萬壽一本
西王母祝壽瑤池會一本
紫微宮慶賀長春壽一本
賀萬壽五龍朝聖一本
衆天仙慶賀長生會一本
慶冬至共享太平宴一本
賀昇平羣仙祝壽一本
慶千秋金母賀延年一本
廣成子祝賀齊天壽一本

黃眉翁賜福上延年一本
感天地朝羣聖一本右一百四十二本見也是園書目
燕孫臏用智捉袁達一本錢塘丁氏善本書室藏明鈔殘本
趙蘇卿一本見雍熙樂府及莊親王北詞宮譜
征方臘一本
諸葛平蜀一本
十面埋伏一本
端陽走驃騎一本
割耳寄一本
叔寶不伏老一本
剌顏良一本

子陵辭詔一本右八本見雍熙樂府此書多選雜劇此八本疑亦是也
藍關記一本
跨海征東一本右二本見北詞廣正譜
右二百六十六種元明無名氏撰
通天臺一本
臨春閣一本
秣陵春一本
右三種國朝吳偉業撰偉業字駿公太倉人官祭酒
雙鶯傳一本盛明雜劇本
國朝袁于令撰于令原名韞玉字令昭號籜庵吳縣人官荊州府知府

空堂話一本見焦循曲考
國朝鄒兌金撰按江蘇詩徵有鄒式金字仲愔號木石明進士入本朝官泉州府知府兌金二字無意義疑即式金之誤
汨羅江一本
黃鶴樓一本
滕王閣一本右見曲考
右三種國朝鄭瑜撰瑜西神人
尤侗曲腋自序近見西神鄭瑜著汨羅江一劇殊佳但櫽括騷經入曲未免有聱牙之病
孤鴻影一本
夢幻緣一本右見曲考

右二種國朝周如璧撰如璧號芥庵里居未詳

續西廂一本見曲考

國朝查繼佐撰繼佐字伊璜號東山海甯人

衞花符一本見曲考

國朝堵庭棻撰庭棻字伊令一字芬木無錫人順治丁亥進士官歷城縣知縣

讀離騷一本

弔琵琶一本

桃花源一本

黑白衞一本

清平調一本只一折

右五種國朝尤侗撰侗字同人一字展成號西堂長洲人官翰林院檢討

西堂曲腋自序予所作讀離騷曾進御覽命教坊裝演供奉此自先帝表忠微意非洞簫玉笛之比也王阮亭最喜黑白衞攜至雉臯付冐辟疆家伶親爲顧曲阮亭題尤展成新樂府南苑西風御水流殿前無復按梁州飄零法曲人間徧誰付當年菊部頭蓋指此

龍舟會一本船山遺書本

國朝王夫之撰夫之字而農號船山衡陽人

祭臯陶一本見黃文暘曲海目題二鄉亭主人撰二鄉亭宋琬亭名也

國朝宋琬撰琬字玉叔號荔裳萊陽人官四川按察使荔裳中年爲怨家告訐逮繫請室此本殆即其繫獄時作也

芙蓉城一本見無名氏傳奇彙考

國朝龍燮撰燮字二爲號改庵望江人舉博學鴻詞授檢討左遷大理寺評事

城南寺一本見曲考

國朝黃家舒撰家舒字漢臣無錫人

櫻桃宴一本見曲考

國朝張來宗撰

旗亭燕一本見曲考

國朝張龍文撰龍文字掌霖武進人

脫穎一本

茅廬一本

章臺柳一本

韋蘇州一本

申包胥一本右見曲考

右五種國朝張國壽撰

北門鎖鑰一本見曲考

、國朝高應玘撰

買花錢一本

大轉輪一本

浮西施一本

拈花笑一本右見曲海目

右四種國朝徐石麟撰石麟字又陵江都人

裴航遇仙一本

張旭觀公孫大娘舞劍一本

鬱輪袍一本 右見曲海目題石牧撰石牧黃兆森字也

右三種國朝黃兆森撰兆森字石牧上海人

揚州夢一本

續離騷一本 右見曲海目題抱犢山農撰

右二種國朝嵇永仁撰永仁字留山號抱犢山農無錫人與范文貞公承謨同死耿精忠之亂

四嬋娟一本 第一折詠雪第二折簪花第三折鬬茗第四折畫竹用四聲猿體例見傳奇彙考

國朝洪昇撰昇字昉思號稗畦錢塘人

珊瑚珠一本

舞霓裳一本

藐姑仙一本

青錢賺一本

焚書鬧一本

罵東風一本

三茅宴一本

玉山宴一本 右見曲海目云未刻本

右八種國朝萬樹撰樹字花農一字紅友宜興人 宜興縣志本傳吳大司馬興祚總督兩廣愛其才延至幕一切奏議皆出其手暇則製曲爲新聲甫脫稿大司馬即令家伶捧笙璈按拍高歌以侑觴所塡樂府凡二十餘種又以詩餘譜舊圖多芬亂成詞律二十卷士林珍之所著有堆絮園集

四絃秋一本

一片石一本

忉利天一本

右三種國朝蔣士銓撰士銓字清容一字心餘號苕生鉛山人官翰林院編修

後四聲猿一本

國朝桂馥撰馥字未谷曲阜人官永平知縣

半臂寒一本

長公妹一本

中郎女一本 右見曲考

右三種國朝南山逸史撰

盧從史一本

老客歸一本

長門賦一本

燕子樓一本 右見曲海目曰鋤經堂樂府

右四種國朝羣玉山樵撰

義犬記一本

淮陰侯一本

中山狼一本

蔡文姬一本 右見曲海目

右四種國朝林於閣主人撰

鴛忽因緣一本 見曲海目

國朝空觀主人撰
鈿盒奇緣一本
蟾蜍佳偶一本
義妾存孤一本
人鬼夫妻一本右見曲海目
右四種國朝西泠外史無枝甫合撰
鯁詩讖一本見曲考
國朝土室道人撰
不了緣一本見曲考
國朝碧蕉軒主人撰
蓬島瓊瑤一本

花木題名一本右見曲考
萬家春一本
萬古情一本
豆棚閒話一本上三本名三幻集
勘鬼獄一本
瑤池會一本
挈微亭一本
補天夢一本
可破夢一本
王維一本
裴航一本

杜牧一本
飲中八仙一本上四本名四才子　右十二本均見曲海目
右十四種國朝無名氏撰
曲錄卷三

曲録卷四

海甯王國維

傳奇部上

西廂一本 明閔刻朱墨本

金董解元撰解元輟耕錄云金章宗時人名里無考

毛西河詞話謂解元爲金章宗學士太和正音譜謂其仕元初製北曲均失考也

明胡應麟少室山房筆叢西廂記雖出唐人鶯鶯傳實本金董解元董曲今尚行世精工巧麗備極才情而字字本色言言古意當是古今傳奇鼻祖金人一代文獻盡此矣然其曲乃優人絃索彈唱者非搬演雜劇也

施國祁禮耕堂叢說此本爲海陽黃嘉惠刻定爲董西廂分上下二卷無齣名闕目行間全載宮調引子尾聲率塡樂府方言不採類書故實曲多白少不注工尺是流傳讀本與院妓劉麗華口授者不同黃引云解元史失其名時論其品如朱汗碧蹄神采駿逸此又涵虛子評目所未及

西廂記一本 六十種曲本

元王實父撰關漢卿續

藝苑卮言西廂久傳爲關漢卿撰邇來乃有以爲王實夫者謂至郵亭而止又云至碧雲天黃花地而止此後乃漢卿所補也初以爲好事者傳之妄及閱太和正音譜王實夫十三本以西廂爲首漢卿六十一本不載西廂則亦可據維按雍熙樂府卷十九有滿庭芳西廂十詠反謂漢卿撰而實父續成之可見明人之於西廂未有定論也

天寶遺事一本

元王伯成撰此書合諸套數而成曲白敘事合而爲一體例略似董西廂故太和正音譜及北詞廣正譜援引此本皆云套數不云傳奇然亦傳奇類也

金臁記一本

明鬱藍生曲品題元喬吉撰黃文暘曲海目仍之然不知何據

西遊記一本 四卷見也是園書目曹寅楝亭書目有鈔本云六卷

元吳昌齡撰按昌齡本有西天取經雜劇邁壬于此本不編入雜劇部而編入傳奇部又多至四卷或六卷自是傳奇無疑惟不知果出昌齡否耳

幽閨記一本 六十種曲本又名拜月亭

舊云元施惠撰惠字里見卷二案此本自明王世貞何良俊臧懋循等均以爲君美作然錄鬼簿但謂君美詩酒之暇唯以塡詞和曲爲事有古今砌話編成一集而不言其有是本不知何臧之言何所據也

藝苑卮言琵琶記之下拜月亭是元人施君美撰亦佳元朗謂勝琵琶則大謬也中間雖有一二佳曲然無詞家大學問一短也既無風情又無裨風教二短也歌演終場不能使人墮淚三短也

靜志居詩話何元朗臧晉叔皆精曲律元朗評施君美幽閨出高則誠琵琶之上王元美目爲好奇之過晉叔笑曰是惡知所謂幽閨者哉

荆釵記一本 六十種本

明甯王權撰明鬱藍生曲品題柯丹邱撰黃文暘曲海目仍之蓋舊本當題丹邱先生鬱藍生不知丹邱先生爲甯獻王道號故遂以爲柯敬仲耳

藝苑卮言荆釵近俗而時動人

琵琶記一本　六十種曲本

明高明撰明字則誠永嘉平陽人至正五年張士堅榜中第授處州錄事辟丞相掾方谷眞叛省臣以温人知海濱事擇以自從與幕府論事不合谷眞就撫欲留寘幕下卽日解官旅寓鄞之櫟社太祖聞其名召之以老病辭還卒於家有柔克齋集

案作琵琶記者古人多以爲高拭蔣仲舒堯山堂外記謂作琵琶記者乃高拭其字則誠竹垞靜志居詩話引之而復云涵虛子曲譜有高拭而無高明則蔣氏之言或有所據王元美藝苑卮言亦云南曲高拭則誠遂掩前後是明人均以則誠爲拭也然維案元

刊張小山北曲聯樂府三卷前有海粟馮子振燕山高拭題詞此卽涵虛子曲譜中之高拭而作琵琶者自爲永嘉之高明不容混爲一人也

明姚福青溪暇筆元末永嘉高明避世鄞之櫟社以詞曲自娛見劉後村有死後是非誰管得滿村聽唱蔡中郎之句因編琵琶記用雪伯喈之恥國朝遣使徵辟不就旣卒有以其記進者上覽畢曰五經四書在民間如五穀不可缺此記如珍羞百味富貴家其可無耶其見推許如此

藝苑卮言高則誠琵琶記其意欲譏當時一士大夫而託名蔡伯喈不知其說偶閱說郛所載唐人小說牛相國僧孺之子繁與同人蔡生邂逅文字交尋同舉進士才蔡生欲以女弟適之蔡已有妻趙矣力辭不得後牛氏與趙處能卑順自將蔡仕至節度副使其姓事相同一至於此則誠何不直舉其人而顧所誣幾賢者至此耶　維案此與國朝汪師韓談書錄所載元人周達觀誠齋雜記之說略同

又謂則誠元本止書館相逢又謂賞月掃松二闋爲朱教諭所補亦好奇之談非實錄也　此駁臧晉叔之說則誠所以冠絕諸劇者不唯其琢句之工使事之美而已其體貼人情委曲必盡描寫物態彷彿如生問答之際了不見扭造所以佳耳至於腔調偶有未諧譬見鍾王墨跡不得其合處當精思以求詣不當執末以議本也

少室山房筆叢西廂主韻度風神太白之詩也琵琶主名理倫教少陵之作也西廂本金元世書而琵琶特創規矱無古無今似尤難至才情雖琵琶大備故當讓彼一籌也

靜志居詩話顧仲瑛輯元耆舊詩爲玉山雅集中錄高則誠作稱其長才碩學爲時名流可知則誠不專以詞曲擅美也世傳琵琶記爲蔣倖王四而作此殆不然陸務觀詩云斜陽古柳趙家莊負鼓盲翁正作場死後是非誰管得滿村聽唱蔡中郎是南渡口已演作小說矣聞則誠塡詞夜案燒雙燭塡至喫糠一齣句云糠和米本一處飛雙燭花交爲一洵異事也

殺狗記一本　六十種曲本

明徐畛撰畛字仲由淳安人洪武初徵秀才至藩省辭歸有巢松集

靜志居詩話識曲者目荆劉拜殺爲元四大家殺狗記則仲由所撰也其言曰吾詩文未足品藻唯傳奇詞曲不多讓古人蓋自知之審矣葉兒樂府滿庭芳云烏紗裹頭清霜籬落黃葉林邱淵明彭澤辭官後不事王侯愛的是青山舊友喜的是綠酒新篘相拖逗金尊在手爛醉菊花秋此於張小山馬東籬亦未多遜

五倫記一本

投筆記一本

舉鼎記一本　右三本見無名氏傳奇彙考

羅囊記一本　見黃文暘曲海目

右四種明邱濬撰濬字仲深號瓊山瓊州人官至大學士謚文莊

藝苑卮言五倫全備是文莊元老大儒之作不免腐爛

明鬱藍生曲品五倫記内送行步躡雲霄曲歌者習之或謂文莊此記以蓋鍾情麗集之愆耳　鍾情麗集文莊少作紀少年遇合事也

香囊記一本　六十種曲本

明邵□□撰名字俱不詳常州人官給事中

藝苑卮言香囊雅而不動人

金印記一本　見曲品傳奇彙考曲海目

明蘇復之撰

連環記一本　見曲品傳奇彙考曲海目

明王濟撰濟字雨舟浙之烏鎮人官橫州通判

雙忠記一本

金丸記一本　六十種曲本　右三本見傳奇彙考曲海目

精忠記一本

右三種明姚茂良撰茂良字靜山武康人

千金記一本　六十種曲本

還帶記一本

四節記一本　右三本見曲品傳奇彙考曲海目

右三種明沈采撰采號練川里居不詳

銀瓶記一本

三元記一本　六十種曲本

龍泉記一本

嬌紅記一本　右四本見曲品傳奇彙考曲海目

右四種明沈受先撰受先字壽卿里居未詳

五福記一本　見傳奇彙考

明徐時勉撰字里未詳

寶劍記一本

斷髮記一本　右見曲品傳奇彙考曲海目

右二種明李開先撰開先字伯華號中麓章邱人官至太常寺少卿罷歸

列朝詩集伯華罷歸治田產蓄聲伎徵歌度曲爲新聲小令搊彈放歌自謂馬東籬張小山無以過也爲文一篇輒萬言詩一韻輒百首不循格律詼諧調笑信手放筆所著詞多於文文多於詩又改定元人傳奇樂府數百卷蒐集市井豔詞詩禪對類之屬多流俗瑣碎士大夫所不道者嘗謂古來才士不得乘時枋用非以樂事繫其心往往發狂病死今借此以坐銷歲月暗老豪傑耳

藝苑卮言北人自王康後推山東李伯華伯華以百闋傍妝臺爲德涵所賞今其辭尚存不足道也所爲南劇寶劍登壇記亦是改其鄉先輩之作二記余見之尚在拜月荆釵之下耳而自負不淺一日問余何如琵琶記余謂公辭之美不必言第令吳中教師十人唱過隨腔字改妥乃可傳李怫然不樂罷

想當然一本　見傳奇彙考曲海目

明盧柟撰柟字次楩一字子木大名濬縣人

列朝詩集柟博聞强記落筆數千言不休爲人跅弛好使酒罵坐嘗醉榜其役夫旬日役夫夜壓于牆殞令禽治柟當柟抵坐繫獄獄中感奮益讀其所攜書著幽鞫放招賦以自廣東郡謝榛攜柟賦游長安見諸貴人絮而泣曰生有一盧柟視其死而不救乃從千古惘惘哀沅而弔湘乎吳人陸光祖爲濬令平反其獄得免死走謁榛于鄴榛方客趙康王所康王立召見爲上客諸王邸以康王故爭客柟柟酒酣耳熱罵坐如故邸中人爭掩耳避之後徧走吳會無所遇歸益落魄嗜酒病三日卒柟騷賦最爲王元美所稱詩律不如茂秦之細而才氣渾放實可以驪駕七子幸其早死不與時賢爭名故諸人皆久而惜之

鳴鳳記一本 六十種曲本

明王世貞撰世貞字元美太倉人官至刑部尙書

元美藝苑卮言中論曲之言有可資參考者列舉如左

曲者詞之變自金元入中國所用胡樂嘈雜淒緊緩急之間詞不能按乃更爲新聲以媚之而諸君如貫酸齋馬東籬王實甫關漢卿張可久喬夢符鄭德輝宮大用白仁甫輩咸富有才情兼喜聲律以故遂擅一代之長所謂宋詞元曲殆不虛也但大江以北漸染胡語時時採擇而沈約四聲遂闕其一東南之士未盡顧曲之周郎逢掖之間又稀辨撾之王應稍稍復變新體號爲南曲高拭則誠遂掩前後大抵北主勁切雄麗南主淸峭柔遠雖本才情務諧俚俗譬之同一師承而頓漸分教俱爲國臣而文武異科今談曲者往往合而舉之良可笑也

凡曲北字多而調促促處見筋南字少而調緩緩處見眼北則辭情多而聲情少南則辭情少而聲情多北力在絃南力在板北宜和歌南宜獨奏北氣易粗南氣易弱此吾論曲三昧語

浣紗記一本 六十種曲本 傳奇十種本

明梁辰魚撰字里見上卷

雙烈記一本 見傳奇彙考

章臺柳一本 見顧起元客座贅語

右二種明張四維撰四維字治卿元城人

玉玦記一本 六十種曲本

大節記一本 右見曲品傳奇彙考曲海目

五福記一本 見傳奇彙考

右三種明鄭若庸撰若庸字中伯號虛舟崑山人

列朝詩集中伯早歲以詩名吳下趙康王聞其名走幣聘入鄴客王父子間王父子親逢迎接席與交賓主之禮於是海內游士爭擔簦而之趙以中伯與謝榛故也中伯在鄴王爲庀供張子宮女及女樂數輩中伯乃爲著書採掇古文奇字累千卷名曰類雋康王薨去趙居淸源年八十餘始卒詩名蛣蜣集又善度曲有玉玦傳奇行世或曰滎陽生其自寓也

曲品玉玦典雅工麗可詠可歌開後人駢綺之派每折一調每調一韻尤爲先獲我心

繡襦記一本 六十種曲本 曲海目作鄭若庸撰誤

明薛近兗撰

傳奇彙考虛舟作玉玦舊院人惡之共醵金求薛近兗作此以雪其事 語本靜志居詩話

曲品嘗聞玉玦出而曲中無宿客及此記出而客復來詞之足以感人如此

紅蕖記一本

埋劍記一本

十孝記一本 曲品云每事三齣似劇體此自先生創之

分錢記一本

雙魚記一本

合衫記一本

義俠記一本 六十種曲本 文林閣傳奇十種本

鴛衾記一本

桃符記一本

分柑記一本

四異記一本

鑿井記一本

珠串記一本

奇節記一本 曲品云正史中忠孝事宜傳一帙分兩卷此變體也

結髮記一本

墜釵記一本

博笑記一本　曲品云體與十孝類雜取耳談中事譜之　右見曲品傳奇彙考

耆英會一本

翠屏山一本

望湖亭一本

一種情一本　右見高奕新傳奇品及曲海目

右二十一種明沈璟撰璟字伯英號甯庵世稱詞隱先生吳江人明萬歷間進士官光祿寺口口

曲品吾友方諸生曰松陵具詞法而讓詞致臨川妙詞情而越詞檢善夫可謂定品矣光祿嘗曰甯律協而詞不工讀之不成句而謳之始叶奉常聞之笑曰彼惡知曲意哉予意所至不妨拗折天下人嗓子此可以觀兩賢之志趣矣予謂二公譬如狂狷天壤間應有兩項人物倘能守詞隱先生之矩矱而運以清遠道人之才情豈非合之兩美者乎　按奉常清遠道人皆謂湯若士也

紫簫記一本　六十種曲本　曲品向傳先生作酒色財氣四犯有所諷刺作此以掩之僅存半本而罷

紫釵記一本　六十種曲本

還魂記一本　六十種曲本　文林閣傳奇十種本　冰絲館本

南柯記一本　六十種曲本

邯鄲記一本　六十種曲本

右五種明湯顯祖撰顯祖字義仍號若士臨川人萬歷癸未進士除南太常博士稍遷祠部郎抗疏劾政府謫廣東徐聞典史後遷遂昌縣知縣投劾歸

列朝詩集義仍窮老蹭蹬所居玉茗堂文史狼藉賓朋雜坐雞塒豕圈接跡庭戶蕭閒詠歌俯仰自得爲郎時排擊執政禍且不測詒書友人曰乘興偶發一疏不知當事何以處我晚年師盱江而友紫柏翛然有度世之志胸中魁壘陶寫未盡則發而爲詞曲四夢之書雖復流連風懷感激物態要於洗滌情塵銷歸空有則義仍之所存略可見矣　義仍三子開遠好講學義仍卒後取其所續紫簫殘本及詞曲未行者悉焚弃之　靜志居詩話義仍塡詞妙絕一時語雖斬新源亦出於關馬鄭白其牡丹亭曲本尤眞摯動人人或勸之講學笞曰諸公所講者性僕所言者情也世或傳云刺曇陽子而作然太倉相君實先令家樂演之且曰吾老年人近頗爲此曲惆悵假令人言可信相君雖盛德有容必不反憾之於家也當日婁江女子俞二孃酷嗜其詞斷腸而死義仍作詩哀之曰晝燭搖金閣眞珠泣繐帷如何傷此曲偏只在婁江又七夕答友云玉茗堂開春翠屛新詞傳唱牡丹亭傷心拍徧無人會自掐檀痕教小伶　明姚士粦見只編湯海若先生妙于音律酷嗜元人院本自言篋中收藏多世不常有已至千種有太和正音譜所不載比問其各本佳處一一能口誦之

櫻桃夢一本

靈寶刀一本　右見曲海目

右二種明任誕先撰字里不詳

玉合記一本　六十種曲本

明梅鼎祚撰字里見上卷

鸚鵡洲一本　見曲品傳奇彙考曲海目

明陳與郊撰字里見上卷

曲品禺陽又爲口長公作一劇見未刻本

明珠記一本　六十種曲本　一名王仙客無雙傳奇

南西廂一本　右見曲品曲海目

懷香記一本　六十種曲本

椒觴記一本

分鞋記一本　右見曲海目

右五種明陸采撰采字子元號天池長洲人

列朝詩集子元少爲校官弟子不屑守章句年十九作王仙客無雙傳奇兒子餘助成之曲既成集吳門教師精音律者逐腔改定然後妙選梨園子弟登場教演期盡善而後出性豪蕩不羈困於場屋日夜與所善客劇飲歌呼東登泰岱賦游仙三章南踰嶺嶠游武夷諸山年四十而卒　維桑曲品謂明珠記乃天池之兄給諫具草而天池踵成之者與列朝詩集之說小異給諫名粲字子餘嘉靖丙戌進士授工科給事中因劾張桂謫貴州都勻驛丞稍遷永新縣知縣乞歸

南西廂一本　六十種曲本

明李日華撰日華字君實嘉興人萬歷壬辰進士官至太僕寺少卿

乙庵記一本

冬青記一本　右見曲品傳奇彙考曲海目

右二種明卜世臣撰世臣字大匡一字大荒秀水人

紅梅記一本　見傳奇彙考曲海目傳奇彙考云袁中郎宏道有删本

明周朝俊撰朝俊字稚玉吳縣人

露綬記一本

蕉帕記一本　六十種曲本　傳奇十種本　右見新傳奇品傳奇彙考曲海目

右二種明單本撰本字槎仙會稽人

錦箋記一本　六十種曲本

明周螺冠撰名里俱無考

曲品向云此記經諸名士而成今迺知螺冠獨羨其美

扊扅記一本　見曲品傳奇彙考曲海目　曲品云在張伯起之前

明端鏊撰鏊號平川里居不詳

紅拂記一本　六十種曲本

祝髮記一本

竊符記一本

灌園記一本　六十種曲本

扊扅記一本

平播記一本　傳奇彙考云總兵李應祥厚禮求作事頗不實　右均見曲品傳奇彙考曲海目

右七種明張鳳翼撰鳳翼字伯起長洲人

列朝詩集伯起與其弟獻翼幼于燕翼叔貽並有才名吳人語曰前有四皇後有三張

青衫記一本　六十種曲本

葛衣記一本

義乳記一本

風教編一本　曲品云一記分四段倣四節體　右均見曲品傳奇彙考曲海目

右四種明顧大典撰大典字道行吳江人官至福建提學副使

列朝詩集副使家有諧賞園淸音閣亭池佳勝妙解音律自按紅牙度曲今松陵多蓄聲伎其遺風也

曇花記一本　六十種曲本

修文記一本

彩毫記一本　六十種曲本　右見曲品傳奇彙考曲海目

右三種明屠隆撰隆字長卿又字緯眞號赤水鄞縣人官至禮部主事罷歸

明史文苑傳隆舉萬歷五年進士除穎上知縣調繁靑浦時招名士飲酒賦詩游九峰三泖以仙令自許

然於吏事不廢士民皆愛戴之遷禮部主事西甯侯
朱世恩兄事隆宴游甚歡刑部主事俞顯卿者險人
也嘗爲隆所詆心恨之訐隆與世恩淫縱隆等上疏
自理乃兩黜之而停世恩俸半歲隆歸道靑浦父老
爲斂田千畝請徙居隆不許歡飲三日謝去歸益縱
情詩酒好賓客賣文爲活詩文率不經意一揮數紙
嘗戲命二人對案拈二題各賦百韻咄嗟之間二章
並就又與人對奕口誦詩文命人書之書不逮誦也
子婦沈氏懋學女與隆女瑤瑟並能詩隆有所作兩
人輒和之曰留香草
曲品赤水以宋西甯侯嬲戲事罷官故作曇花記託
木西來以頌之意猶感宋德或曰盧相公卽指吳縣
相公孟家韋卽指糾之者才人喪檢亦常事何必有
恚心耶
又曰赤水晚修仙爲黠者所弄文人入魔信以爲實
故作修文記然以一家夫婦子女託名演之己窮其
幻妄之趣其詞固足採也維棻赤水爲吳人孫榮
祖所弄并言其女死後爲仙事見列朝詩集

高士記一本

長生記一本

天書記一本

獅吼記一本 六十種曲本

投桃記一本

二閣記一本

同昇記一本

三祝記一本

種玉記一本 六十種曲本 右見曲品曲海目

七國記一本 見傳奇彙考

右十種明汪廷訥撰字里見上卷

藍橋記一本 見曲品傳奇彙考曲海目

明龍膺撰膺字朱陵武陵人官至副都御史

白練裙一本

旗亭記一本

芍藥記一本 右見曲品傳奇彙考曲海目

右三種明鄭之文撰之文字應尼一字豹先南城人
官南部郎後出爲知府

列朝詩集應尼公車下第薄游長干曲中馬湘蘭與
王百穀諸公爲文字飲頗不禮應尼應尼與吳非熊
輩作白練裙雜劇極爲譏調聚子弟演唱召湘蘭觀
之湘蘭爲微笑定襄傅司業淸嚴訓士一旦召應尼
跪東廂下出銜袖一編數之曰舉子故當爲輕蛺蝶
耶收以榎楚久之乃遣去應尼舉進士傅公爲北祭
酒介余往謝過公一笑而已崇禎末余作長歌寄之
有曰子弟猶歌白練裙行人尙酹湘蘭墓應尼亦次
均相答 維棻吳非熊名兆休甯人

玉麟記一本

雙卿記一本

鸞鎞記一本 六十種曲本

四豔記一本

金鎖記一本 傳奇彙考云或云袁于令作或云桐柏初稿于令改定之 右見曲品傳奇彙考曲海目

右五種明葉憲祖撰憲祖字里見上卷

存孤記一本 見曲品傳奇彙考曲海目

明陸弼撰弼字無從江都人

列朝詩集無從好博涉多所撰述廣陵爲南北孔道
請絕賓客結納賢豪長者其聲藉甚嘗爲詩曰匪有
魚腸堪借客世無狗監莫論才何元朗激賞之趙蘭
谿當事議修正史請徵故知縣王一鳴故通判魏學
禮太學生王穉登生員陸弼入史館與纂修未上而
罷年七十餘乃卒有正始堂集二十四卷

曲品存孤記據序文似天池舊有稿而無從衍之者

量江記一本 見曲品傳奇彙考曲海目

賜環記一本 曲品云尙有賜環記未見

右二種明佘聿雲撰聿雲池州人

雙雄記一本 見曲品傳奇彙考曲海目

萬事足一本

風流夢一本

新灌園一本 右見新傳奇品傳奇彙考曲海目

右四種明馮夢龍撰夢龍字猶龍一字耳猶吳縣人官壽甯縣知縣

靑蓮記一本

靺鞨記一本 右見曲品傳奇彙考曲海目

右二種明戴子晉撰子晉字金蟾永嘉人

泰和記一本 曲品云每齣一事似劇體右見曲品傳奇彙考曲海目

明許潮撰字里見上卷

金蓮記一本 六十種曲本

紫環記一本 右見曲品傳奇彙考曲海目

右二種明陳汝元撰字里見上卷

四夢記一本 內分高唐邯鄲南柯蕉鹿四段

彈鋏記一本 右見曲品傳奇彙考曲海目

右二種明車任遠撰字里見上卷

雙珠記一本 六十種曲本

分鞋記一本 傳奇彙考云亦名易鞋記或云係塵天池作 傳奇十種本

鮫綃記一本

靑瑣記一本 右見曲品傳奇彙考曲海目

右四種明沈鯨撰鯨號涅川平湖人

蛟虎記一本 見曲品傳奇彙考曲海目

明黃伯羽撰伯羽號釣叟上海人

淸風亭一本 見曲品傳奇彙考曲海目

明秦鳴雷撰鳴雷字華峰天台人見曲品傳奇彙考云華峰姓李名宗泰長洲人未識孰是

四喜記一本 六十種曲本

明謝讜撰讜號海門上虞人

紅拂記一本 見曲品曲海目

明張太和撰太和號屏山錢塘人

忠節記一本 見曲品傳奇彙考曲海目

明錢直之撰直之號海屋錢塘人

符節記一本 同上

明章大倫撰大倫字金庭錢塘人一作大綸字全定

呼盧記一本 同上

明金无垢撰无垢號逍遙鄞縣人

玉簪記一本 六十種曲本

節孝記一本 曲品云陶潛之歸去令伯之陳情分上下帙則是一體 右二本同上

右二種明高濂撰濂字深甫號瑞南錢塘人

望雲記一本
玉香記一本 右二本同上
右二種明程文修撰文修字叔子仁和人
題橋記一本 同上
明陸濟之撰濟之字利川無錫人傳奇彙考作陳濟之
雙烈記一本 六十種曲本
明張午山撰名里無考
驚鴻記一本 見曲品傳奇彙考曲海目
明吳世美撰世美字叔華烏程人
八義記一本 六十種曲本

明徐叔同撰名里未詳
夢磊記一本
合紗記一本 右見傳奇彙考曲海目
右二種明史槃撰槃字叔考會稽人
題紅記一本 右見曲品傳奇彙考曲海目
明祝長生撰長生號金粟海鹽人
五鼎記一本 同上
明顧希雍撰希雍字懋仁崑山人
椒觴記一本 同上
明顧仲雍撰仲雍字懋儉崑山人
春蕪記一本 六十種曲本

明汪鋑撰鋑字劍池錢塘人
奇貨記一本
犀珮記一本
三晉記一本 右見曲品曲海目
右三種明胡文煥撰文煥號全庵錢塘人著述甚富刊有格致叢書
神鏡記一本 右見傳奇彙考曲海目
明呂文撰文字天成金華人
玉魚記一本 右見曲品傳奇彙考曲海目
明湯賓陽撰名里無考
玉釵記一本 同上

明陸江樓撰名字無考杭州人
牡丹記一本 同上
明朱從龍撰從龍字春霖句容人
綵綺記一本 同上
明楊柔勝撰柔勝字新吾武進人
禁烟記一本 同上
明盧鶴江撰鶴江佚其名無錫人
合璧記一本 同上
明王恒撰恒字貞伯杭州人
玉鏡臺一本 六十種曲本 同上
明朱鼎撰鼎字永懷崑山人

金魚記一本同上
明吳鵬撰鵬字圖南宜興人
純孝記一本同上
明張從懷撰從懷一作從德字同谷海甯人
焚香記一本六十種曲本　同上
明王玉峰撰佚其名松江人
練囊記一本傳奇彙考云與張仲豫合作
龍劍記一本右二本同上
右二種明吳大震撰大震字東宇號長孺休甯人
龍膏記一本六十種曲本
錦帶記一本右二本同上

右二種明楊珽撰珽字夷白錢塘人
龍綃記一本同上
明黃維楫撰維楫字說仲天台人
玉丸記一本同上
明朱期撰期號萬山上虞人
佩印記一本同上
明顧瑾撰瑾字懷琳華亭人或云杭州人
玉鐲記一本同上
明李玉田撰玉田佚其名汀州人
玉杵記一本同上
明楊之炯撰之炯字星水餘姚人

漑園記一本
畫鶯記一本見曲品傳奇彙考
右二種明趙於禮撰於禮字心雲一作心武上虞人
分釵記一本見曲品傳奇彙考曲海目
明張景嚴撰景嚴號瀨濱溧陽人
覓蓮記一本同上
明鄒逢時撰逢時號海門餘姚人
指腹記一本傳奇彙考云卽今之一種情　同上
明沈祚撰祚字希福溧陽人
丹筦記一本同上
明汪宗姬撰宗姬字師文徽州人

護龍記一本同上
明馮之可撰之可字易亭彭澤人
白璧記一本同上
明黃廷俸撰廷俸字君選常熟人
狐裘記一本
靖虜記一本右二本同上
右二種明謝天祐撰天祐號思山杭州人
合釵記一本同上
明吾邱瑞撰瑞字國璋杭州人元吾邱衍之後曲品
及曲海目作邱瑞吾誤
香裘記一本

寶釵記一本
望雲記一本
完福記一本
妙相記一本
摘星記一本
繡被記一本
八更記一本
桃花記一本　右九本同上
右九種明金懷玉撰懷玉字爾音會稽人
紅梨記一本　六十種曲本　見曲海目
宵光劍一本

梧桐雨一本
一文錢一本　三本見曲考
右四種明徐復祚撰字里見上卷
紅情言一本
幗巾怨一本
詞苑春秋一本
博浪沙一本　右見曲考
右四種明王翃撰翃字介人嘉興人有秋懷堂集
息宰河一本　見曲海目
幻春園一本　見傳奇彙考曲考
宰戌記一本　見曲考

右三種明沈孚中撰孚中字會吉錢塘人
紈扇記一本　右見曲品傳奇彙考
明謝廷諒撰廷諒字九索湖廣人
遍地錦一本
上林春一本
白玉堂一本
祥麟現一本　右見傳奇彙考
右四種明姚子翼撰子翼字襄侯秀水人
弄珠樓一本
百花亭一本
靈犀珮一本　右同上
右三種明王昇撰昇字無功郃陽人

曲四　壬辰風閣

稻花初一本
落花風一本
再生蓮一本
賣愁村一本
元宵鬧一本　一云朱佐朝作　右同上
右五種明李素甫撰素甫字位行吳江人
雙遇蕉一本　同上
明吳千頃撰千頃字汪度長洲人
白玉樓一本　同上
明蔣麟徵撰麟徵字瑞書長洲人一作字西宿烏程

人
醉揚州一本
鬧烏江一本
倒鴛鴦一本 右同上
右三種明朱寄林撰寄林字樹聲蘇州人
軟藍橋一本
情不斷一本 右同上
右二種明許炎南撰炎南字有丁海鹽人
雙螭璧一本
青虹嘯一本 右同上
右二種明鄒玉卿撰玉卿字崑圃長洲人

兩蝶詩一本
華山緣一本 右同上
右二種明王紫濤撰名里不詳
浮邱儆一本 同上
明王鳴九撰鳴九字鶴皋吳縣人
八葉霜一本 同上
明陸世廉撰字里見上卷
龍華會一本 同上
明王翔千撰翔千字起鳳太倉人
續精忠一本 同上
明湯子垂撰名里不詳

雙麟瑞一本
笑笑緣一本 右同上
右二種明程麗先撰麗先字光鉅新安人
雪香緣一本 同上
明程子偉撰子偉字正夫江都人
雙忠孝一本
半塘會一本 右同上
右二種明劉藍生撰字里未詳
讀書種一本 同上
醉鄉記一本 同上
明陳曉江撰名里未詳

明孫仁孺撰名里未詳
水滸記一本 六十種曲本
報主記一本
靈犀珮一本
弄珠樓一本 右同上 末二本疑即王异所撰
右四種明許自昌撰自昌字元祐吳縣人
四大癡一本 同上
崖山烈一本 同上
明李九標撰九標字逢時武陵人
明朱九經撰字里無考
鏡中花一本 同上

明李雨商撰雨商字桑林河南人

錦西廂一本 一作翻西廂 同上

明周公魯撰公魯字公望崑山人

歌風記一本 見曲品傳奇彙考曲海目

明庚庚撰庚字生子杭州人

藍田記一本 同上

明龍渠翁撰渠翁佚其名安慶人

躍鯉記一本 見傳奇彙考

明陳羆齋撰名里無考

雙金榜一本

牟尼合一本

忠孝環一本

春燈謎一本

燕子箋一本 右見傳奇彙考曲海目

右五種明阮大鋮撰大鋮字集之號圓海懷甯人官至兵部尚書

王士正帶經堂集秦淮雜詩新歌細字寫冰紈小部君王帶笑看千載秦淮嗚咽水不應仍恨孔都官自注宏光時阮司馬以吳綾作朱絲闌書燕子箋諸劇進宮中

雁翎甲一本 見傳奇彙考

明秋堂和尚撰

摘金圓一本 同上

明閨秀顧采屏撰采屏崑山人歷朝詩集有顧氏妹崑山顧茂儉之妹雍里方伯之女嫁孫僉憲家為婦甚有才情案方伯及茂儉兄弟均善製詞曲則采屏或即其人歟

三生傳一本 同上

明妓馬守眞撰守眞小字玄兒又字月嬌又字湘蘭金陵人

錕鋙記一本 右見曲品傳奇彙考曲海目

明丙宜居士撰

奪解記一本 同上

明秋閣居士撰

雙環記一本 同上

明鹿陽外史撰

遇仙記一本 同上

明心一子撰杭州人

合劍記一本 同上

明泰華山人撰

釵釧記一本 同上

明月榭主人撰

杖策記一本 右見傳奇彙考曲海目

明涵陽子撰

白兎記一本 六十種曲本

玉環記一本 六十種曲本

尋親記一本六十種曲本
金雀記一本六十種曲本
東郭記一本六十種曲本
投梭記一本六十種曲本
霞箋記一本六十種曲本
節俠記一本六十種曲本
飛丸記一本六十種曲本
琴心記一本六十種曲本
四賢記一本六十種曲本
運甓記一本六十種曲本
贈書記一本六十種曲本

四美記一本傳奇十種本
觀音魚籃記一本傳奇十種本
漢劉秀雲臺記一本傳奇十種本
高文舉珍珠記一本傳奇十種本
袁文正還魂記一本傳奇十種本
牧羊記一本
孤兒記一本
教子記一本
綵樓記一本
四節記一本曲品云一記分四截自此始此以壽鎮江楊相公者也
百順記一本

合鏡記一本
四豪記一本
赤松記一本
雙紅記一本
離魂記一本
犀合記一本
五福記一本韓忠獻事
五福記一本徐勉之事
黑鯉記一本
綈袍記一本
鑲環記一本

金臺記一本
箜篌記一本右十九本見曲品
鸞釵記一本
千祥記一本
鶼釵記一本
異夢記一本
四景記一本
羅衫記一本
雙孝記一本
麒麟記一本
金花記一本

題門記一本
錦囊記一本
吐絨記一本
三桂記一本
蟠桃記一本
瑞玉記一本
衣珠記一本
花園記一本
磚礫記一本
菱花記一本
江流記一本

東牆記一本
王煥記一本
張叶記一本
鸞鐠記一本
臥冰記一本
紅絲記一本
南樓記一本右二十七本見傳奇彙考
玉珮記一本
青樓記一本
目連救母一本右三本見曲海目
劉盼盼一本

錦香亭一本
陳光蕊一本
陳巡檢一本一名梅嶺記
韓壽一本傳奇非青瑣記
朱買臣一本
黃孝子一本
風月亭一本
劉文龍一本
一夜鬧一本
賈雲華一本
唐伯亨一本古曲非犀合記

周孝子一本
王魁一本
呂星哥一本
風流合三十一本
寶粧亭一本
盜紅綃一本
孟姜女一本
冤家債主一本
翫江樓一本
李勉一本
陳叔文一本

分鏡記一本 古本非合鏡記
燕子樓一本
同庚會一本
瓊花女一本
太平錢一本
鬼做媒一本
韓玉箏一本
鄭孔目一本
牆頭馬上一本
司馬相如一本 舊本非琴心記
張資一本

鴛鴦燈一本
錦機亭一本
進梅諫一本
覓水記一本
尋母記一本
詐妮子一本
復落倡一本
劉孝女一本
孟月梅一本
生死夫妻一本
李寶一本

林招得一本
琵琶怨一本
崔護一本 右四十九本見沈璟南九宮譜中有與金人院本元人雜劇名目相同者然其下皆注傳奇又入南曲知爲明人傳奇無疑矣
東嘉韞玉傳奇一本 見葉盛菉竹堂書目
饅瓜亭一本 見楊愼升庵外集
洛陽橋一本 秦徵蘭天啟宮詞自注乙丑登高聖駕臨幸鐘鼓司掌印官執板唱洛陽橋記撰眉黛鎖不開一闋次年亦如之見靜志居詩話
伏虎縧一本 曲海目云相傳爲元人作說不足據姑附於此
右一百二十種明無名氏撰

曲錄卷四

曲錄卷五

海甯王國維

傳奇部下

月令承應□本

法宮雅奏□本

九九大慶□本

勸善金科十本

昇平寶筏十本 曾見內廷寫本與殿本勸善金科行款大小一一相同每本二十四折

鼎峙春秋□本

忠義璇圖□本

右七種國朝張照等奉敕撰照字得天華亭人官至刑部尚書

禮親王昭槤嘯亭續錄乾隆初　純皇帝以海內昇平命張文敏製諸院本進呈以備樂部演書凡各節令皆奏演其時典故如屈子競渡子安題閣諸事無不譜入謂之月令承應其於　內廷諸慶事奏演祥徵瑞應者謂之法宮雅奏其於　萬壽令節前後奏演羣仙神道添籌錫禧以及黃童白叟含哺鼓腹者謂之九九大慶又演目蓮尊者救母事析爲十本謂之勸善金科於歲暮奏之以其鬼魅雜出以代古人儺祓之意演唐元奘西域取經事謂之昇平寶筏於上元前後日奏之其曲文皆文敏親製詞藻奇麗引用內典經卷大爲超妙其後又命莊恪親王譜蜀漢三國志典故謂之鼎峙春秋又譜宋政和間梁山諸盜及宋金交兵徽欽北狩諸事謂之忠義璇圖其詞皆出日華游客之手惟能敷衍成章又鈔襲元明水滸義俠西川圖諸院本不及文敏多矣案日華游客謂編纂九宮大成諸人即周祥鈺鄒金生輩也

揚州夢一本 全集本譜老子尹喜事

曲五　一　晨風閣

國朝愼郡王撰王諱岳端字兼山號紅蘭主人安和親王第三子

西樓記一本 六十種曲本　傳奇彙考云馮夢龍增錯夢一齣

金鎖記一本

玉符記一本 楊恩壽詞餘叢話謂輯玉譜瑞玉記或即此本

珍珠衫一本

肅霜裘一本 右見新傳奇品傳奇彙考

右五種國朝袁于令撰字里見卷三

宋犖筠廊偶筆袁籜庵以西樓傳奇得盛名與人談及輒有喜色一日出飲歸月下肩輿過一大姓門其家方燕賓演霸王夜宴輿人曰如此良夜何不唱繡戶傳嬌語乃演千金記籜庵狂喜幾墮輿

鳴鴻度一本 見蓮子居詞話

國朝查繼佐撰字里見卷三

吳衡照蓮子居詞話查東山先生繼佐以名孝廉負盛譽於時性耽音律聲伎登場旦色皆以些爲名有柔些者尤妙絕汪蛟門楫製春風裊娜以贈曰看先生老矣兀自風流圍翠袖呢紅樓羨香山攜得小蠻樊素玉簫金管到處遨遊舞愛前溪歌憐子夜記曲孃還數阿柔戲罷更教彈絕調氍毹端坐撥箜篌新製南唐院本衣冠巾幗抵多少優孟春秋掩六幅掩雙鈎英雄意態見女嬌羞燈下紅兒眞堪銷恨花前碧玉耐可忘憂是鄉足老任悠悠世事爛羊作尉屠狗封侯下半指先生新製鳴鴻度等樂府也先生遇吳順格事見鈕琇觚賸觀其自著敬修堂同學出處偶記似有出于傳聞之過者然當時已有不羨林宗知孟敏還同李白脫汾陽之語傳聞亦非盡無因也蔣心餘雪中人傳奇敘事頗核惟誤其名作培繼培繼字玉望先生族弟也

畫中人一本

療妬羹一本

曲五　二　晨風閣

綠牡丹一本
西園記一本右見傳奇彙考曲海目
情郵記一本右見傳奇彙考
右五種國朝吳炳撰炳字石渠宜興人
新傳奇品吳石渠之詞如道子寫生鬚眉畢現
花筵賺一本
鴛鴦棒一本
倩畫姻一本
勘皮靴一本
夢花酣一本右五本見傳奇彙考曲海目惟新傳奇品作吳石渠撰誤也
花眉旦一本

雌雄旦一本
金明池一本
歡喜寃家一本右四本見傳奇彙考
右九種國朝范文若撰文若字香令號荀鴨又自稱
吳儂松江人
梅花樓一本曲海目作索花樓
荷花蕩一本
十錦塘一本右見新傳奇品傳奇彙考曲海目
右三種國朝馬佶人撰佶人字更生吳縣人
新傳奇品馬更生之詞如五陵年少白眼調人
羅衫合一本

天馬媒一本
小桃源一本右同上
右三種國朝劉晉充撰字里未詳
新傳奇品劉晉充之詞如山中砲響應聲徐來
書生願一本
醉月緣一本
戰荊軻一本
蘆中人一本
昭君夢一本
狀元旗一本右見新傳奇品傳奇彙考曲海目
九龍池一本右見傳奇彙考

續情燈一本
長生桃一本
一宵泰一本右三本見江蘇詩徵
右十種國朝薛旦撰旦字既揚號訢然子無錫人本
籍長洲
新傳奇品薛旣揚之詞如鮫人泣淚點滴成珠
一捧雪一本
人獸關一本
占花魁一本
永團圓一本
麒麟閣一本

風雲會一本
牛頭山一本
太平錢一本
連城壁一本
眉山秀一本
昊天塔一本
三生果一本
千忠會一本
五高風一本
兩鬚眉一本
長生像一本

鳳雲翹一本
禪眞會一本
雙龍佩一本
千里舟一本
洛陽橋一本
武當山一本
虎邱山一本
清忠譜一本
掛玉帶一本
意中緣一本
萬里緣一本

萬民安一本
麒麟種一本
羅天醮一本
秦樓月一本　右見新傳奇品傳奇彙考曲海目
埋輪亭一本
一品爵一本　右見傳奇彙考與朱佐朝合撰

右三十三種國朝李玉撰玉字元玉吳縣人

新傳奇品李元玉之詞如康衢走馬操縱自如

琥珀匙一本
女開科一本
開口笑一本

三擊節一本
逐國疑一本　卽鐵冠圖
英雄概一本
八翼飛一本
人中人一本　右見新傳奇品傳奇彙考曲海目

右八種國朝葉稚斐撰稚斐字美章吳縣人

新傳奇品葉稚斐之詞如漁陽三弄意氣縱橫

太極奏一本
玉數珠一本
軒轅鏡一本
蓮花筏一本

吉慶圖一本
飛龍鳳一本
錦雲裘一本
瑞霓羅一本
御雪豹一本
石麟鏡一本
九蓮燈一本
纓絡會一本
贊神龍一本
萬花樓一本
建皇圖一本

乾坤嘯一本
豔雲亭一本
奪秋魁一本
萬壽觀一本　傳奇彙考曲海目作萬壽冠
雙和合一本
壽榮華一本
五代榮一本
寶曇月一本
牡丹圖一本
漁家樂一本　右見新傳奇品傳奇彙考曲海目
四奇觀一本

清風寨一本
血影石一本
朝陽鳳一本　右見傳奇彙考
一捧花一本　右見曲考
右三十種國朝朱佐朝撰佐朝字良卿吳縣人
新傳奇品朱良卿之詞如八音縱鳴時見節奏
虎囊彈一本
黨人碑一本
百福帶一本
幻緣箱一本
歲寒松一本

御袍恩一本
鬧句欄一本　右見新傳奇品曲海目
一合相一本　見傳奇彙考
蜀鵑啼一本　見吳梅村詩集
右九種國朝邱圜撰圜字嶼雪常熟人
尤侗邱嶼雪像贊君善顧曲梨園樂府吾和而歌紅牙畫鼓
振三綱一本
一著先一本
錦衣歸一本
未央天一本
狻猊璧一本

忠孝閭一本
四聖手一本
聚寶盆一本
十五貫一本
文星現一本
龍鳳錢一本
瑤池宴一本
朝陽鳳一本
金五福一本 右見新傳奇品傳奇彙考曲海目
萬年觴一本 右見傳奇彙考曲海目
通天臺一本

大吉慶一本
翡翠圓一本 一作緣 右見傳奇彙考
右十八種國朝朱素臣撰素臣以字行吳縣人
新傳奇品朱素臣之詞如少女簪花修容自愛
紅芍藥一本
竹葉舟一本
呼盧報一本
三報恩一本
萬人敵一本
杜鵑聲一本 右見新傳奇品傳奇彙考曲海目
右六種國朝畢萬侯撰萬侯字晉卿吳縣人
新傳奇品畢萬侯之詞如白壁南金精彩耀目
奈何天一本
比目魚一本
蜃中樓一本
美人香一本 新傳奇品云即憐香伴然傳奇彙考著錄既有美人香又有憐香伴未知孰是
風箏誤一本
愼鸞交一本
凰求鳳一本
巧團圓一本
玉搔頭一本 右見新傳奇品傳奇彙考曲海目
萬年歡一本 見傳奇彙考

意中緣一本
偷甲記一本
四元記一本
雙錘記一本
魚籃記一本
萬全記一本 右見曲海目
右十六種國朝李漁撰漁字笠翁蘭溪人寓居錢塘
新傳奇品李笠翁之詞如桃源笑傲別有天地
太白山一本
竹漉籬一本
八仙圖一本

火牛陣一本
竟西廂一本傳奇彙考作錦西廂
福星臨一本
指南車一本
綈袍贈一本
萬金資一本
鏡中人一本
金橙樹一本
玉鴛鴦一本
後西國一本右見新傳奇品傳奇彙考曲海目
陽明洞一本右見傳奇彙考

右十四種國朝周坦綸撰坦綸號果庵里居未詳
新傳奇品周果庵之詞如老僧談禪眞諦妙理
如是觀一本
醉菩提一本
海潮音一本
釣魚船一本
天下樂一本
井中天一本
快活三一本
金剛鳳一本
獺鏡緣一本

芭蕉井一本
喜重重一本
龍華會一本
雙節孝一本
雙福壽一本
讀書聲一本
娘子軍一本右見新傳奇品曲海目
小春秋一本
天有眼一本
雙琅釧一本
龍飛報一本

吉祥兆一本
癡情譜一本
紫瓊瑤一本右見傳奇彙考
右二十三種國朝張大復撰大復字星期一字心其號寒山子蘇州人
新傳奇品張心其之詞如去病用兵暗合孫吳
春秋筆一本
雙奇俠一本
貂裘賺一本
千金笑一本
聚獸牌一本

錦中花一本
擘香園一本
古交情一本
四美坊一本
肩仙嶺一本
如意冊一本
風雪緣一本
固哉翁一本
續情樓一本右見新傳奇品傳奇彙考曲海目
右十四種國朝高奕撰奕字晉音一字太初會稽人
新傳奇品高晉音之詞如清修觀操不染世氣

人中龍一本
飛龍蓋一本
胭脂雪一本
雙虬判一本右同上
右四種國朝盛際時撰際時字昌期吳縣人
新傳奇品盛際時之詞如珍奇羅列時發精光
清風寨一本
五羊皮一本右同上
右二種國朝史集之撰集之字友益溧陽人一作吳縣人
新傳奇品史集之之詞如倜儻不羈笑傲一世

靈犀鏡一本
齊眉案一本
照膽鏡一本
人中虎一本
石點頭一本
小蓬萊一本
別有天一本
龍燈賺一本
赤龍鬚一本
兒孫福一本
兩乘龍一本

萬壽鼎一本右同上
右十二種國朝朱雲從撰雲從字際飛吳縣人
新傳奇品朱雲從之詞如駿馬嘶風馳驟有矩
雙官誥一本
稱人心一本
彩衣歡一本右同上
右三種國朝陳二白撰二白字于令長洲人
新傳奇品陳二白之詞如閨女靚妝不增嬌飾
三合笑一本
玉殿元一本
歡喜緣一本右同上

右三種國朝陳子玉撰子玉字希甫吳縣人

新傳奇品陳子玉之詞如盆花小景工致自佳

非非想一本

黃金臺一本 右同上

右二種國朝王香裔撰名里不詳

新傳奇品王香裔之詞如空谷幽蘭淸芬自遠

珊瑚鞭一本

九奇緣一本 右見曲海目

胭脂虎一本 見曲考

右三種國朝徐石麟撰見卷三

玉麟記一本 見曲海目

國朝張世漳撰字里未詳

釣天樂一本

國朝尤侗撰見卷三

釣天樂自序丁酉之秋薄游太末阻兵未得歸逆旅無聊漫塡詞爲傳奇卒日一齣閱月而竣題曰鈞天樂家有梨園歸則授使演焉明年科場弊發有無名子編爲万金記者制府以聞 詔命進覽其人匿弗出臬司某大索江南諸伶雜治之適山陰姜侍御還 朝過吳門面徵予劇同人宴之申氏堂中樂既作觀者如堵靡不咋舌駭歎而邏者亦雜其中疑其事類馳白臬司臬司以爲奇貨既檄捕優人拷掠誣服既得主名將窮其獄且徵賄焉會有從中解之者而予已入都門事亦得寢

梅花夢一本 見曲海目

國朝陳貞禧撰貞禧字未詳宜興人

忠孝福一本 同上

國朝黃兆森撰字里見卷三

虎媒記一本 見曲考

國朝顧景星撰景星字赤方號黃公蘄春人

萬古愁一本

國朝歸莊撰莊字元恭號恆軒崑山人

全祖望題歸恆軒萬古愁曲子世傳萬古愁曲子瑰瑋恣肆於古之聖賢君相無不詆訶而獨痛哭流涕於桑海之際蓋離騷天問一種手筆但不能知其爲何人所作近人或以爲謔翁或以爲道隱或以爲石霞皆非證據維纔句庭徵君著其事于恆軒壽序予始敢向跋之沈繼堂詹事謂 世祖章皇帝嘗見此曲大加稱賞命樂工毋膳歌以侑食古之遺民野老知甲子哭庚申大都潛伏於殘山剩水之間未有得播 興朝之鐘呂者是又一異事也

桃花笑一本 見傳奇彙考

國朝唐宇昭撰宇昭字孔明號雲客武進人

瓊花夢一本 同上

國朝龍燮撰字里見卷三

金瓶梅一本 同上

國朝鄭小白撰小白佚其名江都人

大轉輪一本

珊瑚鞭一本 右同上

右二種國朝徐善撰善字長公江都人案曲海目徐石麟有珊瑚鞭傳奇復有大轉輪雜劇疑石麟一名善字長公非此兩本均有次本也

秦樓月一本 同上

嘯秋風一本
繡平原一本 右見四庫全書提要
忠愍記一本 見楊恩壽詞餘叢話
右四種國朝吳綺撰綺字園次江都人官湖州府知府
徐釚本事詩園次少讀書康山之麓既而待詔金馬奉勅塡詞流傳宮掖入都目爲江都才子 詞餘叢話吳園次奉敕譜忠愍記由中書遷武選司員外郎卽以椒山原官之固極儒生榮遇已
補天石一本 卽易水歌改本 見傳奇彙考
國朝汪楫撰楫字舟次江都人官至福建布政使
十賢記一本 同上

國朝汪祚撰祚字敦士江都人
廣寒香一本
易水歌一本
芙蓉樓一本 右見曲考
右三種鳫山撰
放偷記一本
買嫁記一本 右同上
右二種國朝毛奇齡撰奇齡一名甡字大可蕭山人官翰林院檢討
籌邊樓一本 見曲考
浩氣吟一本 見漁洋詩話
右二種國朝王抃撰抃字鶴尹太倉人
漁洋詩話婁江十子虹友才尤高鶴尹詩才不及而獨工金元詞曲所作籌邊樓浩氣吟傳奇殆可謂詞曲之董狐 曝書亭集太倉王君鶴尹爲文肅公曾孫諸昆羣從多以制舉業取科第致位通顯而君獨澹然于榮利好爲山水游詩瓢酒榼肆志娛衍與海內名流繼和閒倚聲度曲識者比之東籬小山無怍也
雙報應一本 見曲海目
國朝嵇永仁撰字里見卷三
陰陽判一本 同上
國朝查愼行撰愼行字夏重號初白又號他山老人海甯人官翰林院編修
正昭陽一本

龍鳳山一本
鎮仙靈一本 右見傳奇彙考
右三種國朝石子斐撰子斐字成章紹興人
麗鳥媒一本 同上
國朝沈樹人撰樹人字友聲湖州人
珊瑚玦一本 同上
雙忠廟一本 見曲海目
右二種國朝周穉廉撰穉廉字冰持華亭人
澄海樓一本 見傳奇彙考
夜光球一本 同上
國朝毛鍾紳撰鍾紳未詳其字蘇州人

國朝王維新撰維新未詳其字平江人
鳳鸞儔一本同上
國朝沈名蓀撰名蓀字磵芳號磵房仁和人
昇平樂一本同上一名圓圓曲
國朝陸次雲撰次雲字雲士錢塘人
因緣夢一本同上
國朝石龐撰龐未詳其字蕪湖人
後尋親一本同上
國朝姚子懿撰子懿未詳其字嘉興人
玉樓春一本同上
國朝謝宗錫撰宗錫未詳其字紹興人

情夢俠一本同上
國朝顧元標撰元標未詳其字紹興人
藍關度一本同上
國朝王聖徵撰聖徵未詳其字太倉人
領頭書一本同上
國朝袁聲撰聲未詳其字濟南人
芳情院一本同上
國朝沈沐撰沐未詳其字仁和人
遺愛集一本同上　前半日峴山碑後半日虞山碑
國朝陸曜程端合撰二人未詳其字常熟人
廣陵仙一本同上

國朝胡介祉撰介祉字循齋號茨村大興人原籍山
陰官至河南按察使
紅蓮案一本同上
國朝吳士科撰士科未詳其字臨川人
小河洲一本同上一名雙奇俠
國朝李蔭桂撰蔭桂未詳其字山陰人
馮驩市義一本同上
國朝周起撰起未詳其字蕭山人
回文錦一本
迴龍院一本
錦繡圖一本

鬧高唐一本右同上
節孝坊一本
舞霓裳一本
沈香亭一本右見長生殿序例
長生殿一本
右八種國朝洪昇撰字里見卷三
小忽雷一本
桃花扇一本右見傳奇彙考
右二種國朝孔尚任撰尚任字季重號東塘曲阜人
官戶部郎中
南桃花扇一本

後琵琶記一本 右同上

右二種國朝顧彩撰彩字天石無錫人官內閣中書

風流棒一本

空青石一本

念八翻一本

錦塵帆一本

十串珠一本

萬金甕一本

金神鳳一本

資齊鑑一本 右見曲海目

右八種國朝萬樹撰字里見卷三

河陽覲一本 同上

國朝吳幌珏撰

風前月下一本 同上

國朝曹岩撰

壺中天一本 同上

國朝朱龍田撰龍田未詳名字華亭人

定蟾宮一本 同上

國朝朱確過孟起盛國琦三人合撰

兩度梅一本

錦香亭一本

天燈記一本

酒家傭一本 右同上

右四種國朝石恂齋撰名里未詳

旗亭記一本

玉尺樓一本 右同上

右二種國朝盧見曾撰見曾字抱孫號雅雨山人德州人官兩淮鹽運使

羣仙祝壽一本

百靈效瑞一本 右見振綺堂書目

右二種國朝吳城厲鶚同撰城字敦復鶚字太鴻均

錢塘人乾隆二十六年　南巡演以迎

駕總名迎　鑾新曲

轉天心一本

清忠譜正案一本

雙釘案一本 原名釣金龜

巧換緣一本

三元報一本 四齣

蘆花絮一本 四齣

梅龍鎭一本 四齣

麪缸笑一本 四齣

虞兮夢一本 四齣

英雄報一本 一齣改舊曲

女彈詞一本 一齣改舊曲

長生殿補闕一本二齣
十字坡一本一齣右十二種見傳刻本名古柏堂傳奇
笳騷一本見曲海目
右十四種國朝唐英撰英字雋公號蝸寄居士官九
江關監督
夢中緣一本
梅花簪一本
懷沙記一本
玉獅墜一本右名玉燕堂四種曲海目僅載下二種
右二種國朝張堅撰堅字漱石江甯人
無瑕璧一本

杏花村一本
瑞筠圖一本
廣寒梯一本
南陽樂一本
花萼吟一本右見曲海目
右六種國朝夏綸撰綸字惺齋錢塘人
玉劍緣一本同上
國朝李本宣撰本宣未詳其字江都人
拜針樓一本同上
國朝王墅撰墅未詳其字蕪湖人
東廂記一本同上

國朝楊國賓撰
烟花債一本
情中幻一本右同上
右二種國朝崔應階撰
雪中人一本
香祖樓一本
臨川夢一本
桂林霜一本
冬青樹一本
空谷香一本右同上
右六種國朝蔣士銓撰字里見卷三

風流院本一本同上
國朝朱京藩撰
富貴神仙一本見曲考
國朝鄭含成撰
崖州路一本
麒麟夢一本
鴛鴦榜一本
黃金盆一本右同上
右四種國朝張異資撰異資未詳其字通州人
雙泉記一本見傳刻本
國朝方成培撰成培字仰松歙縣人

紅樓夢一本見楊恩壽詞餘叢話
國朝高□□撰高字蘭墅名里不詳
紅樓夢一本見楊恩壽詞餘叢話
國朝陳鍾麟撰鍾麟字厚甫元和人
旗亭記一本見李調元曲話
國朝金椒撰椒字蘭皋□□人
芝龕記一本共六卷見傳刻本
國朝董榕撰榕字恒岩號謙山□□人官九江府知府
琵琶俠一本見傳刻本
花月屏一本見琵琶俠陸繼輅題詞

右二種國朝董□撰□號定圃武進人
一斛珠一本見揚州畫舫錄
國朝程枚撰枚字時齋海州人
博望乘槎一本
樊姬擁髻一本
卓女當壚一本
酉陽修月一本右四種總名瓶笙齋修簫譜　振綺堂刻本
人面桃花一本
右五種國朝舒位撰位字立人號鐵雲大興人
陳文述頤道堂集舒鐵雲傳鐵雲能吹笛鼓琴度曲不失分刌所作樂府院本脫藁老伶皆可按簡而歌不煩點竄
陳文述紫鸞笙譜有玉壺仙館聽女郎蘂雪歌鐵雲山人人面桃花樂府聲聲慢一闋
玉釵怨一本
祀招財一本右見程庭鷺多暇錄
右二種國朝周若霖撰若霖字蕙鍾嘉定人
六如亭一本全集本
國朝張九鉞撰九鉞字度西湘潭人官廣東知縣
仙緣記一本
海虬記一本
蜀錦袍一本
燕子樓一本
梅喜緣一本右見傳刻本

右五種國朝陳烺撰
玉蘭夢一本
國朝嚴保庸撰保庸字問樵丹徒人官山東知縣
紫荊花一本
胭脂舄一本
鳳飛樓一本
銀漢槎一本右見傳刻本
右四種國朝李文瀚撰文瀚字雲生宣城人
茂陵絃一本
帝女花一本
脊令原一本

鴛鴦鏡一本
淩波影一本
桃谿雪一本
居官鑑一本 右名倚晴樓七種
右七種國朝黃憲清撰憲清字韻珊海鹽人
芙蓉碣一本 見傳刻本
國朝張雲驤撰雲驤字南湖文安人
麻灘驛一本
桃花源一本
姽嫿封一本
桂枝香一本
再來人一本
理靈坡一本 右六本見傳刻本
右六種國朝楊恩壽撰恩壽字蓬海長沙人
蕙蘭芳一本 見詞餘叢話
國朝曾口口撰曾字茶村名里不詳官廣西知縣
犢鼻褌一本 見曲考
國朝李口撰李興化人
宴金臺一本
定中原一本
河梁歸一本
琵琶語一本

紉蘭佩一本
碎金牌一本
紞如鼓一本
波弋香一本 右見傳刻本總名補天石
右八種國朝周文泉撰文泉自號練情子名字里居
未詳
織錦記一本 見傳奇彙考
國朝顧覺宇撰覺宇伶人亦元趙文敬張國賓之流
亞也
傳燈錄一本 一名歸元鏡見曲海目
國朝釋智達撰
相思硯一本 見曲考
國朝女史梁孟昭撰孟昭字夷素錢塘人
芙蓉峽一本 同上
國朝女史林亞清撰
鑑中天一本 見曲海目
國朝女道士姜玉潔撰案列朝詩閨集有姜舜玉者
號竹雪居士明隆慶間舊院伎或即其人歟
玉符記一本 見曲海目
國朝吉衣道人撰
香草吟一本
戴花舲一本 右同上

右二種國朝耶溪野老撰
珊瑚玦一本
元寶媒一本右同上
右二種國朝可笑人撰
廣寒香一本同上
國朝蒼山子撰
五倫鏡一本同上
國朝雪龕道人撰
翻西廂一本
賣相思一本右同上
右二種國朝研雪子撰
醉鄉記一本同上
國朝白雪道人撰
宣和譜一本同上
國朝介石逸叟撰
合箭記一本同上
國朝薦清軒撰
鴛簪合一本同上
國朝夢覺道人撰
三生錯一本同上
國朝西湖放人去村撰
月中人一本同上

國朝月鑑主人撰
雙仙記一本同上
國朝研露老人撰
長命縷一本同上
國朝勝樂道人撰
添繡鞋一本同上
國朝離幻老人撰
精忠旗一本
麒麟罽一本
綱常記一本
鐵面圖一本
北孝烈一本
義貞記一本
蝴蝶夢一本
納履記一本
丹忠記一本
十義記一本
赤壁遊一本
魚水緣一本
藍橋驛一本
飲中仙一本
夢中緣一本

石榴記一本
化人遊一本
財神濟一本
雙翠圓一本
翠翹記一本
續牡丹亭一本
慈悲願一本
千忠祿一本 一作千鍾祿
雷峰塔一本 曲海目云右二十七種原有姓名失記案夢中緣疑即張堅作也
曲春衣一本
爛柯山一本

籌邊樓一本
隋唐一本
壽為先一本
盤陀山一本
十錯記一本 曲考云即滿牀笏龔司寇門客作
後漁家樂一本
十美圖一本
鬧花燈一本
倭袍記一本
長生樂一本
大吉慶一本

杜陵花一本
清風寨一本
陀羅尼一本
百福帶一本
兩情合一本
螭虎釧一本
情中岸一本
七才子一本
東塔院一本
一枝梅一本
三奇緣一本

百子圖一本
鴛鴦結一本
錦繡旗一本
黃鶴樓一本
倒銅旗一本
燕臺筑一本
上林春一本
瑤池宴一本
金蘭誼一本
逍遙樂一本
文星叔一本

錦衣歸一本
合虎符一本
蟠桃會一本
人生樂一本
安天會一本
萬倍利一本
元寶湯一本
江天雪一本
沈香亭一本
花石綱一本
四屏山一本
藍關道曲一本皆耍孩兒小調
翻浣紗一本
平妖傳一本
西川圖一本
黎筐雪一本
續尋親一本
狀元香一本
昭君傳一本
風流烙一本
紫金魚一本
賽八龍一本

報恩亭一本
平頂山一本
翻七國一本
玉燕釵一本
三異緣一本
歲寒松一本
鸞鳳釵一本
快活仙一本
八寶箱一本
補天記一本
珍珠塔一本
姊妹緣一本
奉仙緣一本
醉西湖一本
三鼎爵一本
英雄概一本
雙瑞記一本
玉杵記一本
後一捧雪一本
定天山一本
長生樂一本
南樓月一本

山堂詞餘一本
雄精劍一本
遷帶記一本
後西廂一本
飛熊兆一本
賜繡旗一本
齊天樂一本
玉麟符一本
粉紅闌一本
喜聯登一本
狀元旗一本另一本非薛旦撰

雙和合一本非朱佐朝撰
三笑姻緣一本
碧玉燕一本
九曲珠一本
後繡襦一本
折桂傳一本
飛熊鏡一本
白鶴圖一本
白羅衫一本
乾坤鏡一本
還魂記一本一名玉龍佩

後珠毬一本
好逑傳一本
四大慶一本
青蛇傳一本
四安山一本
摘星樓一本
雲合奇踪一本
萬花樓一本
醉將軍一本
擂金鳳一本
吉祥兆一本

續千金一本
劉成美一本
天緣配一本
桃花寨一本
沉香帶一本
鴛鴦幻一本
三世修一本
文章用一本
造化圖一本
祝家莊一本
綵樓記一本

鳳鸞裳一本
陰功報一本
福鳳緣一本
觀星臺一本
督亢圖一本
征東傳一本
北海記一本
三俠劍一本
千秋鑑一本
千里駒一本
雙珠鳳一本

十大快一本
鸞釵記一本
禪真逸史一本
春富貴一本
翻天印一本
黃河陣一本
古城記一本
月華緣一本
五虎寨一本
五福傳一本非古本
賜錦袍一本

百花臺一本
為善最樂一本
遍地錦一本又一本
雙姻緣一本
鬧金釵一本
三鼎甲一本
鴛鴦被一本
天貴圖一本
錕鋼俠一本
一匹布一本
封神榜一本

滄浪亭一本
二龍山一本
天平山一本
河燈賺一本
玉麒麟一本
通天犀一本
碧玉串一本
鐵弓緣一本
未央天一本
二十四孝一本
千祥記一本

佐龍飛一本
順天時一本
彩衣堂一本
珍珠旗一本
元都觀一本
金花記一本
後岳傳一本
合歡慶一本
三鳳緣一本
太平錢一本另一俗本非李玉撰
合歡圖一本

鴛鴦孩一本
開口笑一本右二百零六本均見黃文暘曲海目皆注無名氏可考其中名目有與上文復出者曲海目兩載之必有二本也
十二紅一本
風月亭一本
慶龍歸一本
文武圖一本
月華圓一本
慶有餘一本
雄晶劍一本
旌陽劍一本

錦蒲團一本
狀元香一本
鴛鴦笑一本
再生緣一本
十奇緣一本
天緣會一本
風月仙一本
千鍾粟一本
赤松遊一本
犀鏡緣一本
賺青衫一本

褒忠譜一本
天緣箭一本
曇花鳳一本
洪都賦一本
洞庭秋一本
雪裏梅一本
摘纓會一本
高唐夢一本
扶龍位一本
紅繡鞋一本
馬嵬坡一本

盤蛇山一本疑即曲海目之盤陀山蛇陀必有一誤
琉璃塔一本
錦上花一本
龍虎嘯一本
楊枝露一本
節義先一本
奪昆崙一本
續情燈一本
義中九一本
石榴花一本
出師表一本

道情緣一本
櫻桃詩一本
鷹揚會一本
于門譜一本
金鈿盒一本
賣花聲一本
續春秋一本
珊瑚柳一本
銅雀臺一本
繡佛閣一本
鴛鴦縧一本

薄情種一本
尺素書一本
合薇鏡一本
白玉蟾一本
翻千金一本
凡仙緣一本
寶林岡一本
天緣夢一本
芙蓉纖一本
鬭鏤樹一本
碧文犀一本

鬭寶蟾一本
千秋節一本
三星照一本
片片錦一本
忠義堂一本
江南春一本
三跨鳳一本
五龍祚一本
二奇緣一本
五色蓮一本
五侯封一本

兩堅心一本
雙魁元一本
雙金環一本
八陣圖一本
十眉圖一本
杏花山一本
玉蜻蜓一本
紫金鞍一本
照膽鏡一本
白鳳裙一本
射鹿記一本

赤壁記一本
百花記一本
三多記一本 一名慶豐年
七紅寶釧記一本
八黑劍丹記一本
易鞋記一本
壽鄉記一本
雙熊夢一本
情生文一本
登樓記一本
右九十五本見傳奇彙考均無作者名氏
太平圖一本

崑崙奴一本
一諾媒一本
沒名花一本
雙蝴蝶一本
玩嬋娟一本
雙巹緣一本
綵衣歡一本
女媧氏一本
丹晶墜一本
夢天台一本
虎口餘生一本

羅惜惜一本
織錦回文一本
聚英雄一本
何推官一本
忠孝錄一本
英雄譜一本
百鍊金一本
勸善記一本
摩勒傳一本
金串記一本
風流院一本

賽金蓮一本
鞏皇圖一本
玉妃仙一本
紫霞觴一本
全家慶一本
綠牡丹一本
雙玉人一本
木棉庵一本
紙扇記一本
睟盤記一本
磨水記一本

雙金榜一本
梅映蟾一本
忠良鑑一本
幻奇緣一本
磨塵鑑一本
廣寒法曲一本
柳永傳奇一本右四十二本見莊親王九宮大成南北詞宮譜
風流配一本
情緣記一本
全節記一本
耿文遠一本

蘇小卿一本
名花榜一本
檢書記一本
全德記一本
麒麟記一本
書中玉一本
玉馬緣一本
鬼法師一本
元永和一本
史洪肇一本
詩扇緣一本

滅竈記一本
崔懷寶一本
胭脂記一本
洞庭紅一本
張金花一本
雙漸記一本
白紗記一本
雙福壽一本
李婉一本
鸞刀記一本
認氈笠一本

鬧烏江一本

萬壽圖一本　右二十八本見南詞定律中有明人作在內

玉連環一本　見劉獻廷廣陽雜記

五香毬一本　見揚州畫舫錄云蘇州顧以恭與教師張仲芳同譜藍譜工尺非其所作也

風雲記一本　見詞餘叢話

財星照一本　見傳鈔本

右三百七十二種無名氏撰

附錄

鴛鴦絛一本　明海來道人撰

五色石一本　國朝徐述夔撰

廣爰書一本　三吳居士撰

喜逢春一本　無名氏撰

編行堂雜劇　國朝金堡撰

十種傳奇　清笑生撰

右六種見禁書總目此外尚有太白劍明姚康撰桃笑跡明宮撫辰撰三清石郭亙鏞撰楚天長張萬年撰香雪庵許如蘭撰此五種亦似傳奇名目第書既奉禁故附錄其目于末

曲錄卷五

曲錄卷六

海甯王國維

雜劇傳奇總集部　一人所著總集不錄

元曲選一百卷　俗名元人百種曲

明臧懋循編循字晉叔長興人萬歷庚辰進士官南京國子監博士靜志居詩話晉叔嘗從黃州劉延伯借元人雜劇二百五十種又購得楊廉夫仙游夢游俠游冥游彈詞悉鏤版以行此書所錄亦不盡元人之作中如王子一谷子敬賈仲名楊文奎據太和正音譜皆明初人也卷首所錄亦本太和正音譜

元人雜劇選三十卷

明萬歷戊戌息機子編刻內二十八卷與元曲選複出唯羅貫中龍虎風雲會無名氏符金錠二種爲元曲選所未刻

古名家雜劇八集續古名家雜劇五集共五十二卷

明陳與郊編刻亦多與元曲選複出并刊及徐渭汪道昆之作

盛明雜劇二集共六十卷

不知何人編刊中有沈君庸袁令昭作必明末人也

六十種曲一百二十卷

明毛晉編晉原名鳳苞字子晉常熟人

小令套數部　元初名公均有小令套數今見於總集曲譜者殆人人有之然專集之散佚較

雜劇尤甚茲僅錄元明名家之有集名者如右

雲莊樂府一卷 見也是園書目

元張養浩撰養浩字希孟號雲莊濟南人官至陝西省行臺中丞謚文忠元史有傳

太和正音譜張雲莊之詞如玉樹臨風

詩酒餘音 見錄鬼簿

元曾瑞撰瑞字里見卷二

本道齋樂府小稿 同上

元吳本撰本字中立杭州人

金縷新聲 同上

元吳宏道撰字里見卷二

醉邊餘興 同上

元錢霖撰霖字子雲松江人後爲黃冠更名抱素號素庵又有漁樵譜楊維楨爲之作序見鐵崖文集

九山樂府 同上

元顧德潤撰德潤字君澤松江人以杭州路吏遷平江

昇平樂府 同上

元朱凱撰凱字里見卷二

月湖今樂府 見楊鐵崖文集

元周□□撰周號月湖四明人

沈氏今樂府 同上

元沈□□撰沈字子厚吳興人

北曲聯樂府三卷外集一卷補遺一卷 元刊本

吳鹽一卷蘇堤漁唱一卷 見錄鬼簿

張小山小令二卷 明李開先輯本

右張可久撰可久字伯遠號小山慶元人以路吏轉首領官

太和正音譜張小山之詞如瑤天笙鶴又云其詞清而且麗華而不艷有不吃烟火食氣眞可謂不羈之材若披太華之仙風招蓬萊之海月誠詞林之宗匠也當以九方皋之眼相之

惺惺道人樂府一卷 明李開先刊本

元喬吉撰字里見卷二

小隱餘音一卷雲林淸賞一卷 見盧文弨補遼金元三史藝文志

元汪元亨撰

雙溪醉隱樂府十一册 同上

元耶律鑄撰

夾漈餘聲樂府一卷 同上

元鄭杓次撰杓次字子經興化人

樂府一卷 同上

元馮華撰

竹窗樂府 共八套附見竹窗詞

元沈禧撰禧字廷錫吳興人

誠齋樂府七册 作十册 見朱睦㮮萬卷堂書目 振綺堂書目

明周憲王有燉撰

僑庵小令一卷 見曹寅楝亭書目

明李禎撰禎字昌祺廬陵人官至河南左布政

碧山樂府一卷續一卷洴東樂府二卷和李中麓詞一卷 前四卷見善本書室藏書志後一卷見傳刻本提要所云五卷或并舉之

明王九思撰字里見卷三

藝苑巵言王渼陂所爲折桂令云望東華人亂擁紫羅襴老盡英雄此是名語又有一詞云暗想東華五夜清霜寒駐馬尋思別駕一天風雪曉排衙句特軒爽四押亦佳而暗想尋思四字不稱乃知完璧之難也

南峰樂府一卷 見王聞遠孝慈堂書目

明楊循吉撰循吉字君謙吳縣人官禮部主事乞歸

靜志居詩話康陵南巡君謙爲伶人臧賢所薦冠武人冠見帝應制賦打虎曲稱旨恆在御前塡詞與俳優雜處乃謀於賢請急放歸

陶情樂府二卷 見藝苑巵言及善本書室藏書志

十段錦詞二冊 見澹生堂書目

右明楊愼撰字里見卷三

西樓樂府一卷 見善本書室藏書志

明王磐撰磐字鴻漸號舜耕高郵人

藝苑巵言舜耕詞頗警健工題贈善調謔而淺於風人之致

一笑散一卷 見也是園書目

明李開先撰周亮工賴古堂集章邱追懷李中麓前輩詩自注公所著雜劇如園林午夢類總名曰一笑散然園林午夢不似雜劇題目又也是園書目不列之雜劇中而列之詞林摘豔盛世新聲之前此二書皆選錄小令套數則一笑散疑亦中麓自集錄其小令套數之作也

山堂詞稿一卷 見振綺堂書目

明馮惟敏撰字里見卷三

樓居樂府 見藝苑巵言

明常倫撰倫字明卿沁水人官大理寺評事遷甯羌州知州

江東白苧二卷續稿二卷 見善本書室藏書志

明梁辰魚撰字里見卷三

花影集樂府五卷 見傳刻本

明施紹莘撰紹莘字子野嘉興人

環翠堂樂府 見四庫全書提要澹生堂書目

明汪廷訥撰字里見卷三

清明曲一卷 見曹寅楝亭書目

明陳繼儒撰繼儒字仲醕號眉公華亭人

清江漁譜一冊 同上

楊夫人樂府 見澹生堂書目 明史藝文志有楊夫人詞曲五卷殆升庵妻黃氏之作也

義山樂府一卷

清溪樂府一卷

缶歌一卷

閒情雜擬一卷 右四種見也是園書目

右六種明人撰名氏無考以上專集

朝野新聲太平樂府八卷見四庫存目

元楊朝英編朝英號澹齋青城人此書前三卷為小令後五卷為套數

樂府新編陽春白雪前集五卷後集五卷元刊本南陵徐氏景元本

元楊朝英編前六卷小令後四卷套數

北雅三卷見曹寅楝亭書目

明甯王權編有具區馮夢禎序

雍熙樂府二十卷

提要云舊本題海西廣氏編曹寅楝亭書目云明蒼嵒郭口輯今所傳者有嘉靖庚子嘉靖丙寅兩刻本庚子本前有楚愍王顯榕序丙寅本前有安肅春山序皆不言何人所編此書前十五卷以宮調分曲多選套數亦入雜劇十五卷後半至二十卷則錄南曲及隻曲四庫著錄十三卷本未足

北宮詞紀六卷南宮詞紀六卷傳刻本

明陳所聞編所聞字藎卿金陵人此書專選元明人套數

白雪齋吳騷合編四卷見楝亭書目

明騷隱居士楚叔文序并輯

彩筆情詞六卷同上

明張栩序選

四詞宗合刻八册同上

明汪廷訥序輯馮海粟金白嶼王西樓梁少白四家詞曲海粟名子振攸州人元集賢待制白嶼名鑾明金陵人梁名里見卷三

南北宮詞十八卷南詞六卷北詞六卷北詞別集六卷

中州元氣十册

仙音妙選

曲海

百一選曲

樂府羣珠

樂府羣玉

自然集一卷皆道曲上九種見錢大昕補元史藝文志

樂府新聲三卷見常熟瞿氏鐵琴銅劍樓藏書目錄

諸家晏燕詞三十册

戲曲大全三册

風月錦囊一册

選唱賺詞一册

十英曲會二册

名賢珠玉集一册上六種見菉竹堂書目

詞林摘豔十卷

盛世新聲十二卷

南北詞廣均選十九卷

南北宮詞紀年一卷 右見也是園書目

明朝樂章

詞林逸響 右見南詞定律

右二十一種元明無名氏撰 以上總集

曲譜部

樂府混成集一百五册 見錢大昕補元史藝文志

宋修內司編周密齊東野語云混成集修內司所刊本巨帙百餘古今歌詞之譜靡不備具只大曲一類凡數百解他可知矣然有譜無詞者居半霓裳一曲共三十六段嘗聞紫霞翁云幼日隨其祖郡王曲宴禁中太后令內人歌之凡用三十八每番十八奏音極高妙翁一日自品象管作數聲眞有駐雲落木之意要非人間曲也

太和正音譜二卷

明甯獻王權撰四庫全書提要之涵虛子詞品一卷即此書上卷蓋提要所著錄者即曹溶學海類編本而曹本又出於元曲選卷首所錄蓋取譜中卷首論曲之語別爲一書也然此譜全帙實具載明程明善嘯餘譜中今以李玉北詞廣正譜所引正音譜數十條校之嘯餘北曲譜無乎不合知嘯餘北曲譜之十卷及卷首即鈔取獻王全書無疑矣錢唐丁氏善本書室有影鈔洪武刊本

曲律四卷 見也是園書目

明王伯良撰案徐釚本事詩有王驥德字伯良會稽人

南九宮譜二十二卷 明文治堂本　嘯餘譜本

明沈璟撰璟字里見第四卷前有大泌山人李維楨序謂伯英此書出於陳白二譜又南詞定律所引曲譜尙有楊升庵蔣惟忠鈕少雅譚儒卿馮猶龍張心其諸家今悉無考

南音三籟三卷

南北字辨一卷 右見也是園書目

骷髏格 見南詞定律

右四種明無名氏撰

欽定曲譜十四卷 殿本

康熙五十四年詹事王奕清等奉　勅撰首載諸家論說及九宮譜定論一卷次北曲譜四卷次南曲譜八卷次以失宮犯調諸曲別爲一卷

北調廣正譜十八帙 內缺指調宮調角調三帙原缺

國朝李玉撰玉字里見卷五

曲譜大成 見莊親王九宮大成譜所引

無名氏撰

隨園曲譜 見南詞定律序

國朝胡介祉撰介祉字里見卷五

南詞定律十三卷內府本

國朝呂士雄楊緒劉璜唐尙信合撰士雄字子乾璜字子秀尙信字心如均蘇州人緒字震英錢塘人前有康熙五十九年恕園主人序主人當時藩邸也

九宮大成南北詞宮譜八十卷閏一卷內府本

國朝莊親王撰乾隆七年莊親王奉　勅編輯律呂正義因成此書編輯者周祥鈺鄒金生分纂者徐興華王文祿參定者徐應龍朱廷鏐也

太古傳宗六卷內府本

國朝莊親王撰內西廂譜二卷琵琶諸宮調譜二卷

時劇譜二卷專爲唱曲者作也

納書楹四夢譜八卷又曲譜正集四卷外集二卷續集四卷補遺四卷自刻本

國朝葉堂撰堂字廣明一字廣平長洲人此書不分宮調專注工尺但供唱曲之用非爲製曲之用也

曲韻部

菉斐軒詞林韻釋一卷詞學叢書本　粵雅堂叢書本　南陵徐氏景宋本

宋無名氏撰厲鶚樊榭山房集論詞絕句欲呼南渡諸公起韻本重雕菉斐軒自注云紹興二年菉斐軒刊本詞林韻釋分東紅邦陽等十九韻與元周德清中原音韻略同以上去入三聲配隸平聲與宋沈義父樂府指迷相合而江都秦恩復詞林韻釋跋疑此書出于元明之季謬託南宋初年刊本又疑專爲北曲而設或卽大晟樂府之遺意然今日所存宋人大曲如王明清玉照新志所載曾布水調歌頭曾慥樂府雅詞所選董穎道宮薄媚亦有四聲通押者殆爲大曲而設況有流傳宋本足據也

中州音韻一卷嘯餘譜本

元卓從之撰嘯餘韻譜凡例云中州韻宋太祖時所編其說無稽茲從也是園書目定爲卓從之撰

中原音韻一卷同上

元周德清撰德清字挺齋高安人此書分部與中州

音韻同而平聲獨分陰陽末附務頭正語作詞起例專論務頭及作詞法

增注中原音韻一卷見也是園書目

明王文璧撰

合併卓周韻一卷同上

無名氏撰

三聲韻一卷同上

無名氏撰

瓊林雅韻二卷見四庫全書提要

明甯獻王權撰

音韻須知二卷內府刊本

國朝李書雲朱素臣撰素臣見上卷書雲名宗孔江都人順治丁亥進士由部郎授御史進給事中大理寺少卿

一曲目部

錄鬼簿二卷 楝亭十二種本

元鍾嗣成撰嗣成字里見卷二此書上卷錄已死名公所製雜劇下卷則錄其相知之人所製曲每人繫以小傳且作淩波曲以弔之今嗣成所撰雜劇不傳其曲之存於今者僅雍熙樂府中所選一小套北詞廣正譜中小令一闋及此書中小令十九闋耳然此書以錄曲爲主故列於此

曲品三卷 舊鈔本

明鬱藍生撰生會稽人名氏無考此書上卷分明中葉以前曲家爲神品妙品能品具品四等又分別明季曲家爲九等中卷專錄傳奇名目下卷則就各家所製傳奇仍從上卷所分之次序而細評之此與錄鬼簿均非曲目之書以可資參考故列於此

新傳奇品一卷 舊鈔本

國朝高奕撰奕字里見上卷此書係續曲品而作舊鈔本誤裝於曲品中卷之下下卷之上余爲更定蓋曲品作於明萬歷間而奕則已入國朝矣各人各著評語並錄其所製曲又與曲品體例略殊

傳奇彙考十册 無卷數舊鈔殘本

國朝無名氏撰此書第一册爲總目錄第二册至第四册共一目第五册至第十册共一目二册以下皆就各曲本撮其大略并考其與正史及他書合否考核頗詳而見解殊陋且分目所載亦與總目有出入校之總目所漏尙多或總目盡著錄所知之本而分目僅就所見之本考之歟

曲考

國朝焦循撰循字里堂江都人此書里堂叢書中未曾刊入僅見李斗揚州畫舫錄徵引書中所錄雜劇傳奇數十種以補黃文暘曲海目之所未備耳

曲海二十卷

國朝黃文暘撰文暘字時若號平山江都人乾隆丁酉巡鹽御史伊齡阿奉 旨於揚州設局修改曲劇凡四年事竣總校黃文暘李經分校淩廷堪程枚陳治荊汝爲修改旣成文暘著有曲海二十卷其序目云乾隆辛丑間奉 旨修改古今詞曲余受鹽使者聘得與修改之列兼總校蘇州織造進呈詞曲因得盡閱古今雜劇傳奇追憶其盛擬將古今作者各撮其關目大概勒成一書旣成爲總目一卷以記其人之姓氏然作是事者多自隱其名而妄作者又多僞託名流以欺世且其時代先後尤難考核

卽此總目之成已非易事矣其目今載揚州畫舫錄中

曲錄卷六

戲曲考原

戲曲攷原

海甯王國維

楚詞之作滄浪鳳兮二歌先之詩餘之興齊梁小樂府先之獨戲曲一體崛起于金元之間於是有疑其出自異域而與前此之文學無關係者此又不然嘗攷其變遷之跡皆在有宋一代不過因金元人音樂上之嗜好而日益發達耳

戲曲者謂以歌舞演故事也古樂府中如焦仲卿妻詩木蘭辭長恨歌等雖詠故事而不被之歌舞非戲曲也柘枝菩薩蠻之隊雖合歌舞而不演故事亦非戲曲也唯漢之角抵於魚龍百戲外兼搬演古人物張衡西京

賦曰東海黃公赤刀粵祝冀厭白虎卒不能救又曰總會仙倡戲豹舞羆白虎鼓瑟蒼龍吹篪女娥坐而長歌聲清暢以逶蛇洪崖立而指麾被羽毛之襳襹度曲未終雲起雪飛則所搬演之人物且自歌舞然所演者實仙怪之事不得云故事也演故事者始于唐之大面撥頭踏搖娘等戲代面卽大面出于北齊北齊蘭陵王長恭才武而面美常著假面以對敵嘗擊周師金墉城下勇冠三軍齊人壯之爲此舞以效其指麾擊刺之容謂之蘭陵王入陣曲撥頭出西域胡人爲猛獸所噬其子求獸殺之爲此舞以象之也踏搖娘生于隋末隋末河內有人貌惡而嗜酒常自號郎中醉歸必毆其妻其妻美

色善歌爲怨苦之辭河朔演其曲而被之絃管因寫其夫之容妻悲訴每搖頓其身故號踏搖娘（右見舊唐書音樂志樂府雜錄及教坊記所載略同）及昭宗光化中孫德昭之徒刄劉季述始作樊噲排闥劇（宋陳暘樂書第一百八十六卷）唐時戲劇可攷者僅此至宋初搬演較爲任意宋孔道輔奉使契丹契丹宴使者優人以文宣王爲戲道輔艴然徑出（宋史孔道輔傳）又祥符天禧中楊大年錢文僖晏元獻劉子儀以文章立朝爲詩皆宗李義山後進多竊義山語句嘗內宴優人有爲義山者衣服敗裂告人曰吾爲諸館職撏撦至此聞者歡笑（劉攽中山詩話）至南宋時洪邁夷堅志葉紹翁四朝聞見錄所載優伶調謔之事尙與此相類雖搬演古人物然

果有歌詞與故事否若有歌詞果與故事相應否今不可攷要之此時尙無金元間所謂戲曲則固可決也

雜劇之名始起于宋宋制每春秋聖節三大宴小兒隊女弟子隊各進雜劇隊舞及雜劇之制具見宋史樂志及宋孟元老東京夢華錄宋志謂舞隊之制其名各十小兒隊凡七十二人女弟子隊凡一百五十八人每春秋聖節三大宴其第一皇帝升座宰相進酒庭中吹觱篥以衆樂和之賜羣臣酒皆就坐宰相飲作傾盃百官飲作三臺第二皇帝再舉酒羣臣立于席後樂以歌起第三皇帝舉酒如第二之制以次進食第四百戲皆作第五皇帝舉酒如第二之制第六樂工致辭繼以詩一章謂之口號皆述德美及中外蹈詠之情第七合奏大曲第八皇帝舉酒殿上獨彈琵琶第九小兒隊舞亦致辭以述德美第十雜劇罷皇帝起更衣第十一皇帝再坐舉酒殿上獨吹笙第十二蹴踘第十三皇帝舉酒殿上獨彈箏第十四女弟子隊舞亦致辭如小兒隊第十五雜劇第十六皇帝舉酒如第二之制第十七奏鼓吹曲或用法曲或用龜茲第十八皇帝舉酒如第二之制第十九用角觝宴畢而隊舞制度東京夢華錄所載尤詳初參軍色作語勾小兒隊舞小兒各選年十二三者二百餘人列四行每行隊頭一名四人簇擁並小隱士帽著緋綠紫青生色花衫上領四契義欄束帶各執花枝

排定先有四人裹卷腳帕頭紫衫者擎一綵殿子內金貼字牌擂鼓而進謂之隊名牌上有一聯謂如九韶翔綵鳳八佾舞青鸞之句樂部舉樂小兒隊舞步進前直叩殿陛參軍色作語問小兒班首近前進口號雜劇人皆打和畢樂作羣舞合唱且舞且唱又唱破子畢小兒班首入進致語句雜劇入場一場兩段內殿雜戲爲有使人在座不敢深作諧謔惟用羣隊裝其似像市語謂之拽串雜戲畢參軍色作語放小兒隊又羣舞應天長曲子出場女弟子隊舞雜劇與小兒略同唯節次稍多此徽宗聖節典禮也若宴遼使其典禮與三大宴同惟無後場雜劇及女弟子舞隊遼宴宋史則酒一行觱篥

起歌酒二行歌酒三行歌手伎入酒四行琵琶獨彈餅
茶致語食入雜劇進遼史樂志由此觀之則宋之搬演李義
山遼之搬演文宣王既在宴時其爲雜劇無可疑也
雜劇亦有歌詞宋史樂志謂眞宗不喜鄭聲而或爲雜
劇辭未嘗宣布于外是也其詞如何今不可攷唯三大
宴之致辭則由文臣爲之故宋人集中多樂語一種又
謂之致語又謂之念語茲錄蘇子瞻興龍節集英殿宴
樂語如左

教坊致語

臣聞帝武造周已兆興王之跡日符祚漢實開受命
之祥非天私我有邦惟聖乃作神主仰止誕彌之慶

集於建丑之正端玉履庭爰講比鄰之好虎臣在泮
復通西域之琛式燕示慈與人均福恭維皇帝陛下
睿思冠古濬哲自天煥乎有文日講六經之訓述而
不作思齊累聖之仁夷夏宅心神人協德卜年七百
方過歷以承天有臣三千咸一心而戴后彤庭振萬
玉座傳觴誦干戈載戢之詩作君臣相說之樂斯民
何幸白首太平臣猥以微生親逢盛旦始慶猗蘭之
會願賡擊壤之音下採民言上陳口號

口號

凜凜重瞳日月新四方驚喜識天人共知若木初生
旦且種蟠桃不計春請使黑山歸屬國給扶黃髮拜

嚴宸紫皇應在紅雲裏試問淸都侍從臣

勾合曲

祝堯之壽旣罄于歡謠象舜之功願觀於備樂羽旄
在列笙磬同音上奉嚴宸教坊合曲

勾小兒隊

魚龍奏技畢陳詭異之觀髫齔成童各效回旋之妙
嘉其尙幼有此良心仰奉宸慈教坊小兒入隊

隊名

兩階陳羽籥萬國走梯航樂隊

問小兒隊

工師在列各懷自獻之能侲子盈庭必有可觀之伎

未知來意宜悉奏陳

小兒致語

臣聞生民以來未有祖宗之仁厚上帝所眷錫以神
聖之子孫孚佑下民篤生我后瞻舜瞳之日月望堯
顙之山河若帝之初達四聰於無外如川方至傾萬
宇以來同恭維皇帝陛下齊聖廣淵剛健篤實譏文
武之大者體仁孝于自然歌詩思齊見文王之所以
聖誦書無逸法中宗之不敢康誕日載臨輿情共祝
神策授萬年之算洛書開五福之祥臣等嬉遊天街
沐浴王化欲陳舞蹈之意不知手足之隨未敢自專
伏取進止

勾雜劇
金奏鏗純既度九韶之曲霓裳合散又陳八佾之儀
舞綴暫停優伶間作再調絲竹雜劇來歟
放小兒隊
游童率舞逐物性之熙怡小技畢陳識天顏之廣大
清歌既闋疊鼓頻催再拜天街相將歸去
勾女童隊
垂髫在列斂袂稍前豈知北里之微敢獻南山之壽
霓旌垒集金奏方諧上奏威顏兩軍女童入隊
隊名
君臣千載遇歌舞萬方同樂隊

問女童隊
摻擷屢作旌夏前臨顧游女之何能造彤庭而獻技
欲知來意宜悉奏陳
女童致語
妾聞瑞氣來祥共紀生商之兆羣龍下集適同浴佛
之辰佳氣充庭和聲載路輦出房而雷動扇交翟以
雲開喜動人天春回草木恭維皇帝陛下凝神昭曠
受命穆清三后在天宜興王之世有四人迪哲知享
國之無窮乃眷良辰欲均景福庭設九賓之禮樂歌
四牡之章妾等幸覩昌期獲瞻文陛雖乏流風之妙
願輸率舞之誠未敢自專伏候進止

勾雜劇
清淨自化雖莫測於宸心詼笑雜陳示俛同於衆樂
金絲再舉雜劇來歟
放女童隊
分庭久立漸移愛日之陰振袂再成曲盡回風之態
龍樓却望鼉鼓頻催再拜天階相將歸去
天子大宴之典如是民間宴會之伎樂當倣此而稍簡
略故樂語一種凡婚嫁宴享落成時均用之更有於勾
隊放隊外兼作舞詞者秦觀晁无咎毛滂鄭僅等之調
笑轉踏是也茲錄鄭僅之調笑轉踏如左
調笑轉踏
良辰易失信四者之難并佳客相逢實一時之盛
事用陳妙曲上佐清歡女伴相將調笑入隊（此與樂語之勾隊相當少游作此下尚有口號一首）

秦樓有女字羅敷二十未滿十五餘金鐶約腕攜
籠去攀枝折葉城南隅使君春思如飛絮五馬徘
徊芳草路東風吹鬢不可侵日晚蠶飢欲歸去
歸去攜籠女南陌柔桑三月暮使君春思如飛絮五
馬徘徊頻駐蠶飢日晚空留顧笑指秦樓歸去
石城女子名莫愁家住石城西渡頭拾翠每尋芳
草路採蓮暗過白蘋洲五陵豪客青樓上醉倒金
壺待清唱風高天闊白浪飛急催艇子搖雙槳

雙槳小舟蕩喚取莫愁迎疊浪五陵豪客青樓上不
一道風高江廣千金難買傾城樣那聽繞梁清唱

繡戶珠簾翠幕張主人置酒宴華堂相如年少多
才調消得文君暗斷腸斷腸初認琴心挑么絃暗
寫相思調從來萬事不關心此度傷心何草草

草草最年少繡戶銀屏人窈窕瑤琴暗寫相思調一
曲關心多少臨邛客舍成都道苦恨相逢不早

淺淺流水武陵谿洞裏春長日月遲紅英滿地無
人掃此度劉郎去後迷行行漸入清流淺香風引
到神仙館瓊漿一飲覺身輕玉砌雲房瑞煙暖

煙暖武陵晚洞裏春長花爛漫紅英滿地溪流淺漸
聽雲中雞犬劉郎迷路香風遠誤到蓬萊仙館（此下有九詩九曲分詠各事以句調相同故略之）

放隊

新詞宛轉遞相傳振袖傾鬟風露前月落烏啼雲
雨散游人陌上拾花鈿

今以之與樂語相比較則樂語但勾放舞隊而不為之
製詞而轉踏不獨定所搬演之人物併作舞詞唯闋數
之多少則無一定如上鄭僅之調笑多至十三闋秦毛
二家各八闋而晁无咎作則僅七闋耳（秦晁鄭三家調笑均見樂府雅詞毛作見宋六十一家詞東堂詞中）其但作句隊遣隊辭而不為作歌詞
者亦有之如洪适之句降黃龍舞及句南呂薄媚舞是
也（見盤洲文集卷七十八）然諸家調笑雖合多曲而成然一曲分
詠一事非就一人一事之首尾而詠之也惟石曼卿作
拂霓裳轉踏述開元天寶遺事（見王灼碧雞漫志卷三）是為合數
闋詠一事之始今其辭不傳傳者惟趙德麟（令畤）之商
調蝶戀花述會眞記事凡十闋并置原文于曲前又以
一闋起一闋結之視後世戲曲之格律幾於具體而微
德麟於子瞻守潁州時為其屬官至紹興初尚存其詞
作於何時雖不可考要在元祐之後靖康之前原詞具
載侯鯖錄中錄之如左

夫傳奇者唐元微之所述也以不載于本集而出
於小說或疑其非是今觀其詞自非大手筆孰能

與於此至今士大夫極談幽元訪奇述異莫不舉
此以為美談至於倡優女子皆能調說大略惜乎
不比之以音律故不能播之聲樂形之筦絃好事
君子極宴肆歡之餘願欲一聽其說或舉其末而
忘其本或紀其略而不及終其篇此吾曹之所共
恨者也今因暇日詳觀其文略其煩褻分之為十
章每章之下屬之以詞或全摭其文或止取其意
又別為一曲載之傳前先敘全篇之意調曰商調
曲名蝶戀花句句言情篇篇見意奉勞歌伴先聽
調格後聽蕪詞

麗質金娥生玉殿謫向人間未免凡情亂宋玉牆東

流美盼亂花深處會相見　密意濃歡方有便不奈
浮名便遣輕分散最恨多才情太淺等閒不念離人
怨
傳曰余所善張君性溫茂美風儀寓於蒲之普救
寺適有崔氏孀婦將歸長安路出于蒲亦止茲寺
崔氏婦鄭女也張出于鄭敘其女乃異派之從母
是歲丁文雅不善于軍軍之徒因大擾劫掠蒲人
崔氏之家財產甚厚惶駭不知所措張與將之黨
有善請吏護之遂不及難鄭厚張之德因飾饌以
命張謂曰姨之孤嫠未亡提攜弱子幼女猶君之
所生也豈可比常恩哉今俾以仁兄之禮奉見乃

命其子曰歡郎女曰鶯鶯出拜爾兄崔辭以疾鄭
怒曰張兄保爾之命寍復遠嫌乎又久之乃至常
服睟容不加新飾垂鬟淺黛雙臉桃紅而已顏色
艷異光輝動人張驚為之禮因坐鄭旁凝睇麗絕
若不勝其體張問其年幾鄭曰十七歲矣張生稍
以詞導之宛不對終席而罷奉勞歌伴再和前
聲
錦額重簾深幾許綉履彎彎未省離朱戶強出嬌羞
都不語絳綃頻掩酥胸素　黛淺愁深妝淡注怨絕
情凝不肯聊回顧媚臉未勻新淚污梅英猶帶春朝
露

張生由是眷眷願致其情無由得也崔之侍兒曰
紅娘私為之禮者數四矣間遂道其衷翌日紅娘
復至曰郎之言所不敢忘崔之族姻君所詳知何
不因媒而求娶焉張曰余始自孩提之時性不苟
合昨日一夕間幾不自持數日以來行忘止食忘
飽恐不踰旦暮若因媒而娶則數月之間索我於
枯魚之肆矣紅娘曰崔之貞順自保雖所尊不能
以非語犯之然而善屬文往往沈吟章句怨慕者
久之君試為諭情詩以亂之不然無由得也張大
喜立綴春詞二首以授之奉勞歌伴再和前聲
懊惱嬌娘情未慣不道看看役得人腸斷萬語千言

都不管蘭房跬步如天遠　廢寢忘飡思想徧賴有
青鸞不比憑魚雁密寫香箋論繾綣春詞一紙芳心
亂
是夕紅娘復至持彩箋以授張曰崔所命也題其
篇曰明月三五夜其詞曰待月西廂下臨風戶半
開隔墻花影動疑是玉人來奉勞歌伴再和前聲
庭院黃昏春雨霽一縷深心百種成牽繫青翼驀然
來報喜花箋微諭相容意　待月西廂人不寐簾影
搖光朱戶猶慵閉花動拂墻紅蕚墜分明疑是情人
至
張亦微喻其旨是歲二月十四日矣崔之東墻有

杏花一株攀援可踰既望之夕張因其所而踰焉達於西廂則戸果半開良久紅娘復來連曰至矣至矣張生且喜且駭心謂得之矣及乎至則端神麗容大數張曰兄之恩活我家者厚矣由是慈母以弱子幼女見依奈何因不令之婢致淫泆之詞始以護人之亂爲義而終掠亂以求之是以亂易亂其去幾何誠欲寢其詞以保人之姦不正明之毋則背人之惠不祥是用託於短章願自陳啟猶懼兄之見難故用鄙靡之詞以求必至非禮之動能不愧心特願以禮自持無及於亂言畢翻然而逝張自失久之復踰而出由是絕望矣奉勞歌伴

再和前聲

屈指幽期惟恐誤恰到春宵明月當三五紅影壓墻花密處花陰便是桃源路　不謂蘭誠金石固斂袂怡聲恣把多才數惆悵空回誰共語只應化作朝雲去

後數日張君臨軒獨寢驚欻而起則紅娘斂衾攜枕而至撫張曰至矣至矣睡何爲哉並枕重衾而去張生拭目危坐者久之猶疑夢寐俄而紅娘捧崔而至嬌羞融冶力不能運肢體向時之端麗不復同矣是夕旬有八日矣斜月晶熒幽輝半床張生飄飄然且疑神仙之徒不謂從人間至也有頃寺鐘鳴曉紅娘促去崔氏嬌啼宛轉紅娘又捧而去終夕無言張生自疑于心曰豈其夢耶所可明者粧在臂香在衣淚光熒熒然猶瑩于茵席而已奉勞歌伴再和前聲

數夕孤眠如度歲將謂今生會合終無計正是斷腸凝望際雲心捧得嫦娥至　玉困花柔羞抆淚端麗妖嬈不與前時比人去月斜疑夢寐衣香猶在粧留臂

此後又十數日杳不相知張生賦會眞詩三十韻未畢而紅娘至因授之以貽崔氏自是復容之朝隱而出暮隱而入同安於向所謂西廂者一月矣

張生將往長安先以情喻之崔氏宛無難詞然愁怨之容動人矣欲行之再夕不可復見而張生遂西奉勞歌伴再和前聲

一夢行雲還暫阻盡把深誠綴作新詩句幸有青鸞堪密付良宵從此無虛度　兩意相歡朝又莫不奈郎鞭暫指長安路最是動人情怨處離情盈抱終無語

不數月張生復游于蒲舍於崔氏者又累月張生雅知崔氏善屬文求索再三終不可見雖待張之意甚厚然而未嘗以詞繼之異時獨夜操琴愁弄淒惻張竊聽之求之則不復鼓矣張生以文調及

期又當西去當去之夕崔恭貌怡聲徐謂張曰始亂之今弃之固其宜矣愚不敢恨必也君終之亦君之惠也又何必深感于此行然則君既不懌無以奉寧君嘗謂我善鼓琴今且往矣既達君此誠因命拂琴鼓霓裳羽衣序不數聲哀音怨亂不復知其是曲左右皆歔欷崔投琴擁面泣下趨歸鄭所遂不復至奉勞歌伴再和前聲

碧沼鴛央交頸舞正恁雙棲又遣分飛去灑翰贈言終不許援琴訴盡奴心素　曲未成聲先怨慕忍淚凝情强作霓裳序彈到離愁淒咽處絃腸俱斷梨花雨

詰旦張生遂行明年文戰不利遂止於京因貽書於崔氏緘報之詞粗載於此曰捧覽來問撫愛過深並惠花勝一合口脂五寸致耀首膏脣之飾雖荷多惠誰復爲容伏承便於京中就業於進修之道固在便安但恨鄙陋之人永以遐弃命也如此又復何言自去秋以來忽忽如有所失至於夢寐之間亦與敘感咽離憂之思綢繆繾綣暫若尋常幽會未終驚魂已斷雖半衾如暖而思之甚遥昔中表相因或同宴處兒有援琴之挑鄙無投梭之拒及荐枕席義盛恩深愚幼之情永謂終托豈期既見君子而不能以禮定情致有自獻之私不復明侍巾櫛殺身永恨含歎何言倘若仁人用心俯遂幽劣雖死之日猶生之年或如達士略情捨小從大以先配爲醜行謂要盟爲可欺則當骨化形銷丹誠不泯因風委露猶託清塵存歿之誠言盡於此臨紙嗚咽情不能伸千萬珍重奉勞歌伴再和前聲

別後相思心目亂不謂芳音忽寄南來雁却寫花箋和淚卷細書方寸教伊看　獨寐良宵無計遣夢裏依稀暫若尋常見幽會未終魂已斷半衾如暖人猶遠

玉環一枚是鶯幼年所弄寄充君子下體之佩玉

取其堅潔不渝環取其終始不絕兼致綵絲一約文竹茶合碾子一■枚此數者物不足珍意者欲君子如玉之貞鄙志如環不解淚痕在竹愁緒縈絲因物達誠永以爲好心邇身遠拜會無期幽憤所鍾千里神合千萬珍重春風多厲强飯爲佳愼自保持勿以鄙爲深念也奉勞歌伴再和前聲

尺素重重封錦字未盡幽閨別後心中事佩玉綵絲文竹器願君一見知深意　環欲長圓絲萬繫竹上斕斑揔是相思淚物會見郎人永弃心馳魂去人千里

張之友聞之莫不聳異而張之志固絕之矣歲餘

崔委身於人張亦有所娶適經其所張求以外兄見之已諾之而崔終不為出張君怨念之誠動于顏色崔知之潛賦一詩寄張曰自從消瘦減容光萬轉千回嬾下床不為旁人羞不起為郎憔悴却羞郎然竟不之見後數日張君將行崔又賦一詩以謝絕之曰弃置今何道當時且自親還將舊來意憐取眼前人奉勞歌伴再和前聲

夢覺高唐雲雨散十二巫峰隔斷相思恨不為旁人移步懶為郎憔悴羞郎見　青翼不來孤鳳怨路失桃源再會終無便舊恨新愁那計遣情深何以情俱淺

逍遙子曰樂天謂微之能道人意中語僕於是益知樂天之語為當也何則夫崔之才華宛美詞彩艷麗則于所載緘書詩章盡之矣如其都愉淫冶之態則不可得而見及見其文飄飄然彷彿出於人目前雖丹靑摹寫其形狀未知能如是工且至否僕嘗採摭其意撰成鼓子詞十章示余友何東白先生先生曰文則美矣意猶有未盡者胡不復為一章於其後且具道張之於崔既不能以理定其情又不能合之於義始相遇也如是之篤終相失也如是之遽必及于此則全矣余應之曰先生眞為文者矣言必欲有始終箴戒而後已大抵鄙靡之詞止歌其事之所可歌不必如是之備若夫聚散離合亦人之常情古今所同惜也又況崔之始相得而終至相失豈得已哉如崔已他適而張詭計以求見崔知張之意而潛賦詩以謝之其情蓋有未能忘者矣樂天曰天長地久有時盡此恨綿綿無絕期豈獨主彼者耶余因命此意復成一関綴於傳末

鏡破人離何處問路隔銀河歲會知猶近只道新來消瘦損玉容不見空傳信　弃擲前歡俱未忍豈料盟言陡頓無憑準地久天長終有盡綿綿不似無窮恨

德鄰此詞毛西河詞話已視為戲曲之祖然猶用通行詞調而宋人所歌除詞調外尙有所謂大曲者王灼碧雞漫志曰凡大曲有散序靸排遍攧正攧入破虛催實催衮徧歇指殺衮始成一曲謂之大徧而凉州排徧予曾見一本有二十四段後世就大曲製詞者類從簡省而管弦家又不肯從首至尾吹彈甚者學不能盡云云此種大曲自唐已有之如郭茂倩樂府詩集所載水調歌凉州伊州等疊數多寡不等皆借名人之詩以入曲茲錄水調歌十一疊如左

水調歌第一

平沙落日大荒西隴上明星高復低孤山幾處看烽

火壯士連營候鼓鞞

第二

猛將關西意氣多能騎駿馬弄琱戈金鞍寶鉸精神出笛倚新翻水調歌

第三

王孫別上綠珠輪不羨名公樂此身戶外碧潭春洗馬樓前紅燭夜迎人

第四

隴頭一段氣長秋舉目蕭條總是愁祇爲征人多下淚年年添作斷腸流

第五

雙帶仍分影同心巧結香不應須換彩意欲媚濃妝

入破第一

細草河邊一雁飛黃龍關裏掛戎衣爲受明王恩寵甚從事經年不復歸

第二

錦城絲管日紛紛半入江風半入雲此曲只應天上有人間能得幾回聞

第三

咋夜遊歡出建章今朝綴賞度昭陽傳聲莫閉黃金屋爲報先開白玉堂

第四

日晚笳聲咽戍樓隴雲漫漫水東流行人萬里向西去滿目關山空恨愁

第五

千年一遇聖明朝願對君王舞細腰乍可當熊任生死誰能伴鳳上雲霄

第六徹

闌燭無人影羅屏有夢魂近來音耗絕終日望君門

此種大曲疊數既多故於敘事尤便於是詠事者乃不用詞調而用大曲碧雞漫志謂宣和初普府守山東人王平詞學華瞻自言得夷則商霓裳羽衣譜取陳鴻白樂天長恨歌傳并樂天寄元微之霓裳羽衣曲歌又雜

取唐人小詩長句及明皇太眞事終以微之連昌宮詞補綴成曲刻板流傳曲十一段起第四遍第五遍第六遍正攧入破虛催袞實催袞歇拍殺袞其詞今不傳傳者唯同時曾布所撰水調歌頭大曲詠馮燕事見王明清玉照新志如左

水調歌頭

排遍第一

魏豪有馮燕年少客幽并擊毬鬥雞爲戲游俠久知名因避仇來東郡元戎逼屬中軍直氣凌貔虎須臾叱咤風雲凜凜座中生偶乘佳興輕裘錦帶東風躍馬往來尋訪幽勝游冶出東城堤上鶯花撩亂香車

寶馬縱橫草歎平沙穩高樓兩岍春風笑語隔簾聲

排遍第二

一袖籠鞭敲鐙無語獨閒行綠楊下人初靜煙淡夕陽明窈窕佳人獨立瑤階擲果潘郎瞥見紅顏橫波盼不勝嬌軟倚雲屏曳紅裳頻推朱戶半開還掩似欲倚伊啞聲禮細訴深情因遣林間靑鳥爲言彼此心期的的深相許竊香解珮綢繆相顧不勝情

排遍第三

說良人猾將張嬰從來嗜酒回家鎭長酩酊長醒屋上鳴鳩空鬬梁間客燕相驚誰與花爲主蘭房從此朝雲夕雨兩牽縈似游絲狂蕩隨風無定奈何歲華

荏苒歡計苦難憑惟見新恩繾綣連枝並翼香閨日日爲郎誰知松蘿託蔓一比一豪輕

排遍第四

一夕還醉開戶起相迎爲郎引裾相庇低首略潛形情深無隱欲郎乘間起佳兵授靑萍茫然撫弄不忍欺心爾能負心於彼于我必無情熟視花鈿不足剛腸終不能平假手迎天意一揮霜刃窗間粉頸斷瑤瓊

排遍第五

鳳皇釵寶玉凋零慘然悵嬌魂怨飲泣吞聲還被凌波喚起相將金谷同遊想見逢迎處揶揄羞面妝臉淚盈盈醉眠人醒來晨起血凝螓首但驚喧白鄰里駭我卒難明致幽囚推究覆盆無計哀鳴丹筆終誣服圜門驅擁銜冤垂首欲臨刑

排遍第六

帶花徧向紅塵裏有喧呼攘臂轉身辟衆莫遣人冤濫殺張室忍偷生僚吏驚呼呵叱狂辭不變如初投身屬吏慷慨吐丹誠彷彿縲紲自疑夢中聞者皆驚歎爲不平割愛無心泣對虞姬手戮傾城寵翻然起死不教仇怨負冤聲

排遍第七攧花十八

義城元靖賢相國嘉慕英雄士賜金繒聞此事頻歎

賞封章歸印請贖馮燕罪日邊紫泥封詔闔境赦深刑萬古三河風義在青簡上衆知名河東注任流水滔滔水涸名難泯至今樂府歌詠流入管絃聲

此大曲之水調歌頭與詞之水調歌頭字數韻數均不相合又間有平仄通押之處稍後有董頴者（頴字仲達紹興間人嘗從汪彥章徐師川游彥章爲作字說見陳振孫書錄解題）作道宮薄媚大曲詠西子事亦然陳氏樂書謂優伶常舞大曲唯一工獨進但以手袖爲容蹋足爲節其妙串者雖風騫鳥旋不踰其速矣然大曲前緩疊不舞至入破則羯鼓襄鼓大鼓與絲竹合作句拍益急舞者入場投節制容故有催拍歇拍姿制俯仰百態橫出（樂書一百八十五卷）曾氏水調歌至排遍

第七而止故伴以舞與否尚未可知董氏薄媚則自排遍第八起經入破以至殺衮其必兼具歌舞無可疑者其詞見曾慥樂府雅詞玆錄之如左

道宮薄媚

排遍第八

怒濤卷雪巍岫布雲越襟吳帶如斯有客經游月伴風隨值盛世觀此江山美合放懷何事却興悲不爲回頭舊谷（疑國之誤）天涯爲想前君事越王嫁禍獻西施吳即中深機　闔廬死有遺誓勾踐必誅夷吳未干戈出境倉卒越兵投怒夫差鼎沸鯨鯢越遭勁敵可憐將脫重圍歸路茫然城郭坵墟飄泊稽山裏旅魂暗

逐戰塵飛天日慘無輝

排遍第九

自笑平生英氣凌雲萬里宣威那知此際熊虎途窮來伴麋鹿卑棲既甘臣妾猶不許何爲計爭若都燔寶器盡誅吾妻子徑將死戰決雄雌天意恐憐之偶聞太宰正擅權貪賂市恩私因將寶玩獻誠雖脫霜戈石室囚繫憂嗟又經時恨不如巢燕自由歸殘月朦朧寒雨瀟瀟有雨都成淚備嘗險厄反邦畿冤憤刻肝脾

第十攧

種陳謀謂吳兵正熾越勇難施破吳策惟妖姬有傾城妙麗名稱（一作字）西子歲方笄算夫差惑此須致顛危范蠡微行珠貝爲香餌苧蘿不釣釣深閨吞餌果殊姿　青肌纖弱不勝羅綺鸞鏡畔粉面淡勻梨花一朶瓊壺裏嫣然意態嬌春寸眸剪水斜嚲鬆翠人無雙宜名動君王繡履容易來登玉陛

入破第一

窣湘裙搖漢佩步步香風起歛雙蛾論時事蘭心巧會君意殊珍異寶猶自朝臣未與妾何人被此隆恩雖令效死奉嚴旨　隱約龍姿忻悅重把甘言說（悅說二字皆韻此爲四聲通押之祖）辭俊雅質娉婷天教汝衆美兼備聞吳重色憑汝和親應爲靖邊陲將別金門俄揮粉淚

淨妝洗

第二虛催

飛雲駛香車故國難回睇芳心漸搖迤邐吳都繁麗忠臣子胥預知道爲邦祟諫言先啓願勿容其至周亡褒姒殷傾妲己　吳王卻嫌胥逆耳纔經眼便深恩愛東風暗綻嬌蘂彩鸞翻妬伊得取次于飛共戲金屋看承他宮盡廢

第三衮遍

華宴夕燈搖醉粉菌茵籠蟾桂揚翠袖含風舞輕妙處驚鴻態分明是瑤臺瓊榭閬苑蓬壺景盡移此地花繞仙步鶯隨歌吹　寶帳暖留春百和馥郁融鴛

被銀漏永楚雲濃三竿日猶褪霞衣宿酲輕腕嗅宮
花雙帶繫合同心時波下比目深憐到底
第四催拍
耳盈絲竹眼揺珠翠迷樂事宮闈內爭知漸國勢陵
夷姦臣獻佞轉恣奢淫天譴歲屢饑從此萬姓離心
解體　越遣使陰窺虛實蚤夜營邊備兵未動子胥
存雖堪伐尙畏忠義斯人旣戮且又嚴兵卷土赴黃
池觀釁種蠡方云可矣
第五袞遍
機有神鼓征鼙一鼓萬馬襟喉地庭喋血誅留守憐
屈服罷兵還危如此當除禍本重結人心爭奈荒迷

戰骨方埋靈旗又指　勢連敗柔荑攜泣不忍相抛
弃身在兮心先死宵奔兮兵已前圍謀窮計盡唳鶴
啼猿聞處分外悲丹穴縱近誰容再歸
第六歇拍
哀誠屢吐甬東分賜垂莫日置荒隅心知愧寶鍔紅
委鸞存鳳去辜負恩憐情不似虞姬尙望論功歸故
里　降令曰吳無赦汝越與吳何異吳方怨越方疑
從公論合去妖類蛾眉宛轉竟殞鮫綃香骨委塵泥
渺渺姑蘇荒蕪鹿戲
第七煞袞
王公子靑春更才美風流慕連理耶溪一日悠悠回

首凝思雲鬟煙鬢玉珮霞裾依約露妍姿送目驚喜
儼迂玉趾　同仙騎洞府歸去簾櫳窈窕戲魚水正
一點犀通遽別恨何已媚魄千載教人屬意況當時
金殿裏
曲文迄于宋南渡之初所可攷見者僅此宋吳自牧夢
粱錄載謂汴京教坊大使孟角球曾做雜劇本子葛守
誠撰四十大曲殆卽此類此後如周密武林舊事所載
南宋官本雜劇段數陶宗儀輟耕錄所載金人院本名
目中其目之兼舉曲調名者猶當與會董大曲不甚相
遠也
今以會董大曲與眞戲曲相比較則舞大曲時之動作

皆有定制未必與所演之人物所要之動作相適合其
詞亦係旁觀者之言而非所演之人物之言故其去眞
戲曲尙遠也至由敘事體而變爲代言體由應節之舞
蹈而變爲自由之動作北宋雜劇已進步至此否今闕
無攷以後楊誠齋之歸去來辭引誠齋集卷九十七其爲大曲
抑自度腔均不可知然已純用代言體茲錄於左
歸去來兮引
儂家貧甚訴長饑幼稚滿庭幃正坐餅無儲粟漫求
爲吏東西
偶然彭澤近鄰圻公秫滑流匙葛巾勸我求爲酒黃
菊怨冷落東籬五斗折腰誰能許事歸去來兮

老圃半榛茨山西欲蕨薇念心爲形役又奚悲獨惆
悵前迷不見後方追覺今來是了覺昨來非
扁舟輕颺破朝霏雨細漫吹衣試問征夫前路晨光
小恨熹微
乃瞻衡宇載奔馳迎候滿荆扉已荒三徑存松菊喜
諸幼入室相攜有酒盈樽引觴自酌庭樹遣顏怡
容膝易安棲南窗寄傲睨更小園日涉趣尤奇儘雖
設柴門長是閉斜暉縱遐觀矯首短策扶持
浮雲出岫豈心口鳥倦亦歸飛翳翳流光將入孤松
撫處淒其
息交絕友塑山溪世與我相違駕言復出何求者曠

千載今欲從誰親戚笑談琴書觴詠莫遣俗人知
解后又春熙農人欲載菑告西疇有事要耘耔咨老
子舟車取意任委蛇歷崎嶇窈窕邱壑隨宜
欣欣花木向榮滋泉水始流澌萬物得時如許此生
休笑吾衰
寓形宇內幾何時豈問去留爲委心任運何多慮顧
遑遑將欲何之大化中間乘流歸盡喜懼莫隨伊
富貴本危機雲鄉不可期趁良辰孤往恣游嬉獨臨
水登山舒嘯更哦詩除樂天知命了復奚疑
此曲不著何調前後凡四調每調三疊而十二疊通用
一韻其體于大曲爲近雖前此如東坡哨遍隱棊歸去

來辭者亦用代言體然以數曲代一人之言實自此始
要之曾董大曲開董解元之先此曲則爲元人套數雜
劇之祖故戲曲之不始于金元而於有宋一代中變化
者則余所能信也若宋末之戲曲則具於曲錄卷一茲
不復贅

戲曲考原終

曲原　晨風閣

鹿門集
三卷

晨風閣叢書

鹿門詩集序

并山川英淑奇麗當塞阨之衝古多豪士事武功徒馬垂光宇內未有鉤錦繡（一作秀）絕擅聲詞翰者君出其中翕輕清以爲性結冷汰以爲質煦鮮榮以爲詞偏於逸歌長句駿奔踔厲往往而劇李白杜甫死非君而誰哉君諱彥謙字茂業咸通二年進士以文章入仕操官履潔如其爲文晚從王重榮辟從事河中歷薊絳諸州刺史所至有能績光啓七年隱居鹿門山以著述爲任與施肩吾希聖薛能大拙爲詩友而二君皆以爲不逮折行與交君卒藁多散落予爲輯綴僅二百餘篇黄鏐玉磬咸其章章者因題曰鹿門集析爲三卷武城鄭貽序

鹿門集目錄

目錄終

鹿門集卷上

絳州刺史唐　彥謙　茂業

逢韓喜

相逢渾不覺祇似穆陵貧裊裊花驕客蕭蕭雨淨春借書消茗困索句寫梅眞此去靑雲上知君有幾人

夜坐示友

夜久燭花落淒聲生遠林有懷嫌會淺無事又秋深黃葉歸田夢白頭行路吟山中亦可樂不似此同襟

晦亭

東海窮詩客西風古驛亭髮從殘歲白山入故鄉靑世事徒三窟兒曹且一經丁盌速賒酒煮栗試砂瓶

歲除

索索風搜客沈沈雨洗年殘林生獵迹歸鳥避窰烟節物杯漿外溪山鬢影前行藏都未定筆硯或能捐

詠月

陰盛此宵中多爲雨與風坐無風雨至看與雪霜同抱濕離瑤海傾寒向遠空年年不相値還似道難通

聞應德茂先離棠溪

落日蘆花雨行人穀樹村靑山時問路紅葉自知門首蓿窮詩味芭蕉醉墨痕端知棄城市經席許頻溫

松

托根蟠泰華倚幹蝕莓苔誰云山澤間而無梁棟材

梅

玉人下瑤臺春風動輕素畫角弄江城明璫月中墮

蘭二首

清風搖翠環涼露滴蒼玉美人胡不歸幽香藹空谷

謝庭漫芳草楚畹多綠莎于焉忽相見歲晏將如何

葡萄

金谷風露涼綠珠醉初醒珠帳夜不收月明墮清影

春草

隨夢入池塘無心在金谷春風自年年吹遍天涯綠

漁

相聚即爲隣烟火自成族約伴過前溪撐破蘼蕪綠

留別四首

鵬程三萬里別酒一千鍾好景當三月春光上國濃

野花紅滴滴江燕語喃喃鼓吹翻新調都亭酒正酣

登庸趨俊乂厠用野無遺喜起賡歌日明良際會時

鹽車淹素志長阪入靑雲老驥春風裏奔騰獨異羣

秋葵

月瓣團欒剪赭羅長條排蕋綴鳴珂傾陽一點丹心在
承得中天雨露多

春草

天北天南繞路邊托根無處不延綿萋萋總是無情物
吹綠東風又一年

春日偶成

秦箏簫管和琵琶興滿金尊酒量賒歌舞留春春似海
美人顏色正如花

秋日感懷

溪上芙蓉映醉顏悲秋宋玉鬢毛斑無情最恨東流水
暗逐芳年去不還

七夕

會合無由歎久違一年一度是緣非而予願乞天孫巧
五色紉針補衮衣

懷友

金井涼生梧葉秋閑看新月上簾鉤氷壺總憶人如玉
目斷重雲十二樓

翡翠

莎草江汀漫晚潮翠華香撲水光遙玉樓春暖笙歌夜
粧點花鈿上舞翹

詠馬二首

紫雲團影電飛瞳駿骨龍媒自不同騎過玉樓金轡響
一聲嘶斷落花風

崚嶒高聳骨如山遠放春郊苜蓿閒百戰沙場汗流血
夢魂猶在玉門關

留別

丹湖湖上送行舟白雁啼殘蘆葉秋采石江頭舊時路

題詩還憶水邊樓

詠竹

醉卧凉陰沁骨清石床氷簟夢難成月明午夜生虛籟
悞聽風聲是雨聲

憶孟浩然

郊外陵競西復東雪晴驢背興無窮句搜明月梨花內
趣入春風柳絮中

寄友三首

新酒秦淮縮項鯿凌霄花下共流連別來客邸空翹首
細雨春風憶往年
寒燈孤對擁青氊半落何如似客邊却憶花前酣後飲
醉呼明月上遙天

客裏逢春一悵然梅花落盡柳如烟無情最恨東來雁
底事音書不肯傳

無題十首

細草鋪茵綠滿堤燕飛晴日正遲遲尋芳陌上花如錦
折得東風第一枝
錦箏銀甲響鵾弦句引春聲上綺筵醉倚闌干花下月
犀梳斜嚲鬢雲邊
楚雲湘雨會陽臺錦帳芙蓉向夜開吹罷玉簫春似海
一雙彩鳳忽飛來
春凡新水促歸航惜別花前酒漫觴倒盡銀瓶渾不醉
却憐和淚入愁腸
誰知別易會應難目斷青鸞信渺漫情似藍橋橋下水
年來流恨幾時乾
漏滴銅龍夜已深柳梢斜月弄疎陰[redacted]同芳草年年恨
剔盡燈花夜夜心
夜合庭前花正開輕羅小扇爲誰裁多情驚起雙蝴蝶
飛入巫山夢裏來
憶別悠悠歲月長酒兵無計敵愁腸柔絲漫折長亭柳
綰得同心欲寄將
楊柳青青映畫樓翠眉終日鎖離愁杜鵑啼落枝頭月
多爲傷春恨不休

雲色鮫綃拭淚顏一簾春雨杏花寒幾時重會鴛鴦侶
月下吹笙和綵鸞

寄同上人

高高山頂寺更有最高人定起松鳴屋吟圓月上身雲
藏三伏熱水激百溪津曾乞蘭花供無書又過春

夜坐

秋鬢丁年白寒燈丙夜青不眠驚戍鼓久客厭郵鈴洶
洶城噴海疎疎屋滿星十年窮父子相守慰飄零

弔方干處士二首

不謂高名下終全玉雪身交猶及前輩語不似今人別
號行鳴雁遺編感獲麟歛儀應自定只著古衣巾

不比他人死何詩可挽君淵明元懶仕東野別攻文滄
海諸公淚青山處士墳相看莫淚哭私謚有前聞

題證道寺

彎環青徑斜自是野僧家滿澗洗巖液插天排石牙爐
寒餘柏子架靜落藤花記得逃兵日門多貴客車

宿趙崍別業

溪山兵後縣風雪旅中人廻夜愁嚴鼓衝寒託軟巾摧
藏名字在疏率饌餚貧今代徐元直高風可自親

原上

危橋橫古渡村野帶平林野鷺寒塘靜山禽曉樹深雨
微風矗■雲暗雪侵尋安道門前水清遊豈獨吟

寄臺省知已

久懷聲籍甚千里致雙魚宦路終推轂親幃且著書才
名賈太傅文學馬相如轍跡東巡海何時適我閭

自詠

白髮三千丈青春四十年兩牙搖欲落雙膝痺如攣强
仕非時彥無聞愧昔賢自期終見惡未忍捨遺編

鹿門集卷上終

鹿門集卷中

絳州刺史唐　彥謙　茂業

遊陽明洞呈王理得諸君

禹穴蒼茫不可探人傳靈笈鎖烟嵐初晴鶴點青邊嶂
欲雨龍移黑處潭北斗齋壇天寂寂東風仙洞草毿毿
堪憐尹叟非關吏猶向江邊逐老聃

新豐

沛中歌舞百餘人帝業功成里巷新半夜素靈先哭楚
一星遺火下燒秦貔貅掃盡無三戶雞犬歸來識四隣
惆悵故園前事遠曉風長路起埃塵

拜越公墓因遊定水寺有懷源老

越公已作飛仙去猶得潭潭好墓田老樹背風深拓地
野雲依海細分天青峯曉接鳴鐘寺玉井秋澄試茗泉
我與源公舊相識遺言瀟灑有人傳

任潛謀隱之作

江邊秋日逢任子大理索詩吾欲忘爲問山資何次第
祇餘丹訣轉淒涼黃金范蠡曾辭祿白首虞翻未信方
千古浮雲共歸思曉風城郭水花香

晚秋遊中溪

淡竹岡前沙雁飛小花尖下柘丸肥山雲不卷雨自薄
天氣欲寒人正歸招伴祇須新稻酒臨風猶有舊苔磯
故人舊業依稀在怪石老松今是非

寄陳少府兼簡叔高

懷人路絕雲歸海避俗門深草蔽邱萬事漸消閑客夢
一■虛白少年頭山蠻啼綏從除架淮雁來多莫上樓
近日隣家有新釀每逢詩伴得淹留

過清涼寺王導墓下

江左風流廊廟人荒墳抛與楚宮隣多年羊虎猶眠石
敗壁貂蟬祇貯塵萬古雲山同白骨一庭花木自青春
永思陵下猶凄切廢屋寒風吹野薪

第三溪

日晏霜濃十二月林踈石瘦第三溪雲沙有徑縈寒燒
松屋無人聞晝雞幾聚衣冠埋作土當年歌舞醉如泥

早知涉世眞成夢不棄山田春雨犁

蒲津河亭

宿雨清秋霽景澂廣亭高樹向晨興烟橫博望乘槎水
日上文王避雨陵孤棹夷猶期獨往曲闌愁絕每長凭
思鄉懷古多傷別況此哀鳴意不勝

毘陵道中

百年只有百清明狼狽今年又避兵烟火誰開當日禁
簪裾那復麗人行禾麻地廢生邊氣草木春寒起戰聲
渺渺飛鴻天斷處古來還是闔閭城

越城待旦

簌簌虛樓竹隔明悲來展轉向誰傾天寒胡雁出萬里

月落越雞啼四更爲底朱顏成老色看人青史上新名
清溪白石村村有五尺烏犍託此生

過浩然先生墓

人間萬卷龐眉老眼見堂堂入草萊行過須當下馬拜
故交誰復褢雞來山花不語如聽講溪水無情自薦哀
猶勝黃金買碑碣百年名字已煙埃

贈孟德茂 浩然子

江海悠悠雪欲飛抱書空出又空歸抄頭人滿鷗應笑
船上酒香魚正肥塵土竟成誰計是山林又悔一年非
平生萬卷應夫子兩世功名窮布衣

秋霽豐德寺與玄貞師詠月

露冷風輕霽魄圓高樓更在碧山顚四溟水合疑無地
八月槎通好上天黯黯星辰環紫極喧喧朝市匝青烟
夜深獨與巖僧語羣動消聲舉世眠

長陵

長陵高闕此安劉祔葬纍纍盡列侯豐上舊居無故里
沛中原廟對荒丘耳聞明主提三尺眼見愚民盜一抔
千載腐儒騎瘦馬渭城斜月重回頭

留別

西入潼關路何時更盍簪年來人事改老去鬢毛侵花
染離筵淚葵傾報國心龍潭千尺水不似別情深

宿獨留

日晚獨留■人家半掩門鶖鴉棲老樹一犬吠荒村爭買魚添價新篘酒帶渾船頭對初月誰與共清論

客中感懷

客路三千里西風兩鬢塵貪名笑吳起說國嘆蘇秦託興非耽酒思家豈爲蓴可憐今夜月獨照異鄉人

過三山寺

三山江上寺客殿望岩嶢石徑侵高樹沙灘半種苗一僧歸晚日羣鷺宿寒潮遙聽風鈴語興亡話六朝

望夫石

江上見危磯人形立翠微妾來終日望夫去幾時歸明月空懸鏡蒼苔漫補衣可憐雙眼淚千古斷斜暉

過湖口

江湖分兩路此地是通津雲淨山浮翠風高浪潑銀人行俱是客舟住卽爲鄰俯仰烟波內蜉蝣寄此身

夜泊東溪有懷

水昏天色晚崖下泊行舟獨客傷歸雁孤眠歎野鷗溪聲牽別恨鄉夢惹離愁酒醒推篷坐淒涼望女牛

登廬山

五老峯巔望天涯在目前湘潭浮夜雨巴蜀暝寒烟泰華根同峙嵩衡脈共聯憑虛有仙骨日月看推遷

金陵九日

野菊西風滿路香雨花臺上集壺觴九重天近瞻鍾阜五色雲中望建章綠酒莫辭今日醉黃金難買少年狂清歌驚起南飛雁散作秋聲送夕陽

遊清涼寺

白雲紅樹路紆縈古殿長廊次第行南望水連桃葉渡北來山枕石頭城一塵不到心源靜萬有俱空眼界清竹院逢僧舊曾識旋披禪衲爲相迎

高平九日

雲淨南山紫翠浮憑陵絕頂望悠悠偶逢佳節牽詩興漫把芳罇遣客愁霜染鴉楓迎日醉寒銜徑水帶冰流烏紗頻岸西風裏笑插黃花滿鬢秋

金陵懷古

碧樹涼生宿雨收荷花荷葉滿汀洲登高有酒渾忘醉慨古無言獨倚樓宮殿六朝遺古跡衣冠千古漫荒丘太平時節殊風景山自青青水自流

道中逢故人

蘭陵市上忽相逢敘別殷勤興倍濃良會若同雞黍約蹔時不放酒杯空愁牽白髮三千丈路入青山幾萬重行色一鞭催去馬畫橋斷斷落花風

早行遇雪

下馬天未明風高雪何急須臾路欲迷頃刻山盡白雞犬寂無聲曙光敧寒色荒村絕烟火鬌凍布袍濕王事不可緩行行動悽惻

樊登見寄四首

新辭剪秋水洗我胷中塵無由恆良會極目空懷人醉來拔劍歌字字皆陽春

輕黃著柳條新春喜更始感時重搔首悵望不能已無由託深情傾瀉芳樽裏

明月入我室天風吹我袍良夜最岑寂旅況何蕭條馳情望海波一鶴鳴九皐

悠悠括城北盼盼巖泉西宿草暝烟綠苦竹含雲低幽懷不可託鷓鴣空自啼

鹿門集卷中終

鹿門集卷下

絳州刺史唐 彥謙 茂業

春風四首

春風吹愁端散漫不可收不如古溪水祇望鄉江流

新花紅爍爍舊花滿山白昔日金張門狼籍餘廢宅

回頭語春風莫向新花叢我見朱顏人多金亦成翁

多金不足惜丹砂亦何益更種明年花春風自相識

感物二首

騄驥初失羣亦自矜趫騰俛仰歲時久帖然困蚊蝱豪鯨逸其穴尺水成滄溟豈無魚鼈交望望爲所惛物理有翕張達人同廢興幸無怵迫憂聊復曲吾肱

魚目出泥沙空村百金珍豫章值擁蔽細細供蒸薪論材何必多適用即能神託交何必深寡尤永相親鮑叔拙羈會張生窮厄陳茫然扳援際豈意出風塵

和陶淵明貧士詩七首

貧賤如故舊少壯即相依中心不敢厭但覺少光輝向來乘時士亦有能奮飛一朝權勢歇欲退無所歸不如行其素辛苦耐寒饑人生繫天運何用發深悲

我居在窮巷來往無華軒辛勤衣食物出此二畝園薙菘鬱朝露桑柘浮春烟以茲亂心曲智計無他研擇勝不在奢興至發清言相逢樵牧徒混混誰愚賢

松風四山來清宵響瑤琴聽之不能寐中有怨歎音旦

起繞其樹磈砢不計尋清陰可敷席有酒誰與斟由來
大度士不受流俗侵洪歌相倡答慰此霜雪心
中年涉事熟欲學唾面婁逡巡避少年赴蹶不敢訓旁
人吁已甚白喜計慮周微勞消厚疚淺辱勝深憂從知
爲下安處上反無傳人生各有志勇懦從所求
古人重畎畝有祿不待干德成祿自至釋耒列王官不
仕亦不貧本自足饔飧後世恥躬耕號呼脫饑寒我生
千禩後念此愧在顔爲農倘可飽何用出紫闕
村郊多父老面垢頭如蓬我嘗使之年言語不得工古
來名節士敢望彭城龔有吏誚其後吏恨道不同鄙哉
譊譊者爲隘不爲通低頭拜野老負米吾願從

去年秋事荒販糴仰鄰州從者道路間什百成朋儔今
年漸向熟庶幾民不流書生自無田與衆同喜憂作詩
勞鄰曲有倡誰與酬亦無採詩者此■何可脩

舟中望紫巖

近山如畫墻遠山如帚長我從雲中來回頭白茫茫惜
去乃爾覺常時自相忘相忘豈不佳遣此懷春傷飄酒
從何來衣巾溼微涼初疑風雨集冉冉遊塵黃無歸亦
自可信美非吾鄉登舟望東雲猶向帆端翔

九日遊中溪

悠悠循澗行磊磊據石坐林垂短長雲山綴丹碧顆蓼
花最無數照水嬌婀娜何知是節序風日自清妥羣童
競時新萬果間蔬蓏欣然爲之醉烏帽危不墮此日山
中懷孟公不如我

六月十三日上陳微博士

驕雲散飛雨隨風爲有無老農終歲心望旋在須臾平
生官田粟長此禮義軀置之且勿戚戚飽任妻孥
青青澤中蒲九夏氣淒寒翾翾翠碧羽照影蒼谿間巢
由薄天下俗士榮一官小大各有適自全良獨難
窮居無公憂私此長夏日蚊蠅如俗子正爾相妬嫉麾
驅非吾任遁避亦無術惟當俟其定靜坐萬慮一

宿田家

落日下瑤墀荒村倦行履停車息茅店妥寢正鼾睡忽

聞扣門急云是下鄉隸公文捧花押鷹隼駕聲勢良民
懼官府聽之肝膽碎阿母出擔塞老腳走顛躓小心事
延款■餘糧復匱東鄰借種雞西舍覓芳醑再飯不厭
飽一飲直呼醉明朝怯見官苦苦燈前跪使我不成寐
爲渠滴清淚民膏日已瘠民力日逾弊空懷伊尹心何
補堯舜治

夏日訪友

堤樹生晝涼濃陰撲空翠孤舟喚野渡村疃入幽邃高
軒俯清流一犬隔花吠童子立門墻問我向何處主人
聞故舊出迎時倒屣驚訝敘間闊屈指越寒暑殷勤爲
延款偶爾得良會春盤擘紫蝦冰鯉斫銀鱠荷梗白玉

香荇菜青絲脆臘酒擊泥封羅列總新味移席臨湖濱
對此有佳趣流連送深杯賓主共忘醉清風岸烏紗長
揖謝君去世事如浮雲東西渺烟水

遊南明山

久聞南明山共慕南明寺幾度欲登臨日逐擾人事于
焉偶閑暇鳴鑾忽相聚乘興樂遨遊聊此托佳趣涉水
渡溪南迢遙翠微裏石磴千疊斜峭壁半空起白雲鎖
峰腰紅葉暗溪嘴長藤落虛巖疎花映寒水金銀拱梵
刹丹青照廊宇石梁卧秋溟風鈴作簷語深洞結苔陰
嵐氣滴晴雨羊腸轉咫尺鳥道轉千里屈曲到禪房上
人喜延佇香分宿火薰茶汲清泉煮投閑忘萬機三生
有宿契行厨出盤飧擔甕倒芳醑脫冠掛長松白石藉
俛倚宦途勞營營暫此滌塵慮■令促傳觴投壺更聯
句興來較勝負醉後忘爾汝忽聞吼蒲牢落日下雲■
長嘯出烟蘿揚鞭賦歸去

索蝦

姑孰多紫蝦獨有湖陽優出產在四時極美宜於秋雙
箝鼓繁鬚當頂抽長矛鞠躬見湯王封作朱衣侯所以
供盤飧羅列同珍羞蒜友日相親瓜朋時與儔既名釣
詩鈎又作鉤詩鈎于時同相訪數日承欵留厭飫多美
味獨此心相投别來歲云久馳想空悠悠銜杯動遐思
哆口涎空流封緘托雙鯉于焉來遠求慷慨胡隱君■

肯分惠不

採桑女

春風吹蠶細如蟻桑芽纔弩青鴉嘴侵晨采采誰家女
手挽長條淚如雨去歲初眠當此時今歲春寒葉放遲
愁聽門外催里胥官家二月收新絲

送許戶曹

沙頭小燕鳴春和楊柳垂絲烟倒拖將軍樓船發浩歌
雲檣高插天嵯峩白虹走香傾翠壺勸飲花前金叵羅
神鰲駕粟升天河新承雨澤浮恩波

詠葡萄

西園晚霽浮嫩涼開尊漫摘葡萄嘗滿架高撑紫絡索
一枝斜嚲金琅璫天風颼颼葉栩栩蝴蝶聲乾作晴雨
神蛟清夜蟄寒潭萬片濕雲飛不起石家美人金谷遊
羅幃翠幙珊瑚鈎玉盤新薦入華屋珠帳高懸夜不收
勝遊記得當年景清氣逼人毛骨冷笑呼明月上遙天
醉倚銀床弄秋影

蟹

湖田十月清霜墮晚稻初香蟹如虎扳罾拖網取寳多
筱簍挑將水邊貨縱橫連爪一尺長繡凝錢色含湖光
蟛蜞石蟹已曾食使我一見驚非常買之最厭黃髯老
償價十錢尚嫌少漫誇羊味過蝤蛑尖臍尤勝團臍好
充盤煮熟堆琳瑯橙膏醬渫調堪嘗一斗擘開紅玉滿

雙螯哆出邊酥香岸頭沽得泥封酒細嚼頻斟弗停手西風張翰苦思鱸如斯風味能知否物之可愛尤可憎嘗聞取刺於靑蠅無腸公子固稱美弗使當道禁橫行

敍別

譙樓夜促蓮花漏樹陰搖月蛟螭走蟠拏對月吸深杯月府淸虛玉兎吼翠盤擘脯臙脂香碧椀敲冰分蔗漿十載番思舊時事好懷不似當年狂夜合花香開小院坐愛涼風醉吹面醉中彈劍發淸歌白髮年來爲愁變

鹿門集卷下終

鹿門集拾遺目錄

目錄終

鹿門集拾遺

月（雜詠作中秋夜翫月）

一上（一作夜）高樓萬景奇碧天無際水無涯空（一作只）留皎
月當層漢並送浮雲出四維霧盡（一作靜）不容玄豹隱冰
生祇（一作惟）恐夏蟲疑坐來離思憂生晚（一作將曉）爭得姮娥
仔細知

七夕

露白風清夜向晨小星垂珮且埋輪絳河浪淺休相隔
滄海波深尚作塵天外鳳凰何寂寞世間烏鵲漫辛勤

八月十六日夜月

猗蘭殿北斜樓上多少通宵不睡（一作寐）人

斷腸佳賞固難期昨夜消魂更不疑丹桂影空蟬（一作蟾）
有露綠槐陰在鵲無枝懶將吟詠聊惆悵早是疎頑耐
別離堪恨賈生曾慟哭不緣清景爲憂時

緋桃（三體唐詩）

短墻荒圃四無鄰烈火緋桃照地春坐久好風休掩袂
夜來細雨已沾巾敢同俗態期青眼似有微辭動絳唇
盡日更無鄉井念此時何必見秦人

牡丹

真宰多情巧思新固將能事送殘春爲雲爲雨徒虛語
傾國傾城不在人開日綺霞應失色落時青帝合傷神
嫦娥婆女曾相送留下鴉黃作蘂塵

興元沈氏莊

清淺縈紆一水間竹岡藤樹小躋攀露沾荒草行人過
月上高林宿鳥還江遠武侯籌筆地雨昏張載勒銘山
異鄉一笑因酣醉忘却愁來鬢髮斑

秋晚高樓

松拂疎窗竹映闌素琴幽怨不成彈清宵霽極雲離岫
紫禁風高露滿盤晚蝶飄零經宿雨莫鴉淩亂報秋寒
高樓瞪目歸鴻遠始信嵇康欲畫難

柳

春思春愁一萬枝遠村遙岸寄相思西園有雨和苦長
南內無人拂檻垂遊客寂寥緘遠恨莫鶯啼叫惜芳時

晚來飛絮如霜鬢恐爲多情管別離

春陰

一寸回腸百慮侵旅愁危涕雨爭禁天涯已有銷魂別
樓上盜無擁鼻吟感事不關河裏笛傷心應倍雍門琴
春雲更覺愁于我閒蓋低村作暝陰

寄懷

有客傷春復怨離夕陽亭畔草青時淚隨紅蠟無由制
腸比朱絃恐更危梅向好風惟是笑柳因微雨不勝垂
雙谿未去饒歸夢夜夜孤眠枕獨欹

小院（萬首唐人絕句）

小院無人夜烟斜月轉明清宵易惆悵不必有離情

春雪初霽杏花正芳月上夜吟

霽景明如練繁英杏正芳姮娥應有語悔共雪爭光

文惠宮人

認得前家令宮人淚滿衫不知梁佐命全是沈尚書

贈竇尊師

我愛竇高士棄官仍在家爲嫌句漏令兼不要丹砂

穆天子傳

王母清歌玉琯悲瑤臺應有再來期穆王不得重相見恐爲無端哭盛姬

楚天

楚天遙望每長嚬宋玉襄王盡作塵不會瑤姬朝與莫更爲雲雨待何人

寄徐山人

一室清羸鶴體孤氣和神瑩爽冰壺吳中高士雖求死不那稽山有謝敷

題宗人故帖

所忠無處訪相如風衮塵編迹尚餘惟有孝標情最厚一編遺在茂陵書

登興元城觀烽火

漢川城上角三呼扈蹕防邊列萬夫褒姒冢前烽火起不知泉下破顏無

鄧艾廟

昭烈遺黎死尚羞揮刀斫石恨譙周如何千載留遺廟血食巴山伴武侯

曲江春望

杏豔桃光奪晚霞樂遊無廟有年華漢朝冠蓋皆陵墓十里宜春下苑花

漢殿

鳥去雲飛意不通夜壇斜月轉相風君王寂寞無消息却就人間覓巨公

賀李昌時禁苑新命

振鷺翔鸞集禁闈玉堂珠樹瑩風儀不知新到靈和殿張緒何如柳一枝

牡丹

顏色無因饒錦繡馨香惟解掩蘭蓀那堪更被烟蒙蔽南國西施泣斷魂

羅江驛

數枝高柳帶鳴鵐一樹山榴自落花已是向來多淚眼短亭回首在天涯

垂柳

絆惹春風別有情世間誰敢鬬盈盈楚王江畔無端種餓損纖腰學不成

奏捷西蜀題沲江驛

野客乘軺非所宜況將儒懦報戎機錦江一不識臨卭酒

且免相如渴病歸

春早落英

紛紛從此見花殘轉覺長繩繫日難樓上有愁春不淺
小桃風雪凭闌干

仲山高祖兄仲山隱居之所

千載遺踪寄薜蘿沛中鄉里漢山河長陵亦是閒丘壠
異日誰知與仲多

漢嗣

漢嗣安危繫數君高皇意決勢難分張良口辨周昌吃
同建儲宮第一勛

四老廟

西漢儲宮定不傾可能園綺勝良平羣朝公相無全策
借請閑人羽翼成

南梁戲題漢高廟

數載從軍似武夫今隨戎捷氣偏麄漢王若問何為者
免道高陽舊酒徒

洛神

人世仙家本自殊何須相見向中途驚鴻曾過遊龍去
漫惱陳王一事無

初秋到慈州冬首換絳牧

秋杪方攀玉樹枝隔年無計待春暉自嫌暫作仙城守
不逐鶯來共燕飛

重經馮家舊里

馮家舊宅閉柴關修竹猶存橘水灣應繫星辰天上去
不留英骨葬人間

克復後登安國寺閣

千門萬戶鞠高藜斷燼遺垣一望迷惆悵建章鴛瓦盡
夜來空見玉繩低

題虔僧室

何緣春恨貯離憂欲入空門萬事休水月定中何所為
也嚬眉黛托腮愁

見煬帝寶帳

漢文窮相作前王慳惜明珠不斗量翡翠鮫綃何所值

千禆萬接上書囊

樓上偶題

塵土無因狎隱淪青山一望每傷神可能前嶺空喬木
應有懷才抱器人

親仁里聞猨

朱雀街東半夜聲楚魂湘夢兩徒清五更撩亂趨朝火
滿口塵埃亦數聲

聞李瀆司勛下世

異鄉丹旐已飄揚一顧深知賁未忘任被褚褒泉下笑
重將北面哭真長

試夜題省廊柱

麻衣穿穴兩京塵十見東堂綠桂春今日競飛楊葉箭
魏舒休作畫籌人

竹風

竹映風窗數陣斜旅人愁坐思無涯夜來留得江湖夢
全為乾聲似荻花

長溪秋望

柳短莎長溪水流雨微烟暝立溪頭寒鴉閃閃前山去
杜曲黃昏獨自愁

嚴子陵

嚴陵情性是真狂牴觸三公傲帝王不怕舊交嗔僭越
喚宅侯霸作君房

北齊

草草招提强據鞍周師乘勝莫回看背城肯戰知虛實
爭奈人前忍笑難

楚世家

偏信由來惑是非一言邪佞脫危機張儀重入懷王手
驅馬安車却放歸

驪山道中

月殿真妃下綵烟漁陽追虜及湯泉君王指點新豐樹
幾不親留七寶鞭

韋曲

欲寫愁腸愧不才多情練漉已低摧窮交二月初離別
獨旁寒村嗅野梅

黃子陂荷花

十頃狂風撼麴塵緣隄照水露紅新世間花氣皆愁絕
恰是蓮香更惱人

野行

蝶戀晚花終不去鷗逢春水固難飛野人心地都無著
伴蝶隨鷗亦不歸

鹿門集拾遺終

甲辰秋九月鈔王乃昭藏本并校補　耿庵

唐彥謙詩藏書家著錄者甚罕其編入胡氏唐
音戊籤者僅二卷乾隆癸卯中秋借陸恭所藏
金孝章手抄鹿門集凡三卷與唐藝文志合暇
以戊籤校之其詩在三卷中者衹五首餘俱在
孝章拾遺卷中別有二十三首拾遺所無因為
積補遺一卷附傳本之後云廿九日吳翌鳳識

鹿門集續補遺目錄

目錄終

鹿門集續補遺

春殘

景爲春時短愁隨別夜長暫棊盃號隱輕醉不成鄉風雨曾通夕莓苔有泉芳落花如便去樓上卽河梁

上巳寄韓公

上巳接寒食鶯花寥落晨微微潑火雨草草踏青人涼似三秋景清無九陌塵與余同病者對此合傷神

玫瑰

麝炷騰淸爍鮫紗覆綠蒙宮妝臨曉日錦段落東風無力春烟裏多愁莫雨中不知何事意深淺兩船紅

春雨

綺陌夜來雨春樓寒望迷遶容迎燕戲亂響隔鶯啼有恨開蘭室無言對李蹊花欹渾拂檻柳重欲垂隄燈檠昏魚目薰爐咽麝臍別輕天北鶴夢怯汝南鷄入戶侵羅幌梢簷潤繡題新豐樹已失長信草初齊亂蝶寒猶舞驚烏暝不棲庾郎盤馬地却怕有春泥

移莎

移從杜城西置在小齋東正是高秋裏仍兼細雨中結根方迸竹疎蔭說高桐苒苒齊芳草飄飄笑斷蓬片時留靜者一夜響鳴蛩野露通宵滴溪烟盡日蒙試才卑庾韭求味笑周菘只此霜栽好他時贈伯翁

紅葉

無處不飄揚高樓臨道旁素娥前夕月青女夜來霜宿雨隨時潤秋晴著物光幽懷長若此病眼更相妨蜀紙裁深色燕脂落靚妝低叢侵小閣倒影入回塘謝朓留霞綺甘盤素錦張何人休遠道是處有斜陽薜荔垂書幌梧桐墜井床晚風生旅館寒箒近僧房桂綠明淮甸楓丹照楚鄉雁疎臨郭杜蟬急傍瀟湘樹異桓宣武圖非顧辟疆茂陵愁臥客不自保危腸

漢代

漢代金爲屋吳宮綺作寮艷詞傳靜婉新曲定妖嬈箭響猶殘夢籤聲報早朝鮮明臨曉日回轉度春宵半袖籠清鏡前絲壓翠翹靜多如有待閒極似無憀梓澤花

猶滿靈和柳未凋障昏巫峽雨屏掩浙江潮未信潘名岳應疑史姓蕭漏因歌暫斷燈爲雨頻挑飲酒闌三雅投壺賽百嬌鈿蟬新翅重金鴨舊香焦水浄疑澄練霞孤欲建標別隨秦柱促愁爲蜀絃么矣晏難瘳痺臨邛但發瘠聯詩徵弱絮思友味甘蕉王氏憐諸謝周郎定小喬鵜幃翹綵雉披扇畫文鰩荇密妨垂釣荷欹欲渡橋不因秋帶水誰覺路迢迢

送樊瑄司業還朝

近者蘇司業文雄道最光夫君居大學妙譽繼中行汲郡陵初發汾陰葢久亡寂寥方倚席容易忽升堂去日應懸榻來時定裂裳恆心頻拾芥應手屢穿楊辨給如

無敵飛騰固自强論心期舌在問事畏頭長駟馬終題柱諸生悉面墻啗螯譏爾雅賣餅訴公羊未見泥函谷俄驚火建章烟塵昏象魏行在隔巴梁紅粟填郿塢青袍過壽陽剪茅行殿濕伐柏舊陵香釁室青衿盡渠門大旆揚雲飛同去國星散各殊方賤子悲窮轍當年亦擅場甕辛尋幼婦醴酒憶先王聖域探姬孔皇風樂禹湯畏誅輕李喜言命小臧蒼折樹休盤槊沈鉤且釣璜鴞都問詞客他日莫相忘

咸通中始聞褚河南歸葬陽翟是年上平徐方大肆慶賞又詔八品錫其裔孫追敘風概因成二十韻

冊府藏餘烈皇綱正本朝不聽還笏諫幾覆綴旒桃咫尺言終直愴惶道已消淚心傳位日揮涕受遺朝飛燕潛來趙黃龍豈見譙既迷秦帝鹿難問賈生鵩穆卜緘縢祕金根轍迹遙北軍那奪印東海漫難橋羅織黃門訟笙簧白骨銷炎方無信息丹旐竟淪漂邂逅江魚食淒涼楚客招文忠徒謚議子卯但簫韶未見公侯復尋傷嗣續凋流年隨逝水高誼薄層霄柱石林公遠練緗故國饒奇蹤天驥話遺軸錦鸞翹近者淮夷勦前年歸馬調始聞移北葬兼議蔭山苗聖澤覃將溥貞魂喜定飄異時窮巷客懷古漫成謠

離鸞

聞道離鸞思故鄉也知情願嫁王昌塵埃一別楊朱路
風月三年宋玉墻下疾不成雙點淚斷多難到九回腸
庭前佳樹名梔子試結同心寄謝娘

春深獨行馬上有作

日烈風高野草香百花狼籍柳披猖連天瑞靄千門遠
夾道新陰九陌長衆飲不歡逃席酒獨行無味放遊韁
年來與問閒遊者若個傷春向路旁

韋曲野思

澹霧輕陰匝四垂綠塘秋望獨顰眉野蓮墮水無人見
寒鷺窺魚共影知九陌要津勞目擊五湖閒夢誘心期
孤燈夜夜愁欹枕一覺滄洲似昔時

岐王宅

朱邸平臺隔禁闈貴遊陳迹尚依稀雲低雍時祈年去
雨細長楊從獵歸申白賓朋傳道義應劉文采寄音徽
承平舊物惟君一作名盡猶寫雕鞍伴六飛

亂後經表兄瓊花觀舊居

一去仙居似轉蓬再經花謝倚春叢醉中篇什金聲在
別後音書錦字空長憶映碑逢若士未曾攜杖逐壺公
東風狼籍苔侵逕蕙草香消杏帶紅

賀李昌時禁苑新命

玉簡金文直上清禁垣丹地閉嚴扃黃扉議政參元化
紫殿稱觴拂壽星萬戶千門迷步武非烟非霧隔儀形

塵埃舊侶無奇信知道遼東鶴姓丁

寄蔣二十四

鳥囀蜂飛日漸長旅人情味悔思量禪門澹泊無心地
世事生疎欲面墻二月雲烟迷柳色九衢風土帶花香
亦知高士禁愁寂試倚闌干莫斷腸

秋霽夜吟寄友人

槐柳蕭疎溽暑收商金頻伏火西流塵衣歲晚緣身賤
雨簟更深滿背秋前事悲涼何足道遠書慵懶未能修
惟思待月高梧下更就東林訪惠休

奉使岐下聞唐弘夫行軍為賊所擒傷而有作

報國捐軀實壯夫楚囚垂欲復神都雲臺畫象皆何者

青史書名或不孤散卒半隨袁校尉寡妻休問辟司徒
聞君敗績無歸計氣激星辰坐向隅

西明寺威公盆池新稻

為笑江南種稻時露蟬鳴後雨霏霏蓮盆積潤分畦小
藻井垂陰擢秀稀得地又生金粟界結根仍對水田衣
支公尚有三吳思更使幽人憶釣磯

鸂鶒

一宿南塘烟雨時好風摇動綠波微驚離曉岸銜花去
暖下春汀照影飛華屋撚絃彈鼓舞綺窗含筆澹毛衣
畫屏見後長回首爭得雕籠莫放歸

夜蟬

翠竹高梧夾後溪勁風危露雨淒淒那知北牖殘燈暗
又送西樓片月低情夜更長應未已遠烟尋斷莫頻嘶
羈人此夕如三歲不整寒衾待曙雞

螢

日下蕪城莽蒼中濕螢掩亂起衰叢寒烟陳后長門閉
夜雨隋家舊苑空星散欲陵前檻月影低如試北窗風
羈人此夕方愁緒心似寒灰首似蓬

送韋向之睦州謁使君

才子南遊多遠情閑舟蕩漾任春行新安江上長如此
何似新安太守清

牡丹

青帝於君事分偏濃堆浮豔倚朱門雖然占得笙歌地
將甚訓他雨露恩

附遺句見魏慶之詩人玉屑

獨來成悵望不去泥闌干惜花

鹿門集續補遺終

附錄

舊唐書云彥謙字茂業咸通末應進士才高負氣無所屈降十餘年不第乾符末河南盜起兩都覆沒以其家避地漢南中和中王重榮鎮河中辟爲從事累奏至河中節度副使歷晉絳二州刺史彥謙博學多藝文詞壯麗至於書畫音樂博飲之技無不出於輩流尤能七言詩少時師溫庭筠故文格類之光啟末王重榮爲部下所害朝議責參佐貶爲漢中掾曹楊守亮鎮興元聞其名署爲判官累官至副使閬壁三郡刺史卒於漢中有詩數百篇號鹿門先生集行于世

藝文志云詩集三卷　高棅云并州人

紀事云彥謙卽陶穀之祖也穀避晉祖諱改姓陶後遂不易識者非之

癸卯九月初吉借古歡堂新鈔本影寫于叢桂軒

越三日燈下畢茂苑張德業識

右唐彦謙鹿門集三卷拾遺一卷續補遺一卷從上虞羅叔言參事鈔得書凡三卷與唐志合校以全唐詩多寡次第均同唯并三卷爲一卷耳又卷上有憶孟浩然一首卷中有過浩然先生墓贈孟德茂二首案彦謙生年距浩然父子倘百餘歲何由與之贈荅恐羼入他人之作否則僞作也刋成附識于末以諗大雅君子宣統改元秋八月番禺沈宗畸

鹿跋　二　晨風閣

邕州小集

邕州小集

提要

宋陶弼撰弼字商翁祁陽人慶歷中隨楊畋討湖南猺以功授陽朔縣主簿歷官知邕州四遷爲東上閤門使康州團練使宋史本傳詳敘其招納諸蠻之績人稱其能黃庭堅集有弼墓誌銘亦謂其聚晚學子弟講授六經平生不治細故獨以文章自喜尤號爲能詩詩文書奏十有八卷共其書知非鋟版者今十八卷之本久佚惟此集一卷尚存鈔帙所載詩僅七十三首厲鶚宋詩紀事錄弼詩有詠藕詠蜨二首見於合璧事類者茲集不載又湖廣通志稱弼詩尤善言風土蠟茶詩至五十韻今亦不見集中蓋是集皆在湖南所作故以邕州爲名其非湖南所作者則不在此集也其中辰州一首圜中一首皆闕首二句五溪一首闕末二句無別本校補今亦仍之焉

邕州小集目錄

宋 陶弼 撰

公安縣

門沿大堤入路趁淺沙行樹短天根起山窮地勢傾孤舟難泊岸遠水欲沉城半夜求津濟烟中荻火明

丁香

萬枝千葉遞相親內結花心外結身草木至微猶有合悲哉父子與君臣

桐

老桐休斲爲琴瑟胡部新翻格樣清試聽琵琶采蓮曲一般絲上數般聲

柳

揚子江頭流水斷長安陌上遠風吹黃金瓔珞雪晴後碧玉玲瓏春盡時端的園林俱不及等閒臺樹便相宜思量也是多情物占與人間贈別離

鷄頭

三伏池塘沸鷄頭美可烹香囊聯錦破玉指剝珠明葉皺非蓮蓋根甘似竹萌不應徒適口炎帝亦曾名

桃

樹正含芳酒正醅熙熙爲爾醉春臺一花五出尚可飲何必重重疊疊開

李

春盡煖風薰翠幄暑天涼氣暗朱闌主人肝膽無猜忌果下遊人但整冠

兵器

五代乏眞主奸雄何僭僞橫磨濶刀劍白日相篡弒我宋有神祖潛德動天意故天意若曰往爲我之嗣神祖拜稽首乃即皇帝位不惠兆民樂不怒諸侯畏顛倒執玉帛奔走恐後至大商國三分一朝有其二太宗以義撫眞宗以仁治王道竹箭直諭聲金鼎沸獨有陰山戎時時寇邊地天子赫斯怒大警巡澶衞射殺右賢王遂斬匈奴臂狼心帖然服結心同昆弟自此兩河間寂寂無戎備卒閒喜夜歌將老貪春睡自此爲太平恍逾三

十歲戎昊乘我間南馳賀蘭騎陽關久夜開樞朽不可閉陣雲起秦雍殺氣橫涇渭使臣股栗奏宰相瞋目議僉曰亟發兵豎子坑甚易倉皇築邊壘未戰力先瘁遇迫開庫兵土蝕鋒鍔脆防秋採舊屯推轂謀新帥舊屯老且死少者無寔藝良田不訓練手足迷擊刺新帥將家子從小生富貴六韜未曾讀口但知肉味師復從中御進退由閹寺權輕號令冗兩戰無遺類曹公棄七軍晉人獲三帥吾兵自此喪有詔新其製此器不預設一旦從何致朝廷急郡縣郡縣急官吏官吏無他術下責蚩蚩輩畊牛拔筋角飛鳥禿翎翅斡截會稽空鐵烹堇山碎供億稍後期鞭朴異他罪愁氣塞太虛露景晝冥

晦我聞郭汾陽料敵多奇異單箠諭突厥蕃酋膝雙墜又聞李西平臨戎有英氣身着紅錦袍懷光肝膽碎是知用兵術在人不在器君耳舜聽高君目舜明視願采謀畧長勿依干戈銳

食楊梅

嶺北土寒無荔子人言形味似楊梅翠條丹實休相學不願紅塵一騎來

滴露花

九天瑞露滴成芽不是榆花即桂花星女月娥宮不鎖天風吹落野人家

送趙樞寺丞宰虔化縣

路入南雲下如何輕解携人烟五嶺北星斗大江西暖雪梅花樹晴雷贛石溪青衫欲無淚不奈鷓鴣啼

荔支

五月南遊渴欣逢荔子丹殼匀仙鶴頂肉露白晶丸色映離爲火甘殊木作酸枝繁恐相染樹重欲成團赤蚌遺珠顆紅犀露角端爽能消内熱潤可濯中乾桂嶺無霜處梅天暴雨殘（下缺十字）一簇氷蠶繭千苞火鳳冠隔瓤銀葉嫩透膜玉漿寒

出嶺題石灰舖

馬度嚴關口生歸喜復嗟天文離卷舌人影背寒沙江勢一兩曲梅梢三四花登高休問路雲下是吾家

山茶花二首

淺爲玉茗深都勝大白山茶小杏紅名譽漫多朋援少年年身在雪霜中

江南池館厭深紅零落空　煙雨中却是北人偏愛惜數枝和雪上屏風

途次葉縣覩千葉桃花

三月官桃滿上林百花千蕚費春心葉公城外襄河北一樹無人色更深

登潮月亭

渡頭人語知潮上下看江南東北流試引輕帆學歸去茶山溪淺却回舟

對花有感

得莫欣欣失莫悲古今人物若花枝桃紅李白薔薇紫問着春風總不知

紫薇花

人言清禁紫薇郎草詔紫薇花影旁山木不知官況別也隨紅日上東廊

園居

更添蒼柏兩三輩相伴高枝作雨聲

題陽朔縣舍

石壁高深遶縣衙不離牀衽自烟霞民耕柴芋爲朝食

僧煮黃精代晚茶瀑布聲中窺案牘女蘿陰裏勸桑麻
欲知言偃弦歌化水墨屏風數百家

天涯亭

雨色絲絲風色驕天涯亭上覺魂銷一家生意付秋瘴
萬里歸心隨暮潮兵送遠人還海界吏申遷客入津橋
山公對此聊酣飲怕見醒來兩鬢凋

題霞溪驛

歌聲野色中人樂歲時豐暑雨陰陽雜秋田旱晚同嶺
雲無烈日汀樹足涼風自指香山語前村有路通

登崑崙臺

落照古城隅邊風動隼旟久閑忘戰略多病熟醫書白

髮隨年短新情與世疏桃花春水暖還釣舊溪魚

秋日登南城臺

江國家書少秋臺寒草生無人來遠渡盡日上高城落
照懸漁市孤烟起戍營東籬故園菊又向酒中傾

過思明

幾年來瘴外此夜宿溪中照枕殘鷄月吹燈落葉風盧
循猶僞國楊僕已衰翁起戴寒星去前村曉影紅

闍皂

萬仞天然闍皂形陰陽不似衆山青一區海上神仙宅
數曲人間水墨屏華表鶴歸春谷響玉京龍起夜潭腥
可憐張葛無人繼三級高臺拂杳冥

東湖

寧越佳山水東湖帶郡城月天高寺影春雨一橋聲石
上青蒲合沙中白鳥橫天涯正寥落獨往若爲情

西湖

寧越佳山水西湖似浙城桂多天竺子潮欠海門聲路
向林梢轉天隨野色橫從茲棲泊者無復渡江情

柑子堂

子厚才名甲有唐謫官分得荔支鄉羅池水盡黃柑死
獨有空碑在畫堂

邕州

南極諸蠻傲典型斗門時復見飛星君王仁恕將軍老

五十溪州六萬丁

廉州石

使君合浦來示我海濱石千巖秀掌上大者不盈尺

合浦還珠亭

合浦還珠舊有亭使君方是古人清沙中蚌蛤胎常滿
潭底蛟龍睡不驚

送呂濤典獄之梧州

峽口蒼梧縣城依南斗魁江渾海潮上地熱火山來草
沒嘉魚穴雲封拜表臺到應無獄訟豆蔻酒頻開

融州仙巖

溪僧過此說山公游徧眞仙洞府中乳石巖邊得靈草

可能封裹寄衰翁

賓州仙影山

月鶩星官七丈夫遠看雖有近還無瑶池侍女雙成道
遺下羣仙聚影圖

安城即事二首

往歲傳聞南詔檄近時方築伏波城安城太守知邊計
菡萏花中閱水兵

金鼓聲闌劍戟收使君同上雅歌樓樽前一節清商曲
銷盡窮邊萬里愁

客館

一年勾漏守尋盡洞中天記佛盧藏用仙壇葛稚川醒

心西驛水燒眼碧池蓮我豈無新事詩碑與酒泉自注郡有勾漏白石都嶠等山所謂三洞天也盧藏用大雲寺記石高丈二尺西驛韋丹建閣下有石泉井記後唐李復作池植蓮數萬

送臨桂令戴若納出嶺

五嶺生還少無辭酒滿觴共經邊寇事先出瘴烟鄉楚
樹蟬聲早湖天日影涼此行休問路宮闕斗杓旁

陽朔縣

五管新都事輕車屢往還勤勞成白髮故書是青山樹
色纔分楚江聲未出蠻自慚迎候少無惠及孤鰥

贈章使君

善戰無如新息侯漢兵纔度綠蘿州愛君挽我陶溪栗
直到牂牁水口頭

宜陽

孤城溪洞裏聞說已堪哀蠻水如鮮血瘴天已死灰吏
憂民置毒巫幸鬼爲災

寄鬱林郡姚道口

越裳濟海喜天晴五葉戈船不渡兵堯舜遠方皆樂國
漢唐諸將本書生

膏澤峯

石壁含天澤南山第一重旱時先出雨陰穴又乘龍雲
影摇諸壑雷聲起半空何當大滂沛盡活四方農

登邕州城

夜半孤城百尺臺亂蟲聲裏一尊開憂邊日繞南雲下
戀闕心隨北斗迴

丹竈山

羽客朝元地遺壇古寺中煉成丹竈石騎去鶴乘空

思柳亭

羅池刺史寡塵緣畫戟牆頭築望仙黃鶴與誰同一去
碧桃無主又千年

鬱林鼓角樓

去歲同登畫角城諸蠻未滅夜論兵五更將吏知人意
吹作梅花塞外聲

春野亭

二紀看花瘴霧中墅園今日又東風人心有感時時別
春色無私處處同長笛一聲諸曲盡巨觥雙飲百愁空
風清水暖羣魚上誰向荊溪古釣筒

會仙岩

寂寂長寘洞涓涓漱玉泉鳳笙聞夜半鶴馭認雲邊煮
茗尋安老披沙訪稚川於中得消息何用買山錢

羅秀山

尋山入羅秀旋結草堂居花瓶生露水松風落架書聞
猿得句後見月出行初此夕雲林下無因夢使車

莫鎁關

三任邊州六往還此時口口莫鎁關訪僧莫道無閑事

手指青天口說山

那覇泉

昔年觀地志此水出泮洞斷岸深無底平流暗起波感
恩來客少射影短狐多未老諸蠻在樓船空再過

又

路下泮柯水石間三分纔過二分山年光欲盡家猶遠
嵐氣雖疏髩已斑賓從笑談譏獨進兒曹音信喜生還
南風一夜吹鄉夢數刻飛過五嶺間

碧湘門

城中煙樹綠波漫幾萬樓臺樹影間天濶鳥行疑沒草
地卑江勢欲沉山

黃陵廟

溪山龍蛇屋蕭條帝子祠竹痕當日淚山色後人疑仙
服霞留綺新粧月印眉楚民無水旱簫鼓謝神禧

司馬錯城

北設長城陷敵塵更來勞役武陵民我疑洞裡栽桃者
便是當時版築人

辰州

詔條符節古連今王澤漸濡豈不深賦役未行中國法
謳歌猶帶遠人音採金戶簇青莎岸射虎兵圍黃葉林
寄語湖南難上客預將忠信待浮沈

寄沅州新守謝麟

險盡天開溪路平詩書新將典新城三千戍卒今無幾

十萬屯田古未畊屬縣乞除防虎檻生蠻願獻採砂坑
從茲預擬風塵息盡是仁威下旆旌

白露驛

一曲青谿一曲山鳥飛魚躍白雲間谿山豈要行人到
自是行人到此間

三山亭

諸峯不及此三峯翠影多年路未通野老傳來無地主
神仙留待與山翁瑂弓射滅虎狼迹長劍剪開荊棘叢
吏引旌旗先險阻匠營樓閣出虛空藤蘿葉暗初無日
松桂枝新漸有風下瀨將軍微舉職安南都護遠輸忠

商誇合浦珠胎賤民樂占城稻穀豐火炬影沈山岸北潮聲流過郡城東四時收印來無定終日開尊望不窮

玉版淡魚千片白金膏鹽螄一團紅雲臺志節悲歌外銅柱封疆醉眼中所惜溪頭好崖石只書詩句不書功

祝融峯

曾到祝融峯頂上步隨明月宿禪關夜深一陣打窗雨卧聽風雷在半山

辰州

璽書行絕域銅柱入中原草暖聞鳴鹿江清對飲猿何時一樽酒重上謝公軒

武陵

曲臺風月德山雲夢想中間有幾春臣葬江魚終愛楚人逃花洞不思秦

五溪

六月五溪邊溪深氣象偏盡陰疑雨後久冷覺秋先棧倚臨崖石竿通隔嶺泉

寄蘇州徐處士弁 弁能畫山水

平南無策髩如霜七十峯前舊隱鄉相約祝融孤頂上借君吟筆畫瀟湘

畬田過雨小溪渾遠近雲峰互吐吞殊俗易昏三里霧陽崖忽露一家村桂花香裏尋僧寺榕葉陰中掩縣門

井稅未輸兵甲後心勤撫字且休論

桂林

青羅江外碧蓮山城在山光水色間莫道宜人惟桂郡驂鸞客土只思還

木芙蓉

孤芳託寒木一曉一番新春色不爲主天香難動人丹楓見流落黃菊坐因循莫訝偏相愛衰遲似我身

端研詩贈王欲

端石如蛇狀潤疑雲雨通犓官不識字好去伴詩翁

銅雀研

得自銅雀臺收晚稜角摧四方綠琉璃一片青玫瑰煉盡沙石滓陶成金玉胚

邕州小集

一此卷道光戊子小寒後三日叚于湖客鈔出其原本後書乾隆乙卯十月十六日王端履手錄十四字蓋十萬卷樓藏本也屬猶子桓山校竟誌于小雲巢燦

方叔淵遺稾

晨風閣叢書

方叔淵遺藁

元 方瀾 撰

王維

稱爲古摩詰豈有二文殊凝[redacted]輞川林下圖筆
移山紫翠禪[redacted]睡熟虓鶯曉長安足畏途

屈原

才高得讒忌從此事君難二雅文章變三湘蘭芷寒心
猶睠臣節事孰整朝端載拜先生像風烟翳楚冠

子房

雞鳴父先在識孩帝王師天下得無事山中歸有期道
高不自伐榮妙每臨危四百年封建餐霞尙恐遲

孔明

蒼茫草廬外長嘯入青冥國亦多賢輔天無兩中興英
風漢紀律古廟蜀丹青一表忠臣淚今猶炳日星

淵明

鄭聲與雅樂今我併無絃尙不歸蓮社誰能愛秫田青
山栗宅里白髮義熙年嵇阮能逃世終非出自然

東坡

天資愛奬士坐累盡才豪骨自仙中得名隨謫後高儋
州一笠雨赤壁萬松濤槃礴英奇氣海風吹鬢毛

范蠡

老懷獨周至謀國更謀身野鹿已遊[redacted]山蜂將趁人風

怙萬馬地天闊五湖春後世空懸斷誰憐伏劍臣

樂天

曠職不疑滯去官長晏如以詩爲佛事隨地學山居名
聞入海國心胸藏石渠若爲身色累溢浦夜霑裾

荆軻

計出不可測襟期相激昂悲風寒易水俠氣小咸陽六
國羣謀失三軍一匕當英雄幸不幸愁入代雲長

柳子厚

寂寞匡君畧薰猶竟莫分風烟桂嶺瘴金石柳州文惡
不登淸廟人猶祭使君向非入遐裔那得古今聞

司馬子長

才良世所惜況是國權衡覃思天人際有書金石聲春
秋道未熄今古眼俱明筆力千鈞處蒼茫太史情

夷齊

采山不食粟相顧野薇春民困思甘雨時危見義人雖
嚴叩馬諫已迫牝雞晨不有扶賢老先生志曷伸

賈誼

好學明治體孤忠不自由淸時廣賢路太傅獨南州天
闊湘潭望秋高屈宋愁上方崇老氏未暇問才猷

子陵

巢由去我久盡日釣魚臺漢聘欲相吏埜心今已灰高
風萬乘友歸夢百灘雷後亦多遺逸終南是仕媒

金山寺

江心勝絶處人飲不知源楚浪夜喧寺浙山晴到門淸
寒入僧夢太古結雲根欲問前朝事松風若有言

大茅峯

聖凡不同住白鵠喜靑天春日猶僊會今人非漢年雲
深枝藉府石靜浴丹泉高處夜無寐華陽鐘扣烟

旅夕

淸風明月我相值夜燈前爲客老將至問君誰使然曦
娥急時序吳楚接風煙斷藥寒雲洞何時喜客泉

訪中菴主

共惜寒宵短不知閒日長松間海洶湧塔上金叮噹野

衲高麗夢山脊天目香孰云幻中幻高潔白雲房

早秋夜坐

萬星都讓月勢不並光芒塵陌聞鐘靜風庭洒頂涼明
河西落野飛露下霑裳但息人間累仙鄉不離房

秋懷

籬缺蔓自補水生魚漸深西風作氣勢勤者惜光陰日
靜盧仝戶秋高宋玉心雨聲黑甜裏不覺夜涼侵

汪鶴舟卷

何處凌風翰來逐攜琹暨山翁欲奚適繫纜寒溪樹天
地吾廬舟田園老歸路但得中聖賢何須載茶具

秋日錢塘紀事

吳越南去遠萬峰青照杭江流拍岸闊海氣入城涼落
日菰蒲暗行人禾黍香天開地闢後知歷幾興亡

其二

阜物家家市頻湖處處園童時今父老夢裏古乾坤佛
石千像在風潮萬馬奔誰予指新路梧落故宮垣

秋夕有感

搖落秋漸晚露香籬下花疎鐘出烟寺新月入人家蛩
語日夜急雁飛天漢斜蹇予不能去塵世事如麻

初冬作

沈寥蕭瑟後霽色却怡人霜已千林曙天猶十月春黃
花蜨過晚白葦雁銜新埜性自夷曠非關絕世塵

臨平道中

晴雲去不盡日日護霜天萬物歸根後孤梅得氣先暖
容時供酒寒力曉欺緜炙背獨能樂山橫埜老前

春晴

霽日好乾坤漸開紅紫繁鳩能趣婦至蜂亦識王尊埜
水魚儔伍春山竹子孫始知烟雨裏多少發生恩

海陵道中

漠漠平楚遠扣舷歌昔遊風顛碧海岸春老綠蘋洲自
古利名急更東天地浮客心不自得落日傍漁舟

梅

欲開不自覺陽已舊根潛積雪都消盡遊蜂來上黏香
能占月夜春不棄茅簷漸遍枝南北笛吹風正嚴

石門夜泊

積雨暮天豁炊烟隔林起人喧落帆處野語新月裏桑
逕綠如潑麥風寒不已一夕舟相銜擾擾利名子

春日遣懷

陸續畫船去曉風料理人泥香燕簃草路暖馬蹏塵海
色曈曨日花光撩亂春浮生孰無事惜取自由身

幻住菴聽松軒

不與俗同調風生高樹林老僧無法說滿院但潮音人
靜埜禽下雨涼山葉深悠然悅天籟宛自是閒心

己巳歲五月廿六夜大雨

雨唱雞未已掐鳴蛙自由風如捲瀑布屋類傍蘆舟萬
緒集雙鬢百年堪幾愁東南仰魚稻却喜漲晴流

過吳江

離離遠村落晴不見炊烟秋水漲無岸埜舟撐入田天
留新稼穡人戀舊山川不待鴻飛定西風已肅然

石門曉行

風高木葉脫從此曉寒新積雨見初日遠山如故人烟
村一葦渡埜寺數家鄰獨念行藏異沙鷗未我馴

嘉禾道中

歸帆一日速萬瀑落晴巒人涉風霜老水浮天地寬漁
燈野外小兔月浪中寒慣識蒼茫味推篷到夜闌

寒郊即事

曝背茅檐煥攜孫野老閒霜留不朽樹日出最高山萬
象開圖畫羣紛爭觸蠻極知春有脚梅縞竹籬閒

遣懷

書田不容耨生事共誰論杜老風欺屋袁安雪打門艱
難萬境別耆舊幾人存仙亦多垂白何愁入鬢根

立妙觀訪劉澹然

仙扉曉更寂香靄石狻猊日出松杉外風來殿角西篔
簹沐霧濕薜荔壓牆底林下非無趣浮生萬不齊

石菖蒲

龍湖下垂髯雁蕩寒入骨雲根蔚生意書几對清樾如
尋翠微去未覺瑤草歇九節侍神奇蒼蒼浸苔髮

其二

靈君晞絲髮巧匠斵青冥無脛來千里託根深幾層秀
分朵藥容香偃卧雲僧槃礴清泠氣窗前翠日增

初秋作

亭亭月超林靡靡風入草蓐收戰何銳大火流將老窨
烘亦合息庭報一葉早秋水不爲深吳鄉藉魚稻

其二

羣龍走天事水國日多雨豈乏耘耨功卑鄉不遑處今
宵佳月出埜樹萬影舞不圖還青冥復見開闢古

避茅山南峪

策策老葉樹淒淒仲冬日地高曲籬樊歲晏饒橡栗嬉
遊埜庵遠迎曙山月出與世不相聞松風滿寥閴

鳳鳴朝陽琴

物老須懷新惟桐貫材古烟霜性已盡千載金石侶鳳
兮久不至韶濩留宮羽翛然空谷間胎禽亦翔舞

子孚得叔淵先生吟稾手鈔五言詩見教異日儻能
示以全集尤幸是歲長至日晚生王東書於澹軒

方叔淵先生諱瀾莆陽人居吳年七十有七今年夏
六月廿三日謝世先生自幼不娶唯閉門讀書訓徒
以自給平生吟詠賦述固多然性不喜苟作斯五言
律凡若干首亦何止於是迺盡余所見者而已其文
章德行自有門弟子爲之作傳云至元後己卯八月
五日南陽耕夫樊士寬拜手謹書於介然堂

方叔淵遺稿

附錄

次方叔淵先生自趙屯歸城中韻　朱德潤

晨發趙屯路郊務曷勝紀扁舟轉重灘棹激痕還氾村深雞競鳴時見出農耜楓林宿鷺收茅屋炊烟起依稀達江湖漸覺近城市逢人問歸程舟子行且喜宿雨起新漲蒹葭没秋水思倦名利途醒心甘洗耳先生棄儒冠高蹈出鄉里優游吳楚間生事丹砂裏壯年厭世紛歲莫少知已欲拂珊瑚竿東溟釣青鯉學仙終難期世事那有已得錢聊問道垂老無妻子故人懷千金豈同固窮士

高氏三宴詩

高氏三宴詩集上

廣平　高正臣　輯

晦日置酒林亭并序

陳子昂

有渤海之宗英是平陽之貴戚發揮鳳管而嘯侶幽贄雜川而留宴冠纓濟濟多延戚里之賓鸞鳳鏘鏘自有文雅之客凡二十一人皆以華字爲韻

高正臣　廣平人衛尉卿

正月符佳節三春玩物華忘懷寄罇酒陶性狎山家柳翠含烟葉梅芳帶雪花光陰不相借遲遲落景斜

崔知賢

上月河陽地芳辰景望華緜蠻變時鳥照耀起春霞柳摇風處色梅散日前花淹留洛城晩歌吹石崇家

韓仲宣

欲知行有樂芳罇對物華地接安仁縣園是季倫家柳處雲疑葉梅開雪似花日落歸途遠留興伴烟霞

周彥昭

勝地臨雛浦高會偶龍沙御柳驚春色仙筇掩月華門邀千里馭杯泛九光霞日落山亭晩雷送七香車

高球

温洛年光早皐州景望華連鑣尋上路乘興入山家輕苔網危石春水架平沙賞極林塘莫處處起烟霞

高上　一

弓嗣初 咸亨二年進士一人

上序春暉麗中園候物華高才盛文雅逸興滿烟霞參
差金谷樹皎鏡碧塘沙簫鼓林亭晚倒戴欲還家

高瑾 渤海人咸亨元年進士

試入山亭望言是石崇家二月風光起三春桃李華鶯
吟上喬木雁往息平沙相看會取醉寍知還路賒

王茂時

勝踐尋良會乘春玩物華還隨張放友來向石崇家止
水分巖鏡開庭枕浦沙未極清泉賞參差落照斜

徐皓

綺筵乘暇景瓊醑對年華門多金埒騎路引璧人車蘋

早猶藏葉梅殘正落花藹藹林亭晚餘興促流霞

長孫正隱

晦晚屬烟霞邀游重歲華歌鐘雖戚里林藪是仙家細
雨猶開日深池不漲沙淹留迷處所岩岫幾重花

高紹 考功郎中

嘯侶入仙家臨春玩物華葛絲調綠水桂醑酌丹霞岸
柳開新葉亭梅落早花興洽林亭晚方還倒載車

郎餘令 定州人進士著作郎

三春休晦節九谷泛年華半晴餘細雨全晚澹殘霞鑄
開疎竹葉管應落梅花興闌相顧起流水送香車

陳嘉言

公子申敬愛攜朋玩物華人是平陽客地即石崇家水
紋生舊圃風色滿新花日暮連歸騎長川照落霞

周彥暉 咸亨五年進士

砌蓂收晦魄津柳競年華既狎忘筌友方掩投轄車綺
筵回舞雪瓊醑泛流霞雲低天上晚絲竹帶風斜

高嶠 司府郎中

飛觀寫春望開宴坐汀沙積水含苔色晴空蕩日華歌
入平陽地舞對石崇家莫慮能騎馬投轄自停車

周思鈞 貝州漳南人中書舍人

早春驚柳穟初晦掩蓂華騎出平陽里筵開衛尉家竹
影含雲密池紋帶雨斜重惜林亭晚上路滿烟霞

劉友賢

春來日漸賒琹酒逐年華欲向文通徑先游武子家池
碧新泉滿岩紅落照斜興闌情未極步步惜風花

陳子昂 字伯玉射洪人進士右拾遺

尋春游上路追宴入山家主第簪纓滿皇州景物華玉
池初吐溜珠樹始開花歡娛方未極林閣散餘霞

張錫 東武城人宰相平原公

雩盡銅駝路花照石崇家年光開柳色池影泛雲華賞
洽情方達春歸景未賒欲知多暇日觴酒瀆澄霞

王勔 泽州龍門人澤州長史

上序披林館中京視物華竹窗低露葉梅徑起風花景

落春臺霧池浸白渚沙綺筵歌吹晚莫雨泛香車

解　琬元城人太子賓客

主第簪裾出王畿春望華山亭一以眺城闕帶烟霞橫
隄列錦帳傍浦駐香車歡娛屬晦節酩酊未還家

高氏三宴詩集上

高氏三宴詩集中

廣平高正臣一輯

晦日重宴并序

周彥暉

序云云鈌凡八人同用池字爲韻

高正臣

芳晨重游衎乘景共追隨班荆陪舊識傾蓋得新知水
葉分蓮沼風花落柳枝自符河朔趣寍羨山陽池

韓重宜

鳳苑先吹晚龍樓夕照披陳遵已投轄山公正坐池落
日攡金奏飛霞送玉卮此時陪綺席不醉欲何爲

弓嗣初

年華藹芳隰春溜滿新池促賞依三友延歡寄一巵烏
聲隨管變柳影逐風移行樂方無極淹留惜晚曦

高瑾

忽聞鶯響谷於此命相知正開彭澤酒來向高陽池柳
葉風前弱梅花影處危賞洽林亭晚落照下參差

陳嘉言

高門臨冠蓋下客抱支離綺席珍羞滿文場藻翰摛蓂
花彫上葉柳色藹春池日斜歸戚里連騎勒金羈

周彥暉

春華歸柳岸晦景落蓂枝置驛銅街右開筵玉浦陲烟

林舍帳密竹雨帶珠危興闌巾倒戴川公下習池

高嶠

鴛言尋鳳侶乘歡俯雁池班荆逢舊識斟桂喜深知紫蘭方出徑黃鶯未囀枝別有陶春日青天雲霧披

周思鈞

綺筵乘晦景高宴下陽池灑雨梅香散舍風柳色移輕塵依扇落流水如弦危勿顧林亭晚方歡雲霧披

高氏三宴詩集中

高氏三宴詩集下

廣平高正臣輯

上元夜宴效小庾體并序

長孫正隱

九谷帝畿三川奧域交風均露上分朱鳥之躔泝洛背河下鎖蒼龍之闕多近臣之第宅即瞰銅街有貴戚之樓臺自連金苑美人競出錦帳如霞公子交馳雕鞍似月同游洛浦疑尋稅馬之津爭渡河橋似向牽牛之渚實昌年之樂事令節之佳遊者焉凡六人同用春字為韻

高正臣　詩闕

崔知賢

今夜啟城闉結伴戲芳春鼓聲撩亂動風光觸處新月下多遊騎燈前饒看人觀樂無窮已歌舞達明晨

韓重宣

他鄉月下人相伴看燈輪光隨九華出影共百枝新歌鐘盛北里車馬沸南鄰今宵何處好惟有洛城春

高瑾

初年三五夜相知一兩人連鑣出巷口飛轂下池濱燈光恰似月人面併如春遨遊終未已相歡待日輪

長孫正隱

薄晚嘯游人車馬亂驅塵月光三五夜燈焰一重春烟

雲迷北闕簫管識南鄰洛城終不閉更出小平津

陳嘉言

今夜可憐春河橋多麗人寶馬金爲絡香車玉作輪連手窺潘掾分頭看洛神重城自不掩出向小平津

高氏三宴詩集下

高正臣廣平人連姻帝室官至衞尉卿寓居洛陽善詠愛客一時名士多所交接習右軍書法睿宗愛其筆金陵棲霞寺有其所書碑攝山棲霞寺明徵君之碑南齊徵君明僧紹平原人

周思鈞貝州漳南人與兄思茂俱早知名武后時爲太子文學劉禕之被收臨刑洗沐神色自若援筆爲表詞理懇至思鈞稱嘆其文武惡之貶揚州司倉參軍以中書舍人終

香山九老會詩序

樂天白居易撰

會昌五年三月二十四日胡吉劉鄭盧張等六賢皆多年壽次焉於東都敝居履道坊內合尚齒之會七老相顧既醉且歡靜而思之此會希有因各賦七言六韻詩一章以記之或傳諸好事者其年夏又有二老年貌絕倫同歸故鄉亦來斯會續命書姓氏年齒寫其形貌於圖右與前七老題為九老圖仍以一絕贈之云雪作須眉雲作衣遼東華表暮雙歸當時一鶴猶希有何況今逢兩令威二老乃洛中遺老李元爽年一百三十六禪僧如滿歸洛年九十五時秘書狄兼謨河南尹盧貞以未七十雖與會而不及列

香山九老爵里紀年

胡杲 安定人前懷州司馬年八十九

吉皎 馮翊人衛尉卿致仕年八十八

劉貞 廣平人前磁州刺史年八十七

鄭據 滎陽人前龍武衛長史年八十五

盧貞 范陽人前侍御史內供奉年八十五

張渾 清和人前永州刺史年七十七

白居易 太原人刑部尚書致仕年七十四

李元爽 洛中遺老年一百三十六

禪僧如滿 年九十五

雖與會而不及列

狄兼謨 秘書監

盧貞 河南尹

香山九老會詩

樂天白居易輯

胡杲

閒居同會在三春大抵愚年是出羣霜鬢不嫌杯酒興白頭似愛玉爐薰徘徊玩柳心猶健老大看花意却勤鑿落滿斟招酩酊香囊高掛甚氤氳搜神得句題紅紙望景長吟對白雲今日交情何不替齊年同侍聖明君

吉旼

休官罷任已閒居林苑園亭興有餘對酒最宜花早發邀歡不厭柳條初低腰醉舞垂緋袖擊節謳歌任褐裙盞用管絃來合雜自親松竹且清虛飛觥酒到須先酌

賦詠詩成不住書借問商山賢四皓不知此後更何如

劉貞

垂絲今日幸同筵朱紫居身似大年賞景尚知心未退吟詩尤覺力完全閑庭飲酒當三月在席揮毫象七賢山茗煮時秋露碧玉杯斟處綵霞鮮臨階花笑如歌妓傍竹松聲當管絃雖未學窮生死訣人間豈不似神仙

鄭據

東洛幽閑日暮春邀遊皆是白頭賓官班朱紫多相似年紀高低次第勻聯句每言松竹意停杯多說古今人更無外事來心肺空有清虛入思神醉舞兩回迎勸酒狂歌一曲會娛身今朝何事偏清重同作明時列任臣

盧貞

三春已盡洛陽宮天氣初晴景象中千朵嫩桃迎曉日萬株垂柳逐和風非論官位皆相似及至年高亦共同對酒歌聲猶似妙玩花詩思豈能窮先時共作三朝貴今日猶逢七老翁但願綠醽長滿酌烟霞萬里會應通

張渾

曲亭春盡共爲歡印綬居身是大官遁跡豈勞登遠岫垂絲何必坐溪磻詩聯六韻應猶易酒飲三杯未覺難每況襟懷同宴會共將心事比波瀾風吹野柳垂羅帶日照庭花落綺紈此席不煩鋪錦帳斯筵堪作畫圖看

白居易

七人五百八十四拖紫紆朱垂白鬚囊裏無金莫嗟歎罇中有酒且歡娛吟成六韻神還壯飲到三杯氣尚麤嵬峨狂歌教婢拍婆娑醉舞遣孫扶天年高邁二疏傳人數多於四皓圖降却三山五天竺人間此會且應無

附

狄兼謨

得老加年成可喜當春對酒亦宜歡心中別有歡喜事開得龍門八節灘

盧貞

眼暗頭旋耳重聽唯餘心口尚醒醒今朝歡喜緣何事禮徹佛名百部經

香山九老會詩

夷白堂重雕

古洋遺響集

古洋遺響集

郡齋水閣閒書　文同與可

湖上

湖上雙禽泛泛橋邊細柳垂垂日午庭中無事使君來此吟詩

獨坐

不報門前賓客已收案上文書獨坐水邊林下宛如故里閒居

湖橋

湖橋北頰花塢水閣西頭竹村霏霏薄霧紅暖漠漠輕煙翠昏

推琴

點點新萍帖水濛濛柳絮縈風盡日推琴默坐有人池上亭中

靜觀

十許文魚戲水一雙花鴨眠沙靜觀只恐驚去無語凭闌日斜

亭館

亭館脩脩度日園林寂寂經春且遮新筍留客莫掃殘花悶人

流水

四首秦會絕論一篇楚客離騷讀罷却彈流水先生此

興尤高
報國
報國無忘竭節居官勿用論功莫問誣誣趁樂不須咄
咄書空
聞道
聞道幸非曲士讀書廿作陳人爲文自怪逆俗好畫誰
知入神
相如
相如何必稱病靖節奚須去官就下其誰不許如愚是
處皆安
彭澤
彭澤先生未去武陵太守常貧上官幸且容已下鬼休
來笑人
凭几
列傳日逢佳士郡書常得微言自對古人凭几不須俗
客登門
衰後
衰後常服藥餌憂來頗憶林泉身坐謝莊小閤心游沈
約東田
鷺鷥
避雨竹間點點迎風柳下翩翩靜依寒蓼如畫獨立晴
沙可憐

再贈
頸若瓊鈎筱曲散如碧管深翹湖上水禽無數其誰似
爾清摽
蓮子
綠實填房未滿黃茸遶殼方開爲問因誰勸酒一時齊
側口盃
採蓮
岸幘客來橋上濺裙人在湖中桂楫蘭橈甚處蓮花荷
葉無窮
翡翠
見諸長喙須避得少纖鱗便飛爲報休來近岸有人愛
汝毛衣
落槿
含露方矜香曩搖風旋見離披湖上先生笑汝朝開暮
落何爲
青鶴
常惡靜時鳧鷺不驚飽處鰕魚與吾閒心相似問汝樂
復何如
東軒
平湖靜處朱閤垂柳深中畫橋隱几香煙露濕投竿衣
帶風飄
北岸

曲榭紅渠影上圖庵綠篠陰中門外何人會畫致來寫
作屏風

偶書

犢去食苗莫問烏來攫肉休知物須以信相感事忌於
心有爲

自詠

看畫亭中默坐吟詩岸上微行自謂倫閒太守人呼竊
祿先生

問書

逐去堪羞子溥歸來可重淵明試問七松處士何如五
柳先生

瞻竹

我昔初來見爾時禿梢攣葉見離披遮根護筍今成立
好在清風十萬枝

竹答

我實仙陂百世孫二年生長感君恩近聞官滿將歸去
且望臨時莫洗園

寄題輿可學士洋州園池三十首　從表弟蘇軾上

湖橋

朱闌畫柱照湖明白葛烏紗曳履行橋下龜魚晚無數
識君柱杖過橋聲

橫湖

貪看翠蓋擁紅粧不覺湖邊一夜霜卷却天機雲錦段
從教疋練寫秋光

書軒

雨昏石硯寒雲色風動牙籤亂葉聲庭下已生書帶草
使君疑是鄭康成

冰池

不嫌冰雪繞池看誰似詩人巧耐寒記取羲之洗硯處
碧琉璃下黑蛟蟠

竹塢

晚節先生道轉孤歲寒惟有竹相娛麤才杜牧眞堪笑
喚作軍中十萬夫

荻浦

雨折霜乾不耐秋白花黃葉使人愁月明小艇湖邊宿
便是江南鸚鵡洲

蓼嶼

秋歸南浦蟪蛄鳴霜落橫湖沙水清臥雨幽花無限思
抱叢寒蝶不勝情

望雲樓

陰晴朝暮幾回新已向虛空寄此身出本無心歸亦好
白雲還似望雲人

天漢臺

漾水東流舊見經銀河左界上通靈此臺試向天文覓
閣道中間第幾星

待月臺

月與天人本有期挂簷低戸映蛾眉只從昨夜十分滿
漸覺冰輪出海遲

二樂榭

此閒眞趣豈容談二樂并君已是三仁智更煩訶妄見
坐令魯叟作瞿曇

灙泉亭

闇道池亭勝兩川應須爛醉答雲煙勸君多揀長腰米
消破亭中萬斛泉

吏隱亭

縱横憂患滿人間頗怪先生日日閒昨夜清風眠北牖
朝來爽氣在西山

霜筠亭

解籜新篁不自持嬋娟已有歲寒姿要看凜凜霜前意
須待秋深粉落時

無言亭

慇懃致問維摩詰不二如何是法門彈指未終千偈了
向人還道本無言

露香亭

亭下佳人錦繡衣滿身纓絡綴明璣晚香消歇無尋處
花已飄零露已晞

涵虛亭

水軒花榭兩爭妍秋月春風各自偏惟有此亭無一物
坐觀萬景得天全

溪光亭

決去湖波尚有情却隨初日動簷楹溪光自古無人畫
憑仗新詩與寫成

過溪亭

身輕步穩去忘歸四柱亭前野彴微忽悟過溪還一笑
水禽驚落翠毛衣

披錦亭

煙紅露緑曉風香燕舞鶯啼春日長誰道使君貧且老
繡屏錦帳咽笙簧

禊亭

曲池流水細鱗鱗高會傳觴似洛濱紅粉翠娥應不要
畫船來往不須人

菡萏軒

日日移床趁下風清香不盡思何窮若爲化作龜千歲
巢向田田亂葉中

荼蘼洞

長憶故山寒食夜野荼蘼發暗香來分無素手簪羅髻
且折霜蕤浸玉醅

篔簹谷

漢川脩竹賤如蓬斤斧何曾赦籜龍料得清貧饞太守
渭濱千畝在胷中

寒蘆港

溶溶晴港漾春暉蘆笋生時柳絮飛還有江南風物否
桃花流水鮆魚肥

野人廬

少年辛苦事犂鋤剛厭青山遶故居老覺華堂無意味
却須時到野人廬

此君庵

寄語庵前抱節君與君到處合相親寫眞雖是文夫子

我亦眞堂作記人

金橙徑

金橙縱復里人知不得鱸魚價自低須是松江煙雨裏
小船燒薤擣香虀

南園

不種夭桃與綠楊使君應欲候農桑春畦雨過羅紈膩
夏壠風來餅餌香

北園

漢水巴山樂有餘一麾從此首歸塗北園草木憑君問
許我他年作主無

前題　蘇轍和

其一

湖南堂宇深湖北林亭遠不作過湖橋兩處那相見

其二

湖裏種荷花湖邊種楊柳何處渡橋人問是人聞否

其三

綠竹覆清渠塵心日日疎使君遺癖在苦要讀文書

其四

水深冰亦厚滉蕩鋪寒玉好在水中魚何愁池上鶩

其五

空波放脩竹肅肅復冥冥莫除塢外笋從使入園生

其六

離披寒露下蕭索微風觸擢折有餘清縱橫未須束

其七

風高蓮欲衰霜重蓼初發會使此池中秋芳未嘗歇

其八

雲生如湧泉雲散如翻水百變一凭闌悠悠定誰使

其九

臺高天漢近疋練掛林端秋深霜露重誰見落西山

其十

夜色何蒼蒼月明尤未上不上倚城臺無奈東南嶂

其十一

動靜惟所遇仁智亦偶然誰見一物外猶有天地全

其十二

泉來草木滋泉去池塘滿委曲對庭除淸泠備晨盥

其十三

隱居亦非難欲少求易遂有意未成歸聊就茅簷試

其十四

林高日氣薄竹色淨如水寂歷斷人聲時有鳴禽起

其十五

處世欲無言事至或未可惟有此亭空燕坐聊從我

其十六

重露覆千花繁香凝畦圃不忍日將晞散逐微風去

其十七

虛亭面疎篁窈窕衆景聚更與坐中人行尋望來處

其十八

溪亭新雨餘秋色明滉瀁鳥度夕陽中魚行白石上

其十九

溪淺復通橋過者猶恨懶懶者沙上鷗常爲獨遊伴

其二十

春晚百花齊緜緜巧如織細雨洗還明輕風卷無迹

其二十一

觴流無定處客醉醒還酌毋令仲御歌空使人驚愕

其二十二

開花濁水中抱性一何潔朱檻月明時淸香爲誰發

其二十三

猗猗翠蔓長藹藹繁香足綺席墮殘英芳尊漬餘馥

其二十四

誰言使君貧已用谷量竹盈谷萬萬竿何曾一竿曲

其二十五

蘆深可藏人下有扁舟泊正似洞庭風日暮孤帆落

其二十六

野人三四家桑麻足生意試與叩柴荊言詞有餘味

其二十七

風梢遠篸合霜幹當窗淨遥知素壁上醉墨森相映與可畫竹冠絕當世

其二十八

葉如石楠堅實比霜柑大穿逕得新苞令公憶鱸鱠

其二十九

官是勸農官種桑亦其所安得陌上人隔葉攀條語

其三十

使君美且仁遍地種桃李豈獨放春花行看食秋子

前題　鮮于侁和

其一

千峯起華陽千水連天漢初月正沈鉤隱然飛兩岸

其二

三冬脩竹色六月芙蕖風軒窗復起處盡入菱花中

其三

朱門謝俗客幽[redacted]人澄瀾鑑止水高節看叢筠

其四

東西橫塘小積疊崑嶺玉潛鱗知幾何還待春風觸

其五

幽蹊入疎篁翠色連遠塢清夜天風來不隔鸞鳳語

其六

凝霜歷寒蘆白月鋪淨練誰起落梅聲愁人淚如霰

其七

盈枝紅欲滴照水色更好登臨正感秋何用催秋老

其八

壑山日在眼飛觀復看雲願似祟朝雨飄揚靜世氛

其九

臺外遶佳山臺中乘暇日齪齪絳守居徒勞夸紹述

其十

臺高上霄漢人遠絕囂紛秋中午夜靜萬里無纖雲

其十一

琴躋積翠外緜結窈窱間軒楹最佳處四顧惟江山

其十二

泉聲日淙琤池水深浩渺可愛主人心亭中狎鷗鳥

其十三

心休忘物我道勝一喧靜隱几度朝晡可嗟人畏影

其十四

亭小竹更密林幽人不知能教三伏景變作九秋時

其十五

物來言有應事去自言忘翛然一榻上聊可傲羲皇

其十六

葉上花露泣軒前紅日長遊風復誰為時送席間香

其十七

危檻試眺聽空翠如可把悄悄憂世心臨風一傾寫

其十八

湖源深可釀溪水清能照坐見落花來不知春色老

其十九

古遺　十三　晨風閣

溪橋入亭下杖屨可忘憂誰識釣璜翁有時拋直鈎

其二十

春歸閬風家巧入天匠手能將五色雲點綴當戶牖

其二十一

流水灣環來羽觴酬酢兢應有蘭亭篇邦人忍歌詠

其二十二

夏綠分照水秋香仍滿池吳宮誰教戰一一盡妖姬

其二十三

天香分外清玉色無奈白誰向瑤池遊依稀太眞宅

其二十四

嘽嘽藍田山山下多綠玉安得結茅茨林間許容足

其二十五

蒹葭向夕披湖水還詰曲誰言枉渚間亦有雙鴛宿

其二十六

深深惟使君草草學田舍持此歸與心隨時自蕭灑

其二十七

遠分穰下美移植使君園何人爲脩貢佳味上彤盤

其二十八

結庵已忘情植竹更端操超遙月牀上習靜誰能造

其二十九

城上望南園園深知幾許啼鳥聞關遊人不知處

其三十

朝陽動湖水春色入名園邑入千萬戶日日望朱幡

篔簹谷偃竹畫記　蘇軾

竹之始生一寸之萌耳而葉節具焉自蜩腹蛇蚹以至於劍拔十尋者生而有之也今畫者乃節節而爲之葉葉而累之豈復有竹乎故畫竹必先得成竹於胷中執筆熟視乃見其所欲畫者急起從之振筆直遂以追其所見如兎起鶻落少縱則逝矣與可之教予如此予不能然也而心識其所以然夫旣心識其所以然而不能然者內外不一心手不相應不學之過也故凡有見於中而操之不熟者平居了然而臨事忽焉喪之豈獨竹乎子由爲墨竹賦以遺與可曰庖丁解牛者也而養生者取之輪扁斲輪者也而讀書者與之今夫夫子之託於斯竹也而予以爲有道者則非耶子由未嘗畫也故得其意而已若予者豈獨得其意并得其法與可畫竹初不自貴重四方之人持縑素以請者足相躡於其門與可厭之投諸地而駡曰吾將以爲襪士大夫傳之以爲口實及與可自洋州還而余爲徐州與可以書遺余曰近語士大夫吾墨竹一派近在彭城可往求之襪材當萃於子矣書尾復寫一詩其畧曰擬將一段鵝谿絹掃取寒梢萬尺長予謂與可竹長萬尺當用絹二百五十匹知公倦於筆硯願得此絹而已與可無以答則曰吾言妄矣世豈有萬尺竹也哉余因而實之答其詩曰世間亦有千尋竹月落庭空影許長與可笑曰蘇子辯則辯矣然二百五十匹吾將買田而歸老焉因以所畫篔簹谷偃竹遺予曰此有數尺耳而有萬尺之勢篔簹谷在洋州與可嘗令予賦洋州三十詠篔簹谷其一也予詩云漢川脩竹賤如蓬斤斧何曾赦籜龍料得清貧饞太守渭濱千畝在胷中與可是日與其妻遊谷中燒筍晚食發函得詩失笑噴飯滿案元豐二年正月二十日與可没於陳州是歲七月七日予在湖州暴書畫見此竹廢卷而哭失聲昔曹孟德祭橋公文有車過腹痛之語而今亦載與可疇昔悲哭之言以見與可於予親厚無間如此也

朝奉郎守尚書虞部郎中知洋州事蔡交

武定新雄闕（皇朝建爲武定軍節度後改爲武康軍）豐盜舊奥墟（後魏爲豐盜郡西魏改爲洋州）地兼秦蜀美川會漢洋紆翠疊環封嶺清飛躍野渠安知下斜谷（上音耶下音浴）別得上華胥乾酒香村落（不入水者謂之乾酒）生金富里閭（地産金未冶者謂之生金）晴樓迎蝃蝀夜管送蟾蜍啼鳥澁幽塢芳花繡碧虛路飛遊女蓋（士女出遊人持一青繒小蓋飾以茸絲直有用珠璣編綴者）巷曳隱人裾陸會尋穿石（春時遊於瀆與求石之穿者以絲貫之取其宜春郡官以樂帳飲下同民歡謂之踏石）江遨揭聚魚（冬月用蒲藻養魚至臘日郡官泛舟於漢之鶊翁潭奏鼓樂揭而取之遊人縱觀謂之揭蒲）撣繳將藤解拆（蘇葛纏繳草木之時居人出而解之取解殃答纏繳之意因而有會謂之解繳）耗用穀驅除（正月十五日州人將五穀擲於寺觀中因而祓佛以祛禳虛耗謂之送耗）雙竹溪翁杖（一餘兩枝特爲怪異）柔芎坦戶蔬（以芎朮苗爲蔬茹）鎮留仙堉恨（神仙唐公房盡室昇天其堉會出不得借昇今其地有鎮謂之堉水鎮）嚴遂佛人居（北山有僧云善誦經其傳甚怪然其地絕勝今謂之念佛巖）滿市城都錦盈庠闕里書採茶鷲雉鷓（錦雞山鷓棲於林谷間）護橘趁狨狙（橘熟時多有狨猿所耗居人日夜驅之）俗洽庭無訟年穰廥有儲大資州將嬾貌與世賢疎統總材何有甘酣分已餘正宜心自怍更欲位誰如未執歸田耒猶乘集事車好於閑靜處積漸學樵漁

遊崇法法水二院　韓縝

久聞雲際山中有古招提新秋喜遠覽銳意窮攀躋出郭值微雨涼風曉淒淒坡陀越大嶺沙路靑無泥野沃稻田秀丰茸沿溝畦登岑復入谷漸過西山西舉首見華屋雙岸欝相携虛橋架煙靄峻闕排虹蜺下馬踏危級褰裳涉脩梯超然層閣外仰視穹蒼低俯眺亦何有森森喬木齊喧囂從吏語嘲哳鶯禽啼既飯復搜討林間得幽蹊巖阿訪靈跡大士嘗高棲古殿飽苔蘚丹青暗塵壁俯身踐危蹬側足緣深溪老樹陰彈黑風條亂蟬嘶懸泉洗陰壁石色如玻璃佳觀誠可戀遲留恐顛隮捫蘿出天險始免魂幹聧緩步淩巇嶮雙旌隨杖藜回瞻雨滿地已被煙雲迷頓轡下平陸晴川留馬啼新篁映碧宇野寺臨長隄乘倦駐歸策荒園步苔莢娑娑兩高樹磊落垂紅梨汲井漱甘液拂塵覩舊題出門尚斜日隱隱聞城鞞勝概已陳迹茫然失端倪爲詩託髣髴社友無訶詆

遊東山寺　韓縝

久有東林約因成暇日遊眼明初出谷神旺欲淩秋野曠鶩孤隼江淸颿遠鷗近山靑幛合多稼綠雲浮雞犬村相接溝塍水亂流渡橋喧從騎環樹對鳴騶問俗經堯壤尋僧到沃州深沈開寶闕旁薄枕華樹像設嚴珠殿經聲隱繹籌仰看香剎直徐步畫廊脩遍物皆周覽逢軒即少留前庭初顯豁後逕轉深幽對嶺靑鈎麗霜楓赤葉稠隔墻聞好鳥循沼玩遊鯈翠幹樓初剝紅芒稻半收淩虛登陛道周匝對岑樓暗谷藏危棧平林際別洲川原同聚米身世劇浮漚回首飄香思臨樽浣客

愁消閑賓善變勝概在寘捜影轉穠苴表凮生曲逆鶴
歸鞍不敢緩斜日照文楸

再遊東山寺

蜀師當日戍黄金此地由來險阻深濛水東流自紆直
秦山北望正嶔崟涼風肅物初秋意膏澤徯期但晝陰
同是天涯未歸客荒煙斜日更登臨

遊賈氏南園

江隄楊柳碧毵毵閑訪名園郡郭南隴麥生齊知雨足
海棠開遍覺春酣門前幽徑通芳穗竹裏虚亭對遠嵐
風物有情應笑我不携歌酒只淸談

陸士衡文賦云詩緣情而綺靡是詩欲靡麗煥爛也

山谷答王觀復云嘗讀杜子美到夔州後詩句法
簡易而大巧出焉是詩復貴簡易平淡也然則二
說孰從乎至哉東坡之言曰平淡乃絢爛之極也
以是知名輩宿學平日文采靡麗逮其水落石出
而後平淡簡易益造閫奥建安先生得句法於石
湖范公早以文章名今觀是詩如藍田之珍荆山
之璞不假雕琢而自爲至寶視夫奢者爲之錯以
金翠美質既雕良寶斯棄者異矣僧正顯刻之精
藍當山水淸絶處乃着此澄澹簡潔之語使人讀
之當有瀟然脱去世情之意者矣不亦佳哉
四月既望門生從事郎泮州州學學正張寅跋嘉

泰癸亥年也

古泮遺響集

南唐二主詞

南唐二主詞

應天長 後主云先皇御製歌詞墨蹟在晁公留家

一鉤初月臨妝鏡蟬鬢鳳釵慵不整重簾靜層樓迥惆悵落花風不定 柳堤芳草徑夢斷轆轤金井昨夜更闌酒醒春愁過郤病

望遠行

玉砌花光錦綉明朱扉長日鎮長扃夜寒不去寢難成爐香煙冷自亭亭 殘月秣陵砧不傳消息但傳情黃金窗下忽然驚征人歸日二毛生

浣溪沙 二首

手捲眞珠上玉鉤依前春恨鎻重樓風裏落花誰是主思悠悠 青鳥不傳雲外信丁香空結雨中愁囘首綠波三楚莫接天流 漫叟詩話云李璟有曲云手捲眞珠上玉鉤或改爲珠簾非所謂知音者

又

菡萏香銷翠葉殘西風愁起綠波間還與韶光共憔悴不堪看 細雨夢囘雞塞遠小樓吹徹玉笙寒多少淚珠無限恨倚闌干 馮延巳作謁金門曰風乍起吹皺一池春水中主曰干卿何事對曰未若陛下小樓吹徹玉笙寒也荆公問山谷江南詞何處最好山谷以一江春水向東流爲對荆公云未若細雨夢囘雞塞遠小樓吹徹玉笙寒又細雨濕流光最妙

虞美人 尊前集共八首後主煜重光詞也

春花秋葉何時了往事知多少小樓昨夜又東風故國不堪囘首月明中 雕闌玉砌依然在只是朱顏改問

君能有許多愁恰似一江春水向東流 許多一作幾多

烏夜啼

昨夜風兼雨簾幃颯颯秋聲燭殘漏滴頻欹枕起坐不能平 世事漫隨流水算來一夢浮生醉鄉路穩宜頻到此外不堪行

一斛珠

曉妝初過沈檀輕注些兒箇向人微露丁香顆一曲清歌暫引櫻桃破 羅袖裛殘殷色可杯深旋被香醪涴繡牀斜凭嬌無那爛嚼紅茸笑向檀郎唾

子夜歌

人生愁恨何能免銷魂獨我情何限故國夢重歸覺來雙泪垂 高樓誰與上長記秋晴望往事已成空還如一夢中

更漏子

金雀釵紅粉面花裏暫時相見知我意感君憐此情須問天 香作穗蠟成泪還似兩人心意珊枕膩錦衾寒夜來更漏殘

臨江仙

櫻桃落盡春歸去蝶翻金粉雙飛子規啼月小樓西畫簾珠箔惆悵卷金泥 門巷寂寥人去後望殘煙草低迷□□□□□□□□□□□□□

西清詩話云後主圍城中作此詞未就而城破嘗見殘稿點染晦昧心方危窘不在書耳 按實錄開寶

七年十月伐江南明年十一月破昇州此詞乃詠春決非城破時作然王師圍昇州既一年後主于圍城中春作此詞不可知方是時其心豈不危急

望江南

多少恨昨夜夢魂中還似舊時遊上苑車如流水馬如龍花月正春風 多少泪斷臉復橫頤心事莫將和泪說鳳笙休向泪時吹腸斷更無疑

清平樂

別來春半觸目柔腸斷砌下落梅如雪亂拂了一身還滿 雁來音信無憑路遙歸夢難成離恨恰如春草更行更遠還生

采桑子

庭前春逐紅英盡舞態徘徊細雨霏微不放雙眉時暫開 綠窗冷靜芳英斷香印成灰可奈情懷欲睡朦朧入夢來

喜遷鶯

曉月墮宿雲微無語枕憑欹夢回芳草思依依天遠雁聲稀 啼鶯散餘花亂寂寞畫堂深院片紅休掃儘從伊留待舞人歸

蝶戀花 見尊前集本事曲以為山東李冠作

遙夜亭皐閒信步乍過清明早覺傷春暮數點雨聲風約住朦朧淡月雲來去 桃李依依春暗度誰在秋千笑裏低低語一片芳心千萬緒人間沒箇安排處

烏夜啼

林花謝了春紅太匆匆無奈朝來寒雨晚來風　臙脂淚留人醉幾時重自是人生長恨水長東

長相思 曾端伯集雅詞以爲孫霄之作非也

雲一緺玉一梭澹澹衫兒薄薄羅輕顰雙黛螺　秋風多雨相和簾外芭蕉三兩窠夜長人奈何

搗練子令 出蘭畹曲令

深院靜小庭空斷續寒砧斷續風無奈夜長人不寐數聲和月到簾櫳 此詞見西清詩話

浣溪沙

紅日已高三丈透金爐次第添香獸紅錦地衣隨步皺

佳人舞點金釵溜酒惡時拈花蕊嗅別殿遙聞簫鼓奏

菩薩蠻 見尊前集杜壽域詞亦有此篇而文稍異

花明月暗籠輕霧今宵好向郎邊去剗襪步香堦手提金縷鞋　畫堂南畔見一向偎人顫奴爲出來難教郎恣意憐

望江梅

閒夢遠南國正芳春船上管絃江面淥滿城飛絮輥輕塵忙殺看花人　閒夢遠南國正清秋千里江山寒色遠蘆花深處泊孤舟笛在月明樓

菩薩蠻

蓬萊院閉天台女畫堂晝寢人無語拋枕翠雲光綉衣聞異香　潛來珠瑣動驚覺銀屏夢臉慢笑盈盈相看無限情

又

銅簧韻脆鏘寒竹新聲慢奏移纖玉眼色暗相鉤秋波橫欲流　雨雲深綉戶未便諧衷素讌罷又成空魂迷春夢中

阮郎歸 呈鄭王十二弟後有隸書東宮府書印

東風吹水日銜山春來長是閑落花狼籍酒闌珊笙歌醉夢間　珮聲悄晚妝殘憑誰整翠鬟留連光景惜朱顏黃昏獨倚闌 南詞本漏此闋從侯刻名家詞補

浪淘沙 傳自池州夏氏

往事只堪哀對景難排秋風庭院蘚侵堦一任珠簾閒不捲終日誰來　金瑣已沈埋壯氣蒿萊晚涼天淨月華開想得玉樓瑤殿影空照秦淮

采桑子 二詞墨跡在王季宮判院家

轆轤金井梧桐晚幾樹驚秋晝雨新愁百尺蝦鬚在玉鉤　瓊窗春斷雙蛾皺回首邊頭欲寄鱗游九曲寒波不泝流

虞美人

風迴小院庭蕪綠柳眼春相續凭闌半日獨無言依舊竹聲新月似當年　笙歌未散尊前在池面冰初解燭

明香暗畫樓深滿鬢清霜殘雪思難任

玉樓春 已後二詞傳自曹功顯節度家云墨跡舊在京師梁門外李王寺一老尼處故徹難讀

晚妝初了明肌雪春殿嬪娥魚貫列笙簫吹斷水雲間重按霓裳歌徧徹 臨春誰更飄香屑醉拍闌干情味切歸時休放燭光紅待踏馬蹄淸夜月

子夜歌

尋春須是先春早看花莫待花枝老縹色玉柔擎醅浮盞面□□二字磨滅不可認疑是何妨字頻笑粲禁苑春歸晚同醉與閒平詩隨羯鼓成

謝新恩 已下六首眞跡在孟郡王家

南唐　六　晨風閣

金窗力困起還慵 餘缺

秦樓不見吹簫女空餘上苑風光粉英含蕊自低昂東風惱我才發一衿香 瓊窗夢□留殘日當年得恨何長碧闌干外映垂楊暫時相見如夢懶思量

櫻花落盡堦前月象牀愁倚薰籠遠似去年今日恨還同 一 雙鬟不整雲憔悴淚沾紅抹胸何處相思苦紗窗醉夢中

庭空客散人歸後畫堂半掩珠簾林風淅淅夜厭厭小樓新月回首自纖纖下缺春光鎭在人空老新愁往恨何窮下缺一聲羌笛驚起醉怡容

櫻花落盡春將困秋千架下歸時漏暗二字又疑是滿階斜月遲遲花在枝缺十二字徹曉紗窗下待來君不知

冉冉秋光留不住滿堦紅葉暮又是過重陽臺榭登臨處茱萸香墜 一 紫菊氣飄庭戶晚煙籠細雨嗈嗈新雁咽寒一作愁聲愁恨年年長相似

破陣子

四十年來家國三千里地山河鳳閣龍樓連霄漢玉樹瓊枝作煙蘿幾曾識干戈 一旦歸爲臣虜沈腰潘鬢銷磨最是倉皇辭廟日教坊猶奏別離歌垂淚對宮娥東坡云後主既爲樊若水所賣舉國與人故當慟哭于九廟之外謝其民而後行顧乃揮淚宮娥聽教坊離曲哉

浪淘沙令

南唐　七　晨風閣

簾外雨潺潺春意闌珊羅衾不耐五更寒夢裏不知身是客一餉貪歡 一 獨自莫凭欄無限關山別時容易見時難流水落花春去也天上人間西淸詩話云後主歸朝每懷江國且念嬪妾散落鬱鬱不自聊遂作此詞含思淒婉未幾下世

右南詞本南唐二主詞與常熟毛氏所鈔無錫侯氏所刻同出一源猶是南宋初輯本殆卽直齋書錄解題所著錄宋長沙書肆所刊行者也直齋云卷首四闋應天長望遠行各一浣溪沙二中主所作重光嘗書之墨跡在盱江晁氏今此本正同又注中引曹功顯節度孟郡王會端伯諸人案功顯曹勛字宋史勛本傳以紹興二十九年拜昭信軍

節度使孝宗朝加太尉提舉皇城司開府儀同三司淳熙元年卒贈少保又外戚傳孟忠厚以紹興七年封信安郡王紹興二十七年卒曾端伯慥亦紹興時人以此數條推之則編輯者當在紹興之季曹功顯已拜節度之後未加太尉之前也且半從眞跡編錄尤爲可據故如式寫錄另爲補遺及校勘記附後諸本得失覽者當自得之宣統改元春三月海甯王國維記

南唐二主詞終

南唐二主詞補遺

浣溪沙

風壓輕雲貼水飛乍晴池館燕爭泥沈郎多病不勝衣　沙上未聞鴻雁信竹間時有鷓鴣啼此情唯有落花知

又　別見珠玉詞

一曲新詞酒一杯去年天氣舊亭臺夕陽西下幾時回　無可奈何花落去似曾相識燕歸來小園香徑獨徘徊　上二闋見草堂詩餘題中主作

烏夜啼

無言獨上西樓月如鉤寂寞梧桐深院鎖清秋　剪不斷理還亂是離愁別是一般滋味在心頭　見花庵詞選以下皆後主作

更漏子　大石調　花間集花庵詞選均作温庭筠

柳絲長春雨細花外漏聲迢遞驚塞雁起城烏畫屏金鷓鴣　香霧薄透重幙惆悵謝家池閣紅燭背繡帷垂夢長君不知　見尊前集

長相思　別見鄧肅栟櫚詞

一重山兩重山山遠天高煙水寒相思楓葉丹　菊花開菊花殘塞雁高飛人未還一簾風月閒　見草堂詩餘

柳枝

風情漸老見春羞到處芳魂感舊遊多謝長條似相識

强垂煙穗拂人頭墨莊漫錄云後主書此詞于黃羅扇上賜宮人慶奴寶柳枝詞也故錄于此

後庭花破子

玉樹後庭前瑤草妝鏡邊去年花不老今年月又圓莫教偏和月和花天教長少年陳暘樂書云後庭花破子李後主馮延巳相率為之其詞如上但不知李作抑馮作也

三臺令

不寐倦長更披衣出戶行月寒秋竹冷風切夜窗聲見歷代詩餘引古今詞話

搗練子

雲鬟亂晚妝殘帶恨眉兒遠岫攢斜託香腮春筍嫩為誰和淚倚闌干見詞林萬選

浣溪沙別見陽春集

轉燭飄蓬一夢歸欲尋陳跡悵人非天教心願與身違待月池臺空逝水映花樓閣謾斜暉登臨不惜更霑衣見全唐詩歷代詩餘

漁父

浪花有意千重雪桃李無言一隊春一壺酒一竿身世上如儂有幾人

又

一櫂春風一葉舟一綸繭縷一輕鉤花滿渚酒滿甌萬頃波中得自由右二闋見全唐詩歷代詩餘筆意凡近疑非後主作也彭文勤五代史注引翰府名談張文懿家有春江釣叟圖衛賢畫上有李後主漁父詞二首云云此即全唐詩歷代詩餘之所本但字句小有不同茲從五代史注所引改正

南唐二主詞補遺

補遺　三　晨風閣

南唐二主詞校勘記

第一闋應天長　此闋別見馮延巳陽春集歐陽修六一詞　一鉤六一詞作一彎　初月陽春集作新月　妝鏡陽春六一並作鸞鏡　蟬鬢並作雲鬢　重簾並作珠簾　層樓並作重樓　柳堤芳草徑夢斷轆轤金井並作綠煙低柳徑何處轆轤金井　過却病並作勝却病

第二闋望遠行　玉砌花庵詞選作碧砌　錦綉明作照眼明　夜寒不去寢難成作餘寒欲去夢難成　殘月秣陵砧作遼陽月秣陵砧

第三闋浣溪沙　尊前集花庵詞選均題後主作草堂

詩餘則題歐陽修作　重樓尊前作眉頭　三楚花庵草堂均作三峽唯尊前與此本同

第四闋浣溪沙　尊前花庵草堂均題後主作　韶光宣和書畫譜作容光　雞塞遠作清漏永　多少淚珠無限恨作簌簌淚珠多少恨　無限恨尊前花庵草堂均作何限恨

第五闋虞美人秋葉尊前草堂均作秋月唯花庵作秋葉與此本同　小樓馬令南唐書作小園　回首南唐書作翹首　依然在花庵草堂均作應猶在　問君能有許多愁尊前作不知都有幾多愁花庵作問君還有幾多愁草堂作問君都有幾多愁四本各不同唯後山詩話引此詞作問君能有幾多愁與此本注正合

第六闋烏夜啼　明顧梧芳所刻尊前集無此闋

第七闋一斛珠　曉妝全唐詩歷代詩餘均作晚妝

第八闋子夜歌　夢重歸馬令南唐書作夢初歸

第九闋更漏子　花間集題溫庭筠作　珊枕花間作山枕　夜來作覺來

第十闋臨江仙　金粉耆舊續聞作輕粉　畫簾珠箔惆悵卷金泥作玉鉤羅幕惆悵暮煙垂　門巷寂寥人去後作別巷寂寥人散後　低迷二字下有爐香閒裊鳳凰兒空持羅帶回首恨依依十六字

第十一闋望江南　尊前集分作二闋　和淚說全唐詩作和淚滴　淚時吹作月明吹

第十三闋採桑子　庭前尊前集作亭前　霏微作霏霏　芳英作芳音

第十四闋喜遷鶯　宿雲尊前集作宿煙

第十五闋蝶戀花　此闋花庵詞選亦題李冠後山詩話云王介甫謂雲破月來花弄影不如李冠朦朧淡月雲來去亦以此闋為冠作唯尊前作李後主此本實襲尊前之誤耳　早覺花庵作漸覺　桃李依依春暗度尊前作桃杏依依風暗度花庵作桃杏依稀香暗度　笑裏尊前作影裏　低低花庵作輕輕

一片芳心花庵作一寸相思

第十六闋烏夜啼　留人醉全唐詩歷代詩餘均作相留醉

第十七闋長相思　孫霄之樂府雅詞作孫肖之　一緺作一撝　雨相和全唐詩歷代詩餘均作雨如和

第十八闋搗練子令　蘭畹曲令王灼碧雞漫志卷二蘭畹曲會孔甯極先生之子方平所集此本作曲令義較曲會爲長　詞苑叢談李重光深院靜小令升庵云詞名搗練子即咏搗練也復有雲鬟亂一篇其詞亦同衆刻無異嘗見一舊本則俱係鷓鴣天二詞之前各有半闋共雲鬟亂一闋云節氣雖佳景漸闌

吳綾已皺越羅寒朱扉日暮隨風掩一樹藤花獨自看雲鬟亂下略　其深院靜一闋云塘水初澄似玉容所思還在別離中誰知九月初三夜露似珍珠月似弓深院靜小庭空下略　云云維案可憐九月初三夜露似珍珠月似弓此樂天暮江吟後二句見白氏長慶集卷十九後主不應全襲之且鷓鴣天下半闋平仄亦與搗練子不合顯係明人贋作徐氏信之誤矣

第二十闋菩薩蠻　奴爲出來難尊前集作好爲出來難

第二十一闋望江梅　望江梅全唐詩歷代詩餘均作望江南并分作二闋

第二十三闋菩薩蠻　未便諧衷素全唐詩歷代詩餘均作來便諧衷素

第二十四闋阮郎歸　呈鄭王十二弟　此闋別見陽春集六一詞唯草堂題後主作　呈鄭王十二弟後有隸書東宮府書印按五代史南唐世家從益封鄭王在後主即位之後此既云呈鄭王復有東宮府印殊不可解不知史誤抑手跡僞也　吹水六一詞作臨水　落花陽春集作林花　珮聲悄陽春六一草堂均作春睡覺　憑誰均作無人　獨倚闌草堂作人倚闌

第二十五闋浪淘沙　一任全唐詩歷代詩餘均作一桁　金瑣均作金劍

第二十六闋採桑子　新愁草堂作和愁全唐詩歷代詩餘作如愁　在玉鉤均作上玉鉤

第二十七闋虞美人　尊前全唐詩歷代詩餘均作尊罍思難任全唐詩作思難禁

第二十八闋玉樓春　情味切草堂作情未切　燭光作燭花

第二十九闋子夜歌　盞面□歷代詩餘作盞面清　□□頻笑粲作何妨頻笑粲　閒平作閒評　羯鼓作疊鼓

第三十闋謝新恩　金窗力困起還慵七字據全唐詩歷代詩餘當在第三十四闋新愁往恨何窮句之下

誤脫于此

第三十一闋　此首實臨江仙調

第三十三闋　此亦臨江仙調　全唐詩歷代詩餘何

窮二字下有金窗力困起還慵七字

第三十五闋　歷代詩餘不分作二疊

第三十六闋破陣子　垂淚對宮娥容齋隨筆作揮淚

對宮娥

第三十七闋浪淘沙令　不耐花庵草堂均作不暖

關山均作江山　春去也花庵作歸去也　西清詩

話所載與此本全同

南唐二主詞校勘記終

平園近體樂府

晨風閣叢書

宋 周必大

朝中措

二老堂會七兄樂語 戊午

伏以履道七八之宴播唐代之詩章耆英諸老之游形聖朝之圖畫眷茲二難之集居然四美之并睎洛汭之高風作廬陵之佳話恭維致政提舉監丞致政少傅國公世傳素業仕偶清時戎監銓曹內同超於閶闔州麾使節外俱綰於絲綸念異時襲皁布以起家喜今日掛衣冠而居里聞一得三遠其子懷哉學禮於童蒙踰七望八孰非翁幸矣得年於大耋乃迎長至爰秩初筵芟堂之酒新篘梅塢之花對插莫問三山五竺此會何如庶幾四皓二疏其風未墜某等雖居下里窮仰高明不度蕪才敢呈口號

早似機雲入帝鄉晚如廣受出咸陽舊游應憶魚同隊倦翼還欣雁著行甲子八百九十朔醉鄉三萬六千場新陽漸漏春消息二老風流日月長

乘成臺上曉書雲黃色映天庭已謝浮名浮利也知來應長生 邊庭卧鼓餘糧棲畝朝野歡聲從此四時八節兄弟常醉金觥

滿庭芳

子中兄自安仁遺書云將以重九登高祝融峯且有借瓊堀霞裾之語戲往一闋以

嘲解
天壤茫茫人心殊觀未免因欠思餘太山邱垤同載一
方輿那更長沙下溼祝融峯纔比吾廬秋風冷攀緣汗
浹應歎苦區區　登高聊爾耳何須蠟屐誰暇膏車默
存處清都宛在須臾笑約乘鸞羽客窺倒景拊掌崎嶇
歸來把萸囊菊盞一為洗泥塗

謁金門（和從周宣教韻祝千歲壽請呼段馬二生歌之）
梅乍吐趁壽席香風度人與此花俱獨步風流天付與
好在青雲岐路願共作和羹侶歸訪赤松辭萬戶鶯
花猶是主

點絳脣（葛守坐上出此詞道思歸之意走筆次其韻）
報答風光滿傾瓊液休思睡亂鶯聲碎來往甘棠底
聞道中和深簡君王意歸舟起到時應是玉殿槐交翠

又
醉上蘭舟羨他沙暖鴛鴦睡月波金碎愁海深無底
太守新詞解釋無窮意高歌起浮雲開事渾付煙中翠

又（赴池陽郡會坐中見梅花賦○丁亥九月己丑）
踏白江梅大都玉骨酥凝就雨肥霜逗癡了閨房秀
莫待冬深雪壓風欺後君知否却嫌伊瘦仍怕伊僝僽

又（七夕趙富文出家姬小瓊再賦）
秋夜乘槎客星容到天孫渚眼波微注將謂牽牛渡
見了還非重理霓裳舞都無誤幾年一遇莫訝周郎顧

朝中措（賤生之日蒙季懷示朝中措新詞今借嚴韻以侑壽斝敬述雅志非敢效祝詞也○戊子）
月眉新畫露珠圓今夕正相鮮（見杜詩）　欲導唐家誕節先
生漢相韋賢　懸知此去鶯遷春谷鶚在秋天班首算
來旬歲狀頭看取明年

又（胡季懷以朝中措為壽八月四日復次其韻季懷常以宰相自期故每戲之○己丑）
九重深念朔庭空良弼夢時中（季懷有時中堂）擢第難遵常制
集巖直繼高風　明年東府金釵珠履列鼎鳴鐘良醞
儀分焦革早來休浸曹公（季懷近送酒如醽詰之則云秫名早禾酸）

醉落魄（次江西帥吳明可韻○庚寅四月）
山川迴別赤城自古雄東越鍾英儲秀簪紳列何事黃
扉殊未相黃髮　如今袞職那容缺人心恰與天時合
看看爭號彤庭發初破天荒留與後來說（明可台州人自云近世未有二府）

又
才高句傑飛黃却應鸞和節新詞聊卷波瀾闊泉玉淙
琤猶不比清切　相逢未穩愁相別南園煙草南樓月
陽關西出重吹徹垂柳新栽盃恐便攀折（明可新創南園）

西江月（暮春魯氏坐上次胡邦衡韻）
三月羣賢畢集一天五馬生光傳觴擊鼓底匆忙畫鷁
將飛江上　魯國方虛兩社齊人要復侵疆延英引對
上東廊應念幽人相望

又再賦送行

藉甚新除刺史歸然魯殿靈光詔書催發櫂謳忙沙路從今穩上　有喜刊除戎索無勞遠撫閩疆日高龍影轉槐廊想見淸光注望

汲古毛氏刊益公樂府草率殊甚至以點絳脣二闋前後疊合爲一闋殊堪捧腹茲以益公大全集校正開卷朝中措詞前有樂語及口號并補刻之番禺沈宗畸

平園近體樂府

後村別調

後村別調

目録

後村別調目録終

後村別調

宋　劉克莊

滿江紅 夜雨涼甚忽動從戎之興

金甲琱戈記當日轅門初立磨盾鼻一揮千紙龍蛇猶溼鐵馬曉嘶營壁冷樓船夜渡風濤急有誰憐猨臂故將軍無功級　平戎策從軍什零落盡慵收拾把茶經香傳時時温習生怕客談榆塞事且教兒誦花間集嘆臣之壯也不如人今何及

又 二月二十四夜飲海棠花下作

老子年來頗自許心腸鐵石尙一點消磨未盡愛花成癖愌惱每嫌寒勒住丁寍莫被晴烘拆奈暄風烈日太無情如何得　張晝燭頻頻惜憑素手輕輕摘更一番雨過彩雲無迹今夕不來花下飲明朝空向枝頭覓對殘紅滿院杜鵑啼添愁寂

又 范尉梅谷

赤日黃埃夢不到清溪翠麓空健羨君家別墅幾株幽獨骨冷肌清偏要月天寒日暮尤宜竹想主人杖屨遶千迴山南北　寍委澗嫌金屋寍映水羞銀燭歎出羣風韻背時裝束競愛東鄰姬傅粉誰憐空谷人如玉笑林逋何遜漫爲詩無人讀

又 送宋惠父入江西幕

滿腹詩書餘事到穰苴兵法新受了烏公書幣著鞭垂發黃紙紅旗喧道路黑風青草空巢穴向幼安宣子頂頭行方奇特　谿峒事聽儂說龔遂外無長策便獻俘非勇納降非怯帳下健兒休盡鋭草間赤子俱求活到崆峒快寄凱歌來寬離別

又

落日登樓誰管領倦游狂客待喚起滄浪漁父隔江吹笛看水看山身尙健憂晴憂雨頭先白對暮雲不見美人來遥天碧　山中鶴應相憶沙上鷺渾相識想石田茆屋草深三尺空有鬢如潘騎省斷無面見陶彭澤便倒傾海水浣衣塵難湔滌

又 送王實之

天壤王郎數人物方今第一談笑裏風霆驚座雲煙生筆落落元龍湖海氣琅琅董相天人策問如何十載尙青衫諸侯客　易愛底些官職難保底些名節擬閉門投轄劇談三日疇昔評君天下寳當爲天下蒼生惜向臨分慷慨出商聲摧金石

又 壽王實之

鶴馭來時長占定一年清絶九萬里纖雲收盡帝青空闊月露偏爲丹桂地風霜欲放黃花節聽玉笙縹緲度緱山吹初徹　曾直把龍鱗批曾戲取鯨牙拔向絳河濯足咸池晞髮俗子底量吾輩事天仙不在臞儒列世豈無瑤草與蟠桃堪攀掇

又和王實之韻送鄭伯昌
怪雨盲風留不住江邊行色煩問信冥鴻高士釣鰲詞
客千百年傳吾輩話二三子繫斯文脈聽王郎一曲玉
簫聲淒金石　晞髮處恰山碧垂釣處滄溟白笑而今
拙宦它年遺直只願長留相見面未宜輕屈平生膝有
狂談欲吐且休休驚鄰壁

又四首並和實之
往日封章曾聳動君王玉色今似得三閭公子四明狂
客古不能箝言者口天方欲壽中朝脈算人間豈有病
無醫須鍼石　年冉冉袍猶碧心耿耿頭先白笑臣舒
迂緩臣山愚直拂袖歸來羞炙手望塵拜了難伸膝把

富春瀨與首陽山圖齋壁

又
三黜歸來飯蔬食渾無慍色中年後家如旅舍身如行
客軒冕豈非疣贅具煙霞已是膏肓脈有些兒隙地更
疏泉堆卷石　鄰媼餉新蔬碧溪友賣鮮鱗白向陳編
冷笑孔明元直俗事不教汙兩耳燕居聊可盤雙膝取
當年行腳一枝筇懸高壁

又
疇昔臚傳仗下奏祥雲五色何況是西山弟子鶴山賓
客上帝照臨忠義膽老師付受文章脈問此君鬅鬙似
何人徂徠石　園官菜登盤碧田舍米翻匙白懶投詩

見素寄書約直德耀不嫌爲隱髻龜兒已解搖吟膝有
誰憐給札老相如家徒壁

又
下見西山料它日面無慚色君記取不爲呂黨亦非秦
客檜有十客有意挽回當世事無方延得諸賢脈笑海波渺
渺幾時平空啣石　園五畝紛紅碧家四世傳清白任
天孫笑拙女嬃嫌直老去何煩援以手向來不要加諸
膝待深山深處著茆齋看青壁

又壽唐夫人
八十加三人盡訝還童返少爭信道夜春曉織總曾經
了凜凜共姜當日誓諄諄孟母平生教到如今象服擁

魚軒天之報　如船藕如瓜棗斑衣舞金鐘酹望秋宵
一點老人星照塵世少如孃福壽上蒼知得兒忠孝待
看它孫子又生孫添懷抱

又和吳叔永尚書時吳喪少子
著破青鞵渾不憶蹋它龍尾更冷笑癡人擘劃二三百
歲殤子彭籛誰壽夭靈均漁父爭醒醉向江天極目羨
禽魚悠然矣　杯中物姑停止牀頭易都拋廢慨事常
八九不如人意白雪調高尤協律落霞語好終傷綺待
煩公老手一摩挲文公記

風入松福清道中作
橐泉夢斷夜初長別館淒涼細思二十年中事歎人琴

已矣俱亡改盡潘郎鬢髮銷殘荀令衣香　多年布被
冷如霜到處同牀簫聲一去無消息但回首天海茫茫
舊日風煙草樹而今總斷人腸

又同前

歸鞍尚欲小徘徊逆境難排人言酒是銷憂物奈病餘
孤負金罍蕭瑟搗衣時候淒涼鼓缶情懷　遠林搖落
晚風哀野店猶開多情惟是燈前影伴此翁同去同來
逆旅主人相問今迴老似前迴

又癸卯至石塘追和十五年前韻

殘更難睚抵年長曉月淒涼芙蓉院落深深閉歎芳卿
昔在今亡絕筆無求凰曲癡心有返魂香　起來休鑷

鬢邊霜半被堆牀定歸兜率蓬萊去奈人間無路茫茫
緣斷漫三彈指憂來欲九迴腸

又同前

攀翻宰樹暫徘徊草草安排昔人徒步陳雞絮愧公家
僕馬觥罍華表舊愁滿目黃粱殘夢傷懷　欲將莊列
等歡哀對卷慵開憑高指點虛無路問何年遼鶴歸來
宿酒得風漸解小輿待月同迴

水龍吟己亥自壽

年年歲歲今朝左弧懸罷渾無事吾衰久矣我辰安在
老之將至懶寫京書怕看除目敗人佳思把東籬掩定
北窗開了悠然酌頹然睡　客有過門投贄道先生訪

華胥氏誰能辛苦陪它綺語記它奇字屈指先賢戴花
老監豈其苗裔待異時約取覓夫彥國入耆英會

又

先生放逐方歸不如前輩抽身早臺郎舊秩看來俗似
散人新號起舞非狂行吟非怨高眠非傲歎終南捷徑
太行盤谷用卿法從吾好　閉了草廬長嘯後將軍來
時休報牀頭書在古人出處今人非笑製箇淡詞呷些
薄酒野花簪帽願雲臺任滿又還因任賓汾陽考

又自和前韻

病翁一榻蕭然劉屏山號病翁不知世有歡娛事雀羅庭院載
醪客去催租人至報答秋光要些酒量要些詩思奈長

鯨罷吸寒蛩息響茶甌外惟貪睡　窮巷幸無干贄或
相過莫知誰氏柴門草戶闕人守舍任伊題字自和山
歌國風之變離騷之裔待從今向去年年強健插花高
會

又

平生酷愛淵明偶然一出歸來早題詩信意也書甲子
也書年號陶侃孫兒孟嘉甥子疑狂疑傲與柴桑樵牧
斜川魚鳥同盟後歸于好　除了登臨吟嘯事如天莫
相諮報田園閒靜市朝翻覆回頭堪笑節物催人東籬
把菊西風吹帽做先生處士一生一世不論資考

浪淘沙旅況

紙帳素屏遮全似僧家無端霜月闖窗紗喚起玉關征戍夢幾疊寒笳　歲晚客天涯短髮蒼華今年衰似去年些詩酒新來都減價孤負梅花

又

疊嶂碧周遮游子思家掩藏白髮賴烏紗落日倚樓千萬恨社鼓城笳　老去淡生涯虛擲年華臘茶孟子太清些待得癡兒公事畢謝了梅花

又（丁未生日）

去歲詣公車天語勤渠絳紗玉斧照寒儒恰似昔人曾夢到帝所清都　骨相太清臞謫墮須臾今年黃敕換稱呼只爲此翁霜鬢禿老不中書

又

早歲類寒蛩晚節遭逢會開黃卷侍重瞳歸去青藜光照牖階藥翻紅　出晝頗匆匆主眷猶濃除官全似紫陽翁（寳文）漳州換箇新銜頭面改又似包公（辭郡得小龍）

念奴嬌（水犀）

繞籬尋菊菊猶遲舍北芙蓉渾未卻是小山叢桂裏一夜天香飄墜約束奴兵丁甯稚子莫掃青苔砌風高露冷倚闌疑匪人世　客有載酒過予朗吟招隱洗盡悲秋意白髮長官窮似蝨剛被天公調戲徧地堆金滿空雨粟不濟淵明事殘英賸馥明朝猶可同醉

又（菊花）

老夫白首尙兒嬉廢圃一番料理餐飲落英并墜露重把離騷拈起野豔幽香深黃淺白占斷西風裏飛來雙蝶繞叢欲去還止　嘗試詮次羣芳梅花差可伯仲之間耳佛說諸天金色界未必莊嚴如此尙友靈均定交元亮結好天隨子籬邊坡下一杯聊泛霜蕊

又（壬寅生日）

比如去歲前年今朝差覺門庭靜玉軸錦標無一首知道先生還佞假使文殊攜諸菩薩來問維摩病無花堪散亦無香積齋襯　回首雪浪驚心黃茆過頂瘴毒如炊甑山鬼海神俱長者饒得書生窮命不慕飛仙不貪成佛不要鑽天令年年今日白頭母子家慶

六州歌頭（牡丹）

維摩病起兀坐等枯株清晨裏誰來問是文殊遣名姝奪盡羣芳色浴纔出醒初解千萬態嬌無力困相扶絕代佳人不入金張室卻訪吾廬對茶鐺禪榻笑殺此翁癯瑤砌金壺始消渠　憶承平日繁華事修成譜寫成圖奇絕甚歐公記蔡公書古來無一自京華隔問姚魏竟何如多應是彩雲散刼灰餘野鹿啣將花去空回首河洛邱墟漫傷春弔古夢繞漢唐都歌罷欷歔

沁園春（夢方孚若）

何處相逢登寶釵樓訪銅雀臺喚廚人斫就東溟鯨膾圉人呈罷西極龍媒天下英雄使君與操餘子誰堪共

酒杯車千乘載燕南代北劍客奇材　飲酣鼻息如雷誰信被晨雞催喚回歎年光過盡功名未立書生老去機會方來使李將軍遇高皇帝萬戶侯何足道哉推衣起但悽涼感舊慷慨生哀

又 送包尉

我羨君歸一路秋風芙蓉木犀想慈顏望久靈烏乍噪新眉畫就郎馬頻嘶忙脫征衫快呼斗酒細與家人說建谿情知道這中年懷抱生怕分攜　丈夫南北東西歷笑殺離筵粉淚啼悵佳人來未碧雲冉冉王孫去後芳草萋萋明日相思山長水複古道人稀茆店雞元龍老有高樓百尺誰共登梯

又 寄鍾賢良

我夢見君帶飛霞冠著宮錦袍與牧之高會齊山風月謫仙同載采石雲濤萬卷星羅千篇電掃不學窮兒賦楚騷掀髯處有魚龍起舞狐兎悲嘷　英雄埋沒蓬蒿暗摸索當年劉與曹歎事機易失功名難偶誅茅西崦種秫東皐柵有雞豚庭無羔雁不是先生索價高人間稽待相期海上共摘蟠桃

又 贈孫季蕃

歲暮天寒一見飄然幅巾布裘儘侵雲烏道躋攀絕頂拍天鯨浸笑傲中流疇昔期君紫髯鐵面生子當如孫仲謀誰知道到中年猶未建節封侯　南來萬里何求

因感慨喬公成遠遊悵名姬駿馬都如昨夢隻雞斗酒誰到新邱天地無情功名有數千古英雄只麼休平生獨羊曇一箇淚灑西州

又 寄九華葉賢良

一卷陰符二石硬弓百斤寶刀更玉花驄噴鳴鞭電抹烏絲闌展醉墨龍跳牛角書生虬鬚豪客談笑皆從折簡招依稀記曾請纓係粵草檄征遼　當年目視雲霄誰信道淒涼今折腰悵燕然未勒南歸草草長安不見北望迢迢老去胸中有些磊塊歌罷猶須著酒澆休休也但帽邊鬢減鏡裏顏凋

摸魚兒 賞海棠

甚春來冷煙淒雨朝朝遲了芳信驀然作暖晴三日又覺萬株嬌困天怎忍潘令老不成也沒看花分才情減盡悵玉局飛仙石湖絕筆孤負這風韻　傾城色懊惱佳人薄命牆頭岑寂誰問東風日暮無聊賴吹得胭脂成粉君細認花共酒古來二事天猶吝年光去迅漫綠葉成陰蒼苔滿地做取異時恨

又 感歎

怪新來倚樓看鏡清狂渾不如舊暮雲千里傷心色那更亂蟬疏柳凝望久愴故國百年漢闕誰回首功名大謬歎采藥名山讀書精舍此計何時就　封侯事久矣輸人妙手扁舟聊作漁叟高冠長劍都閒物世上切身

惟酒千載後君試看拔山扛鼎俱烏有英雄骨朽問顧
曲周郎而今還解來聽小詞否

賀新郎 鬱孤臺

絕頂規危榭跨高寒鳥飛不過雲生其下斤斲無聲人
接堵翁忽青紅變化覽城郭山川如畫閣老鳳樓修造
手笑談閒突出淩雲厦臺上景買無價　唾壺麈尾登
臨暇似當年文章太守歐陽公也傾倒贛江供硯滴判
斷雪天月夜更喚取鄒枚司馬銅雀淩歊歌舞罷訪殘
磚斷甓無存者餘翰墨被風雅

又 春景

動地東風起畫橋西繞溪桑柘漫山桃李寂寂牆陰蒼

苔路猶印前回屐齒驚歲月飈馳雲駛太息攀翻長亭
樹是先生手種今如此君不樂欲何俟　傍人錯會淵
明意笑斯翁皇皇汲汲登山臨水佳處徑呼籃輿去彷
彿柴桑栗里從我者門生兒子嘗試平章先賢傳屈原
醒不似劉伶醉判茗芋臥花底

又 芍藥

一夢揚州事畫堂深金瓶萬朵元戎高會座上祥雲層
層起不減洛中姚魏歎別後關山迢遞國色天香何處
在想東風猶憶狂書記驚歲月一彈指　數枝清曉煩
馳騎向小窗依稀重見蕪城佳麗料得花憐儂消瘦儂
亦憐花憔悴漫悵望竹西歌吹老矣應無騎鶴日但春

衫點點當時淚那更有舊情味

又 送陳子華赴真州

北望神州路試平章這場公案向誰分付記得太行兵
百萬曾入宗爺駕御今把作握蛇騎虎君去東京豪傑
喜看投戈下拜真吾父談笑裏定齊魯　兩淮蕭索惟
狐兔問當年祖生去後有人來否多少新亭揮淚客不
夢中原塊土這事業須由人做堪笑書生心膽怯向車
中閉置如新婦空目送塞鴻去

又 端午

深院榴花吐畫簾開絺衣紈扇午風清暑兒女紛紛新
結束時樣釵符艾虎早已有游人觀渡老大逢場慵作

戲任陌頭年少爭旗鼓溪雨急浪花舞　靈均標致高
如許憶生平既紉蘭佩又懷椒糈誰信騷魂千載後波
底垂涎角黍又說是蛟饞龍怒把似而今醒到了料當
年醉死差無苦聊一笑吊千古

又 九日

湛湛長空黑更那堪斜風細雨亂山如織老眼平生空
四海賴有高樓百尺看浩蕩千崖秋色白髮書生神州
淚儘淒涼不向牛山滴追往事去無迹　少時自負淩
雲筆到如今春華落盡滿懷蕭瑟常恨世人新意少愛
說南朝狂客把破帽年年拈出若對黃花孤負酒怕黃
花也笑人岑寂鴻北去日西匿

又（遊水東周家花圃）

溪上收殘雨，倚危闌薄綿乍脫，日陰亭午。鬧市不知春色處，散在荒園廢墅。漸小白長紅無數。客子雖非河陽令，也隨緣暫作鶯花主。那可負，甕中醑。　碧雲四合千巖暮。恨匆匆，余方有事，子姑歸去。趁取羣芳未揺落，暇日提魚就煮。歎激電光陰如許。回首明年何處在，問桃花尚記劉郎否。公莫笑，醉中語。

又（郡會聞妓歌有感）

妾出於微賤，少年時、朱絃彈絕，玉笙吹徧。粗識詩家關雎亂，羞學流鶯百囀。總不涉、閨情春怨。誰向西隣公子說，要珠鞍迎入梨花院。身未動，意先懶。　主家十二樓連苑。那人人、靚妝按曲，繡簾初捲。道是畫堂簫管唱，笑殺街坊拍衮。回首望侯門天遠。我有平生離鸞操，頗哀而不愠微而婉。聊一奏，更三歎。

又（端午）

思遠樓前路，望平隄、十里湖光，畫船無數。綠蓋盈盈紅粉面，葉底荷花解語。鬭巧結、同心雙縷。尚有經年離别恨，一絲絲總是相思處。相見也，又重午。　清江舊事傳荆楚。歎人情、千載如新，尚沈菰黍。且盡尊前今日醉，誰肯獨醒弔古。泛幾盞、菖蒲綠醑。兩兩龍舟爭競渡，奈珠簾暮捲西山雨。看未足，怎歸去。

卜算子（手植海棠盛開，風雨作祟，輒作小詞二首）

盡是手成持，合得天饒借。風雨于花有甚讎，作意相陵藉。　做暖逼教開，做冷催教謝。不負明年花下人，只負栽花者。

又

片片蝶衣輕，點點猩紅小。人道東君不惜花，百種千般巧。　朝見樹頭繁，暮見樹頭少。人道東君果惜花，雨打風吹了。

一翦梅（中秋解宜春郡印）

陌上行人怪府公。還是文窮，還是詩窮。下車上馬太匆匆。來是春風，去是秋風。　階衙免得管兵農。嬉到昏鐘，睡到齋鐘。不須提岳與知宫。喚作溪翁，喚作山翁。

木蘭花慢（癸卯生日）

病翁將耳順，牙齒落，鬢毛疏。也慙愧君恩，放還田舍，免詣公車。兒時某邱某水，到而今、老矣可樵漁。寶馬華軒無分，蹇驢破帽如初。　浮名箕斗竟成虛。磨折總因渠。帝錫余別號，江湖聱叟，山澤仙臞。尊前未宜感慨，事猶須看歲晏何如。衞武耄年作戒，伏生九十傳書。

又（送鄭伯昌）

古人吾不見，君莫是，鄭當時。更築就山房，躬耕谷口，名動京師。諸公任他衮衮，與杜陵野老共襟期。有客至門先喜，得錢沽酒何疑。　昔年聯轡柳邊歸。陳迹恍難追。況種桃道士，看花君子，回首皆非。相逢故人問訊，道劉

郎老去久無詩把做一場春夢覺來莫要尋思

又（丁未中秋）

水亭凝望久期不至擬還差隔翠幌銀屏新眉初畫半面猶遮須臾淡煙薄霧被西風掃盡不留些失了白衣蒼狗奪回雪兎金蟇　乘雲徑到玉皇家人世鼓三撾試自判此生更看幾度小住爲佳何須如鉤似玦更相將只有半菱花莫遣素娥知道和它髮也蒼華

最高樓（戊戌自壽）

南嶽後累任作祠官試說與君看仙都玉局纔交卸新衘又管華州山怪先生吟膽壯飲腸寬　去歲擁旌旗稱太守今歲帶笭箵稱漫叟慵入鬧慣投閒有時拂袖尋种放有時攜枕就陳摶任旁人嘲潦倒笑凝頑

又（再題周登樂府）

周郎後直數到清眞君莫是前身八音相應諧韶樂一聲未了落梁塵笑而今輕郢客重巴人　只少箇綠珠横玉笛更少箇雪兒彈錦瑟欺賀晏壓黃秦可憐樵唱并菱曲不逢御手與龍巾且醉眠蓬底月甕間春

臨江仙（縣圃種花○或刻種海棠作）

落魄長官江海客少豪萬里尋春而今憔悴向溪濱斷無觴詠興惟有簿書塵　手插海棠三百本等閒妝點芳辰他年絳雪映紅雲丁甯風與月記取種花人

又（庚子重陽余以漕攝帥會前帥唐伯玉前漕黄成父于越王臺明年是日寓海豐縣驛作）

去歲越王臺上飲席間二客如龍憑高弔古壯懷同馬嘶千嶂暮樂奏半天中　今歲三家村市裏故人各自西東菊花時節酒尊空可憐雙雪鬢禁得幾秋風

又（潮惠道中）

不見仙湖能幾日塵沙變盡形容夜來月冷露華濃都忘茆屋下但記畫船中　兩岸綠陰猶未合更須補竹添松最憐幾樹木芙蓉手栽纔數尺別後爲誰紅

又（己酉和實之燈夕）

玉篴鈿車當日事東塗西抹都曾等閒曲子壓和凝（曲子相公）縱遊非草草已醉强惺惺　今向三家村送老身如龍講吳僧高樓百尺不須登半爐燒葉火一琖勘書燈

昭君怨（牡丹）

曾看洛陽舊譜只許姚黃獨步若比廣陵花太虧他　舊日王侯園圃今日荆榛狐兎君莫說中州怕花愁

又（瓊華）

后土宮中標韻天上人間一本道號玉眞妃字瓊姬　我與花曾半面流落天涯重見莫把玉簫吹怕驚飛

清平樂（五月十五夜翫月）

纖雲掃迹萬頃玻璃色醉跨玉龍游八極歷歷天青海碧　水晶宮殿飄香羣仙方按霓裳消得幾多風露變教人世清涼

又（同前）

高風浪快萬里騎蟾背曾識姮娥眞體態素面元無粉黛　身游銀闕珠宮俯看積氣濛濛醉裏偶搖桂樹人間喚作涼風

又（頭在維揚陳師文參議家舞姬絕妙賦此）

宮腰束素只怕能輕舉好築避風臺護取莫遣驚鴻飛去　一團香玉溫柔笑顰俱有風流貪與蕭郎眉語不知舞錯伊州

又（別意○丹陽舟中作）

休彈別鶴淚與絃俱落歡事中年如水薄懷抱那堪作惡　昨宵月露高樓今朝煙雨孤舟除是無身方了有身長有閒愁

長相思（惜梅）

寒相催煖相催催了開時催謝時丁寧花放遲　角聲吹笛聲吹吹了南枝吹北枝明朝成雪飛

又（寄遠）

朝有時暮有時潮水猶知日兩迴人生長別離　來有時去有時燕子猶知社後歸君行無定期

又（餞別）

風蕭蕭雨蕭蕭相送津亭折柳條春愁不自聊　煙迢迢水迢迢準擬江邊駐畫橈舟人頻報潮

又

煙淒淒草淒淒野火原頭燒斷碑不知名姓誰　印纍纍冢纍纍千萬人中幾箇歸榮華朝露晞

又

勸一杯復一杯短鍤相隨死便埋英雄安在哉　眉不開懷不開幸有江邊舊釣臺拂衣歸去來

菩薩蠻（戲林推）

小鬟解事高燒燭羣花圍繞樗蒱局道是五陵兒風騷滿肚皮　玉鞭鞭玉馬戲走章臺下笑殺灞橋翁騎驢風雪中

玉樓春（戲呈林節推鄉兄）

年年躍馬長安市客舍似家家似寄青錢換酒日無何紅燭呼盧宵不寐　易挑錦婦機中字難得玉人心下事男兒西北有神州莫滴水西橋畔淚

生查子（元夕戲陳敬叟）

繁燈奪霽華戲鼓侵明發物色舊時同情味中年別　淺畫鏡中眉深拜樓西月人散市聲收漸入愁時節

憶秦娥（暮春）

遊人絕綠陰滿野芳菲歇芳菲歇養蠶天氣采茶時節　枝頭杜宇啼成血陌頭楊柳吹成雪吹成雪淡煙微雨江南三月

又（上巳）

脩禊節晉人風味終然別終然別當時賓主至今清絕　等閒寫就蘭亭帖豈知留與人間說人間說永和之

歲暮春之月

又

泥滑滑一聲聲喚征鞍發征鞍發客亭楊柳不禁攀折荀郎衣上香初歇蕭娘心下書難說書難說霎時吹散一生愁絕

又感舊

春醒薄夢中毬馬豪如昨豪如昨月明橫笛曉寒吹角古來成敗難描摸而今卻悔當時錯當時錯鐵衣猶在不堪重著

又

梅謝了塞垣解凍鴻歸早鴻歸早憑伊問訊大梁遺老

浙河西面邊聲悄淮河北去炊煙少炊煙少宣和宮殿冷煙衰草

鵲橋仙戊戌生朝

金風淅淅銀河淡淡長少羣賢畢會平生心事麴生知怪此夕惺惺相對　玄花生眼新霜點鬢不肯遮藏老態人間何處有仙方擘劃得二三百歲

踏莎行甲午重九牛山作

日月跳丸光陰脫兎登臨不用深懷古向來吹帽插花人盡隨殘照西風去　老矣征衫飄然客路炊煙三兩人家住欲攜斗酒答秋光山深無覓黃花處

水調歌頭和西外判宗湖樓韻

君看郭西景渾不減孤山飛樓突兀百尺輪奐侈前觀絕唱新詞寡和墮淚舊碑無恙往事付驚瀾不見遼鶴返惟對水鷗閒　又何必珠翠盛管絃懽唾壺塵尾瀟灑領客上高寒丞相功存宗廟祭酒義兼家國世事尙相關風月寓意耳莫作晉人看

又遊蒲澗追和崔菊坡韻○余頃爲儀眞郡督郵白事維揚崔公銳欲羅致屬先受制置使李公之辟崔公始聘洪公舜俞入幕後二十五年奉使嶺外拜公祠像俯仰今昔輒和公所作水調以寓悲慨

敕使竟空返公不出梅關當年玉座記憶仄席問平安羽扇尉佗城上野服仙游閣下遼鶴幾時還賴有蜀耆舊健筆與書丹　靑油士珠履客各凋殘四方蹙蹙靡

騁獨此尙寬閒丞相祠堂何處太傅石碑墮淚木老瀑泉寒往者不可作置酒且登山

又再和喜歸

還作嶺頭使似戍玉門關來時送者舉酒珍重祝身安街畔小兒拍笑馬上是翁矍鑠頭與璧俱還何處得仙訣髮白頰猶丹　屋茆破籬菊瘦架籤殘老夫自計甚審忙定不如閒客難楊雄拓落友笑王良來往面汗背芒寒再拜謝不敏早晚乞還山

又三和○解印有期戲作

老子頗更事打透利名關百年擾擾于役何異入槐安夢裏偶然得意醒後纔堪發笑蟻穴駕車還恰佩南柯

印髮鬅會丹　客未散日初昳酒猶殘向來幻境安在回首總成閒莫問浮雲起滅且跨剛風遊戲露冷玉簫寒寄語抱朴子候我石樓山

又 四和〇八月上澣解印別同官席上賦

半世慣歧路不怕唱陽關朝來印綬解去今夕枕初安莫是散場優孟又似下棚傀儡脫了戲衫還老去事多忘公莫笑師丹　筆端花胸中錦兩消殘江湖水草空曠何必養天閒久苦諸君共事更盡一杯別酒風露夜深寒回首行樂地明日隔雲山

又 五和〇客散循隄步月而作

落日幾呼渡佳夕每留關有時來照清淺鬢雪似潘安

一曲親蒙君賜兩岸更無人迹惟見鷺飛還隙地欠栽接蕉荔雜黃丹　柳全疎松尚幼怕摧殘旁人笑我癡計管鑰費防閑翁意在乎林壑客亦知夫水月滿腹貯清寒賦詠差有愧赤壁與滁山

又 六和〇次夕觴客湖上賦葛仙事

羯虜問周鼎杜史出秦關苦求勾漏何意身世遠差安不見跕鳶墮水時有飛鴻遵渚樂此久忘還采藥寓言耳胸次有靈丹　釣游處榕葉暗荻花殘自翁仙後千載輸與水鷗閒我讀內篇未竟忽被急符驅去洞閉白雲寒回首愧幽子隱約海中山

又 七和〇十三夜同官載酒相別不見月作

怪事廣寒殿此夕不開關林閒烏鵲相賀暫得一枝安只在浮雲深處誰駕長風挾取明鏡忽飛還玉兎呼不應難覓臼中丹　酒行深歌聽徹笛吹殘嫦娥老去孤另離別匹如閒待得銀盤擎出只怕玉峯醉倒衰病不禁寒卿去我欲睡辜負此湖山

又 癸卯中秋作

老去有奇事天放兩中秋使君飛榭千尺縹緲見麟洲景物東徐城上歲月北征詩裏圓缺幾時休俯仰慨今昔惟酒可澆愁　風露高河漢濟素光流賈胡野老相慶田海十分收競看姮娥金鏡爭信仙人玉斧費了一番修衰晚筆無力誰伴賦黃樓

哨徧 昔坡公以盤谷序配歸來詞然陶詞既檃括入律韓序則未也暇日游方氏龍山別墅試效顰爲之俾生人刻之崖云

勝處可宮平處可田泉土尤甘美深復深路絕住人稀有人兮盤旋於此送子歸是他隱居求志是要明主媒當世嗟此意誰論其言甚壯孔顏猶有遺旨大丈夫之被遇于時入坐廟朝出旗麾列屋名姬夾道武夫滿前才子　噫有命存焉吾非惡此而逃之富貴人所欲如之何幸而致向茂樹堪休清泉可濯谷中別有閑天地鱠細於絲蕨甜似蜜采於山釣於水大丈夫不遇時之所爲唐處士依稀是吾師覺山林尊如朝市五侯門下賓客擾擾趨形勢嗟盤之樂誰爭予所占斷千秋萬歲

呼僮秣馬更膏車便與君從此逝矣

賀新郎

吾少多奇節頗揶揄玉關定遠壺頭新息一劒防身行萬里選甚南溟北極看塞雁銜來秋色不但槊棊夸妙手管城君亦自無勍敵終賈輩恐難匹　酒腸詩膽新來窄向西風登高望遠亂山斜日安得良弓并快馬聊與諸公角力漫醉把闌干頻拍莫恨寒蟬離海晚待與君秉燭游今夕歡易買健難得

又 杜子昕凱歌

盡說番和漢這琵琶依稀似曲驀然絃斷作麼一年來一度欺得南人技短歎幾處城危如卵元凱後身居玉

後村　二十三　長風閣

帳報天驕休作尋常看佈嚴合運奇算　開門決鬭雌雄判笑中宵奚車氊屋獸驚禽散箇箇魏冠橫麈柄誰了君王此段也莫靠長江能限不論周郎并幼度便仲尼復起嗟微管馳露布築京觀

又 跋唐伯玉奏藁

宣引東華去似當年文皇親擢馬周徒步殿上風霜生白簡下殿扁舟已具怎不與官家留住古有一言腰相印誰教他滿籯嬰鱗疏還匆退不迴顧　新來邊報猶飛羽問諸公可無長策少寬明主攀檻朱雲頭雪白流落如今底處但一片丹心如故賴有越臺堪眺望那中原莫已平安否風色惡海天暮

又 送唐伯玉還朝

驛騎聯翩至道臺家籌邊方急酒行姑止作麼攜將琴鶴去不管州人墮淚富與貴平生無味可但紅塵難著腳便山林未有安身地搔白髮兀相對　前身小范疑公是憶當年天章閣上建明尤偉慶厤諸賢方得路便不容他老子須著放延州城裏一句殷勤牢記取在朝廷最好圖西事何必向玉關外

又 送黃成父還朝

飛詔從天下道中朝名流欲盡君王思賈時事秪今堪痛哭未可徐徐俟駕好著手扶將宗社多少法筵龍象眾聽靈山親付些兒話千百世要傳寫　子方行矣秉

後村　二十四　長風閣

驄馬又送它江南太史去游氊廈老我伴身惟有影倚偏風軒月榭悵玉手何時重把君向柳邊花底問看貞元朝士誰存者桃滿觀幾開謝

又 戊戌壽張史君九月十八日

南國秋容晚曉寒輕芙蓉臺榭拒霜池館試向壺山堂上望萬頃黃雲刈偏總喫著君侯方寸不要漢庭誇擊斷要史家編入循良傳春腳到福星現　家家香火人人願要還他慶元猶塵建炎蟬冕穩奉安輿迎兩國誰謂山遙水遠福壽比河沙難算來歲而今黃花節早驂鸞入侍瑤池宴風浩蕩海清淺

又 宋庵勸梅

鵲報千林喜還猛省謝家池館早寒天氣要與瑤姬敘
離索草草杯盤藉地帳減盡何郎才思不願玉堂幷金
屋願年年歲歲花間醉餐秀色挹高致　西園飛蓋東
山妓問何如半山雪裏孤山煙外管甚夜深風露冷人
與長餅共睡任翠羽枝頭多事老子平生無他過爲梅
花受取風流罪簪白髮莫教墜

又（和人詠荼蘼）

會與瑤姬約恍相逢翠裳搖曳珠韉聯絡風露青冥非
人世攬結玉龍驂鶴愛萬朵千條纖弱禱祝花神憐惜
取到開時晴雨須斟酌枝上雪莫銷卻　惱人匹似中
狂藥凭危闌燭光交映樂聲遙作身上春衫香熏透看

到參橫月落算茉莉猶低一著坐有緱山王郎子倚玉
簫度曲難爲酢君不飲鑄成錯

又（用前韻賦黃荼蘼）

想赴瑤池約向東風名姬駿馬翠韉金絡太液池邊鵠
羣下又似南樓呼鶴畫不就穠纖嬌弱羅帕封香來天
上瀉銅盤沆瀣供清酌春去也被留卻　芳魂再反應
無藥似詩詠綠衣黃裏感傷而作愛惜尙嫌蜂採去何
況流鶯蹴落且放下珠簾遮著除卻江南黃九外有何
人敢與花酬酢君認取莫教錯

又（再用約字）

淺把宮黃約細端相普陀煙裏金身珠絡蔦綠華輕羅

襪小飛下祥雲仙鶴朵朵寶蜂腰纖弱已被色香撩病
思儘鶼兒酒美無多酌看不足怕殘卻　人間難得傷
春藥更枝頭流鶯喚起少年狂作留取姚家花相伴羞
與萬紅同落未肯讓蠟梅先著樂府今無黃絹手問斯
人淸唱何人酢休草草認題錯

又（郡宴和韻）

草草池亭宴又何須珠韉絡臂琵琶遮面賓主一時詞
翰手倏忽龍蛇滿案傳寫處塵飛鶯囀但得時平魚稻
熟這腐儒不用靑精飯陰霧掃霽華見　使君償了豐
年願便從今也無敲朴也無廚傳試拂籠紗看壁記幾
箇標名渠觀想九牧聞風爭羨此老飽知民疾苦早歸

來載筆熏風殿詩有諷賦無勸

又（再和前韻）

夢斷鈞天宴怪人間曲吹別調局翻新面不是先生瘖
啞了怕殺烏臺舊案但掩耳蟬嘶禽囀老去把茅依地
土有瓦盆盛酒荷包飯停造請免朝見　少狂誤發功
名願苦貪他生前死後美官佳傳白髮歸來還自笑管
轄希夷古觀看一道冰銜堪羨妃子將軍嗔未已問匡
山何似金鑾殿休更待杜鵑勸

又（題蒲澗寺）

風露驅炎毒記仙翁飄然謫墮吹笙騎鵠歷歷漢初秦
季事山下瓜猶未熟過眼見羣雄分鹿想待拂衣游汗

漫試回頭劉項俱蠻觸斫鯨鱠脯鱗肉　越人好事因
成俗擁遨頭如雲士女山南山北問訊先生無恙否齊
魯干戈滿目且游戲扶胥黄木不是世無瓜樣棗便有
來肯飽癡兒腹聊舉酒笑相屬

又歌新詞以相勞輒次其韻王實之喜予出嶺命愛姬

此腹元空洞少年時諸公過矣上天吹送老大被它禁
害殺身與浮名孰重這般箇休休拈弄綵筆擲還殘錦
去鮑昭事用江淹願今生來世無妖夢且飯犢莫吞鳳　新來
喑啞如翁仲羨王郎驂鸞縹緲玉簫吹動應笑夔州村
裏女灸面生愁進奉要絕代傾城安用今古何人知此
理有吾家酒德先生頌三萬卷漫充棟

又蒙恩主崇禧再用前韻

主判茅君洞有簷間查查喜鵲曉來傳送幾度黄符披
戴了此度君恩越重僕五任祠廟一南岳二仙都三玉局四雲臺五崇禧被賀監
天隨調弄做取散人千百歲笑渠儂一霎邯鄲夢歌而
過鳳兮鳳　灌園織屨希陳仲問先生加齊卿相可無
心動除卻醴泉中太乙揀箇名山自奉那捷徑輸它藏
用有耳不曾聞黜陟免教人貶駁徂徠頌服蘭佩結茅
棟

又和二

謫下神清洞更遭它揶揄黠鬼路旁遮送薄命書生雞
肋爾卻笑尊拳忒重破故紙誰教繙弄一枕茅簷春睡

美便周公大聖何須夢門前客任題鳳　卜鄰羊仲并
求仲願春來西疇雨足土膏犂動白髮巡官占歲稔不
問京房翼奉棹與甕從今無用醉與老農同擊壤莫隨
人頭獻嘉禾頌在陋巷勝華棟

又生日用實之來韻

鬢雪今千縷更休休凝心獃望故人明主晚學瞿聃無
所得不解飛昇滅度似曉鼓鼕鼕撾五散盡朝來湯餅
客且烹雞要飯茅容母怕迴首太行路　麟臺學士微
雲句便尊前周郎復出審音無誤安得春鶯雪兒輩輕
拍紅牙按舞也莫笑儂家蠻語老去山歌尤協律又何
須手筆如燕許援琴操促箏柱

又再用前韻

放逐身纔縷被門前羣鷗戲狎見推盟主若把士師三
黜比老子多他兩度袖手看名場呼五不會車邊望塵
拜免它年靑史羞潘母勾曲洞是歸路　平生怕道蕭
蕭句況新來冠欹弁側醉人多誤管甚是非并禮法頓
足低昂起舞任百鳥喧啾春語欲托朱絃寫悲壯這琴
心脈脈誰堪許君按拍我調柱

又實之三和有憂邊之語走筆答之

國脈微如縷問長纓何時入手縛將戎主未必人間無
好漢誰與寬些尺度試看取當年韓五豈有穀城公付
授也不干曾遇驪山母談笑起兩河路　少時棋柝曾

聯句歎而今登樓攬鏡事機頻誤聞說北風吹面急邊上衝梯屢舞君莫道投鞭虛語自古一賢能制難有金湯便可無張許快投筆莫題柱

又 四用縷字韻為王實之壽

萬字如鐵縷憶王郎丹墀大對氣為文主貴近旁觀俱失色仰止如天聖度笑杜牧成名居五晚面清光猶苦諫似封人懇切言君毋謫塵世錯行路 當時宜和薰風句又那知靑雲一跌被才名誤輸與靈和殿前柳柔軟隨風學舞怪兩鳥新來停語不是先生高索價問何時宰相先生許舉杯祝莫傾柱

又 實之用前韻為老者壽戲答

身畔無絲縷但從前練裳練帨做他家主甲子一周加二紀兎走烏飛幾度賽孔子如來三五徐陵云小如來五歲多孔子三年鶴髮蕭蕭無可截要一杯留客慙陶母門外草如迷路 朗吟白雪陽春句狩夫君驪駒不至鵲聲還誤老去聊攀萊子例倒著斑衣戲舞記田舍火爐頭語肘後黃金腰下印有高堂未敢將身許且扇枕莫倚柱

沁園春 癸卯佛生翌日將曉夢中作既醒但易數字

有箇頭陀形等枯株心猶死灰幸春山筍賤無人爭喫夜爐芋美與客同煨何處幡花忽相導引莫是天宮迎赴齋又疑道向毗耶城裏講席初開 這邊尙自徘徊笑那裏紛紛早見猜有尊神奮杵拳纛似鉢名緇豎拂喝猛如雷老子無能山僧不會誰誤檀那舉請哉山中去便百千億劫休下山來

又 和吳尙書叔永

我所思兮延陵季子別來九春笑是非浮論白衣蒼狗文章定價秋月華星獨步岷峨後身坡潁何必荀囗有二仁中朝裏看叔兮袞斧伯也絲綸 洛中會識機雲記玉立堂堂九尺身歎若溪漁艇幽人孤往雁山馬鬣弔客誰經宣室釐殘玄都花謝回首舊游存幾人新腔美堪洗空恩怨喚起交情

又 吳叔永尙書和予舊作再答

莫羡渠儂白玉成樓黃金築臺也不消顛怪騎鱗被髮

誰能委曲兮爲媒鬢有一毛袖閑雙手只子持螯與把杯公過矣貢陳登豪氣杜牧麤才 便煩問訊張雷甚斗宿無光劍不迴想閣中鳴佩時攜客去壁間懸榻近有誰來撤我虎皮讓君牛耳誰道兩賢相戹哉中年後向歌闌易感樂極生哀

又 維揚作

遼鶴重來不見繁華只見凋殘甚都無人誦何郎詩句也無人報書記平安閭里俱非江山略是縱有高樓莫倚闌沈吟處但螢飛草際雁起蘆間 不辭露宿風餐怕萬里歸來雙鬢斑算這邊贏得黑貂裘弊那邊輸了翡翠衾寒檄草流傳吟牋倚閣開到瓊花亦嬾看君記

取向中州差樂塞地無歡

摸魚兒 用實之韻

便披蓑荷鋤歸去何須身著宮錦與誰共話桑麻事朱老阮生尤稔篩樣餅甕樣甕長鬚赤腳供樵飪清流濁品盡掃去胸中置諸膜外對酒莫辭飲　華胥夢怕殺人驚曉枕疏牕惟月來闖一生常被弓旌誤且告朝家追寢愁箇甚君管取有薇堪采松堪蔭茆山再任幸不是諫臣又非世將免犯道家禁

一翦梅 余赴廣東實之夜餞于風亭

束緼宵行十里強挑得詩囊拋了衣囊天寒路滑馬蹄僵元是王郎來送劉郎　酒酣耳熱說文章驚倒鄰牆

推倒胡牀旁觀拍手笑疏狂疏又何妨狂又何妨

滿庭芳 記夢

涼月如冰素濤翻雪人世依約三更扁舟乘興莫計水雲程忽到一洲奇絕花無數多不知名渾疑是芙蓉城裏又似牡丹墀　蓬萊應不遠天風海浪滿目淒清更一聲鐵笛石裂龍驚回顧塵寰局促揮袂去散髮騎鯨蘧蘧覺元來是夢鐘動野雞鳴

鷓鴣天 腹疾且睡和朱希真詞

前度看花白髮郎平生痼疾是清狂幸然無事汙青史省得教人奏赤章　游俠窟少年場輸他羣謝與諸王居人不識庚桑楚弟子誰從魏伯陽

又 戲題周登樂府

詩變齊梁體已澆香匳新製出唐朝紛紛競奏桑間曲寂寂誰知爨下焦　揮綵筆展紅綃十分峭措稱妖嬈可憐才子如公瑾未有佳人敵小喬

卜算子

亂似盎中絲密似風中絮行徧茫茫禹迹來底是無愁處　好客挽難留俗事推難去惟有翻身入醉鄉愁欲來無路

木蘭花慢 壽王實之

瀛洲真學士為底事在紅塵為語觸宮闈沈香亭裏嗔謫仙人為親近君側者見萬言策子惎劉蕡為是尚方

請劒漢廷多憚朱雲　君言往事勿重陳且鬬酒邊身也不會區區算它甲子記甚庚寅爾曹譬如朝菌又安知老柏與靈椿世上榮華難保古來名節如新

念奴嬌 壽方德潤

卯君來處與眉州仙子依稀同日一自前朝龔蔡後頗覺壺山岑寂誰料端平繼居遺補復有斯人出幅巾林下姓名玉座長憶　須信諂語尤甘忠言最苦橄欖何如蜜諸老蕭疏星欲曉留取南都鐵壁洛社自佳鏡湖雖好莫問君王乞年年歲歲大家同做眞率

又 丙午鄭少師生日

禁中張燕苦留公未許歸尋初服千載君臣魚有水不

比歲光文叔大德中天客星一夕草草聊同宿重來凝
碧依然賡載相屬　過眼夸奪紛紛浮雲野馬幾度棋
翻局客話鳳池三入事洗耳湖光一曲伯始泉荒稱圭
圃冷占斷西風菊年年歲歲金英常泛芳醁

考湻祐辛丑八月御批云劉克莊文名久著史
學尤精可特賜同進士出身由是負一代盛名
偶有題跋後人輒以爲定衡所撰別調一卷大
率與辛稼軒相類揚升庵謂其壯語足以立懦
余竊謂其雄力足以排奡云湖南毛晉識

後村別調終

後村別調補　宋　劉克莊

沁園春二鹿

馴於毳驢清於賜駒我行爾從幸柴車堪駕何慙韓衆
藥苗可採長伴龐公野澗泉甘陽坡草暖有柏葉松枝
充短供休夢想去游周靈囿入望夷宫　與誇奪子爭
雄生與死未知誰手中況嗾獒者衆放麑人少大將觸
網小亦傷弓風日和柔山林深密折角何如且養茸二
虫喜各銜花拜跪來壽樗翁

又夢中作梅詞

天造梅花有許孤高有許芬芳似湘娥凝望斂君山黛
明妃遠嫁作漢宮妝冷豔誰知素標難褻又似夷齊餓
首陽幽雅意縱寫之縑素未得毫芒　曾經諸老平章
只一箇孤山說影香念詔書存問漫招處士節旄落盡
草屋二字疑誤中郎日暮天寒山空月墮茆舍清於白玉堂
寧淡斂不敢憑羌笛告訴淒涼

又和林卿均

慚愧清朝罷貢包茅但發牙璋便羊裘歸去難留嚴子
牛衣病卧肯泣王章疇昔憂天如今懷土田舍雞肥社
酒香甘雨足且免扶鋤苦免踏車忙　先生少擬荀揚
晚自覺才衰可斗量甚都無白鳳飛來元草亦無紫氣
下燭干將待得新亭倒持手版何似抽還政事堂榮與

辱算到頭由我不與蒼蒼

漢宮春 祕書弟家賞紅梅

青女初晴向醜梢枯幹幻出妍姿休煩苑吏剪綵別有神司東皇太一敕瑤姬淡傅燕支還似得華清湯暖薄綃半卸冰肌　應笑楚宮癡絕略施朱則箇便妬蛾眉唐人更無虱在浪比紅兒祥雲難駐且丁寧鐵笛輕吹拚沈醉花間一霎莫教絳雪離披

又 呈張別駕

京輦相逢憶茂陵臨御俱詣天官絳紗玉斧咫尺先引頭班桃花滿觀與貞元朝士同看歸騎晚春城笳散冶游侵曉方還　囘首龍髯何在漫共談前事淚洒橋山

誰憐白頭杜史獨出函關君如春柳到如今也帶蒼顏憑寄語江州司馬琵琶且止休彈

念奴嬌 七月望夕望月昔方孚若每以是夕泛湖觴客云修坡仙故事

天風浩蕩掃殘暑推上一輪圓魄愛舉眉山公舊話與客泛舟赤壁一自奎星去朝帝所嘆洞簫聲息空餘二賦至今淒動金石　長記詩境平生詩豪酒聖亦自仙中謫疇昔停橈追歡處忍聽鄰人吹笛董相祠荒賀公湖在俯仰成陳跡兩翁已矣年年孤負今夕

又

少時獨步詞場引弦百發無虛矢歲晚却蒙崑體力世業工修鞋底會裂白麻曾塗墨敕謫墮俄徵起鼎湖龍去老臣何以堪此　囘首當日遭逢譬如春夢誤入華胥裏推枕黃粱猶未熟封拜幾王侯矣似盞中蛇似蕉中鹿又似槐中蟻先人書在尚堪追補遺史

又 和誠齋休致韻

此翁雙手頓閒處且把香籌籠袖西掖北門辭不要肯要南柯太守小小亭臺些些竹木何必靈和柳地行仙裏合推儂做班首　取次著絕交書續歸田錄誰掣先生肘莫遣朝衣梅黦了留祝南山之壽蒼妓上廳老僧封院得似樗庵叟虛名身後生前且一杯酒

又

並遊英俊從頭數富貴消磨誰紀道眼看來歎人生如

寄家如旅邸教婢羹藜課奴種韭聊誑殘牙齒草堂綿蕝百年栖託於此　歲晚筆禿無花探懷中殘錦剪裁餘幾腳上頑麻賜他靈壽杖也難扶起謝絕交遊變更名姓日暮空山裏老儋復出不知誰氏之子

轉調二郎神 和林農卿均

抽還手板受用處十分輕省便衣剪家機飯炊躬稼且免支移係省帝憫龍鍾彌朝謁予長假毋煩申省笑木石盧齋暮年欣做端明提省　閒冷囊金散盡書筒來省有小小樓兒看山待月絕勝崔公望省兩鶴隨軒一奴負插此外諸餘從省把一生本末綠章奏過奉元都省

滿江紅 和吳叔永尚書均時吳爽少子

著破青鞋渾不意蹋他龍尾更冷笑癡人嬖畫二三百歲殤子彭籛誰壽天靈均漁父爭醒醉向江天極目送禽魚悠然矣 杯中物姑停止牀頭易聊拋廢慨事常八九不如人意白雪調高尤協律落霞語好終傷綺待煩公巨手一摩挲文公記

又 端午

梅雨初收渾不辨東陂南蕩清旦裏鼓鐃動地車輪空巷畫舫稍慙京輦俗紅旗會踏吳兒浪共葬魚娘子斬蛟翁窮歡賞 麻與麥俱成長蕉與荔應來享有纍臣澤畔感時惆悵縱使菖蒲生九節爭如白髮長千丈但浩然一笑獨醒人空悲壯

又 中秋

說與行雲且擱就姮娥今夕俄變現金蟆能紫玉蟾能白九萬里風清黑眚三千世界純銀色想天寒桂老已吹香堪攀摘 湘妃遠誰鳴瑟桓伊公誰橫笛歎素光如舊朱顏非昔老去歡悰無奈減愁來酒量常嫌窄倩何人天外挽冰輪長留得

又 次徐使君燈夕均

笳鼓春城處處有豐年語笑渾忘卻金蓮前導青藜下照白雪唱來應寡和朱顏老去難重少羨黑頭四十已專城眞英妙 奎文寵崇儒教田老喜寬租詔有春陵之什無潮州表怪雨盲風希發作華星秋月爭光耀看來年此夜侍端門開佳兆

又 海棠

壓倒羣芳天付與十分穠艷嬌嫩處有情皆惜無香何慊恰則才如鍼粟大忽然誰把燕支染放開遲不肯壻梅花羞寒儉 時易遇春難占歡事薄才情欠覺芳心欲許冶容微歛四畔人來攀折去一番雨過離披漸更那堪幾陣夜來風吹千點

風流子 白蓮

松桂各參天石橋下新種一池蓮似仙子御風來從姑射地靈獻寶瘞向藍田笑曾入先生虛白室不喜傳朱鉛記茂叔谿頭深衣聽講遠公社裏素衲安禪 山間多紅鶴端相久驀地飛去翩躚但蝶戲鷺翹有時偷近旁邊對月中乍可伴娥孤冷牆頭誰肯窺玉三年俗客濃妝安知國艷天然

賀新郎

老去光陰駛向西風疎林變纈殘霞成綺尙喜暮年腰脚健不礙登山臨水算自古英游能幾客與桓公俱臭腐獨流傳吹帽狂生耳後來者亦猶此 籃輿伊軋柴桑里問黃花沒些消息空籬而已賴有一般芙蓉月偏照先生懷裏且覓箇闌干同倚檢點尊前誰見在憶平生共插茱萸底歡未足飲姑止

又己未九日飲倉部弟兌庵

憶昔俱年少向斯晨登高懷古賦詩舒嘯追數尊前插花客人物並皆佳妙禁幾度西風殘照元子寄奴曾富貴到而今一一消磨了君不樂後人笑　山南山北添華表歎歸來謝池草合黃臺瓜少老去受持齊物論誰管彭殤壽夭待細說教天知道不羨兩蘇并二宋願弟兄歲歲同吹帽杯到手莫辭釂

又再和

何必游嵩少屋邊山松風浩蕩虎龍吟嘯舊慕楚人悲秋作晚愛陶詩高妙髮如此臨流羞照屈指向來夸毗子被西風一筆都勾了曾不滿達人笑　當年玉振於

江表恨而今老身空在歡欣漸少假使眞如彭祖壽蒙叟猶嗤渠天偶落筆不經人道歲晚連牀談至曉勝罔頭出沒看烏帽君舉白我頻釂

又三和

人老難重少强追陪李侯痛飲劉郎清嘯報答秋光無一字虛說君房語妙且匣起靑銅休照賴有多情籬下菊待西風不肯先開了留晚節發孤笑　孔璋客紹衡依表有誰憐戴花翁病插萸人少生不逢場閙則劇年似龔生猶天喫緊處無人會道到得扶他迂叟出算貂蟬未抵深衣帽街酒賤更沽釂

又

拂袖歸來也懶追陪竹林嵇阮蘭亭王謝誰與此翁相暖熱賴有平生伯雅且放意高吟閑話山鳥山花皆上客又何須勝似公榮者胸磊塊總澆下　盤龍凝絕求鵝炙這先生黃虀甕熟味珍無價酒頌一篇差要妙莊列諸書土苴任禮法中人嘲罵君特未知其趣耳若還知火急來投社共秉燭惜今夜

八聲甘州　雁

物微生處遠往還來非但稻粱求似愛長安日怕陰山雪善自爲謀箇裏幸無鳴鏑隨意占沙洲歸興何妨待風景和柔　昔到衡陽回去今隨陽避地徧海南頭與

西川流寓彼此各淹留未得雲中消息登望鄉臺了又登樓江天闊幾行人字字字含愁

燭影搖紅　用林卿均

拙者平生不曾乞得天孫巧那回忝扈屬車來豈是齊卿小此膝不曾屈了更休文腰難運掉前賢樣子表聖宜休申公告老　涼簟安眠絕勝儤直鈴聲悄集中大半是詩詞幸沒潮州表月夕花朝吟嘯歎人間愁多樂少蓬萊有路辦箇船兒逆風也到

祝英臺近

雨淒迷風料峭情緒被花惱白白紅紅滿地無人掃可堪解珮盟寒墜樓命薄更杜宇枝頭閙爛　綠陰繞靑帝結束匆匆轉眼朱明了怕與春詞茗艼玉山倒後期

覺做明年年年春好却不道明年人老

浣溪沙 素馨

目力已茫茫縫菊爲囊論衡何必帳中藏却愛素馨清鼻觀採半禪牀 風露送新涼冰麝開房旋吹銀燭閉華堂無奈紗幮遮不住一地聞香

法駕導引

樵歌爛丹竈熟一跳出紅塵斗紫一双龍奮蟄帝青九萬里爲程赤脚踏層雲 鞭鸞上騎麟下仿佛覲崑侖酒馬鬣泉蘇赤地翻蟾滴水漲滄溟笑歛漕仙人

卜算子 燕

已怪社後期尙喜巢如故過了清明未肯來莫被春寒誤 常傍畫簷飛忽委空梁去忘卻王家與謝家別有銜泥處

又 茉莉

老圃獻花來異域移根至相對炎官火傘中別有清涼意 淡薄古梳妝閒雅仙標致欲起涪翁再品花壓了山礬弟

朝天子

宿雨頻飄灑歡喜歛西疇耕者終朝連夜有珠璣鳴瓦漸白水青秧鷗鷺下老學種花兼學稼心兩挂這幾樹海棠休也

右後邨詞二十九闋汲古刻後邨別調所無見

于侯官葉申薌閩詞鈔而葉氏又得之于同縣陳左海先生所錄天一閣大全集本者也毛刻缺字亦得校補故重刻毛本而以此帙附焉宣統改元夏五番禺沈宗畸

後村別調補

眉庵詞

眉菴詞

姑蘇楊基孟載著

江甯春館寫懷 清平樂四闋

春氷銷後綠水粼粼皺減却風流添却瘦多在黃昏時候　匆匆商女琵琶蕭蕭白髮烏紗金谷園中芳草立都觀裏桃花

其二

自從別後眉也尋常皺瘦得腰肢無可瘦又是魂銷時候　當時纖手琵琶東風小雨窗紗今夜相思何處月明滿樹梨花

其三

梅酸杏小人與春俱老一架荼蘼開遍了能得歡娛多少　陰陰綠樹青苔都無半點塵埃寄語此中猿鶴先生早晚歸來

其四

狂歌醉舞俯仰成今古白髮蕭蕭纔幾縷聽遍江南春雨　歸來茆屋三間桃花流水潺潺莫向窗前種竹先生要看西山

春思 多麗

問鶯花底事蕭索是東風釀成細雨曉來吹滿樓閣辟寒金再簪寶髻鎮帷屏重護香幄杏惜生紅桃緘淺碧向人憔悴未開一萼念惟有淡黃楊柳搖曳珠箔凭闌

久春鴻去盡錦字誰托　奈夢裏清歌妙舞覺來偏更情惡聽高樓鼓聲羌笛管多少殘夢梅花驚落鴛帶慵寬鳳鞋懶繡新晴誰與共行樂料應在楚雲湘水深處望黃鶴不似柳花長恁漂泊

春水沁園春

巴蜀雪銷湘漢冰融淨無片埃看風吹皺綠晴涵杜若雨添香膩暖浸莓苔江漲魚鱗溪沉燕尾贏得沙鷗宿鷺猜花陰下見行人待渡芳意徘徊　湖邊十二樓臺映多少朱簾影倒開愛綠醅可染蒲萄新釀麴塵低蘸楊柳初栽修禊人歸浣紗女去猶有餘香拂岸來多情處沉桃花無數流出天台

折柳清平樂

欺煙困雨拂拂愁千縷曾把腰肢羞舞女贏得輕盈如許　猶寒未暖時光將昏漸曉池塘記取春來楊柳風流正在輕黃

四春圖四景美人各賦浣溪沙一闋

雲母玲瓏七寶屏玻璃瀲灩百花棚笙簫羅綺一層層信手摘將金荔擲教人扶下綵車行六街明月萬家燈右元夕

其二

鬢股先尋鬭草釵鳳頭新繡踏青鞋衣裳宮樣不須裁雕玉疊成鸚鵡架泥金鑄就牡丹牌明朝相約看花來右花朝

其三

顰翠冠兒簇海棠砑羅衫子繡丁香閒來水上踏春陽風暖有人能作伴日長無事可思量水流花落任忽忙右上巳

其四

暖雨香雲百五天玉纖銀甲十三絃咲移羅幙上紅船照水再簪珠絡索背人重貼翠團圓安排花裏蹴秋千右寒食

梨花夜月菩薩蠻

水晶簾外娟娟月梨花枝上層層雪花月兩糢糊隔簾看欲無　月華今夜黑全見梨花白花也咲姮娥讓他春色多

瓶中四花瓶插梨杏桃李各一枝踏莎行

小小含風盈盈帶露折來同向銀瓶貯朱唇偏耐雪霜寒冰肌不受胭脂污　瘦燕休矜肥環莫妒東君一樣憐嬌素若教淺淡咲深濃大家都被嬋娟誤

春閨怨蝶戀花二闋

淨洗胭脂輕掃黛鬭草亭邊自掬梨花戴一段心情空自愛風流那得常時在　屈指春光歸已快不捲朱簾又恐東風怪花影低將新月礙小闌干外深深拜

其二

新製羅衣珠絡縫消瘦肌膚欲試猶嫌重莫信鵲聲相
侮弄燈花幾度成春夢　風雨又將花斷送滿地胭脂
補盡蒼苔空獨自移將萱草種金釵挽得花枝動
春恨千秋歲
柳花飛盡魚鳥無音信盃減暈愁添鬢梅酸心未老藕
斷絲猶嫩歡咲地轉頭都做江淹恨　香冷灰銷印燈
暗煤生暈空自解誰俶問夜長春夢短人遠天涯近庭
院晚一簾風雨寒成陣
嘲春四詠如夢令
昨夜雪晴風小羅幙嫩寒猶悄天氣近花朝江上燕兒
來了催曉催曉隔樹數聲啼鳥右春曉

其二
瞥眼韶華如織粉退紅嫣忽忽堪詫是東君忙去都忘
相識可惜可惜芳草謾連天碧右春暮
其三
點綴落梅穠李埋没蒼苔芳芷樓上倚闌人立在玉屏
風裏風起風起都做一江春水右春雪
其四
銀渚拂波輕度羅幄送寒低護催得百花開又與百花
相妬無數無數吹過畫闌西去右春風
紅白桃花點絳脣
淺碧深紅是誰家分染桃花片兩枝争艷靑粉墻頭見
深處娉婷淺更多嬌倩昭陽殿玉環飛燕各自東風
面
柳鶯燕三詠點絳脣
裊裊婷婷爲誰僝僽腰如把小桃相亞低拂前簷瓦
深處鶯藏不怕金丸打章臺下幾株如畫繫着靑驄馬
其二
何處飛來柳梢一點黃金小哢晴催曉喉舌如簧巧
春夢須臾正繞江南道空相惱被他驚覺綠遍池塘草
其三
王謝堂前舊時簾幙深如許自從歸去花落春無主
綠水橋邊茅屋人家雨花深處有人相妬掌上輕盈舞

絮憶秦娥
東風惡一江春水楊花落楊花落惹人衫袖綴人簾幙
才飛卻墜能纖弱倏來還去無拘着無拘着山遥水
遠任伊飄泊
暮春見花踏莎行
白皺沾苔紅輕惹絮落花堆積無層數當時開折賴東
風飄零還是東風妬　宿雨初晴低煙欲暮綿綿芳草
迢迢路綠陰深處聽啼鶯鶯聲更在深深處
其二
淺碧凝鬟輕紅染瓣東風着意催初綻不須抵死恨開
遲遲開却得遲遲看　醉眼微醒羈魂欲斷斜陽流水

東西岸只知人有萬千愁花枝更有愁千萬

句曲閒居春暮 賀新郎

自離西江省幕謫句曲已徂春矣寓居無聊未免感時撫事援塡古詞用撥新悶云

風晴樹陰薄正籬櫳楊花飛盡楝花吹落一逕青苔無人到翠葆時翻露鐸聽樹頂長鳴孤鶴半沼香萍風約住見新荷影裏雙魚躍多少恨頓忘却　疎狂莫咲今非昨想當時狂歌醉舞轉頭都錯內苑櫻桃纖纖手勸薦金盤杏酪夢不到南薰池閣世事多因忙裏誤算人生只有閒中樂且對酒任漂泊

試衣 賣花聲

風暖試輕羅簾外娑娑落花重疊滿柔莎細數輕羅衫上淚更比花多　無語卻臨波低歛雙蛾玉容春色兩消磨多少相思無限恨一葉新荷

暮春 錦堂春

芍藥闌邊按樂荼蘼屏下圍碁春光正在多情處腸斷欲歸時　疎雨一池荷葉綠陰千樹黃鸝那些淸景無人解只許自家知

送春 點絳唇

柳上梅邊那時庭院初相遇杜鵑啼處驀地拋人去　春也多情故遶江南樹風兼雨落花飛絮併得難停住

詠鷗 南鄉子

春水綠迢迢長與鳧鷖點翠苗一向逐波浮不定飄飄又趁東風下晚潮　閒倚木蘭橈相近相親不用招今夜月明何處覓迢迢兩岸蘆花雪未銷

江上閒居寫懷 靑玉案七闋

王孫芳草生無數漸綠遍長千路春色匆匆愁裏度幾番風雨霎時晴霽又是迢山暮　靑鞋不怕春泥汙紅藥重教曲闌護細數落花成獨步自緣山野不堪廊廟不是文章誤

其二

曉窗啼鳥驚春睡似報道春光至惻惻餘寒侵繡被梅花飛也杏花開也燕子歸來未　水光山色如人意長恨春陰杳無際今日新晴殊可喜山光明媚水光溶漾只有人憔悴

其三

鶯聲留我看山久臨去也重回首雖是春光隨處有暖風輕霧淡煙疎雨都在江邊柳　自知不是經綸手無意封侯印如斗行樂何須金谷友只消尋箇典衣伴侶同醉金陵酒

其四

曉來一陣輕寒過水面薄冰吹破竹外錦鳩啼一箇添黃入柳點紅歸杏都是東風做　鬢絲遊颺烏巾墮醉裏漁歌自賡和但得潮頭風不大數聲鷗鳥半篙煙雨

着我船中卧

其五

雪消天氣東風猛簾半捲猶嫌冷怪問春來長不醒一春都是酒徒花伴醉了重相請　而今白髮羞垂領靜裏時將舊游省記得孤山隄上景一灣流水半痕新月畫出梅花影

其六

五更風雨花如霰問春在誰庭院報道春光浮水面一雙鸂鶒數莖芹藻無數桃花片　武陵溪上東風怨空趂漁郎再尋便拋棄已同秋後燕那知別後飄飄蕩蕩這裏重相見

其七

平湖過雨青如鑑柳下賣花船纜雌蝶雄蜂飛繞擔杏花終是輕紅嫩白不比梨花淡　一春能幾花前探天氣無憑故相賺晴不多時陰亦暫一回風雨一回煙霧何處堪登覽

答屠仲權見寄　如夢令

窗外月斜雞叫門外馬嘶車鬧多少夢中人盡被春風吹覺休咲休咲白髮也曾年少

其二

茅屋小窗寒驟人影梅花同瘦風緊雪初晴月上一更前後迤逗迤逗白髮青衫如舊

首夏書事　夏初臨

瘦綠添肥病紅催老園林昨夜春歸天氣清和輕羅試着單衣雨餘門掩斜暉看翻翻乳燕交飛荷錢猶小芭蕉漸長新竹成圍　何郎粉淡荀令香銷紫鸞夢遠青鳥書稀新愁舊恨在他紅藥闌西猶記當時水晶簾一架荼蘼有誰知千山杜鵑無數鶯啼

初夏閑居　浣溪沙三闋

幾卷斜封出舊窠藕絲柔梗上新荷衣裳輕薄試單羅　煙淡淡中青草合雨絲絲裏綠陰多園林佳趣是清和

其二

漸老情懷怕別離可堪人去又春歸斜陽流水意遲遲

春縱不歸終不住人重相見更相期此時端的斷腸時

其三

小院回廊曲更深一重楊柳一重陰夜長人靜漏沉沉　雪白梨花千瓣玉雨黃梅子萬丸金清和天氣夏初臨

卜居　蝶戀花

人間何處宜閒住除却桃源便向瀟湘去楊柳桃花千萬樹不須更覓深深處　白鷺輕鷗為伴侶女嫁漁郎男娶漁翁女已辦綠蓑眠細雨料應天意還相許

詠塵 望湘人

愛輕隨馬足深輾繡輪落花飛絮相和紫陌春晴東華風暖拂拂嫩紅掀簸羅襪微生素衣曾染閒愁無那看補巢燕子唧將細雨香泥重做　誰向花前行過見金蓮踪跡尚留些箇無處覓佳音贏得兩眉低鎖茂弘何事猶携紈扇卻恐西風相污且歸去綠樹陰中淨掃青苔高卧

詠簾 燭影搖紅

花影重重亂紋匝地無人捲有誰惆悵立黃昏疎映宮妝淺只有楊花得見解怱怱尋方便多情長在莫雨回廊夜香庭院　曾記揚州紅樓十里東風軟腰肢半

露玉娉婷猶恨蓬山遠閒闊如今怎遣奈草色青青似剪且教高揭放數點春一雙新燕

題隔屏仕女 醉花陰

雲母屏風金縷扇薄映春風面縱是不分明猶勝腰肢背後悤悤見　鏡裏花枝簾底燕無處尋方便莫道不留情秋水芙蓉獨自思量遍

感秋 摸魚兒

問黃花為誰開晚青青猶繞西圃秋光賴有芙蓉好那更薄霜輕霧江遠處但只見寒煙衰草山無數凭闌不語恨一點飛鴻數聲柔櫓都不帶愁去　當時夢空憶邯鄲故步山陽笛裏曾賦黃金散盡英雄老莫倚善題

鸚鵡君看取且信提携如意樽前舞浮名浪許要插柳當門種桃臨水歸老舊游路

壬子重陽感舊 念奴嬌

今年重九被閒愁孤負一番時節菊蕊青青香未吐知我無心攀折紫蟹凝霜金橙噴霧舊事憑誰說故山何處莫山無限紅葉　遥想響屧廊西涵空閣上水與雲相接回首十年成一夢卻倚西風傷別料得明年人雖强健雙鬢都成雪且須沽酒與君低問明月

詠雪禁體 水調歌頭

嘗愛歐陽及蘇公禁體雪詩而自古雪詞無禁體者十月晦余歸龍江風雪連日因賦水調歌頭一曲仍

不用鹽梅玉潔皓白飛舞字

風色夜來緊寒氣十分嚴起看江上樓閣無處不鉤簾短短釣蓑漁艇小小竹籬茅舍斜掛一青帘醉眼傲今古不飲笑陶潛　正蔌蔌俄揚揚復纖纖楚山埋沒何在高處露雙尖人道党家風味不比陶家清致我欲兩相兼舉蓋慶豐瑞來歲不須占

客中壽婉素 齊天樂

華鯨聲遠鶯聲早悤悤瑞煙籠曉蛾綠添眉蜂黃點額樓上妝梳初了羅輕佩小向晴日簾櫳暖雲池沼細葵名香滿斟春酒拜翁媼　繁華流水東去又梁園密雪長干芳草楊柳東風梨花淡月幾度夢魂牽繞佳辰漸

好願此別歸來會多離少㕭引兒孫故鄉稱一老

旅中感舊 喜遷鶯

烟光明滅正細雨釀寒羅衣猶怯泥沁香融波添綠膩粹淡柳金梨雪借問遠山何事低學修眉雙結料也是爲朝朝暮暮傷人離別　情切且莫問燕子未來來也成虛設蘇小愁多秋娘老去雖把綉簾高揭回想舊時春夢多少轉員周折但只願盡今生都是稱心時節

月夜過采石 西江月

采石磯頭明月蛾眉亭上秋山古今來往幾人間贏得新愁無限　不用朱唇低唱何須纖手輕彈一觴一詠到更闌驚起數行鴻雁

江船聽雨 如夢令

蓬上雨聲初罷船尾綠簑齊掛添却幾重泉都向松梢飛下如畫如畫山與白雲齊亞

江邊落梅 千秋歲引

斷角殘鐘孤城小驛雪裏匆匆見顏色才看綠毛花底鳳又聽黃鶴樓中笛綺窗寒繡帷晚時相憶開處徧他春消息飄處恨他春拋擲猶自多情點衣白當時一枝曾折寄而今數朶須憐惜小橋邊短籬外重尋覓

夜泊大姑廟下風雨無眠賦以感懷 念奴嬌

一天風雨奈無情誤我匆匆行色龍女祠前三日住可是東君留客夢裏家山燈前兒女幾處烟波隔數莖愁

鬢看來今又添白　遙想小小宮桃盈盈牆杏都被輕寒勒只有春江如得意添却蒲萄三尺鶯燕休愁鳧鷺莫㕭行止非人力明朝西去布帆高掛晴碧

臨湘雪夜 謁金門

東風劣吹下一天春雪單薄被兒寒又怯自温温不熱　依舊起來周折梅影淡橫斜月清則是清清更絶欠他相對說

巴陵雪夜 西江月

銀燭偏欺瘦影爐熏不退輕寒蘭舟聽雪楚江干篷外春蟲撩亂　添上鬢邊白髮驚回夢裏青鸞尋常猶恨夜漫漫今夜更長一半

岳陽春暮 念奴嬌

楚江天暖滿山桃李被東風吹忒怨白愁紅千萬點都向溪邊流出前度劉郎去年崔護相見頭全白杜鵑啼處要歸誰便歸得　惆悵南浦南邊東湖東畔芳草茸茸碧寒食清明都過了回首無多春色茂苑鶯聲鷗波烟雨同是江南客五湖春渺聽君船上吹笛

衡陽道中 洞仙歌

斜紅皺白映水花千樹獨自沉吟對雨恨黃鸝特地飛向枝頭千百囀說盡愁人意緒　倚篷凝望眼楚天湘水一點君山在何處料得綺窗前人也銷魂歸期遠玉纖頻數便寫却銀牋向衡陽倩着箇春鴻帶將回去

秋雨作 湘中 訴衷情

中年人已怕逢秋情景不相投尋常耳邊風雨都聽作許多愁 千古事幾時休枉追求數行鴻雁一孤瀟湘獨自登樓

湖南舟中見新燕 雙雙燕

去年別處記黃葉秋聲晚涼庭院忿忿欲去再入繡幃留戀回首東風又軟漸細雨梨花開遍那知各自飄零向這裏人家重見 柳外湘波似練竹籬茅舍何如玉樓金殿呢喃聲裏如訴落紅千片一樣山遙水遠料應也多愁多怨相期月戶雲窗依舊舞裙歌扇

湘中書所見 虞美人

巴陵樹裏湘陰路幾箇人家住門前綠水繞周遭閑種一株楊柳一株桃 青梅紫筍黃雞酒又剪畦邊韭笑聲歌罷亂簪花盡是不知音律老□□

花邊夜宿 菩薩蠻

瀟湘門外春江水小紅樓子臨江起樓下是誰家一株含笑花 蘭舟休遠去只就花邊住花影上牙檣夢魂今夜香

祁陽道中聞蛙 小重山

纍纍湘雲帶晚霞東風吹口絮落晴沙夢魂今夜繞天涯春暮也芳草亂鳴蛙 獨自莫咨嗟青煙飛颺處有人家且分新火試新茶深竹裏無數木香花

旅中春曉 二郎神

野棠風急又過了一番花信想芍藥猶香荼蘼將謝春色忿忿欲盡自疊牋題芳字寫不就閑愁閑悶能幾度尋思鏡中添了許多愁鬢 休恨清明已過清和相近漸藕葉初圓櫻桃紅小新竹娟娟綠嫩疎雨池塘綠陰亭館別是一般風韻記珍簟湘簾葛巾紈扇晚涼時分

山西途中送友回鄉 阮郎歸

携手河梁惜袂分秋雁不成羣同來不得同歸去目斷太行雲 望故里暢羈魂近楊柳閭門惟留白髮老河汾無才可報君

初到山西纔中秋已寒甚擁弊裘矣緬思故鄉正

當賞桂問月之期杳莫可得然諸友亦多散沒惟止仲在焉用填詞一闋寄之則鄉情旅況覽示何如 惜餘春慢

隴頭水澁秋蟬過塞雁鳴寒威陡至恁早覺袖手懶將閑這氣候偏與中原異峭砭肌骨冽脆髭須江南老實難當禦覽高山何葉不零那百草歸何處 記故鄉秋暑方消金粟飄香黃花委地謾携壺共上着翠微吟聆白雲紅樹時去世更無幾南遷北往番成夢裏到明朝贏得邊雪霏顚空令撫髀

憶故園 長相思

山悠悠水悠悠水遠山長無盡頭俺怎不生愁 憶歸

休合歸休春到江波漾白鷗好弄一扁舟

右楊孟載眉庵詞一卷從明高安陳邦瞻所刻明初四家詩寫錄卽眉庵集十二卷之末卷內多麗一闋與明詞綜所選字句小異且明詞綜又增出數字不知蘭泉司寇所據者何本也宣統改元夏五番禺沈宗畸

眉庵詞